十三經注疏校勘記

劉玉才　主編

北京大學出版社
PEKING UNIVERSITY PRESS

禮記注疏校勘記卷二十四

24—001 禮記正義卷第三十三　惠棟挍宋本。此卷至四十卷，考文云宋板闕，所挍係補本。❶

禮器

周坐尸節

002 勸尸飲食無常　惠棟挍宋本亦作「無」，岳本同，嘉靖本同，衛氏集説同，毛本同，考文引古本、足利本同。此本「無」誤「若」，閩、監本「無」誤「者」，通典四十八引亦作「勸尸飲食無常」。

003 詔侑或爲韶囿　岳本同。嘉靖本同。閩、監、毛本「韶」作「詔」。釋文作「詔圜」，云「本亦作『詔圓』」。考文云古本、足利本「囿」作「圜」。按，段玉裁云韻會二「蕭」引亦作「韶囿」。

004 夏禮尸有事乃坐　惠棟挍宋本作「乃」，宋監本同，岳本同，嘉靖本同，衛氏集説同，考文引古本、足利本同。此本「乃」誤「則」，閩、監、毛本同，通典四十八引亦作「夏禮尸有事乃坐」。

005 周坐至醻與　惠棟挍宋本無此五字。

006 論三代尸禮不同　閩、監、毛本有「禮」字，衛氏集説同，此本「禮」字脱。

007 此言有周之所以因於殷也　閩、監、毛本無「有」、「以」二字。惠棟挍宋本作「此言周所因於殷也」，續通解同。❷

008 其於周禮侑尸　惠棟挍宋本同。閩、監、毛本「侑」作「坐」。

009 此更本殷周所損益之因也　閩、監、毛本同。惠棟挍宋本「之」作「相」，是也。×

010 不辯有事與無事猶坐也　閩、監、毛

本同。浦鏜挍「猶」改「皆」。×

011 爲發爵之主　閩、監、毛本作「主」，衛氏集説同，此本「主」誤「至」。考文云補本「發」作「祭」。

012 凡口斂錢飲酒　考文引補本同。閩、監、毛本「口」作「相」。×

013 必令平偏不偏頗　閩、監、毛本同。惠棟挍宋本「偏」上有「使」字。

014 但是祝官皆得爲之　惠棟挍宋本作「是」。此本「是」誤「有」，閩、監、毛本同。×

015 君子曰禮之近人情者節　惠棟云：「君子」節，宋本分「是故君子之於禮」下爲一節。

016 得郊祀上帝與周同　閩、監本同。岳本同。嘉靖本同。衛氏集説同。考文引宋板同。毛本「同」誤「固」。×

017 頖宮郊之學也　惠棟挍宋本有「宮」字，宋監本同，岳本同，嘉靖本同，衛氏集説同，考文引古本、足利本同。此本「宮」字脱，閩、監、毛本同。❸

018 詩所謂頖宮也　閩、監、毛本同。岳本同。嘉靖本同。衛氏集説同。浦鏜挍「頖」改「泮」。×

019 呼池漚夷　岳本同。嘉靖本同。閩、監、毛本「漚」作「嘔」，衛氏集説同，釋文作「嘔夷」。

020 必先有事於配林　各本同。石經同。惠棟九經古義云：「何休注公羊引作『蜚林』。『蜚』聲近『妃』，古『配』字作『妃』，聲之誤也。」

021 慎之至也　各本同。石經同。釋文出「順之至也」，云「順，亦作『慎』」。

022 温之至也　各本同。石經同。釋文出「温之」，云「紆運反，注同」。考文云古本「温」作「蘊」。按，正義云「今定本作『温』字，則當云『温潤相承藉』」，是正義本亦不作「薀」也。内則釋文云「温，本又作『薀』」。

023 **皆謂温藉重禮也** 惠棟挍宋本作「也」，岳本同，嘉靖本同，衛氏集説同，毛本同。此本「也」誤「有」，閩、監本同。

024 **君子至至也** 惠棟挍宋本無此五字。

025 **郊血者以近者爲褻** 閩、監、毛本有「以」字，此本「以」字闕。

026 **按宗伯以肆獻裸饗先王** 閩、監、毛本同。衛氏集説同。惠棟挍宋本「饗」作「享」。

027 **凡有六享此云大饗** 惠棟挍宋本如此，衛氏集説同。此本「六」誤「大」，又誤重「此」字，閩本「六」字不誤，上「此」改「者」字，監、毛本「六享此云」誤作「大饗者此云」。❹

028 **以冕服差之** 閩、監、毛本同。衛氏集説同。惠棟挍宋本「冕」作「祭」，考文引補本同。

029 **楚語云** 閩、監、毛本同。衛氏集説同。浦鏜挍「楚」改「周」。按，浦鏜是也。

030 **則有全烝** 毛本作「全」，衛氏集説同。此本「全」作「金」，閩、監本同。○按，作「金」誤。

031 **以肆獻裸享先王** 惠棟挍宋本同。閩、監、毛本「享」作「饗」。

032 **先薦者設之在先** 閩、監、毛本下「先」作「前」，衛氏集説同。

033 **謂腥肉有血** 閩、監、毛本作「肉」，此本「肉」誤「之」。

034 **以薦其毛** 閩、監、毛本「薦」作「啓」。

035 **是故至至也** 惠棟挍宋本無此五字。

036 **此一節** 惠棟挍宋本「此」字上有「正義

曰」三字。

037 所爲上下前人　閩、監、毛本同。惠棟挍宋本「上」作「中」，考文引補本同。

038 皆有所由以爲始也　惠棟挍宋本有「所」字，衛氏集説同。此本「所」字脱，閩、監、毛本同。

039 此言七介者　閩、監、毛本同。孫志祖云：按，集説引此上有「周禮上公九介侯伯七介子男五介」十四字，諸本俱脱。

040 此皆積漸從小至大之義也　閩本同。惠棟挍宋本同。衛氏集説同。考文引補本同。監、毛本「皆」誤「得」。×

041 三月繫七日戒　閩本、監本、毛本同。惠棟挍宋本「戒」字下有「者」字。

042 謂祭前十日於七日之中　惠棟挍宋本同。閩、監、毛本「十」誤「七」，「於」誤「齊」，衛氏集説「十」誤「七」，「於」字不誤。

* 斯樂泮水　補：案，詩「斯」當作「思」。

043 天子以小學爲辟廱　閩、監、毛本同。惠棟挍宋本「以」上有「亦」字。

044 温謂丞藉　閩、監、毛本「丞」作「承」，衛氏集説同，下「丞藉」皆同。盧文弨挍「温」改「緼」。

045 今定本作温字則當云　惠棟挍宋本作「則」。此本「則」誤「又」，閩、監、毛本同。×

046 温潤相丞藉也　閩、監本同。考文引宋板同。毛本「相」誤「承」。×

禮也者反本脩古節

047 反本脩古　各本同。石經同。正義云：「定本及諸本作『循』字，當作『脩』。」

048 而稾鞂之設　閩、監、毛本作「稾」，石經同，岳本同，衛氏集説同。此本「稾」誤「稾」，嘉靖本同。

049 禮也至學也　惠棟挍宋本無此五字。

050 不忘其初者也　惠棟挍宋本「也」下有「者」字。

051 由其反本脩古　閩、監本同。惠棟挍宋本同。衛氏集説同。毛本「由」作「繇」。×

052 取稈稾爲席郊祭　惠棟挍宋本如此。此本「席郊」二字倒，閩、監、毛本同。×

君子曰無節於内者節

053 君子至致也　惠棟挍宋本無此五字。

054 言若欲外觀察先萬物　閩、監、毛本同。惠棟挍宋本無「先」字，是也。

055 言若外欲觀察萬物　閩、毛本同。監本「欲」誤「物」。×

056 故禮所以爲萬物之至極也　閩、監、毛本有「以」字。此本無「以」字，惠棟挍宋本同。❺

是故昔先王之制禮也節

057 月生西方　宋監本「生」改「出」。

058 祭天於圓丘之上　閩、監本同。岳本同。嘉靖本同。衛氏集説同。毛本「圓」作「圜」。

059 祭地於方澤之中　閩、監本同。岳本同。嘉靖本同。衛氏集説同。毛本「於」誤「在」，考文引宋板亦作「於」。×

060 是故至亹焉　惠棟挍宋本無此五字。×

061 但財物大莫過於天　閩、監本同。毛本「財」作「萬」。

062 朝日於東門之外　閩、監、毛本同。惠棟挍宋本「外」下有「也」字。×

063 天子愛物爲用　閩、監、毛本同。惠棟挍宋本「愛」上有「以」字。

064 桓五年左傳文　閩本同。監、毛本「文」誤「又」。×

065 龍星昏而見雩　閩、監、毛本同。惠棟挍宋本「而見」作「見而」。

是故昔先王尚有德節

066 而鳳皇降　石經作「皇」，宋監本同，岳本同，嘉靖本同，衛氏集說同。此本「皇」作「凰」，俗字，閩、監、毛本同。❻

067 而風雨節寒暑時　閩、監、毛本同。岳本同。嘉靖本同。衛氏集說同。石經無「節」字。按，月令正義引禮器「饗帝於郊，而風雨寒暑時」，郊特牲下兩引皆無「節」字。

068 水爲寒　閩、監本同。岳本同。嘉靖本同。衛氏集說同。毛本「寒」誤「雨」。×

069 是故至大治　惠棟挍宋本無此五字。

070 謂貴尚有德之人　惠棟挍宋本作「謂」。此本「謂」誤「爲」，閩、監、毛本同。×

071 饗帝於郊而風雨寒暑時者　閩、監、毛本「雨」下有「節」字。

072 故舉以言焉　閩、監、毛本同。惠棟挍宋本「舉」作「奉」。盧文弨云宋本作「奉」，非也。

073 陰陽既合　閩本同。惠棟挍宋本同。監、毛本「既」作「相」。

074 亦燔柴以告至　閩、監本同。毛本「至」誤「之」。×

075 以燔柴告至之後　閩、監、毛本同。惠棟挍宋本「以」作「亦」。

076 乃考諸侯功績　閩、監、毛本作「考」，此本「考」誤「者」。×

077 及封土爲壇　閩、監本同。毛本「及」誤「乃」，惠棟挍宋本「及」作「又」。

078 **告祭柴望** 惠棟挍宋本作「告」。此本「告」誤「若」，閩、監、毛本同。

079 **云孝經説曰** 閩、監本同。毛本「曰」作「云」。

080 **甫輔也** 閩、監、毛本同。惠棟挍宋本「甫」下有「者」字。

081 **以禪讓有德** 惠棟挍宋本如此。此本「以禪」二字誤倒，閩、監、毛本同。

082 **禹湯周成王** 閩、毛本同。監本「周」誤「用」。

083 **其餘皆禪云云者** 閩、監、毛本同。惠棟挍宋本重「云云」二字。

084 **守者收也** 閩、監、毛本同。浦鏜挍「收」改「牧」，下「收人」同。按，浦鏜是也。

085 **各主七十二日** 閩、監本作「二」。此本「二」誤「一」，毛本同。

086 **土爲風** 閩、監、毛本同。惠棟挍宋本「風」下有「者」字。

天道至教節

087 **目下事也** 閩本作「目」，惠棟挍宋本同，宋監本同，岳本同，衛氏集説同。此本「目」誤「日」，監、毛本同，嘉靖本誤「自」。

088 **天道至至也** 惠棟挍宋本無此五字。

089 **一建鼓在南** 閩、監本同。毛本「南」上有「其」字。

090 **以此言之** 閩、監本同。毛本「以此言」誤「此謂祭」。

091 **皆在大鼓之旁** 惠棟挍宋本有「在」字。此本「在」字脱，閩、監、毛本同。

092 **乃與縣鼓別縣者** 閩、監本同。毛本「乃」誤「方」。

093 **當阼階堂上而設之**　閩、監、毛本作「而」，此本「而」誤「面」。

094 **謂堂上下**　閩、監、毛本同。惠棟挍宋本「堂」下有「之」字，衛氏集説同。

095 **禮樂之器尊西者也**　按，「者也」當作「也者」。

096 **縣鼓大於應鼓**　閩、監本如此，此本「大」上衍「於」字，毛本「大」誤「木」。[7]

097 **注人君至右房**　閩、毛本同。監本「房」誤「旁」。

098 **故云人君尊東**　惠棟挍宋本有「人」字。此本「人」字脱，閩、監、毛本同。

099 **以卿大夫以下**　閩本同。惠棟挍宋本同。監、毛本「大夫」誤「夫人」，衛氏集説同。

100 **喪是記君之喪**　閩、監、毛本同。衛氏集説「是」作「大」。

禮也者反其所自生節

101 **作樂者緣民所樂於己之功**　惠棟挍宋本有「者」字，宋監本同，岳本同，嘉靖本同，考文引古本、足利本同。此本「者」字脱，閩、監、毛本同。

102 **而作濩武**　各本同。釋文出「作護」，古本亦作「濩」。

103 **禮樂亦猶是也**　閩、監、毛本同。岳本同。嘉靖本「猶」作「由」。

104 **禮也至人者**　惠棟挍宋本無此五字。

105 **樂據王業之末**　閩、監本同。惠棟挍宋本同。毛本「末」誤「本」。

106 **但太平功成治定之後**　惠棟挍宋本同。閩、監、毛本「但」誤「俱」。

107 作樂論其末　閩、監本同。毛本「末」誤「未」。

108 言將以是觀之　惠棟挍宋本同。閩、監、毛本亦作「是」。此本作「見」，非也，考文引古本、足利本亦足「見」。❽

109 至制禮之時　惠棟挍宋本作「至」。此本「至」誤「全」，閩、監、毛本同。

110 故尚文物車服之屬　惠棟挍宋本同。閩、監、毛本「服」誤「旅」。

111 此皆本其所以得民心是也　毛本同。閩、監本「也」作「已」。

112 緣民所樂於己之功者　惠棟挍宋本同。閩、監、毛本「者」誤「作」。

113 萬事皆以禮節之　惠棟挍宋本同。閩、監、毛本「萬事皆」誤「脩古而」。

114 脩樂以道志樂是功成之極　惠棟挍宋本同。閩、監、毛本「樂是」誤「者言」。

115 恒脩治此樂以勸道已志　惠棟挍宋本同。閩、監、毛本「以勸」誤「章以」。

太廟之内敬矣節

116 太廟之内　監、毛本同。石經「太」作「大」，閩本同，岳本同，嘉靖本同，衛氏集說同。

117 謂進牲孰體時　各本同。正義云：「熊氏禮本『牲』爲『腥』也。」

118 三詔皆不同位　各本作「同」，此本「同」誤「向」。

119 人君禮然　惠棟挍宋本作「然」，宋監本同，岳本同，嘉靖本同，考文引足利本同。此本「然」誤「焉」，閩、監、毛本同，衛氏集說同。

120 於廟門之旁因名焉　閩、監、毛本同。岳本同。嘉靖本同。衛氏集說同。浦鏜挍從疏

「門」下補「外」字。

121 太廟至此乎　惠棟挍宋本無此五字。

122 斷制牲肝　閩、監、毛本同。浦鏜從衛氏集説「斷」上補「君」字。

123 洞洞乎其敬也者　閩、監、毛本有「乎」字，此本「乎」字脱。

124 故云詔於庭　閩、監本同。毛本「庭」誤「神」。

125 謂煮肉既孰　惠棟挍宋本有「肉」字，衛氏集説同。此本「肉」字脱，閩、監、毛本同。❾

126 不知此神於彼堂乎　惠棟挍宋本有「神」字，衛氏集説同。此本「神」字脱，閩、監、毛本同。❿

127 以古語有此　惠棟挍宋本作「有」，衛氏集説同。此本「有」誤「於」，閩、監、毛本同。

128 注設祭至禮然　惠棟挍宋本亦作「然」，閩、監、毛本誤「焉」。

129 以釋宮云廟門謂之祊　閩、監、毛本同。浦鏜云「廟」衍字。孫志祖云：「按，今本爾雅作『閍謂之門』，疑誤也，當以此疏所引爲正，兼有郊特牲疏足相証明。」

130 今日繹祭於廟門外之西旁　惠棟挍宋本亦作「日」、作「西」，「於」作「在」，閩、監、毛本「日」作「曰」，閩本「西」字不誤，監、毛本誤「兩」。

131 故鄭引彼上文爲注　惠棟挍宋本作「引」，續通解同。此本「引」誤「云」，閩、監、毛本同。

一獻質節

132 一獻至獻神　惠棟挍宋本無此五字。

133 謂祭先公之廟　閩、監、毛本同。惠棟挍宋本「先」上有「至」字。

134 卑於四望山川　閩、監本同。衛氏集説同。考文引宋板同。毛本「卑」誤「畢」。×

135 以血祭社稷五嶽　閩、監、毛本同。衛氏集説重「祭」字，與周禮大宗伯合。

大饗其王事與節

136 内之庭實　閩、監、毛本作「實」，岳本同，嘉靖本同，衛氏集説同，此本「實」誤「室」。×

137 荆楊二州　閩、監本同。嘉靖本同。衛氏集説同。毛本「楊」作「揚」，岳本同。按，下注「楊州貢篠簜」，毛本亦作「楊」，疏放此。

138 貢金三品　閩本同。岳本同。嘉靖本同。衛氏集説同。監本「三」字模糊，毛本「三」誤「二」。×

139 金有兩義　閩、監本同。岳本同。嘉靖本同。衛氏集説同。毛本「義」誤「儀」。×

140 各以其所貢寳爲摯　惠棟挍宋本同。宋監本同。岳本同。嘉靖本同。考文引古本、足利本同。閩、監、毛本「貢」作「貴」，衛氏集説同，正義引注亦足「貴」。○按，作「貴」與周禮大行人同。⑪

141 大饗至禮也　惠棟挍宋本無此五字。

142 饗謂饗祭先王　閩、毛本同。監本「王」誤「至」。×

143 與天下衆人共有此財也　閩、監、毛本同。惠棟挍宋本無「也」字，衛氏集説同。×

144 以内金布庭實　閩、監本同。毛本「布」誤「和」。×

145 令先設金者　閩、監、毛本「令」作「今」，續通解亦作「今」。×

146 鄭注以爲金銀銅　閩、監、毛本同。段玉裁挍本「銀」改「者」字，是也。以三品爲金、鋃、銅，乃書孔傳及王肅説耳，非鄭義也。

147 注貢饗至德焉　閩、監本同。毛本「德」上衍「比」字。

148 又示敬王　閩、監本同。毛本「王」誤「玉」。

祀帝於郊節

149 祀帝至本也　惠棟挍本無此五字。

150 揔明祭祀死喪賓客之等　惠棟挍宋本作「喪」，衛氏集説同。此本「喪」誤「葬」，閩、監、毛本同，毛本「等」作「節」。

151 此亦謂喪禮賓客　惠棟挍宋本有「謂」字。此本「謂」字脱，閩、監、毛本同。

君子曰甘受和節

152 君子至貴也　惠棟挍宋本無此五字。

153 唯須有忠信　閩、監、毛本同。惠棟挍宋本「須」下有「必」字。

154 不偏主一味　閩、監、毛本作「主」，衛氏集説同，此本「主」誤「上」。

155 故能包受衆味　閩、監、毛本作「包」，衛氏集説同，此本「包」誤「句」。

孔子曰誦詩三百節

156 孔子至議禮　惠棟挍宋本無此五字。

157 四圭有邸以祀天　惠棟挍宋本作「祀」，衛氏集説同。此本「祀」誤「祭」，閩、監、毛本同。

158 無得輕脱論議于禮　閩、監本同。毛本「于」誤「午」。

159 知大旅祭五帝者　惠棟挍宋本有「祭」字。此本「祭」字脱，閩、監、毛本同。

160 兩圭有邸以祀地　惠棟挍宋本作「祀」，

此本「祀」誤「祭」，閩、監、毛本同。

子路爲季氏宰節

161 堂事儐尸　惠棟挍宋本作「尸」，宋監本同，岳本同，嘉靖本同，衛氏集説同，考文引古本、足利本同。此本「尸」誤「户」，閩、監、毛本同。

162 子路至禮乎　惠棟挍宋本無此五字。

163 室事交乎户者　閩、監本同。毛本「户」誤「尸」。

164 事尸在室　閩、監、毛本作「尸」，衛氏集説同。此本「尸」誤「户」，下「設於尸前」、「尸於堂」並同。

165 儐尸之時　惠棟挍宋本、閩本、監本、毛本作「儐」，此本誤「饌」。

166 尸於堂　惠棟挍宋本「尸」上有「事」字，衛氏集説同。此本「事」字脱，閩、監、毛本同。

167 謂在堂下之人　惠棟挍宋本有「在」字，此本「在」字脱，閩、監、毛本同。⓬

168 於階受取　惠棟挍宋本作「於」，衛氏集説同。此本「於」誤「在」，閩、監、毛本同。

169 嚮晚禮畢　閩、監、毛本作「嚮」，衛氏集説同，此本「嚮」誤「饗」。

170 故孔子以此明之　閩、監本同。考文引宋板同。毛本「此」誤「其」。

171 禮記正義卷第三十三終　惠棟挍宋本此行在疏「不可禮煩而息也」之後。又記云凡二十二頁。⓭

172 禮記卷第七經四千九百二十一字注五千七百四十字　宋監本。

24—173 禮記卷第七經五千一百九十一

字注五千六百九十五字　嘉靖本。

校記

❶南昌本出文改作「附釋音禮記注疏卷第二十四」，上提三格。校語「宋本」下有「禮記正義卷第三十三」。

❷南昌本出文無「以」字。校語「以」作「之」。

❸南昌本出文無「宮」字。校語「宋本」下增「頬下」。

❹南昌本出文「六」作「大」，重「此」字。校語「如此」作「不重此字，上大作六」，「六誤大」一句移於「又誤重此字」句下，無「又」字。

❺南昌本出文無「以」字。校語移「惠棟挍宋本同」一句於「閩、監、毛本」句上，「有」字上增「所下」，無「此本無以字」。

❻南昌本出文「皇」作「凰」。校語「石經」下有「凰」，「此本皇作凰」無「本皇」二字。

❼南昌本出文重「於」字。校語「如此」作「於字不重」，「大上衍於」作「誤衍」。

❽南昌本「亦足」作「亦作」。

❾南昌本出文無「肉」字。校語「宋本」下有「煮下」，「肉字脱」作「誤脱」。

❿南昌本出文無「神」字。校語「宋本」下有「此下」，「神字脱」作「誤脱」。

⓫文選樓本、南昌本校語「亦足」，學海堂本作「亦作」。

⓬南昌本出文無「在」字。校語「宋本」下有「謂下」，「此本在字脱」作「此誤脱」。

⓭南昌本出文改作「附釋音禮記注疏卷第二十四終」，上提三格。校語「此行在疏不可禮煩而怠也之後」改作「此下標禮記正義卷第三十三終」。「頁」下有「宋監本禮記卷第七，經四千九百二十一字，注五千七百四十字。嘉靖本禮記卷第七，經五千一百九十一字，注五千六百九十五字」。

禮記注疏校勘記卷二十五

25—001 禮記正義卷第三十四　惠棟挍宋本。❶

郊特牲第十一

郊特牲而社稷大牢節

002 次路五就　各本同。毛本「就」誤「路」。

003 大饗尚服脩而已矣　閩、監、毛本同。嘉靖本同。衛氏集說同。岳本「服」作「腶」，石經「服脩」字泐滅。盧文弨挍云「服」應從段，下放此。×

004 郊特至已矣　惠棟挍宋本無此五字。

005 論小少及薄味爲貴　惠棟挍宋本作「小少」。此本「小少」二字倒，閩、監、毛本同。

006 是五帝與大帝六也　惠棟挍宋本同。閩、監、毛本「大」作「天」。

007 五人帝之屬　惠棟挍宋本作「帝之」。此本「帝之」二字倒，閩、監、毛本同。×

008 祭法云禘嚳是也　閩、毛本同。監本「法」誤「又」。×

009 歲有八祭　惠棟挍宋本作「八」，衛氏集說同。此本「八」誤「六」，閩、監、毛本同。×

010 郊祀裘冕送逆尸　閩本同。惠棟挍宋本同。衛氏集說同。監、毛本「逆」作「迎」。×

011 其玉圓丘用蒼璧　閩本作「玉」，衛氏集說同。此本「玉」誤「王」，監、毛本同。×

012 故酌亦用匏爲尊　惠棟挍宋本作「亦」。此本「亦」誤「以」，閩、監、毛本同。×

013 是盛牲牢之器　惠棟挍宋本作「是」，

續通解同。此本「是」誤「其」，閩、監、毛本同。

014 但不知遠近者　惠棟挍宋本作「遠」。此本「遠」誤「之」，閩、監、毛本同。

015 六變以降其神　惠棟挍宋本作「降」，衞氏集説同。此本「降」誤「祭」，閩、監、毛本同。

016 次則埽地而設正祭　閩、監本同。衞氏集説同。考文引宋板同。毛本「設」字脱，「祭」下重「祭」字。

017 次則以豆薦血腥　惠棟挍宋本作「血」，衞氏集説同。此本「血」誤「白」，閩、監、毛本同。

018 故鄭注小宰云　惠棟挍宋本作「注」，衞氏集説同。此本「注」誤「云」，閩、監、毛本同。

019 大事于大廟備五齊　惠棟挍宋本作「大」，衞氏集説同。此本「大」誤「七」，閩、監、毛本同。

020 王進爵之時皆奏樂　閩、監本同。衞氏集説同。毛本「王」誤「玉」。

021 諸臣終獻　閩、監本同。惠棟挍宋本同。毛本「臣」誤「神」。

022 亦用盎齊　惠棟挍宋本作「亦」，此本「亦」誤「以」，閩、監、毛本同。

023 從上至此皆皇氏所説　閩、監本同。毛本「皆」誤「者」。

024 秖可以次用醴齊　閩、監、毛本「醴」作「醍」，是也。

025 不敢與王之神靈共尊　惠棟挍宋本有「與」字。此本「與」字脱，閩、監、毛本同。

026 凡配祭之人　惠棟挍宋本作「配」。此本「配」誤「祀」，閩、監、毛本同。

027 凡時祀之牲　惠棟挍宋本作「時」。此本「時」誤「特」，閩、監、毛本同。❷

028 則用牷物　閩、監、毛本作「牷」，此本「牷」誤「牲」。○按，周禮「則」作「必」。❸

029 凡外祭毀事　惠棟挍宋本作「祭」。此本「祭」誤「望」，閩、監、毛本同。

030 其常祀之牲則皆用牡　惠棟挍宋本有「牡」。此本「牡」字脱，閩、監、毛本同。

031 陰祀祭地北郊及社稷也　惠棟挍宋本作「北」，與周禮牧人注合。此本「北」誤「此」，閩、監、毛本同。

032 謂神州之神及社稷　惠棟挍宋本作「及」。此本「及」誤「謂」，閩、監、毛本同。

033 皆用大牢也　惠棟挍宋本有「也」字。此本「也」字脱，閩、監、毛本同。

034 九三上與九五　閩、監本同。毛本「上」誤「爻」。

035 互體爲离离爲大腹　惠棟挍宋本同。閩、監、毛本「离」作「離」，「大」誤「火」。

036 殷則有三路　閩、監、毛本同。惠棟挍宋本無「有」字。

037 是節級相降以二案禮器　閩本同。惠棟挍宋本同。監本「二」誤「三」，毛本「二案」誤「三路」。

038 小祀疈辜爲始　毛本作「疈」。此本「疈」誤「[illegible]」，閩、監本同。

039 用血是貴氣而不重味　惠棟挍宋本作「氣」。此本「氣」誤「血」，閩、監、毛本同。衛氏集説亦作「氣」，「重」作「貴」。

040 恐此大饗者亦是祫祭　閩、監本同。毛本「亦是」二字倒。

041 君三重席而酢焉　惠棟挍宋本作「焉」。此本「焉」誤「然」，閩、監、毛本同。❹

大饗君三重席節

042 賓爲苟敬　閩本同。惠棟挍宋本同。正義同。宋監本同。岳本同。嘉靖本同。考文引古本、足利本同。○按，儀禮正作「賓爲苟敬」，監、毛本「苟」誤「尊」，衛氏集説同，疏中六「苟敬」字皆放此。

043 大饗至酢焉　惠棟挍宋本無此五字。

044 三獻之介君尊專席而酢焉至此以就卑也　閩、監、毛本無「至」字，「專」上無「尊」字，「此」下有「降尊」二字。惠棟挍宋本作「三獻至卑也」。

045 雖是諸侯合三重之席　閩、監、毛本作「侯」，此本「侯」誤「應」。

046 若霸國之卿則禮　惠棟挍宋本同。閩、監、毛本「霸」作「大」。

047 杜元凱云　惠棟挍宋本如此，此本「元」下衍「年」字，閩、監、毛本作「杜元凱注云」。

048 席於阼階之西北而其介爲賓　閩、監、毛本同。惠棟挍宋本「而」作「面」。按，燕禮記是「面」字。

049 主國君饗時親進醴于賓　惠棟挍宋本作「時」。此本「時」誤「而」，閩、監、毛本同。

050 賓實主國所宜敬　惠棟挍宋本作「實」。此本「實」誤「賓」，閩、監、毛本同。

051 西階上卒爵賓酢主人　閩、監、毛本同。惠棟挍宋本「賓」作「以」。

052 與賓相獻之禮也　惠棟挍宋本如此。

此本「賓」下衍「客」字，「也」字脱，閩、監、毛本同。❺

053 **但禮不具耳** 惠棟挍宋本作「但」。此本「但」誤「俎」，閩、監、毛本同。×

054 **未審何所馮據以知之** 惠棟挍宋本如此。此本「所」誤「爲」，「以」誤「而」，閩、監、毛本同。×

饗禘有樂節

055 **饗禘至陽也** 惠棟挍宋本無此五字。

056 **以飲饗清虚** 閩、監、毛本同。衛氏集説「饗」作「是」。×

057 **此經所論** 閩、監本同。衛氏集説同。毛本「論」誤「云」。×

058 **取老成之義** 閩、監本同。考文引宋板同。毛本「義」誤「養」。×

059 **秋食耆老亦食孤子** 惠棟挍宋本有「秋」字。此本「秋」字脱，閩、監、毛本同。❻

鼎俎奇而籩豆偶節

060 **言非人常所食** 閩、監、毛本同。岳本同。衛氏集説同。嘉靖本「非」誤「井」。×

061 **鼎俎至義也** 惠棟挍宋本無此五字。

062 **牲體動物** 閩、監、毛本作「動」，此本「動」誤「性」。×

063 **似五籩者** 閩、監本同。考文引宋板同。毛本「似」誤「以」。×

賓入大門節

064 **孔子屢歎之** 各本同。石經同。釋文出「婁歎」，云「本又作『屢』」。○按，「婁」、「屢」古今字。

065 **賓入至物得** 惠棟挍宋本無此五字。

066 **主人納賓賓是己之臣子** 惠棟挍宋本「賓」字重。此本脱一「賓」字，閩、監、毛本

同，衛氏集説同。❼

067 賓飲卒爵酢主人　惠棟挍宋本作「爵」，衛氏集説同。此本「爵」誤「酒」，閩、監、毛本同。

068 大夫受旅爵畢　閩、監本同。毛本「受」誤「爵」。

069 至工升歌之節也　惠棟挍宋本作「節」。此本「節」誤「禮」，閩、監、毛本同。

070 受燕享之時　惠棟挍宋本有「受」字，此本脱，閩、監、毛本同，「享」作「饗」。

071 乃至主人獻賓　閩本同。惠棟挍宋本同。監、毛本「賓」誤「爵」。

072 賓初奠酬薦東　閩、監、毛本同。衛氏集説同。按，「東」字不誤。考文云補本「東」作「束」，非也。

073 案燕禮記賓及庭　閩、監、毛本如此，此本「及」上衍「〇」。❽

074 客醉出所奏也　閩、監、毛本同。惠棟挍宋本「出」上有「而」字。

075 天子所以享元侯　惠棟挍宋本同。閩、監、毛本「享」作「饗」，下「王享燕元臣」、「元侯自相享」同。

076 凡合樂降於升歌一等　惠棟挍宋本作「降」，衛氏集説同。此本「降」誤「升」，閩、監、毛本同。

077 皆歌鹿鳴合鄉樂是也　惠棟挍宋本有「樂」字，衛氏集説同。此本「樂」字脱，閩、監、毛本同。❾

078 案鄉飲酒禮及燕禮　閩、監本同。毛本「飲」誤「射」。❿

079 歌鹿鳴四牡　閩、監本同。毛本「牡」誤「牲」。

080 采蘩　閩、監本同。衛氏集説同。毛本「蘩」作「繁」。

081 凡樂三闋也　惠棟挍宋本作「凡」。此本「凡」誤「作」，閩、監、毛本同。

082 二是主人受酢　閩、監、毛本作「受」，此本「受」誤「主」。

083 數之爲三闋　閩、監本同。毛本「之爲」二字倒。

084 而南本納夏獨夏文在上　閩本同。惠棟挍宋本同。監、毛本「文」誤「又」。惠棟云南本儀禮「納夏」作「夏納」。

085 與燕饗諸侯同　惠棟挍宋本作「饗」。此本「饗」誤「合」，閩、監、毛本同。

086 竹篪笛也　閩、監、毛本同。惠棟挍宋本「篪」作「箎」。

087 匏竹可賤故在堂下　惠棟挍宋本有「堂」字，衛氏集説同。此本「堂」字脱，閩、監、毛本同。⓫

088 天氣化　閩、監、毛本同。衛氏集説「天」下有「以」字。

旅幣無方節

089 以鐘次之　閩、監、毛本同。岳本同。嘉靖本同。石經「鐘」字右角壞闕，衛氏集説「鐘」作「鍾」，陳澔集説同。石經考文提要云：宋本九經、南宋巾箱本、至善堂九經本皆作「鍾」。

090 鐘金也　閩、監、毛本同。岳本同。嘉靖本「鐘」作「鍾」，衛氏集説同，下「鐘其大者」同。

091 往德也　各本同。石經同。釋文出「往德」，正義云：「南本及定本皆作『往德』，北本爲『任德』。」

092 旅幣至德也　惠棟挍宋本無此五字。

093 所以分別土地所生之宜　惠棟挍宋

本作「生」，衛氏集説同。此本「生」誤「分」，閩、監、毛本同。

094 貴金以供王之鑄器　閩、監、毛本同。衛氏集説「貴」作「貢」。

095 金列庭實　閩、監、毛本同。浦鏜挍云「金」當作「今」字，誤。

庭燎之百節

096 庭燎至始也　惠棟挍宋本無此五字。

097 因名火爲庭燎也　惠棟挍宋本作「爲」，衛氏集説同。此本「爲」誤「於」，閩、監、毛本同。

098 齊桓公是諸侯而僭用百　惠棟挍宋本作「百」。此本「百」誤「者」，閩、監、毛本同。

099 但崇翺問引大戴禮也何以言蓋沈閣對曰　閩、監、毛本同。許宗彦云：曲禮疏有「崇精」，月令疏有「氾閣」。

100 元侯相與亦得用之　惠棟挍宋本作「與」。此本「與」誤「語」，閩、監、毛本同。

101 王夏者天子所用　閩、監本同。毛本「王」誤「正」。

朝覲節

102 朝覲至君也　惠棟挍宋本無此五字。

103 有臣從君而行設庭實　閩本同。惠棟挍宋本同。監、毛本「行」誤「私」，衛氏集説同。

104 且經云朝覲　惠棟挍宋本有「云」字。此本「云」字脱，閩、監、毛本同。⓬

大夫而饗君節

105 莊公之弟　各本有「莊」字，此本「莊」字脱。⓭

106 後慶父弑二君　各本同。釋文「弑」作

「殺」。

107 升自阼階　閩、監、毛本同。石經同。岳本同。嘉靖本同。衛氏集說同。釋文出「升自阼」，云「本又作『升自阼階』」。

108 大夫至始也　惠棟挍宋本無此五字。

109 大夫强而君殺之義也者　惠棟挍宋本有「也」字。此本「也」字脱，閩、監、毛本同。⓮

110 是銷絶惡源　閩、監本同。毛本「源」作「原」。

111 葬原仲　惠棟挍宋本作「原」。此本「原」誤「源」，閩、監、毛本同。×

112 問後於牙　閩、監、毛本作「後」，此本「後」誤「候」。×

113 後慶父弑二君者　惠棟挍宋本作「後」。此本「後」誤「然」，閩、監、毛本同。×

114 春夏受三饗之時　閩、監、毛本同。惠棟挍宋本「饗」作「享」。×

115 各其以等爲車送逆之節　閩本同。惠棟挍宋本同。衛氏集說同。監、毛本「逆」作「迎」。○按，周禮作「逆」。

116 自此以後或有然者　惠棟挍宋本有「者」字，衛氏集說同。此本「者」字脱，閩、監、毛本同。⓯

諸侯之宮縣節

117 朱干設鍚　閩、監本同。石經同。岳本同。衛氏集說同。毛本「鍚」誤「錫」，嘉靖本同。釋文出「設鍚」，云「音陽，注同」。

118 繡黼丹朱以爲中衣領緣也　惠棟挍宋本同。宋監本同。岳本同。嘉靖本同。閩、監、毛本「朱」誤「衣」。×

119 三家見而僭焉　惠棟挍宋本亦作「三」，宋監本同，閩本同，岳本同，嘉靖本同，衛氏集說同，監、毛本「三」誤「二」。

120 諸侯至始也　惠棟挍宋本無此五字。

121 明堂位云魯君孟春乘大路　惠棟挍宋本有「位」字。此本「位」字脱，閩、監、毛本同，下「其祭統明堂位所云」、「以明堂位云反坫」並同。⑯

122 詩云鏤錫　惠棟挍宋本同。衛氏集說同。閩、監、毛本「鏤」誤「縷」。

123 白牡是殷之正色　惠棟挍宋本作「色」。此本「色」誤「也」，閩、監、毛本同。

124 此一經明大夫僭諸侯禮　閩本同。惠棟挍宋本同。監、毛本「經」作「節」。

125 坫在其南　閩本同。惠棟挍宋本同。監、毛本「其」作「尊」。

126 南本及定本皆然　惠棟挍宋本如此。此本「及」上衍「云」字，閩、監、毛本同。

127 則坫爲尊而設　毛本作「設」，衛氏集說同。此本「設」作「誤」，非也，閩、監、毛本同。

128 反此虛爵於坫上　惠棟挍宋本作「於」。此本「於」誤「受」，閩、監、毛本同。「坫」字，監本誤「玷」。

129 又五色備曰繡　惠棟挍宋本作「繡」，衛氏集說同。此本「繡」誤「綃」，閩、監、毛本同，下「繡不得」同。

130 從子于鵠　惠棟挍宋本作「于」。此本「于」誤「與」，閩、監、毛本同。

131 而文二年左傳云　惠棟挍宋本作「二」，衛氏集說同。此本「二」誤「三」，閩、監、毛本同。

132 支庶不敢薦其禰　閩、監本同。毛本

「禰」誤「禮」。

133 下土諸侯不得專祖於王　惠棟挍宋本作「土」。此本「土」誤「士」，閩、監、毛本同。

134 得祖所自出　惠棟挍宋本作「祖」，續通解同。此本「祖」作「祀」，閩、監、毛本同。

135 亦自立所出公廟　惠棟挍宋本如此。此本「公」作「宗」，閩、監本同，續通解同，毛本「出公」誤「自宗」。

136 諸侯有德祖天子者　閩、監、毛本同。盧文弨云「德」當作「得」。

137 與許氏同也　閩、監、毛本「氏」作「慎」。

138 禮記正義卷第三十四終　惠棟挍宋本此行在疏「祖王之廟也」之下，記云凡二十二頁。⑰

139 禮記正義卷第三十五　惠棟挍宋本分「天子存二代」以下爲卷卅五。

天子存二代之後節⑱

140 天子至二代　惠棟挍宋本無此五字。

141 所能法象　閩、監、毛本「能」作「取」。

142 謂之三恪　閩、監、毛本作「恪」，衞氏集說同。此本「恪」誤「格」，下「恪者敬也」、「兼論三恪」、「周之三恪」同。

143 而與左氏說同　閩、監、毛本同。盧文弨挍云「而」當作「不」。

諸侯不臣寓公節

144 寓或爲託也　惠棟挍宋本有「也」字，宋監本同，岳本同，嘉靖本同，衞氏集說同，考文引古本同。此本「也」字脫，閩、監、毛本同。

145 諸侯至繼也　惠棟挍宋本無此五字。⑲

君之南鄉節

146 君之南鄉　各本作「之」，此本「之」誤「子」。×

大夫之臣節

147 大夫至君也　惠棟按宋本無此五字。

148 此一節論大夫君　閩、監、毛本同。惠棟按宋本「節」作「經」，衛氏集説同。

大夫有獻節

149 小臣掌三公及孤卿之復逆也　閩、監、毛本有「及」字，岳本同，嘉靖本同，此本「及」字脱。×

150 大夫至已也　惠棟按宋本無此五字。

151 此一經　惠棟按宋本有「一」字，衛氏集説同。此本「一」字脱，閩、監、毛本同。×

鄉人裼節

152 謂時儺　閩、監、毛本同。岳本同。嘉靖本同。衛氏集説同。釋文出「時難」，云「下同，本又作『儺』」。

153 鄉人至神也　惠棟按宋本無此五字。

154 謂鄉人駈逐此强鬼　閩本同。監、毛本「駈」作「驅」。按，五經文字云「『驅』作『駈』，訛」，可見唐人已有書「驅」作「駈」者，下「駈逐」同。注「索室毆疫」，釋文出「毆疫」，云「字又作『驅』」，据疏二「驅」字，是正義本注文當作「驅疫」。

155 以時駈逐强鬼　閩、監、毛本「以」作「於」。×

孔子曰射之以樂也節

156 孔子至義也　惠棟按宋本無此五字。

157 故云射之以樂　閩、監本同。考文引宋板同。毛本「樂」誤「射」。×

158 故各善其兩事相應　閩、監、毛本同。考文引補本「各」作「多」。

孔子曰三日齊節

159 孔子至何居　惠棟挍宋本無此五字。

160 凡祭必散齊七日　閩、監、毛本有「齊」字，此本「齊」字脱。⑳

161 不樂不弔　閩、監、毛本作「弔」，此本「弔」誤「事」。

孔子曰繹之於庫門内節

162 繹又於其堂　閩、監、毛本作「堂」，岳本同，嘉靖本同，衛氏集説同，此本「堂」誤「室」。

163 神位在西也　惠棟挍宋本作「在」，宋監本同，岳本同，嘉靖本同，衛氏集説同，考文引古本、足利本同。此本「在」誤「於」，閩、監、毛本同。

164 孔子至之矣　惠棟挍宋本無此五字。

165 下文索祭祝于祊　惠棟挍宋本如此，閩、監、毛本「祭祝」二字倒，此本「祭祝」誤「祭祭」。

166 又釋宮云閍謂之門　惠棟挍宋本同。閩、監、毛本作「門謂之祊」，衛氏集説同。

167 祊是室内求神　惠棟挍宋本作「是」，衛氏集説同。此本「是」誤「於」，閩、監、毛本同。

168 釋者云繹又祭　閩、監、毛本同。衛氏集説同。惠棟挍宋本「者」作「天」，是也。

169 旨酒思柔　閩、監、毛本作「思」，衛氏集説同，此本「思」誤「其」。㉑

170 其祭之明日於廟門外　閩、監、毛本「其」作「在」，衛氏集説同。

171 謂商賈家在外市城　惠棟挍宋本作「外」，此本「外」誤「旅」，閩、監、毛本「外」作「於」。

社祭土節

172 **君南鄉於北墉下**　各本同。石經同。釋文出「北庸」，云「本亦作『墉』」。惠棟挍宋本作「庸」，注同。

173 **荅陰之義也**　各本有「也」字，石經同，此本「也」字脱。×

174 **薄社北牖**　閩、監本作「牖」，石經同，岳本同，嘉靖本同。此本「牖」誤「墉」，毛本誤「牗」，衛氏集説同。按，釋文出「北牖」，云「音酉」，是作「牖」字是也。五經文字云「『牖』作『牗』，非」，是唐人已有書「牖」作「牗」者，故此本疏中「牖」亦皆作「牗」。

175 **取財於地**　閩本同。惠棟挍宋本同。石經同。宋監本同。岳本同。嘉靖本同。衛氏集説同。監、毛本「財」誤「材」。

176 **邱乘共粢盛**　閩、監、毛本同。石經同。岳本同。嘉靖本同。衛氏集説同。釋文出「共粢」。坊本「共」作「供」。石經考文提要云：宋大字本、宋本九經、南宋巾箱本、余仁仲本、劉叔剛本並作「共」。

177 **或謂之乘**　閩、監、毛本作「或」，岳本同，嘉靖本同，衛氏集説同，此本「或」誤「故」。×

178 **設主壇上北面**　惠棟挍宋本同。衛氏集説同。閩、監、毛本「上」誤「土」。×

179 **不受天陽也者**　惠棟挍宋本作「者」。此本「者」誤「猶」，閩、監、毛本同。×

180 **故呼其社爲薄社也**　閩、監、毛本作「呼其」，此本「呼其」二字誤「殷都」。×

181 **地須産財並在地上**　閩、監、毛本同。惠棟挍宋本「産」作「財」。㉒

182 **社事祭社事也**　惠棟挍宋本如此。此本下「事」誤「祀」，閩、監、毛本同。×

183 **結美報也**　閩本如此，惠棟挍宋本同。此本「結報」二字互倒，監、毛本同。×

184 而邱乘共粢盛是反始　惠棟挍宋本作「是」。此本「是」誤「而」，閩、監、毛本同。

185 熊氏云祭社稷之神　惠棟挍宋本有「云」字。此本「云」字脱，閩、監、毛本同。㉓

186 以社爲五土之神　閩、監、毛本「之」作「摠」，衞氏集説同。

187 稷播五穀之功　閩、監、毛本作「稷有播種之功」，衞氏集説同。

188 社祭土而主陰氣　閩本如此，惠棟挍宋本同。此本「社祭」二字倒，監、毛本同。

189 別名曰稷　閩、監、毛本作「別」，衞氏集説同，此本「別」誤「則」。

190 禮運云祀帝於郊　閩、毛本同。監本「禮運」二字闕。

191 地體有形　惠棟挍宋本如此，閩、監、毛本脱「體」字，此本「地」字脱，「形」誤「君」。㉔

192 又祭天地大裘而冕　閩本作「而」，惠棟挍宋本同。此本「而」誤作「衮」，監、毛本同。

193 天子祭社是地之別體　惠棟挍宋本如此。此本「祭社」誤「社稷」，閩、監、毛本同。

194 尊卑所別　閩、監、毛本「所」作「既」。

195 句龍是上公之神　閩、監本同。毛本「上」誤「土」。

196 孝經注云社后土也　惠棟挍宋本如此。此本「社后」作「后稷」，閩、監、毛本同。㉕

197 鄭既云社后土則句龍也　閩本同。惠棟挍宋本同。監、毛本「既」誤「記」。

198 后土者謂地神也　閩本作「地」，惠棟挍宋本同。此本「地」作「土」，監、毛本同。[26]

199 上皆以黃土也　閩、監、毛本同。盧文弨挍云「皆」當作「冒」。

200 朝廷執政之處　惠棟挍宋本作「朝廷」，衞氏集説同。此本「朝」誤「廟」，閩、監、毛本「朝廷」誤「廟庭」。[27]

201 按尚書無逸篇曰　閩、監、毛本同。齊召南云：按，「無」字衍，此尚書逸篇文也，見後漢志注。

202 故士師云若祭　惠棟挍宋本同。閩、監、毛本「士」誤「土」。×

203 營並壇共門　閩、監本同。毛本「共」誤「其」。×

204 其用玉無文　閩、監本同。衞氏集説同。毛本「玉」誤「主」。×

205 故知社是上公　惠棟挍宋本同。閩、毛本「上」誤「土」，監本「上」誤「十」。×

206 謂社神但言上公　惠棟挍宋本同。閩、監、毛本「但」誤「伯」，「上」誤「土」。×

207 異義稷神今孝經説　惠棟挍宋本有「神」字。此本「神」字脱，閩、監、毛本同。[28]

208 若是句龍柱棄　閩本同。惠棟挍宋本同。監、毛本「柱」誤「社」。×

209 下之黍稷或云　閩、監、毛本同。浦鏜云當作「下云黍稷或或之誤」。

210 注單出里皆往祭社於都鄙二十五家爲里畢至轂一乘　閩、監、毛本同。惠棟挍宋本無「出里」至「里畢」十六字。

211 季春出火節　惠棟挍云：「季春」節，宋本分「天子適四方」下另爲一節。

212 謂算具陳列之也　閩、監、毛本同。岳本同。衞氏集説同。嘉靖本「具」誤「其」。×

213 既而遂田以祭社也　閩、毛本同。岳本同。嘉靖本同。衛氏集説同。監本「遂」誤「途」。×

214 至季春火出而民乃用火　閩、監、毛本同。岳本同。嘉靖本同。衛氏集説同。惠棟挍宋本「火出」作「出火」。

215 季春出火乃誓社　惠棟挍宋本如此，岳本同，嘉靖本同，考文引古本、足利本同。此本「乃」下衍「牧」字，閩、監、毛本同，衛氏集説作「乃親誓社」。㉙

216 季春至先柴　惠棟挍宋本無此五字。

217 當在仲春也　惠棟挍宋本作「在」，此本「在」誤「爲」。

218 謂君親自觀於習武變動之事　閩、監本同。毛本「親」誤「自」。×

219 謂驅禽於陳前以示士卒也　惠棟挍宋本作「以」，衛氏集説同。此本「以」誤「而」，閩、監、毛本同。×

220 謂士卒至前表而坐　惠棟挍宋本同。閩、監、毛本「表」作「列」。×

221 以連前經祭社之事　惠棟挍宋本作「以」。此本「以」誤「禮」，閩、監、毛本同。×

25—222 天子適四方先柴　閩、監、毛本同。惠棟挍宋本無此七字。×

校記

❶南昌本出文改作「附釋音禮記注疏卷第二十五」，上提三格。校語下有「禮記正義卷第三十四」。

❷南昌本出文「時」作「特」。校語移「惠棟挍宋本」一句於「閩、監、毛本同」句下，「作時」上有「特」字。

❸南昌本無「〇」前校語及「〇」。

❹南昌本出文「焉」作「然」。校語「作焉」上有「然」，下有「是也」，無「此本焉誤然」，「同」作「並誤」。

❺南昌本出文「賓」下有「客」，無「也」字。校語「如此」

作「無客字，禮下有也字」，移「惠棟挍宋本」一句於「閩、監、毛本同」句下，無「此本賓下衍客字，也字脱」一句。

❻南昌本出文無「秋」字。校語「宋本」下有「句上」，「此本秋字脱」作「此誤脱也」。

❼南昌本出文不重「賓」字。

❽南昌本出文「及」上有「○」。校語「此本及上衍○」作「案，及上○誤衍」，移於「閩、監、毛本」句下，「如此」作「不誤」。

❾南昌本出文無「樂」字。校語「有樂字」上有「鄉下」。

❿南昌本出文無「飲」字。校語「同」作「鄉下有飲字」，下有「此誤脱也」。

⓫南昌本出文無「堂」字。校語「宋本」下有「在下」，「堂字脱」作「誤脱」。

⓬南昌本出文「且」作「旦」，無「云」字。校語「有云字」作「作經云」。

⓭南昌本出文無「莊」字。校語「有莊字」作「作莊公」。

⓮南昌本出文無「也」字。校語「有也字」作「作也者」。

⓯南昌本出文無「者」字。校語「有者字」作「作然者」。

⓰南昌本出文無「位」字。校語「有位字」上有「堂下」。

⓱南昌本出文改作「祖王之廟也」，上提一格。校語「此行在疏祖王之廟也之下」改作「此下標禮記正義卷第三十四終」。

⓲南昌本下有校語「惠棟挍宋本自此節起至野夫黄冠節止爲第三十五卷。卷首題禮記正義卷第三十五」。

⓳南昌本出文「也」作「世」。

⓴南昌本出文無「齊」字。校語「有齊字」上有「散下」，「此本齊字脱」作「此誤脱也」。

㉑南昌本出文「思」作「其」。校語「作思」上有「其」字，「此本思誤其」作「其字誤」。

㉒南昌本出文「上」作「出」。校語下有「出作上」。

㉓南昌本出文無「云」字。校語「有云字」上有「氏下」，「云字脱」作「誤脱」。

㉔南昌本出文無「體」字。校語「如此」作「地下有體字」，「此本地字脱，形誤君」作「此誤脱也」，移於「閩、監、毛本」一句上，「脱體字」作「同」。

㉕南昌本出文「社后」作「后稷」。校語移「閩、監、毛本同」一句於「惠棟挍宋本」句上，「如此」作「作社后土也」，無「此本社后作后稷」。

㉖南昌本出文「地」作「土」。校語「監、毛本同」一句移於「閩本」句上，「作地」上有「土」字，無「此本地作土」。

㉗南昌本「作朝廷」作「同」，無「此本朝誤廟」。

㉘南昌本出文無「神」字。校語「有神字」上有「稷下」，「神字脱」作「誤脱」。

㉙南昌本出文「乃」下有「牧」。校語「如此」作「無牧字」，「乃下衍牧字」作「誤衍」。

禮記注疏校勘記卷二十六

郊特牲

郊之祭也節

26—001 郊之至至也　惠棟挍宋本無此五字。

002 以爲稷牛　閩、監、毛本作「稷」，此本「稷」誤「踐」。×

大報天而主日也節

003 大猶偏也　閩、監、毛本同，岳本同。衛氏集説同。嘉靖本「偏」誤「偏」。

004 大報至位也　惠棟挍宋本無此五字。

005 雖特尊所出之帝　惠棟挍宋本同。此本「所」誤「於」，閩、監、毛本同。×

掃地而祭節

006 掃地而祭　閩、監本同。岳本同。嘉靖本同。毛本「掃」作「埽」，石經同，衛氏集説同，疏放此。

007 掃地至誠也　惠棟挍宋本無此五字。

008 周禮瓬人爲簋　惠棟挍宋本作「瓬」，是也。此本「瓬」誤「旊」，毛本同，閩本、監本作「瓬」。×

郊之用辛也節

009 魯以無冬至祭天於圓丘之事　閩、監本同。岳本同。嘉靖本同。毛本「圓」作「圜」，衛氏集説同，考文引足利本同。釋文出「圜丘」，云「本又作『圓』」。

010 當齊戒自新耳　惠棟挍宋本亦作「齊」，宋監本同，岳本同，嘉靖本同，衛氏集説同，閩、監、毛本「齊」作「齋」。

011 郊之至以至　惠棟挍宋本無此五字。

012 又郊以祈穀　閩本同。監、毛本「祈」誤「祁」。

013 馬昭引穀梁傳　閩、監本同。毛本「引」誤「以」。

014 實是魯郊而爲周字　惠棟挍宋本同。閩、監、毛本「字」作「事」。

015 則不能記斯禮也　閩、監、毛本同。惠棟挍宋本「也」作「矣」。

016 皆以爲天子郊祭之事　閩、監本同。毛本「祭」誤「祀」。

017 融又云祀大神　惠棟挍宋本同。閩、監、毛本「大」作「天」。

018 案聖證論及異義皆同　惠棟挍宋本作「及」。此本「及」誤「凡」，閩、監、毛本同。

卜郊節

019 卜郊至義也　惠棟挍宋本無此五字。

020 命宜由尊者出　惠棟挍宋本作「者」，衞氏集説同。此本「者」誤「也」，閩、監、毛本同。

卜之日節

021 因誓勑之以禮也　閩、監本同。岳本同。嘉靖本同。毛本「勑」作「勅」，衞氏集説同，他放此。

022 卜之至義也　惠棟挍宋本無此五字。

獻命庫門之内節

023 以待白祭事者　閩、監、毛本作「白」，岳本同，衞氏集説同。此本「白」誤「自」，嘉靖本「白」誤「曰」。

024 獻命至上也　惠棟挍宋本無此五字。

喪者不哭節

025 剗令新土在上也　閩、監本同。岳本同。嘉靖本同。毛本「土」誤「仕」。

026 喪者至聽上　惠棟挍宋本無此五字。

027 鄉爲田燭者　閩、監、毛本如此，此本誤「鄭氏曰」。❶

028 恐王祭郊之早　閩、監、毛本「祭」作「嚮」。

029 以及郊野　惠棟挍宋本作「郊野」，與周禮蜡氏合，衛氏集說同。此本「郊野」二字倒，閩、監、毛本同。❷

祭之日節

030 王被衮以象天　各本同。石經同。釋文出「卷」，云「本又作『衮』」，注「卷冕」同。

031 戴冕璪　各本同。石經同。釋文出「載」，云「本亦作『戴』」。

032 祭之至道也　惠棟挍宋本無此五字。

帝牛不吉節

033 帝牛至鬼也　惠棟挍宋本無此五字。

034 以祭天牲養之　閩、監本「祭」作「爲」，毛本「祭」作「謂」。

035 搜謂搜埽清除　閩、監本同。衛氏集說同。毛本「除」誤「滌」。

萬物本乎天節

036 萬物至始也　惠棟挍宋本無此五字。

037 祭天以祖配此所以報謝其本　閩、監、毛本「此」作「之」，衛氏集說同。

038 謝其財謂之報　閩、監、毛本「財」作「恩」，衛氏集說同。

天子大蜡八節

039 周之正數　閩、監、毛本同。岳本同。嘉靖本同。衛氏集說「數」作「朔」。

040 蜡之祭也　各本作「祭」，石經同，此本「祭」誤

「桀」。

041 嗇所樹蓺之功　各本同。岳本「蓺」作「藝」。○按，依說文當作「埶」，唐人樹埶字作「蓺」，六埶字作「藝」，說見經典釋文。×

042 天子至嗇也　惠棟挍宋本無此五字。

043 知諸侯亦有蜡者　閩本作「知」，惠棟挍宋本同。此本「知」誤「云」，監、毛本同。×

044 先嗇司嗇並是人神　惠棟挍宋本作「人」，衛氏集說同，閩、監、毛本同。❸

045 足知蜡周建亥之月　閩、監、毛本同。惠棟挍宋本「足」作「是」，續通解同。

饗農及郵表畷節

046 饗農至事也　惠棟挍宋本無此五字。

047 揔明祭百種之事　惠棟挍宋本作「種」，此本「種」作「穀」，閩、監、毛本同。

048 今毛詩作綴旒　閩本同。惠棟挍宋本同。監、毛本「綴」誤「畷」。×

曰土反其宅節

049 曰土至殺也　惠棟挍宋本無此五字。

050 土歸其安則得不崩　閩本同。惠棟挍宋本同。監、毛本「安」作「宅」，衛氏集說同。

蜡之祭節

051 送終喪殺　閩、監、毛本同。按，此注十五字當在上「皮弁」節下，岳本、嘉靖本此「蜡之祭」一節與上「皮弁」一節本連，故注在此，疏放此。

052 論語曰　閩本同。惠棟挍宋本同。宋監本同。岳本同。嘉靖本同。監、毛本「曰」作「云」，衛氏集說同。×

053 蜡之至夫也　惠棟挍宋本無此五字。

054 揔其俱名蜡也　閩、監、毛本同。浦鏜挍云「其」下脱「義」字。

055 公於是勞農以休息之者　惠棟挍宋本同。閩、監、毛本「公」誤「云」。

野夫黄冠節

056 服象其時物之色　閩、監本同。岳本同。嘉靖本同。衛氏集説同。毛本「服」誤「物」。

057 禮記正義卷第三十五終　惠棟挍宋本此行在疏「故息田夫而服之也」之下，記云凡二十二頁。❹

058 禮記正義卷第三十六　惠棟挍宋本分「大羅氏」以下爲卷卅六。

大羅氏節❺

059 諸侯於蜡　閩、監本同。岳本同。嘉靖本同。毛本「蜡」誤「腊」。

060 大羅至種也　惠棟挍宋本無此五字。

061 以鹿與女示使者爾　閩本同。惠棟挍宋本同。衛氏集説、監、毛本「與」誤「爲」。

062 不務畜藏　惠棟挍宋本同。閩、監、毛本「畜」作「蓄」，下「畜藏與」並同。

八蜡以記四方節

063 八蜡以記四方　各本同。石經同。齊召南挍云：按，鄭引此文以解大宗伯而誤云「祀四方」，賈疏云「祀字誤也」。孫志祖挍云：按，「祀」字亦可通，觀注云「四方，方有祭也」，疑鄭所據本爲「祀」字，與唐初疏家所據本有不同，賈氏不達，乃以爲誤耳。

064 其方穀不熟　閩、監、毛本同。衛氏集説同。岳本「熟」作「孰」，嘉靖本同，惠棟挍宋本、宋監本並同。

065 則不通於蜡焉　閩本作「焉」，惠棟挍宋本同，宋監本同，岳本同，嘉靖本同。此本「焉」誤「者」，毛本同。

066 八蜡至興功　惠棟挍宋本無此五字。

067 豐荒有異　閩、監本同。毛本「有」誤「相」。

068 水昏正而裁　閩、監本同。毛本「裁」作「栽」，衛氏集説同。❻

恒豆之菹節

069 豚拍　閩、監、毛本同。岳本同。衛氏集説同。嘉靖本「豚」作「腞」，釋文出「腞拍」。

070 籩豆之薦　閩、監本同。石經同。岳本同。嘉靖本同。衛氏集説同。毛本「薦」作「藨」。釋文出「藨」，云「又作『薦』，同」。按，正義作「薦」。

071 而不可耆也　閩、監、毛本同。岳本同。衛氏集説同。石經「耆」作「嗜」，惠棟挍宋本同，宋監本同，嘉靖本同。釋文出「可耆」，疏並作「嗜」。❼

072 丹漆雕幾之美　各本同。石經同。釋文出「彫」，云「又作『雕』字」。○按，依説文當作「琱」。段玉裁云：「凡琱琢之成文則曰『彫』，『雕』假借字。」❽

073 是水草和美之氣　閩本作「美」，惠棟挍宋本同，衛氏集説同。此本「美」作「羹」，監、毛本同。❾

074 用水産之物　閩、監、毛本「産」作「中」，衛氏集説同。

075 其菁菹鹿臡　閩、監、毛本作「鹿」，此本「鹿」誤「麛」。❿

076 深蒲醓醢　閩、監本作「醓」，衛氏集説同。此本「醓」誤「醯」，毛本同。

077 鹿與醓醢　閩、監本作「醓」，惠棟挍宋本同，衛氏集説同。此本「醓」誤「醯」，毛本同。

078 供事神明之道　閩、監、毛本「供」作「共」，衛氏集説同。

079 不可迴便以爲私利也　閩、監、毛本同。惠棟挍宋本「迴」作「回」，衛氏集説「回」作「因」。

080 不可同於尋常身所安褻之甚極也者　閩、監、毛本「也者」作「者也」，惠棟挍宋本無「也」字。

081 言尚質尚儉　閩、毛本同。監本「儉」誤「險」。×

082 故以幾爲沂鄂也　惠棟挍宋本作「幾」，此本「幾」誤「畿」，閩、監、毛本同。×

083 以天産作陽德　惠棟挍宋本作「陽」。此本「陽」誤「陰」，閩、監、毛本同，衛氏集説同。×

※ 殷以以冔　補：案，「以」字誤重。

冠義節

084 近主位也　閩、監、毛本同。岳本同。嘉靖本同。衛氏集説同。惠棟挍宋本無「也」字。×

085 次皮弁　宋監本同。閩本同。惠棟挍宋本同。岳本同。嘉靖本同。衛氏集説同。監、毛本「皮」作「布」。×

086 毋追　石經同。岳本同。釋文同。閩、監、毛本「毋」作「母」，嘉靖本同，衛氏集説同。

087 而有其昏禮　閩、監本同。石經同。岳本同。嘉靖本同。毛本「昏」作「昬」，衛氏集説同，餘放此。○按，依説文當作「婚」。

088 官益尊也　閩、監、毛本同。岳本同。嘉靖本同。衛氏集説「官」作「爵」。

089 死而謚　閩、監本同。石經同。嘉靖本同。毛本「謚」作「諡」，岳本同，衛氏集説同，餘放此。

090 冠義至下也　惠棟挍宋本無此五字。

091 乃一醴於客位　閩本同。惠棟挍宋本同。監、毛本「醴」作「醮」，衛氏集説同。

092 近主人之北　閩、監本同。毛本「北」誤

「壯」。

093 爲冠身著冠畢冠身起入東房　閩、監、毛本同。惠棟挍宋本「著冠」二字重。

094 追猶推也　惠棟挍宋本同。閩本「推」作「椎」。監、毛本「推」作「堆」，衛氏集説同。

095 論三加始加之冠　閩、毛本同。監本「三」誤「二」。

096 所以五等並依士禮冠子也　閩本作「五」，衛氏集説同。此本「五」誤「王」，監、毛本同。

097 既從縣賁父卜國爲始　閩本同。惠棟挍宋本同。監、毛本「卜」誤「士」。

天地合而后萬物興焉節

098 同姓或則多相褻也　岳本同。嘉靖本同。通解同。惠棟挍宋本同。考文引古本、足利本同。閩、監、毛本「則」誤「取」。

099 執摯以相見　各本同。釋文出「執贄」，云「本亦作『摯』」。石經「贄」字闕。

100 若太王文王　閩、監、毛本同。衛氏集説同。岳本「太」作「大」，嘉靖本同。

101 夫或爲傅　閩、監、毛本作「傅」，岳本同，衛氏集説同。此本「傅」誤「慱」，嘉靖本「傅」誤「傳」。

102 婦盥饋　各本有此三字，石經同，釋文出「婦盥饋」，云「一本無『婦盥饋』三字」。按，正義云「而禮本亦有云『厥明，婦盥饋』者也」，云「禮本亦有」，是正義本本無也。盧文弨亦云「婦盥饋」三字注疏本無。

103 天地至序也　惠棟挍宋本無此五字。

104 勿令虚濫　毛本同。衛氏集説同。閩、監本「勿」誤「初」。通解「虚濫」作「濫惡」。

105 謂之傳辭無自謙退　閩、監、毛本同。

考文引補本「謂」作「賓」，衛氏集説同。

106 辭不虛飾　閩本作「虛」，惠棟挍宋本同。此本「虛」誤「詐」，監、毛本同。

107 壻親至之也　監本、毛本如此，惠棟挍宋本作「壻親御授綏者」。

108 謂共牢之時俎以外　惠棟挍宋本有「謂」字。此本「謂」字脱，閩、監、毛本同。

109 厥明至序也　閩本、監本、毛本如此，惠棟挍宋本「序也」二字作「餕餘者」。

110 舅姑卒食謂明日　閩、毛本同。監本「姑」誤「始」。

有虞氏之祭也節

111 爓或爲膶　閩、監、毛本同。岳本同。嘉靖本同。衛氏集説同。釋文出「爲膶」，云「直輒反」。段玉裁挍本云有司徹疏引此注「爓」或爲「燖」。

112 染以脂合黍稷燒之　監、毛本作「合」，岳本同，嘉靖本同，衛氏集説同。此本「合」誤「含」，閩本同。⓫

113 先肝于鬱鬯而燔之　閩、監、毛本同。嘉靖本同。岳本「先」作「洗」，宋監本同，衛氏集説同，考文引古本、足利本同。按，正義作「亦作洗」。⓬

114 又出以墮于主　各本同。宋監本「主」下有「人」字。盧文弨云他書所引「主」下有「前」字。按正義則「前」字當有。

115 尊首尚氣也　閩本同。惠棟挍宋本同。岳本同。嘉靖本同。衛氏集説同。監、毛本「尚」作「上」。

116 此訓之也　閩、監本同。岳本同。嘉靖本同。衛氏集説同。毛本「此」誤「比」。

117 明水涚齊　各本同。石經同。釋文出「説齊」，云「字又作『涚』」。

118 泲之以茅　惠棟挍宋本作「泲」，宋監本同，岳本同，嘉靖本同，續通解同，考文引古本、足利本同。此本「泲」誤「藉」，閩、監、毛本同，衛氏集説同。浦鏜挍云論語譎正章疏引作「泲」。

119 名曰明者　閩、監、毛本同。岳本同。嘉靖本同。衛氏集説同。考文引古本、足利本下有「神明之也」四字。

120 無以縮酒　閩本如此，惠棟挍宋本同，宋監本同，岳本同，嘉靖本同，衛氏集説同。此本「無」誤「泲」，「縮」誤「酌」，監、毛本同。⓭

121 有虞至祭者　惠棟挍宋本無此五字。

122 先奏是樂以致其神　惠棟挍宋本作「是」。此本「是」誤「六」，閩、監、毛本同。⓮

123 此宗廟九奏之效　續通解作「效」。○按，作「效」與周禮大司樂注合。此本「效」誤「郊」，閩本「郊」字闕，監、毛本「郊」作「節」。⓯

124 以煙爲歆神始　惠棟挍本作「煙」，監本、毛本「煙」誤「埋」。此本「煙」誤「腥」，閩本「以煙」二字闕。✕

125 於義未安也　監本同。考文引宋板同。毛本「於」誤「爲」，閩本闕。✕

126 殷人至間也　閩、監、毛本同。惠棟挍宋本無此五字。

127 既尚聲故未殺牲　閩本作「既」，惠棟挍宋本同。此本「既」作「殷」，監、毛本同，衛氏集説同。⓰

128 如鬱金香草合爲鬯也　閩、監、毛本同。考文云補本「草」作「矣」。

129 玉氣絜潤　惠棟挍宋本亦作「絜」，閩本同。監、毛本「絜」作「潔」，衛氏集説同。

130 亦求神之宜也　閩、監本同。衛氏集説同。毛本「亦」誤「以」。

131 延尸户内更從孰始也　閩本作「孰」，惠棟挍宋本同。此本「孰」誤「此」，監、毛本同，衛氏集説同。⑰

132 詔祝至於堂　監本「祝」誤「室」。惠棟挍宋本無此五字。

133 王乃親洗肝於鬱鬯而燔之　閩、監本同。衛氏集説同。毛本「王」誤「主」，續通解「王」作「主人」。

134 坐尸於堂者既灌之後　惠棟挍宋本如此，衛氏集説同。此本「灌」下衍「鬯」字，閩、監、毛本同。⑱

135 即上文云祊之于東方　閩、毛本同。監本「文」誤「又」。

136 當是正祭日之祊矣　惠棟挍宋本作「當」，毛本同。此本「當」誤「常」，閩、監本同。

137 以於繹祭名也　閩本同。監、毛本「繹」誤「釋」。

138 祝取牢心舌載于肵俎　閩本同。惠棟挍宋本同。監、毛本「肵」誤「肝」。

139 言牲體肉裏美善　惠棟挍宋本作「裏」，衛氏集説同。此本「裏」誤「衷」，閩、監、毛本同。

140 祭黍至水也　閩、監、毛本同。惠棟挍宋本此五字無。

141 祝取膟膋燎于爐炭　閩、毛本同。監本「燎」誤「祭」。

142 敬之至盡也　惠棟挍宋本無此五字。

143 是恭敬之至極　閩、監、毛本同。衛氏集説同。惠棟挍宋本無「極」字。

144 庚氏云賓主之禮　惠棟挍宋本作「云」。此本「云」誤「士」，閩、監、毛本同。

145 相告以揖讓之節　閩本同。惠棟挍宋本同。衛氏集説同。監、毛本「節」誤「儀」。

146 腥肆至已矣　惠棟挍宋本無此五字。

147 舉斝至命也　監本、毛本如此，惠棟挍宋本「至命也」三字作「角者」。

148 醳是和醳醞釀之名　惠棟挍宋本作「醞」，衛氏集説同。此本「醞」誤「醴」，閩、監、毛本同。

149 醆酒涗于清　監本、毛本如此，惠棟挍宋本「清」下有「者」字。

150 故此記者釋之　惠棟挍宋本如此，衛氏集説同。此本「記」上衍「言」字，閩、監、毛本同。

151 既以事酒泲醴齊　閩本同。惠棟挍宋本同。監、毛本「醴」誤「醳」，衛氏集説同。

152 故曰不以三酒泲秬鬯者　閩、監、毛本同。惠棟挍宋本「曰」作「云」。

153 泲於舊澤之酒也者　惠棟挍宋本如此。此本「澤」誤「醳」，「者」字脱，閩、監、毛本同。[19]

154 作雖久成比清酒爲薄　惠棟挍宋本作「比」，衛氏集説同。此本「比」誤「此」，閩、監、毛本同。

155 解思陰義也　惠棟挍宋本同。閩、監、毛本「思陰」二字倒。

26—156 禮記正義卷第三十六終　惠棟挍宋本著此行在疏「所祭之親也」之後。記云凡二十六頁。[20]

校　記

❶南昌本出文作「鄭氏曰鄉者」。校語「如此」作「作鄉爲田燭者，是也」，無「此本誤鄭氏曰」。

❷南昌本出文「郊野」作「野郊」。校語「作郊野」上有「野郊」，「郊野二字倒」作「誤倒」。

❸南昌本出文「人」作「一」。校語「作人」上有「一」字，無「閩、監、毛本同」。

❹南昌本出文改作「故息田夫而服之也」，上提一格。校語「此行在疏故息田夫而服之也之下」改作「此下標禮記正義卷第三十五終」。

❺南昌本下有校語「惠棟挍宋本自此節起至有虞氏之祭也節止爲第三十六卷。卷首題禮記正義卷第三十六」。

❻南昌本出文「裁」作「栽」。校語「閩、監本同」作「閩、監本作裁」。

❼南昌本「釋文」作「釋女」。

❽南昌本「雕，假借字」無「雕」字。

❾南昌本出文「美」作「羹」。

❿南昌本出文「鹿」作「麛」。校語「作鹿」上有「麛」，下有「是也」二字，無「此本鹿誤麛」。

⓫南昌本出文「合」作「含」。校語「作合」上有「含」字，「此本合誤含」作「此本誤」。

⓬南昌本「正義」下「作」作「本」。

⓭南昌本出文「無」作「沛」，「縮」作「酌」。校語移「監、毛本同」一句於「閩本」句上，「如此」作「沛作無，酌作縮」，無「此本無誤沛，縮誤酌」。

⓮南昌本出文「是」作「六」。校語「作是」上有「六」，下有「是也」，無「此本是誤六」，「同」作「並誤」。

⓯南昌本出文「效」作「郊」。校語「作效」上有「郊」，無「監」字。

⓰南昌本出文「既」作「殷」。校語移「監、毛本同。衞氏集説同。」二句於「閩本」句上，「作既」上有「殷」字，無「此本殷作既」。

⓱南昌本出文「孰」作「此」。校語移「監、毛本同。衞氏集説同。」二句於「閩本」句上，「作孰」上有「此」字，無「此本孰誤此」。

⓲南昌本出文「灌」下有「鬯」字。校語「如此」作「無鬯字」，「此本灌下衍鬯字」作「此誤衍也」。

⓳南昌本出文「澤」作「醳」，無「者」字。校語「如此」作

「醳作澤，也下有者字」。

⑳南昌本出文改作「所祭之親也」，上提一格。校語「著此行在疏所祭之親也之後」改作「此下標禮記正義卷第三十六終」。

禮記注疏校勘記卷二十七

27—001 禮記正義卷第三十七 惠棟挍宋本。❶

內則第十二

后王命冢宰節

002 今一云冢宰 閩、監本同。岳本同。嘉靖本同。衛氏集説同。此本「今」誤「令」。

003 后王至兆民 惠棟挍宋本無此五字。

004 君謂諸侯王謂天子 惠棟挍宋本如此。此本「王謂天子」上衍「王謂諸侯」四字，閩、監、毛本同。衛氏集説作「后謂諸侯王謂天子」，亦無「王謂諸侯」四字。❷

005 雜以天子言之故又稱王 惠棟挍宋本作「又」。此本「又」誤「文」，閩、監、毛本同。

006 其大數以萬爲等萬至萬 閩、監、毛本同。衛氏集説同。惠棟挍宋本「等」下有「數」字。

007 故詩頌毛傳云 閩本同。惠棟挍宋本同。監、毛本「云」作「曰」。

* 不定后妃唯主內事 補，監、毛本「不定」作「若是」。

子事父母節

008 笄總 石經同。岳本同。嘉靖本同。衛氏集説同。釋文同。閩、監、毛本「總」作「緫」。石經考文提要云：宋大字本、宋本九經、南宋巾箱本、余仁仲本、劉叔剛本皆作「緫」，注下同。

009 髦用髮爲之 惠棟挍宋本作「髮」，宋監本同，岳本同，衛氏集説同，考文引足利本同。此本「髮」誤「髦」，閩、監、毛本同，嘉靖本同。

010 自佩也　閩、監、毛本同。岳本同。嘉靖本同。衛氏集説同。考文引足利本「自」作「目」。

011 紛帨拭物之巾也　惠棟挍宋本如此，宋監本同，岳本同，嘉靖本同，考文引古本、足利本同。此本「巾」字誤重。閩、監、毛本「巾」上衍「佩」字，衛氏集説同。❸

012 小刀及礪礱也　各本同。釋文「礱」作「礲」。

013 遰刀鞞也　閩、毛本同。岳本同。衛氏集説同。監本「鞞」誤「⿰革旱」。嘉靖本「鞞」作「鞸」。按，釋文「鞞，音必頂反」，當作「鞞」。

014 子事至著綦　惠棟挍宋本無此五字。

015 縰訖加笄笄訖加緫　閩、監本同。毛本「縰」誤「縱」，下「訖」誤「紇」。

016 足以韜髮而結之矣　惠棟挍宋本作「足」。此本「足」誤「起」，閩、監、毛本同。

婦事舅姑節

017 如事父母　各本同，石經亦有「事」字。釋文出「如父母」，云「一本作『如事父母』」。

018 衿纓　各本同。石經同。釋文出「衿嬰」，云「嬰，又作『纓』」。

019 婦事至綦屨　惠棟挍宋本無此五字。

020 則喪服女子吉笄尺二寸也　閩本同，衛氏集説亦作「吉」。監本「吉」字殘闕，毛本「吉」誤「古」。

021 而言施縏袠　惠棟挍宋本作「袠」，衛氏集説同。此本「袠」字模糊，閩、監、毛本「袠」誤「囊」。

022 明有縏　閩、監、毛本同。衛氏集説同。惠棟挍宋本「縏」下有「也」字。

以適父母舅姑之所節

023 疾痛苛癢　各本同。石經同。釋文出「苛養」，云「本又作『癢』」。

024 蕡熬枲實　閩、毛本同。岳本同。嘉靖本同。衛氏集説同。監本「枲」誤「皁」，不成字。

025 榆白曰枌　閩、毛本同。岳本同。嘉靖本同。衛氏集説同。監本「枌」誤「粉」。

026 以適至后退　惠棟挍宋本無此五字。

027 至其處所奉扶沃盥之儀　閩、監、毛本同。衛氏集説同。惠棟挍宋本「扶」作「持」。

男女未冠笄者節

028 男女至視具　惠棟挍宋本無此五字。

029 謂纓上有香物也　閩、監、毛本同。衛氏集説「有」作「著」。

凡内外節

030 灑掃室堂　閩、監本同。嘉靖本同。毛本「掃」作「埽」，石經同，岳本同，衛氏集説同，釋文同。

031 孺子蚤寢晏起　各本同。石經同。釋文「孺」作「[illegible]」。

由命士以上節

032 凡内至無時　惠棟挍宋本無此五字。

033 日入而夕慈以旨甘　各本同。毛本「旨甘」二字誤倒。

034 食禄不免農也　惠棟挍宋本同。宋監本同。岳本同。嘉靖本同。衛氏集説同。考文引補本、足利本同，古本「免」作「勉」，閩、監、毛本「免」誤「荒」。

父母舅姑將坐節

035 長者奉席請何趾　各本同。石經同。釋文出「何止」，云「本又作『趾』」。○按，説文有「止」字，無

「趾」字。

036 須卧乃敷之也　惠棟挍宋本同。宋監本同。岳本同。嘉靖本同。衛氏集説同。閩本「敷」字殘闕，監、毛本「敷」誤「歛」。

037 父母至襡之　惠棟挍宋本無此五字。

父母舅姑之衣衾節

038 牟讀曰堥也　閩、監、毛本同，衛氏集説同，正義亦作「堥」。岳本作「鍪」，嘉靖本同。釋文出「如堥」，云「字又作『蝥』」。

039 父母至飲食　惠棟挍宋本無此五字。

040 敦則周禮有玉敦　閩本同。監、毛本「玉」誤「王」。

041 堥土釜也　閩、毛本同。監本「土」誤「上」。

042 懷嬴奉匜沃盥　閩、毛本同。監本「匜」誤「也」。

父母在朝夕恒食節

*旨甘滑　補，各本皆作「柔滑」，此誤脱「柔」字。

043 父母至子餕　惠棟挍宋本無此五字。

044 子婦餕餘之禮也　閩、監、毛本同。惠棟挍宋本無「也」字。衛氏集説同。

045 無使有餘而再設也　惠棟挍宋本作「使」。此本「使」誤「所」，閩、監、毛本同。

在父母舅姑之所節

046 不敢唾洟　閩、監、毛本作「洟」，石經同，岳本同，嘉靖本同，衛氏集説同。此本「洟」誤「咦」。釋文出「唾涕」，云「本又作『洟』」，通典六十八亦作「洟」。❹

047 潘米瀾也　閩、監、毛本作「瀾」，岳本同，嘉靖本同，衛氏集説同，釋文同，此本「瀾」誤「淵」。盧文弨挍云：瀾，説文作「灡」。

048 在父至帥時　惠棟挍宋本無此五字。

049 酉是西方　閩本同。惠棟按宋本同。監、毛本「是」誤「在」。

男不言內節 ×

050 男不至由左　惠棟按宋本無此五字。

051 不嫌男女有婬邪之意　閩、監本同。毛本「婬」作「淫」，衛氏集説同。

子婦孝者敬者節

052 或則違解　惠棟按宋本同。岳本同。嘉靖本同。考文引古本、足利本同。閩、監、毛本「則」誤「時」，衛氏集説同。釋文出「解也」，衛氏集説「解」下亦有「也」字。

053 雖不耆　閩、監、毛本同。岳本同。衛氏集説同。釋文出「不耆」。石經「耆」作「嗜」，嘉靖本同，惠棟按宋本同，宋監本同。按，疏出經文亦作「嗜」，通典六十八引亦作「嗜」。○按，古多假「耆」爲「嗜」。

054 姑與之而姑使之　各本同。石經同。釋文「與」作「予」。○按，「予」、「與」古今字。

父母有過節

055 子婦至禮焉　惠棟按宋本無此五字。

056 子從父之令　閩、監本同。岳本同。嘉靖本同。衛氏集説同。毛本「令」作「命」，通典引亦作「令」。

057 父母至起孝　惠棟按宋本無此五字。

058 謂子恐父母不説　閩、監、毛本作「謂」，此本「謂」字模糊，考文云補本「謂」作「諫」。

059 若物之成孰然　閩、監本同。衛氏集説同。毛本「然」下衍「也」字。

父母有婢子節 ×

060 父母至不衰　惠棟按宋本無此五字。

061 **按大戴禮本命云婦有七出**　閩、監本同。毛本「云」誤「公」。

062 **喪婦長女不娶**　閩、監、毛本同。毛本「婦」作「父」，盧文弨云：「婦」字是，「父」字非。❺

舅没則姑老節

063 **不敢解倦**　各本同。釋文出「解勌」，云「本又作『倦』」。

064 **凡婦不命適私室**　石經同。岳本同。嘉靖本同。衛氏集説同。閩、監、毛本「凡」誤「几」。

065 **藏以待乏**　閩本同。石經同。岳本同。嘉靖本同。衛氏集説同。監、毛本「乏」誤「之」，通典六十八亦作「藏以待之」。

066 **父母至與之**　惠棟挍宋本無此五字。

067 **并明冢婦介婦相於之節**　惠棟挍宋本同。閩、監、毛本「於」作「與」，衛氏集説同。

* **故〇冢婦疏薄之**　補，「故」下「〇」誤。

適子庶子節

068 **適子至私祭**　惠棟挍宋本無此五字。

069 **若富則具二牲**　閩、監本同。毛本「牲」誤「性」。

飯節

070 **酢截**　惠棟挍宋本作「截」。宋監本同。衛氏集説同。釋文同。此本「截」誤「㦸」，閩、監、毛本同，岳本同，嘉靖本同。

071 **清新**　惠棟挍宋本作「新」。宋監本同。岳本同。嘉靖本同。衛氏集説同。考文引古本、足利本同。此本「新」誤「耕」，閩、監、毛本同。

072 **析稌**　嘉靖本同。閩、監、毛本「析」作「折」，石經同，岳本同，衛氏集説同，釋文同。段玉裁挍本云：「折」當「析」之誤，「析」同「淅」，汏米也，陸云「之列反」，非。

073 **包苦實蓼**　各本同。石經同。釋文「包」作「苞」。

074 **或作擱也**　閩、監、毛本同。岳本同。衛氏集説同。嘉靖本「擱」誤「攔」。釋文出「作擱」，云「本又作『捫』」。考文引古本「擱」作「㩴」。

075 **蚳蚍蜉子也**　各本同。釋文出「蜱」，云「本又作『蚍』」。

076 **卵鹽**　各本同。石經同。石經考文提要云：坊本譌「卵醬」。

077 **自蝸醢至此二十六物**　惠棟挍宋本作「二」，宋監本同，岳本同，嘉靖本同，衛氏集説同，考文引古本、足利本同。此本「二」誤「一」，閩、監、毛本同。❻

078 **卵鹽大鹽也**　各本同。監本「卵」誤「卯」。✕

079 **麕脯**　各本同。石經同。釋文出「麛」，云「本又作『麇』，又作『麕』，下『田豕麛』同」。

080 **脯皆析乾其肉也**　惠棟挍宋本有「其」字，宋監本同，岳本同，嘉靖本同。此本「其」字脱，閩、監、毛本同，衛氏集説同。❼

081 **范蜂也**　各本同。釋文出「蠭」，云「本又作『蜂』」。

082 **柿瓜**　閩、監、毛本同。嘉靖本同。衛氏集説同。石經「柿」作「柹」，宋監本同，岳本同，釋文同。石經考文提要云：宋大字本、劉叔剛本作「柿」。

083 **柤梨**　惠棟挍宋本如此，石經同，岳本同，宋監本同。此本「柤梨」作「楂黎」，閩、監、毛本作「楂梨」，嘉靖本同，衛氏集説同。釋文亦作「柤」。石經考文提要云：宋大字本、劉叔剛本並作「柤」。❽

084 **椇蔾之不臧者**　閩、監、毛本同。嘉靖本「蔾」作「梨」，衛氏集説同，岳本「椇蔾」作「柤梨」，宋監本同，考文引補本、古本、足利本作「楂梨」。按，「椇」當作「柤」。困學紀聞引内則注「椇蔾之不臧」，是誤字。❾

085 飯黍至薑桂　惠棟挍宋本無此五字。

086 謂牛臛也　惠棟挍宋本同。衛氏集説同。閩、監、毛本「臛」誤「膗」，下「羊臛」、「豕臛」同。○按，依説文當作「膗」。臛，俗字。

087 此等四物爲第五行　閩、監本同。惠棟挍宋本同。毛本「爲」誤「謂」。

088 按釋鳥云鴽鴾母某氏云　閩本同。惠棟挍宋本同。監、毛本「某」誤「郭」。

089 謂鴾李巡云　惠棟挍宋本作「鴾」。此本「鴾」誤「鶹」，閩、監、毛本同，下「鴽鴾」、「云鴾」並放此。

090 故醢人職無三牲之醢也　惠棟挍宋本作「三」，考文引補本同。此本「三」誤「云」，閩、監、毛本同。

091 共王之六飲　惠棟挍宋本作「六」，考文引補本同。此本「六」誤「十」，閩、監、毛本同。

092 不云糟也　惠棟挍宋本作「云」，考文引補本同。此本「云」誤「去」，閩、監、毛本同。

093 故以粉糗擣之　閩、監、毛本同。惠棟挍宋本「擣」作「搏」，衛氏集説同。○按，依本經注當作「擣」。

094 析稌犬羹免羹者　閩、監、毛本同。惠棟挍宋本「析」作「折」。閩本「犬」字不誤，宋本同。此本「犬」誤「大」，監、毛本同。

095 析稌七也　監、毛本同。衛氏集説同。閩本「析」作「折」，惠棟挍宋本同。

096 其味乃善　閩、毛本同。監本「味」誤「宋」。

097 牛中央土畜春春東方木木尅土　閩本同，惠棟挍宋本同，惟「春」字不重，衛氏集説同。監本「畜春春東方木」六字闕，毛本六字亦脱。

098 夏宜腒鱐　監本「鱐」誤「繡」。

099 犢與麇物成而充　閩、監本同。毛本「充」誤「克」。○按，周禮注作「與麛」，是也。麛，鹿子，「麇」乃麇鹿字。

100 獺祭魚然後虞人入澤梁　閩本同。惠棟挍宋本同。衛氏集説同。監、毛本「梁」誤「粱」。

101 盧氏云芝木芝也　惠棟挍宋本作「木」，衛氏集説同。此本「木」誤「水」，閩、監、毛本同。

102 柤梨之不臧者　惠棟挍宋本作「柤」，此本「柤」誤「椇」，閩、監、毛本同，下「柤是梨屬」放此。⑩

103 柤二十八　惠棟挍宋本同。閩、監、毛本「柤」作「楂」，衛氏集説同。

104 但録諸侯燕食　閩、監本同。毛本「侯」誤「候」。

105 禮記正義卷第三十七終　惠棟挍宋本此行在疏「亦不能依次也」之後，記云凡二十一頁。⑪

106 禮記正義卷第三十八　惠棟挍宋本分「大夫燕食」以下爲卷卅八。

大夫燕食節⑫

107 庶人耆老不徒食　各本同。毛本「徒」誤「從」。

27—108 大夫至徒食　閩本同。監、毛本「徒」誤「從」。按，惠棟挍宋本無此五字。

校記

❶南昌本出文改作「附釋音禮記注疏卷第二十七」，上

提三格。校語下有「禮記正義卷第三十七」。

❷南昌本出文重「謂諸侯王」四字。校語「此本王謂天子上衍王謂諸侯四字」作「案，王謂諸侯誤衍」，移「閩、監、毛本同」一句於「案」上，移「惠棟挍宋本」一句於「衛氏集説」句上，「如此」作「不誤」。

❸南昌本出文「巾」上有「佩」字。校語移「閩、監、毛本」句與「衛氏集説」句於「惠棟挍宋本」句上，「巾上衍佩字」作「同」，「如此」作「無佩字」，無「此本巾字誤同」。

❹南昌本校語首「作洟」作「洟誤作咦」，無「此本洟誤咦」。

❺南昌本「閩」下增「本」字，無「監」下「毛」字。

❻南昌本「作二」作「同」，無「此本二誤一」，「毛本」下「同」字作「二誤一」。

❼南昌本出文無「其」字。校語「有其字」上有「肉上」，「其字脱」作「誤脱」。

❽南昌本出文「柤」作「楂」。校語移「嘉靖本」句、「閩、監、毛本」句、「衛氏集説」句於「惠棟挍宋本」句上，「毛本作楂梨」作「毛本同」，「如此」作「楂作柤」，無「此本柤梨作楂黎」，「釋文」上有「案」字。

❾南昌本出文「柤」作「椇」。

❿南昌本出文「柤」作「椇」。校語「作柤」上有「椇」字，「柤誤椇」作「誤也」。

⓫南昌本出文改作「亦不能依次也」，上提一格。校語「此行在疏亦不能依次也之後」改作「此下標禮記正義卷第三十七終」。

⓬南昌本下有校語「惠棟挍宋本自此節起至女子十年不出節止爲第三十八卷。卷首題禮記正義卷第三十八」。

禮記注疏校勘記卷二十八

內則

28—001 膾春用葱節　惠棟挍云：宋本分「不食雛鼈」以下至「柤棃曰攢之」爲一節，「牛夜鳴」以下至「鹿胃」爲一節，「肉腥」以下至「柔之」爲一節，「羹食」以下爲一節。

002 春用葱　石經同。岳本同。嘉靖本同。衛氏集說同。閩、監、毛本「葱」作「蔥」，下「葱」字同。

003 膏用薤　閩、監本同。石經同。岳本同。衛氏集說同。惠棟挍宋本、宋監本、毛本「薤」並作「韰」，嘉靖本同。釋文出「用韰」，云「俗本多作『薤』，非也」。浦鏜挍云「薤」當從毛本作「韰」。

004 脂肥凝者　閩、毛本同。岳本同。嘉靖本同。衛氏集說同。監本「凝」誤「疑」。×

005 爾雅謂之椴　閩、毛本同。岳本同。嘉靖本同。衛氏集說同。監本「椴」誤「投」。×

006 鶉羹雞羹　各本同。石經同。釋文出「鶉雞羹」，云「本又作『鶉羹雞羹』」。

007 狸去正脊　閩、監、毛本同。嘉靖本同。衛氏集說同。石經「狸」作「貍」，岳本同，惠棟挍宋本同，宋監本同。

008 兔去尻　石經同，岳本同，嘉靖本同，釋文亦作「尻」。閩、監、毛本「尻」誤「尻」，衛氏集說同。

009 柤棃曰攢之　閩、監本同。石經同。嘉靖本同。衛氏集說同。毛本「棃」作「梨」，岳本同。❶

010 烏皫色而沙鳴　各本同。石經同。釋文出「麃」，云「本又作『皫』」。

011 泠毛毳毛別聚旃不解者也　惠棟挍宋本作「旃」，宋監本同，岳本同，衛氏集說同，考文引足利本同。此本「旃」誤「於」，閩、監、毛本同，嘉靖本同。

012 鴞奥脾肶也　閩、監、毛本同。岳本同。嘉靖本同。衛氏集説同。考文引古本「肶」作「肶」，釋文亦作「肶」。段玉裁挍云「肶」作「肶」者誤。

013 庶羞乃異耳　惠棟挍宋本作「乃」，宋監本同，岳本同，嘉靖本同，衛氏集説同，考文引古本、足利本同。此本「乃」誤「亦」，閩、監、毛本同。

014 謂五十始命未甚老也　各本同。毛本「老」誤「者」。

015 膾春至無蓼　惠棟挍宋本無此五字。

016 用雞爲羹鴐者　閩、毛本同。監本「鴐」誤「駕」。

017 言鶉羹鷄羹及烝之等　閩、毛本同。監本「鶉」誤「鴞」。

018 數數布陳撰省視之　閩本同。惠棟挍宋本同。監、毛本「陳」作「揀」，衛氏集説同。

019 桃多毛拭治去毛　閩、監本同。衛氏集説同。毛本上「毛」誤「芼」。

020 牛夜至鹿胃　惠棟挍宋本無此五字。

021 此一節論腥臊羶臭　惠棟挍宋本作「腥臊」，衛氏集説同。此本「腥臊」誤「臊臊」，閩、監、毛本作「臊腥」。

022 牛好夜鳴　惠棟挍宋本有「好」字。衛氏集説同。此本「好」字脱，閩、監、毛本同。

023 黑謂馬脊黑　惠棟挍宋本同。衛氏集説同。閩、監、毛本「謂」上衍「脊」字。

024 猶比於驪姬之惡也　惠棟挍宋本作「猶」。此本「猶」作「蕕」，閩、監、毛本同。❷

025 在野舒翼飛遠者爲鵝　閩、監、毛本同。段玉裁挍本「鵝」改「雁」。

026 或曰至柔之 惠棟挍宋本無此五字。

027 皆牒而不切麋爲辟雞 閩、監、毛本同。衛氏集說「麋」作「麕」。按,「麕」字是也。

028 羹食至坫一 惠棟挍宋本無此五字。

029 鼎十有二物皆有菹 閩、監、毛本同。浦鏜挍「菹」改「俎」。按,浦鏜是也。

030 故於房中減降於天子 惠棟挍宋本作「降」,考文云補本亦作「降」。此本「降」誤「殺」,閩、監、毛本同。

凡養老有虞氏以燕禮節

031 八十齊喪之事弗及也 惠棟挍宋本作「喪」,石經同,岳本同,嘉靖本同,衛氏集說同,考文引古本、足利本同。此本「喪」誤「衰」,閩、監、毛本同。釋文亦作「齊喪」。

032 凡養至養老 惠棟挍宋本無此五字。

033 愼疑不敢删易也 閩、監本同。毛本「愼」誤「傎」。

曾子曰節

034 曾子至人乎 惠棟挍宋本無此五字。

凡養老五帝憲節

035 有讀爲又 惠棟挍宋本如此,宋監本同,岳本同,嘉靖本同,衛氏集說同。考文云補本亦作「讀」,古本、足利本同。此本「讀」誤「善」,閩、監、毛本「讀」亦誤「善」,「又」誤「法」。

036 又從之求善言可施行也 惠棟挍宋本作「可」,宋監本同,岳本同,嘉靖本同,考文云補本亦作「可」,古本、足利本同。此本「可」誤「吁」。閩、監、毛本「可」誤「以」,衛氏集說同。

037 惇史史惇厚是也 閩、監、毛本同。岳本「是」作「者」,嘉靖本同,考文引補本、古本、足利本同。惠棟挍宋本亦作「者」,「惇厚」作「孝厚」,

宋監本同。浦鏜從大雅行葦疏挍「是」亦改「者」，通典六十七引此注作「惇史史孝厚者也」。

038 凡養至惇史　惠棟挍宋本無此五字。

039 就氣息身體　惠棟挍宋本作「身」，衛氏集説同。此本「身」誤「自」，閩、監、毛本同。×

040 淳熬節　惠棟挍云：「淳熬」節、「炮取豚」節、「擣珍」節、「爲熬」節、「糝取牛」節宋本合爲一節。

041 淳毋　閩本同。石經同。岳本同。嘉靖本同。衛氏集説同。監、毛本「毋」誤「母」，注疏放此。石經考文提要云：按，正義「毋是禁辭，非膳羞之體，故讀從模」，宋本九經、南宋巾箱本並作「毋」。

042 淳熬至淳毋　惠棟挍宋本無此五字。

043 使其湯　各本同。石經同。釋文出「使湯」，云「一本作『使其湯』」。

044 將當爲牂牂牡羊也　閩、監、毛本同。岳本同。嘉靖本同。衛氏集説同。惠棟挍宋本「牂牂牡」作「牂牂牝」，宋監本同，考文引古本、足利本「牡」亦作「牝」。

045 柔之爲汁和也　惠棟挍宋本作「汁」，宋監本同，岳本同，嘉靖本同，衛氏集説同，考文引補本、古本、足利本同。此本「汁」誤「升」，閩、監、毛本同。×

046 汁和亦醢醢與　各本同。釋文出「醢與」，是釋文本無「醢」字。

047 湛諸美酒　各本同，釋文亦作「湛」，石經「湛」闕筆作「湛」，顧炎武云避敬宗諱。

048 正義曰炮取豚若將者　惠棟挍宋本無「正義曰」三字。

049 或取豚或取牂　閩本同。惠棟挍宋本同。監、毛本「牂」作「牂」，下「豚牂牂聲」、「則此牂」並同。

050 小鼎盛膏以膏煎豚牂　閩、監、毛本同。浦鏜從衛氏集説「膏煎」改「煎熬」。

051 以洒諸上　各本同。石經同。衛氏集説「洒」作「灑」。

052 此周禮糝食也　各本同。釋文「糝」作「糁」。

053 舉燋其膋　各本同。石經同。釋文出「舉焦」，云「字又作燋」。

054 以與稻米爲酏　各本同。石經同。釋文出「爲酏」。段玉裁云：經文「酏」字，鄭時本作「餈」，周官醢人注引内則正作「餈」字，正義引禚問志云「内則餈次糝」，又云「内則有『餈』無『酏』，周禮有『酏』無『餈』，明『酏』、『餈』是一，故破『酏』從『餈』」，然則周禮注本作「酏，當爲餈」，今脱「當爲」二字，而内則「餈」字，淺人改爲「酏」字，不知注内此「酏」正謂周禮「酏」字而誤會也，又云「糗餌粉酏」，注云「此『酏』當爲『餰』，以稻米與狼臅膏爲餰是也」。本篇更可證記文「酏」字之誤，注「此酏當從餈」，『此』字賸謂周禮之「酏」當從内則作「餈」，前注云「此酏」者，以別于「黍酏」也。

055 正義曰三如一者　惠棟挍宋本無「正義曰」三字。

056 羞豆之實酏食糝食　閩、監本同。考文引宋板同。毛本「實」誤「食」。

禮始於謹夫婦節

057 男女不同椸枷　各本同。石經同。釋文出「同杝」，云「本又作『椸』」。

058 竿謂之椸　各本同。監本「竿」誤「年」。

059 年未滿五十　各本同。石經同。釋文出「年未五十」，云「本又作『年未滿五十』」。

060 禮始至當夕　惠棟挍宋本無此五字。

061 則婦六十以上　惠棟挍宋本作「上」。此本「上」誤「下」，閩、監、毛本同。

妻將生子節

062 側室謂夾之室次燕寢也　閩、監、毛本同。嘉靖本同。衛氏集説同。惠棟挍宋本「夾」作「夫」，岳本同，考文引古本同，通典六十八作「夫之室」。

063 妻將至女否　惠棟挍宋本無此五字。

064 從此以下終篇末　毛本同。衛氏集説同。閩、監本「末」誤「未」。

國君世子生節

065 國君至食子　惠棟挍宋本無此五字。

凡接子擇日節

066 凡接至一等　惠棟挍宋本無此五字。

異爲孺子室於宮中節

067 必求其寬裕慈惠　閩、監本同。石經同。衛氏集説同。毛本「裕」誤「裕」，岳本同，嘉靖本同。

068 異爲至不往　惠棟挍宋本無此五字。

069 三月之末節　惠棟挍云：「三月之末」節、「姆先相」節，宋本合爲一節。

070 夾𡿺曰角　惠棟挍宋本同。岳本同。嘉靖本同。閩、監本「𡿺」作「囟」。衛氏集説同。考文引古本、足利本同。釋文出「夾囟」。毛本「𡿺」誤「自」。盧文弨云作「囟」是。○按，依説文當作「⊠」，其字象小兒腦不合。段玉裁曰：説文人部「兒」下亦云「从儿，上象小兒頭腦未合也」，九經字樣云「説文作『⊠』，隸變作『囟』，今字多譌作『囟』，所謂象小兒腦不合者不可見矣」。

071 三月至東面　惠棟挍宋本無此五字。

072 云夾𡿺曰角者　惠棟挍宋本同。閩、監、毛本「𡿺」作「囟」，下「𡿺是首腦」、「夾𡿺兩旁」並同。

073 故説文云十其字象小兒腦不合也

閩、監、毛本同。衛氏集説同。段玉裁挍「十」改「兒」。

姆先相曰節

074 咳而名之　閩、監、毛本同。石經同。岳本同。嘉靖本同。衛氏集説同。惠棟挍宋本「咳」作「孩」。釋文出「孩而」，云「字又作『咳』」。讀書脞録續編云：「按，孝經聖治章疏引内則『孩而名之』。説文云『孩，小兒笑也』，謂指其頤下令其笑而爲之名，當作『孩』爲是。衆經音義九云『咳，古文作孩』。」按，孫志祖説是也，通典六十八引亦作「孩而名之」。

075 姆先至適寢○正義曰　惠棟挍宋本無「正義曰」三字。

076 世子生節　惠棟挍云：「世子生」節、「適子」節，宋本合爲一節。

077 世子至乃降　惠棟挍宋本無此五字。

078 與君同著朝服　惠棟挍宋本作「與」，衛氏集説同。此本「與」誤「是」，閩、監、毛本同。

079 則少牢禮髲鬌是也　惠棟挍宋本作「髲」。此本「髲」誤「髮」，閩、監、毛本同，衛氏集説同。浦鏜云：經文作「被錫」，注云「讀爲髲鬌」。○按，段玉裁云「髲鬌」當作「髲鬄」。❸

080 古者或剔賤者刑者之髲爲之　按，段玉裁挍儀禮「剔」作「鬄」。

081 首服副　惠棟挍宋本作「首」。此本「首」誤「是」，閩、監、毛本同。

適子庶子節

082 適子至無辭○正義曰　惠棟挍宋本無「正義曰」三字。

凡名子節

083 諱衣中之疾難爲醫也　閩、監、毛本同。

岳本同。嘉靖本同。衛氏集説同。通典六十八引作「謂衣中之疾難以醫也」。

084 凡名至同名　惠棟挍宋本無此五字。×

085 此一節論子名之法　閩、監、毛本同。衛氏集説「子名」作「名子」。

妾將生子節

086 妾將至入御　惠棟挍宋本無此五字。

087 但夫人燕寢　閩、監、毛本同。惠棟挍宋本「人」作「之」，衛氏集説亦作「之」。

公庶子生節 ×

088 問於中繻也　閩、毛本同。岳本同。嘉靖本同。監本「繻」誤「編」。×

089 公庶至名之　惠棟挍宋本無此五字。×

庶人無側室者節 ×

090 庶人至異也　惠棟挍宋本無此五字。×

凡父在節 ×

091 凡父至無辭　惠棟挍宋本無此五字。×

食子者節 ×

092 食子至其子　惠棟挍宋本無此五字。×

由命士以上節 ×

093 由命至其首　惠棟挍宋本無此五字。×

094 然後始見適子庶子　閩、監、毛本同。衛氏集説同。惠棟挍宋本「後」作「后」。×

子能食食節

095 子能至鞶絲　惠棟挍宋本無此五字。

096 鞶必垂厲以爲飾　閩、毛本同。監本「飾」誤「節」。×

097 謂彼都人之士垂此紳帶　惠棟挍宋本有「人」字。此本「人」字脱，閩、監、毛本同。

六年教之數節

098 學書計　閩、監本作「計」，惠棟挍宋本同，石經同，岳本同，衛氏集説同，考文引古本、足利本同。此本「計」誤「記」，毛本同，嘉靖本同。❹

099 請肄簡諒　各本同。石經同。釋文出「請肄」，云「本又作『肄』」。

100 外傅教學之師也　各本同。毛本「傅」誤「傳」。

101 左陽　閩、監本同。岳本同。嘉靖本同。考文引古本同。毛本「陽」下衍「也」字。

102 六年至左手　惠棟挍宋本無此五字。

103 熊氏云勺籥也　閩、監本如此，惠棟挍宋本同。此本「籥」誤「篇」，毛本「勺籥」誤「一篇」。❺

104 學此舞籥之文舞也　閩、監本作「籥」，考文引宋板同，衛氏集説同。此本「籥」字闕，毛本「籥」作「勺」。

105 舞象謂舞武也　考文引宋板同。閩、監、毛本「舞武」作「武舞」，衛氏集説同。

106 言年壯仕宦行其常事　惠棟挍宋本作「宦」。此本「宦」誤「官」，閩、監、毛本同，衛氏集説同。

107 無所謙孫　惠棟挍宋本作「無所」，衛氏集説同，通解同。此本「無」作「无」，「所」字「脱」，閩、監、毛本「無所」誤「要」字。❻

女子十年不出節

108 以禮見問　惠棟挍宋本作「見」，宋監本同，岳本同，嘉靖本同，通解同，考文引補本、古本、足利本同。此本「見」誤「則」。閩、監、毛本「見」作「聘」，衛氏集説同。❼

109 女子至右手　惠棟挍宋本無此五字。

110 禮記正義卷第三十八終　惠棟挍宋本此行在疏「漢時行之也」之後，記云凡

二十七頁。❽

禮記卷第八經六千六百八十三字注七千一百七字　宋監本。×

禮記卷第八經六千七百四十三字注七千三十三字　嘉靖本。×

校　記

❶南昌本出文「棃」作「梨」。

❷南昌本出文「猶」作「蕕」。校語移「閩、監、毛本」句於「惠棟挍宋本」句上，「作猶」上有「蕕」字，無「此本猶作蕕」。

❸南昌本出文「髪」作「髮」。校語「作髪」上有「髮」字，「髪誤髮」作「誤」。

❹南昌本出文「計」作「記」。校語移「毛本」、「嘉靖本」句於「閩、監本」句上，「作計」上有「記」字，「此本計誤記」作「記字誤也」。

❺南昌本出文「篇」作「篇」。校語「如此」作「篇改篇，是也」，無「此本篇誤篇」。

❻南昌本出文「無」作「无」。校語「作無所」上有「无」字，無「所」字，下有「無下有所字」，「此本無作无，所字脱」作「此本誤脱」。

❼南昌本出文「見」作「則」。校語「作見」上有「則」字，無「此本見誤則」。無「毛本」下「見」字。

❽南昌本出文改作「附釋音禮記注疏卷第二十八終」，上提三格。校語「此行在疏漢時行之也之後」改作「此下標禮記正義卷第三十八終」。「頁」下有「宋監本禮記卷第八，經六千六百八十三字，注七千一百七字。嘉靖本禮記卷第八，六千七百四十三字，注七千三十三字」。

禮記注疏校勘記卷二十九

29—001 禮記正義卷第三十九　惠棟挍宋本。❶

玉藻第十三　天子玉藻節

002 祭先王之服也　各本同。監本「王」誤「至」。

003 龍卷畫龍於衣　各本同。監本「畫」誤「晝」。

004 閏月則闔門左扉　各本同。石經同。釋文出「則闔左扉」，云「一本作『闔門左扉』」。

005 東門南門皆謂國門也　宋監本亦作「謂」，惠棟挍宋本同，岳本同，嘉靖本同，考文引補本、古本、足利本同。閩、監、毛本「謂」誤「爲」，衛氏集説同。

006 皆用白旒珠　閩、毛本同。衛氏集説同。惠棟挍宋本「旒」作「旋」，監本亦作「旒」，「用」誤「周」。

007 用三十升之布染之　惠棟挍宋本作「用」，衛氏集説同。此本「用」字闕，閩、監、毛本「用」誤「以」。

008 但延之與板　閩、監本同。考文引宋板同。毛本「與」誤「於」，衛氏集説同。

009 是解延不解冕也　惠棟挍宋本同。閩、監、毛本「是」字脱。

010 少采夕月則無以言之　惠棟挍宋本亦作「少」，毛本同，閩、監本「少」誤「小」。

011 其制同又按明堂位　惠棟挍宋本作

「又」，考文引補本同。此本「又」誤「文」，閩、監、毛本同。❷

012 几侯于東箱者鄭荅趙商　惠棟挍宋本作「几」。此本「几」誤「凡」，閩、監、毛本同，下「几侯」倣此。×

013 若然宣王之後路寢制如明堂　閩、監本同。考文引宋本同。毛本「然」誤「言」。×

014 以草蓋屋　閩、監、毛本同。盧文弨據明堂位疏云「草」當作「茅」。

015 所以朝諸侯　閩、監本同，惠棟挍宋本亦作「侯」，毛本「侯」誤「代」。×

016 其外名曰辟廱　閩、監、毛本同。盧文弨據明堂位疏「外」下增「有水」二字。

017 南北七筵　惠棟挍宋本作「七」，考文引補本同。此本「七」誤「十」，閩、監、毛本同。×

018 謹按今禮古禮各以其義說說無明文以知之　閩、監本同。毛本「以」誤「有」，考文引宋板亦作「以」。盧文弨云「說」字不當重。齊召南云「說無明文」當作「經無明文」。

019 及其下顯與本異章　閩、監、毛本同。盧文弨挍云「本異章」疑是「本書異」。

020 似秦相呂不韋作春秋時　惠棟挍宋本作「似」。此本「似」誤「以」，閩、監、毛本同。×

021 今說立明堂於巳由此爲也　閩、監、毛本同。齊召南挍云：按，以明堂位疏推之，當作「今漢立明堂於丙巳」，此疏「說」字係「漢」字之訛，「巳」上又脫「丙」字。

022 火土用事交於中央　惠棟挍宋本作「火」。此本「火」誤「水」，閩、監、毛本同。×

023 金土用事交於西南　閩、監本作「土」。此本「土」誤「上」，毛本同。×

024 生民之道於是乎在　閩、監本同。考文引宋板同。毛本「在」誤「再」。

025 而因告朔二者皆失　閩本同。監、毛本「二」誤「三」。

026 皆謂朝廟而因告朔　閩、監本同。考文引宋板同。毛本「廟」誤「朔」。

027 案太史云閏月　惠棟挍宋本作「案」，衞氏集說同。此本「案」誤「樂」，閩、監、毛本同。

028 皇氏云明堂有四門　閩、監本同。毛本「皇」誤「星」。

皮弁以日視朝節

029 餕食朝之餘也奏奏樂也　閩、監、毛本同。岳本同。嘉靖本同。盧文弨挍云：注十字，宋本在「日少牢」下。

030 春秋尚書其存者　惠棟挍宋本同。嘉靖本同。續通解同。考文引補本、古本、足利本同。閩、監、毛本「其」作「具」，岳本同，衞氏集說同。

031 而食餕尚奏樂即朝食奏樂可知也　閩本同。監、毛本無「而食餕尚奏樂」六字。

032 以月朔禮大故加用大牢　惠棟挍宋本作「故」，衞氏集說同。此本「故」誤「於」，閩、監、毛本同。

033 皆有俎有三牲備　閩、監、毛本同。衞氏集說下「有」作「則」。

034 或天子同諸侯等所施不同故鄭據　閩、監、毛本同。按，「同諸侯」之「同」當作「與」。孫志祖云「同，周禮膳夫疏作『與』，是也」，又云：「禮數不同難以據也，此疏『故鄭』二字疑誤。」惠棟挍云「故鄭據」三字衍。浦鏜挍作「故難據也」。

035 尚書記言語之事　閩、監、毛本同。衞氏集説同。惠棟挍宋本作「言誥」，考文引補本亦作「誥」。按，下「是皆言誥之事」並作「誥」，則此處「語」字亦當作「誥」。

036 内史掌王之八枋　惠棟挍宋本同。閩、監、毛本「枋」作「柄」。○按，周禮以「枋」爲「柄」，古音方聲、丙聲同十部也。❸

037 右史紀事左史記言與此正反　閩、監、毛本「紀」作「記」。閩、監本「與」字同，毛本「與」誤「於」，考文引宋本亦作「與」。

諸侯玄端以祭節

038 皮弁以聽朔於太廟　閩、監、毛本同。石經同。岳本同。嘉靖本同。衛氏集説同。惠棟挍云「皮弁以聽朔於大廟」經注十四字宋本皆脱。

039 五俎四簋　各本同。石經同。釋文出「四簠」，云「本或作『簋』」。

040 加羊與其腸胃也　各本同。釋文出「腸胃也」，云「音胃」。

041 則日食粱稻各一簋而已　閩本作「一」，惠棟挍宋本同，岳本同，嘉靖本同，考文引補本、古本、足利本同。此本「一」誤「二」，監、毛本同，衛氏集説同。「粱稻」字各本俱作「粱」，惟閩本、岳本作「粱」，此本「稻」字闕，衛氏集説「粱稻」作「稻粱」。×

042 云唯魯與天子同者　閩、監本同。考文引宋板同。毛本「同」誤「司」。×

043 則祭微子以下亦玄冕　閩、監本同。考文引宋板同。毛本「玄」誤「云」。×

044 大袞爲上其餘爲裨　惠棟挍宋本作「裨」。此本「裨」誤「埤」，閩、監、毛本同，衛氏集説同。按，覲禮注作「裨」。×

045 此諸侯聽朔於大廟　閩、監、毛本同。惠棟挍宋本「此」作「故」。盧文弨云宋作「故」非。

046 凡每月以朔告神　惠棟挍宋本作

「凡」，衛氏集説同，考文引補本同。此本「凡」誤「兄」，閩、監、毛本「凡」誤「況」。×

047 又朝服互相明也　閩、監、毛本同。衛氏集説同。惠棟挍宋本「互」作「三」。盧文弨云「三」或即「參」之誤。×

048 諸侯亦當有日中　閩、監、毛本同。衛氏集説「有」作「言」。

049 知五俎加羊與其腸胃者　閩、監本同。考文引宋板同。毛本「羊與」誤「言於」。×

050 及朔食牲牢　惠棟挍宋本作「牢」。此本「牢」誤「之」，閩、監、毛本同。×

君無故不殺牛節

051 無復揔科　惠棟挍宋本作「科」，考文引補本同。此本「科」誤「利」。閩、監、毛本「科」作「別」，衛氏集説同。❹

052 若待賓客　閩、監本同。衛氏集説同。毛本「待」誤「得」。×

053 饗食亦在其中　惠棟挍宋本作「食」，衛氏集説同，考文引補本同。此本「食」誤「飯」，閩、監、毛本同。❺

年不順成節 ×

054 殷則關恒譏而不征　惠棟挍宋本亦作「恒」，宋監本同，岳本同，嘉靖本同，考文引補本、古本、足利本同。閩、監、毛本「恒」誤「但」，衛氏集説同。「殷」字各本不誤，監本誤「股」。

055 搢插士笏　惠棟挍宋本作「士」，衛氏集説同，考文引補本同。此本「士」誤「上」，閩、監、毛本同。×

056 梁謂津梁　閩、監本同。衛氏集説同。毛本上「梁」誤「津」。×

057 亦不課稅也　閩、監、毛本如此，此本「也」字闕，惠棟挍宋本無「也」字。

058 若人食二鬴則猶興土功也　惠棟挍宋本作「二」，衛氏集説同。此本「二」誤「三」，閩、監、毛本同。×

059 云殷則闕恒譏而不征者　惠棟挍宋本同。閩、監、毛本「恒」誤「但」。×

卜人定龜節

060 視兆坼也　惠棟挍宋本、宋監本亦皆作「坼」，岳本同，衛氏集説同，釋文出「兆坼」。閩本「坼」誤「拆」。監、毛本誤「圻」，嘉靖本同。

061 定之者定其所當用　惠棟挍宋本如此，衛氏集説同。此本下「定」字脱，閩、監、毛本同。

062 若卜從墨　閩、監、毛本作「卜」，衛氏集説同，此本「卜」誤「下」。×

063 而兆廣謂之卜從　惠棟挍宋本作「卜」，衛氏集説同。此本「卜」誤「下」，閩、監、毛本同。×

064 但拆是從墨　閩本同。監、毛本「拆」作「坼」，下「拆」字倣此。

065 小坼稱爲兆璺也　閩、毛本同。監本「璺」誤「舋」。

066 周公代其請命　惠棟挍宋本作「命」。此本「命」誤「會」，閩、監、毛本同。×

君羔幦虎犆節

067 此經或有齊字者若誤也　閩、監、毛本同。惠棟挍宋本無「若」字，續通解同。○按，無「若」字者是也。

068 則亦齊車之飾　惠棟挍宋本作「則」，衛氏集説同。此本「則」字闕，閩、監、毛本「則」誤「知」。

069 據以虎皮飾幦　惠棟挍宋本作「幦」，考文引補本同。此本「幦」誤「臂」，閩、監、毛本

同。×

君子之居恒當户節

070 沐靧必進機作樂盈氣也　惠棟按宋本作「樂」，宋監本同，岳本同，嘉靖本同，毛本同，衛氏集説同。此本「樂」誤「音」，閩、監本同。×

071 蒯席澀　閩、監、毛本作「澀」，岳本同，衛氏集説同。此本「澀」作「澁」，嘉靖本同，疏放此。

072 連猶釋也　惠棟按宋本作「釋」，宋監本同，岳本同，嘉靖本同，衛氏集説同，考文引古本、足利本同，正義亦作「釋」。此本「釋」誤「同」，閩、監、毛本同。×

073 命所受君命者也　閩、監、毛本同。衛氏集説同。惠棟按宋本無「者」字，考文引古本、足利本同，宋監本同。

074 爲失忘也　惠棟按宋本作「也」，宋監本同，岳本同，嘉靖本同，衛氏集説同，考文引古本、足利本同。此本「也」誤「反」，閩、監、毛本同。❻

075 日五盥者　毛本作「日」，此本「日」誤「曰」，閩、監本同。×

076 取稷粱之潘汁　惠棟按宋本同。閩、監、毛本「潘」作「湯」，衛氏集説同。

077 又人君沐靧皆粱也　閩、監、毛本同。通解「又」作「若」。惠棟按宋本「皆」作「者」。❼

078 是以籩人羞籩之下　閩、毛本同。監本「人」誤「入」。×

079 浴時入盆中浴　閩、監本同。毛本「入」誤「八」。×

080 言釋去足垢而用湯闌也　閩、監、毛本同。衛氏集説同。惠棟按宋本「闌」作「爛」。

081 皇氏載諸所解皆不同　閩本同。考文引宋板同。監、毛本「皆」誤「者」。×

082 出登所乘之車有光煇也　惠棟挍宋本作「也」。此本「也」誤「色」，閩、監、毛本同，衛氏集説同。

天子搢珽節　×

083 珽之言珽然無所屈也　閩、監、毛本同。岳本同。嘉靖本同。衛氏集説同。段玉裁挍本云「珽然」之「珽」當作「挺」。

084 相玉書曰　各本同。毛本「玉」誤「王」。×

085 珽玉六寸明自炤　各本同。釋文出「珽」，云「本又作『珵』」。惠棟云王逸引之作「珵」。

086 終葵首謂椎頭也　閩、監、毛本同。考文引補本「首」作「者」。

087 故許慎説文玉椎擊也　閩、監、毛本同。段玉裁挍本「玉」改「云」。

088 廣於珽身頭頭方如椎　閩、監、毛本同。盧文弨云「頭」字不當重。浦鏜挍云一「頭」字疑在「廣」字上。

089 此珽玉光自炤於内　惠棟挍宋本作此。此本「此珽」二字闕，閩、監、毛本作「唯珽」。×

090 内含明也　閩、監本同。惠棟挍宋本同。衛氏集説同。毛本「含」誤「舍」。×

091 大夫士又杼其下首廣二寸半是也　惠棟挍宋本如此。此本「又」誤「文」，「首」誤「者」，「半」字脱，「也」字誤在「是」字上，閩、監本同，毛本亦同，惟「是也」二字不倒。❽

侍坐則必退席節

092 黨鄉之細者退謂旁側也辟君之親黨也○　閩、監、毛本同。岳本同。嘉靖本同。衛氏集説同。釋文出「黨鄉之細也退謂傍側也」，云「一本或作『黨，鄉之細者，謂傍側也。辟君之親黨』」。今注疏本與釋文二本並不同，此本「親黨也」下隔「○」列釋文，閩、監、毛本誤以釋文爲注，惠棟挍宋本亦無「○」下二十八字也。

093 自此以下至士側尊用禁　閩、監本同。考文引宋板同。毛本「至」誤「之」。

094 則退就側席　閩本同。惠棟挍宋本同。衛氏集説同。監、毛本「就」誤「受」。

095 居在鄉之旁側　惠棟挍宋本作「在」。此本「在」誤「其」，閩、監、毛本同。

096 黨謂君之親黨　惠棟挍宋本作「謂」，衛氏集説同。此本「謂」誤「爲」，閩、監、毛本同。

097 又鄉飲酒記云　惠棟挍宋本如此，衛氏集説同。此本「又」下衍「按」字，閩、監、毛本同。❾

098 啐酒席末因從北方降　惠棟挍宋本作「因」。此本「因」誤「月」，閩、監、毛本「因」誤「自」。❿

099 解食所以近前之意　惠棟挍宋本作「食」。此本「食」誤「席」，閩、監、毛本同，衛氏集説同，「解」上有「又」字。

100 嘗羞畢而歠飲　惠棟挍宋本作「畢」，衛氏集説同。此本「畢」誤「卑」，閩、監、毛本同。

101 則君使膳宰自嘗羞　閩、監、毛本同。惠棟挍宋本「君」下有「若」字。

102 恐有殽粒汚著之也　閩、毛本同。衛氏集説同。監本「殽」誤「殺」。

103 取粱與醬以降　惠棟挍宋本同。衛氏集説同。閩、監、毛本「粱」誤「飯」。

104 非所當得是也　惠棟挍宋本如此，衛氏集説同。此本「是」誤「食」，閩本同。監、毛本「所」誤「謂」，「是」誤「食」。

105 則徹以授主人相者　惠棟挍宋本作

「人」，衞氏集説同。此本「人」誤「主」，閩、監、毛本同。

106 **故曲禮云** 閩、監本同。考文引宋板同。毛本「曲」誤「客」。

凡侑食不盡食節

107 **若祭爲己偞卑** 閩、監、毛本同。石經同。嘉靖本同。衞氏集説同。岳本「偞」作「僷」，考文引古本、足利本同，釋文出「己僷」。石經考文提要云：宋本九經、南宋巾箱本並作「僷」。

108 **祭之爲大有所畏迫** 惠棟挍宋本作「大」，岳本同，嘉靖本同，衞氏集説同，毛本同，考文引古本、足利本「大」作「太」。此本「大」誤「或」，閩、監本同。釋文出「猶大」，云「下同」，正謂此「大」，是釋文本亦作「大」字也。⓫

君若賜之爵節

109 **隱辟而后屨** 各本同。石經同。釋文出「而屨」，云「一本作『而後屨』」。

110 **俛逡巡而退著屨也** 各本同。釋文出「巡」作「遁」，云「音巡」。○按，「遁」正字，「巡」假借字。

111 **在尊南南上** 閩、監本作「南上」，岳本同，嘉靖本同，衞氏集説同，毛本「南上」誤「面上」，此本訛脱。

112 **己乃授虚爵與相者也** 惠棟挍宋本同。考文引補本同。閩、監、毛本「授」誤「受」。

113 **示不敢先君盡爵** 惠棟挍宋本作「示」，衞氏集説同。此本「示」誤「亦」，閩、監、毛本同。

114 **受一爵以至三爵而退** 惠棟挍宋本作「以」。此本「以」誤「而」，閩、監、毛本同，

115 **既受二爵顔色稍和** 毛本同。衞氏集説亦作「二」，閩、監本「二」誤「三」。

116 唯已止三爵　閩、監、毛本同。惠棟挍宋本「止」作「上」，衛氏集説作「唯止三爵」，無「已」字。按，「止」字是。

117 謂蜡祭時也　閩、監本如此，衛氏集説同，考文引宋板同。此本「時」字在，「謂蜡祭」三字闕，毛本「時」誤「是」。

118 在賓主兩楹間旁側夾之　惠棟挍宋本作「間」，衛氏集説同，考文引補本同。此本「間」字脱，閩、監、毛本「間」誤「之」。

119 若側尊近於君南北列之　閩、監本作「若」，惠棟挍宋本同，衛氏集説同。此本「若」誤「君」，毛本同。

120 鄉飲酒義云　惠棟挍宋本作「鄉」，衛氏集説同，考文引補本同。此本「鄉」誤「釋」，閩、監、毛本「鄉」字脱。

121 賓主共之也　惠棟挍宋本作「賓」，衛氏集説同，考文引補本同。此本「賓」誤「客」，閩、監、毛本同。

122 椼今木轝　惠棟挍宋本作「木」，衛氏集説同。此本「木」誤「本」，閩、監、毛本同。

123 始冠緇布冠節　惠棟挍云：「始冠」節、「垂緌」節，宋本合爲一節。

124 紕讀如埤益之埤　各本同。毛本「紕」誤「縞」。

125 必知孤亦玄冠齊者　惠棟挍宋本作「知」，此本「知」誤「如」，閩、監、毛本同。

126 以諸侯尚玄冠齊　閩、監本同。毛本「尚」作「同」。

127 絺冕祭則玄冕齊　惠棟挍宋本作「絺」，此本「絺」誤「綏」，閩、監、毛本同。

128 故鄭志荅趙商問云　閩、監、毛本同。惠棟挍宋本無「荅」字。

129 祭時亦一冠　孔廣森云「亦」疑當作「又」。

130 故云子姓　閩、監、毛本同。惠棟挍宋本「云」作「曰」。

131 正義曰紕緣邊者　惠棟挍宋本同。閩、監、毛本「紕」誤「組」。

132 身著朝服首著縞冠　閩本同。惠棟挍宋本同。監、毛本「首」誤「者」。

垂緌五寸節

133 親沒不髦　各本同。石經同。釋文出「不旄」。

134 紀者雜厠其間　閩、監、毛本同。惠棟挍宋本「紀」改「記」。

135 以祭周公用白牡　惠棟挍宋本作「白牡」，衛氏集説同。此本「白」字不誤，「牡」誤「牲」，閩、監本同。毛本「白牡」誤「八牲」。

136 是魯用殷禮　閩本同。惠棟挍宋本同。衛氏集説同。監、毛本「魯」誤「曾」。

朝玄端節

137 袂口也　閩本同。惠棟挍宋本同。岳本同。嘉靖本同。衛氏集説同。監本「袂」誤「袟」，毛本「袂」誤「袪」。

138 袂尺二寸者袪謂深衣袂口　惠棟挍宋本作「袪尺」、「袪謂」，毛本同，監本「袪」字並誤作「袂」。

139 但其裳以素耳　惠棟挍宋本同。閩、監、毛本「耳」作「爾」，衛氏集説同。

140 比寬頭嚮下　閩、監、毛本同。衛氏集説「比」作「此」。

141 裳上屬幅而上　惠棟挍宋本如此。此本「裳上」誤「裳下」，閩、監、毛本同，衛氏集説同。

142 且從先儒之義　惠棟挍宋本作「義」，衛氏集説同。此本「義」誤「業」，閩、監、毛本同。

143 故中衣並用布也　惠棟挍宋本同。衛氏集説同。閩、監、毛本「並」誤「并」。

144 染絲織之也　閩、監本同。毛本「之」誤「衣」。

145 士衣染繒　此本「繒」字不誤，「染」誤「也」，閩、監、毛本「染」字不誤，「繒」誤「繪」。衛氏集説作「染繒」，惠棟挍宋本同。

146 下云居士錦帶者　惠棟挍宋本如此，考文引補本同。此本「下」字闕，閩、監、毛本「云」誤「文」。

147 三月之後別服此玄端玄裳　閩、監、毛本同。衛氏集説「別」作「則」。

148 朱是南方正　惠棟挍宋本作「朱」，考文引補本同。此本「朱」誤「未」。閩、監、毛本「朱」作「赤」，衛氏集説同。

149 碧是西方間　閩、監本同。毛本「西」誤「青」。

150 故讀從袗　閩本同。惠棟挍宋本同。監、毛本「從」誤「爲」。

151 又得爲襌　閩、監本同。惠棟挍宋本同。毛本「襌」誤「袗」。

152 襲裘不入公門節　惠棟挍云：「襲裘」節、「孔子」節，宋本合爲一節。

153 衣有著之異名也　閩本如此，惠棟挍宋本同，宋監本同，岳本同，嘉靖本同，考文引古本同。監、毛本「有」誤「者」，衛氏集説同，此本「有」字不誤，「著」誤「著」。

154 曾子襲裘而弔　閩、監本同。惠棟挍宋本同。毛本「襲」誤「褟」。

155 亦上玄冠紫緌　惠棟挍宋本作「亦」。此本「亦」誤「王」，閩、監、毛本同。

孔子曰朝服而朝節　✕

156 以上文次皆云　閩、監、毛本同。惠棟挍宋本「文」作「之」。

唯君有黼裘節

157 國君有黼裘誓獮田之禮　閩、毛本同。岳本同。嘉靖本同。衛氏集説同。監本「獮」誤「稱」。

158 時大夫又有大裘也　閩、監本同。岳本同。嘉靖本同。衛氏集説同。毛本「又」誤「猶」。

29—159 禮記正義卷第三十九終　惠棟挍宋本著此行在疏「而用黼爲裘也」之後，記云凡二十七頁。⓬

校記

❶南昌本出文改作「附釋音禮記注疏卷第二十九」，上提三格。校語下有「禮記正義卷第二十九」。

❷南昌本出文「又」作「文」。校語「作又」上有「文」字，「補本同」下有「是也」，無「此本又誤文」，「毛本」下「同」字作「並誤」。

❸南昌本出文「史」作「吏」。

❹南昌本「作科」作「同」，無「此本科誤利」。

❺南昌本「作食」作「同」，無「此本食誤飯」，「毛本」下「同」字作「食誤飯」。

❻南昌本無「此本也誤反」，「毛本」下「同」字作「也誤反」。

❼南昌本出文「粱」作「梁」。

❽南昌本出文「又」作「文」，「是也」作「也是」。校語「如此」作「文作又」，「也是」作「是也」，無「此本又誤文，首誤者，半字脱，也字誤在是字上」，「監本」下「同」字上有「與此」，「同」字下有「誤」字。

❾南昌本出文「又」下有「按」字。校語「如此」作「無按

字」，「此本又下衍按字」作「此誤衍按字」。

❿南昌本「作因」作「同」，無「此本因誤月」。

⓫南昌本出文「大」作「或」。校語移「閩、監本」句於「惠棟挍宋本」句上，「作大」上有「或」字，「毛本同」下有「是也」，「足利本大作太」下有「亦誤」，無「此本大誤或」。

⓬南昌本出文改作「而用黼爲裘也」，上提一格。校語「著此行在疏而用黼爲裘也之後」改作「此下標禮記正義卷第三十九終」。

禮記注疏校勘記卷三十

23—001 禮記正義卷第四十　惠棟挍宋本。❶

玉藻

君衣狐白裘節

002 以少爲貴也　閩、監、毛本同。嘉靖本同。衛氏集説同。惠棟挍宋本「貴」作「尊」，岳本同，宋監本同。

003 錦衣亦白　惠棟挍宋本有「亦」字，衛氏集説同。此本「亦」字脱，閩、監、毛本同。

004 是裼衣與裘色相近也　閩、監本同。惠棟挍宋本同。毛本「與」誤「於」。　×

005 諸侯朝天子受皮弁之裼　閩、監、毛本同。浦鏜云「裼」當「錫」字誤。

006 告廟之後則服之　閩、監、毛本同。齊召南云：按文義當作「告廟之後則不服之」，刊本相沿，誤脱「不」字耳，秦風「錦衣狐裘」疏曰「諸侯在天子之朝乃服狐，自歸國則不服之。孔子曰『天子賜諸侯冕弁服於大廟，歸設奠，服賜服』，然則諸侯受天子之賜服，歸則服之以告廟而已，於後不復服之」，足以證此文脱「不」字矣。

007 其在國視朔則素衣麑裘　閩、監本同。毛本「麑」誤「霓」，下「故論語注云素衣麑裘」同。

008 故聘禮公裼降立　惠棟挍宋本作「立」。此本「立」誤「左」，閩、監、毛本同。　×

009 又引論語云　閩、監本同。惠棟挍宋本同。毛本「引」誤「以」。　×

君子狐青裘節

010 青豻褎　各本同。石經同。釋文「豻」作「犴」。

011 羔裘豹飾　各本同。石經同。嘉靖本「飾」誤「餝」，下「文飾」經注同。

012 不如黼裘大裘之美故謂之功耳　惠棟挍宋本如此，此本「故」字誤重，閩、監、毛本「故」上衍「以」字。❷

013 不辨外内之異　惠棟挍宋本同。閩、監、毛本「外内」二字倒。

不文飾也不裼節

014 不主於文故襲裘也　閩本同。考文引補本同。監本、毛本「也」誤「聘」。

015 弔則襲節　惠棟挍云：「弔則襲」節、「君在」節、「服之襲」節，宋本合爲一節。

016 不盡飾也　各本同。石經同。嘉靖本「飾」誤「餝」。

執玉龜襲節

017 及卜則襲　惠棟挍宋本作「卜」，衛氏集説同，考文引補本同。此本「卜」誤「小」，閩、監、毛本同。

笏天子以球玉節

018 入大廟説笏非古也　惠棟挍宋本同。石經同。宋監本同。岳本同。嘉靖本同。考文引補本、古本、足利本同。閩、監本「古」誤「禮」，衛氏集説同，毛本「非古」誤「無禮」。石經考文提要云：宋大字本、宋本九經、南宋巾箱本、余仁仲本、劉叔剛本並作「非古」。

019 及闊狹長短　閩、監本同。毛本「闊」作「濶」。

020 須預絜淨　惠棟挍宋本同。閩、監、毛本「絜」作「潔」，下「清絜」同。按，潔，俗「絜」字。

021 而素帶終辟節　石經考文提要云：「坊本、陳澔集説自此以下至『孔子食於季氏』以上多所倒置。案，岳珂本玉藻篇後附刻興國于氏改定本，澔所用乃于氏所改也。蔡沈書集傳考定武成，猶附經後。澔直没古文，又不言出于氏。今從諸本。」按，提要是也。正義云「其文雜陳，又上下爛脱，今依鄭注以爲先後」云云，是孔氏不敢輒改移經文，但于正義中整齊其次第，申其説耳。于此見唐人讀經之慎，非宋以後人所可及也。

022 宜承朱裏終辟　閩、監本同。岳本同。嘉靖本同。衛氏集説同。毛本「承」誤「同」。

023 其帶用單帛　閩、監本同。毛本「單」誤「禪」，衛氏集説亦作「單」。

024 但士帶垂者必反屈鄕上　惠棟挍宋本作「垂」，衛氏集説同，考文引補本同。此本「垂」誤「至」，閩、監、毛本同。❸

025 故讀爲繂與碑繂同也　毛本同。閩、監本上「繂」誤「綷」，「碑」誤「裨」。

026 諸侯飾帶　閩、監、毛本作「飾」，此本「飾」誤「節」。

027 故知宜承天子素帶之下文相次也 ✕ ○注三寸至爲衿○正義曰　按，此本「文相次也」下尚有「注三寸至爲衿」及「注雜猶至三齊」正義二則，惠棟挍宋本同。閩、監、毛本本節疏文相次也，止以「注三寸至爲衿」正義一則移厠「王后褘衣」節下，「注雜猶至三齊」正義一則移厠「韠君朱」節下，非孔氏之次也。

028 知三寸約帶紐組之廣者　毛本作「紐」。此本「紐」誤「組」，閩、監本同。以下三條閩、監、毛本在十四頁左。

029 云宜承約用組者　閩、監本同。惠棟按宋本同。毛本「組」下衍「結」字。

030 以此經直云三寸長齊于帶　閩本同。惠棟按宋本同。監本「直」字空闕，毛本「直」字脱。

031 上云禅此云雜　閩本同。惠棟按宋本同。監、毛本「禅」作「韠」，下「上之禅」、「君禅」、「大夫禅」、「士禅」並倣此。以下二條閩、監、毛本在十一頁。

032 黄是地色故在内也　閩、監本同。衛氏集説同。毛本「内」誤「外」。×

韠君朱節

033 必象裳色則天子諸侯　閩、監、毛本同。岳本同。嘉靖本同。惠棟按宋本「裳色」下又有「裳色」二字，宋監本同。

034 衡佩玉之衡也　閩、監、毛本如此，岳本同，衛氏集説同，嘉靖本上「衡」誤「猶」。

035 云凡佩繫之革帶者　閩、監、毛本同。惠棟按宋本「之」作「於」，是也。

036 以大帶用組約　考文引補本同。閩、監、毛本「組」誤「紐」。×

037 故也○注此玄至不命　閩、監、毛本「故也」下厠「注雜猶至三齊」正義一則。

038 則公之卿玄冕侯伯之卿絺冕　閩、監、毛本同。衛氏集説同。惠棟云：「希冕」在「玄冕」上，此互易。

王后褘衣節

039 紳居二焉　石經作「二」，「而素帶終辟」節正義亦作「二」，凡兩見，云「人長八尺，大帶之下四尺五寸，分爲三分，紳居二分焉。紳長三尺也」，是字當作「二」之確證也。此本「二」誤「一」，閩、監、毛本同，岳本同，嘉靖本同，衛氏集説同。石經考文提要云：宋大字本、宋本九經、南宋巾箱本、儀禮集傳集注、禮記纂言、至善堂九經本、九經誤字並作「紳居二焉」。

040 結或爲衿　惠棟挍宋本同。岳本同。嘉靖本同。考文引古本、足利本同。閩、監、毛本「衿」誤「袗」，衞氏集説同。

041 天子之后夫人九嬪　各本同。毛本「九」誤「及」。

042 被后所命　考文引補本同。閩、監、毛本「被」誤「彼」。

043 謂世婦及命婦入助蠶畢　閩本同。考文引宋板同。衞氏集説同。監、毛本「入」誤「人」。

044 則其妻得著命服　閩、監本同。衞氏集説同。毛本「服」誤「婦」。

045 三狄首服副　閩、毛本同。監本「首」誤「者」。

046 所謂髲髢　惠棟挍宋本作「髲」，此本「髲」誤「髮」，閩、監、毛本同。

047 其六服皆以素紗爲裏　閩、監本同。考文引宋板同。毛本「服」誤「朝」。

048 陳六服之下云素紗　惠棟挍宋本同。閩本「紗」誤「紴」，監本「紗」誤「縳」，毛本誤「縳」。按，周禮作「素沙」。

049 以白縳爲裏　監本同。閩、毛本「縳」作「縳」。盧文弨云「縳」當作「縳」。惠棟云古絹爲「縳」。

050 云王者之後夫人亦褘衣者　毛本作「亦」。此本「亦」誤「赤」，閩、監本同。

051 立于房中是也○注君女至税　閩、監、毛本「是也」下厠「注三寸至爲衿」正義一則。❹

052 又典命子男之卿　閩本同。監、毛本「典」誤「與」。

凡侍於君節

053 必有執隨授之者　惠棟校宋本同。宋監本同。岳本同。嘉靖本同。衛氏集説同。考文引古本、足利本同。閩、監、毛本「隨」字脱。

054 磬倚則帶垂　閩、監本同。毛本「倚」作「折」，衛氏集説同。

055 此解聽上也　惠棟校宋本同。閩、監、毛本「上」誤「立」。

056 急緩不出於三耳　惠棟校宋本同。衛氏集説同。閩、監、毛本「耳」誤「節」。

士於大夫節

057 此謂大夫詣士禮　閩、監本同。毛本「詣」誤「諸」。

於大夫所節

058 爲惑未知者　各本同。釋文「惑」作「或」。○按，古多假「或」爲「惑」。

059 有音字同己祖禰名字　惠棟校宋本同。閩、監、毛本「音」作「名」。

060 教學爲師長也　閩、監本同。毛本「爲」作「謂」，衛氏集説同。

061 臨文爲簡牒　閩、監本同。衛氏集説同。毛本「簡」誤「間」。

古之君子必佩玉節

062 路門外之樂節也門外謂之趍　惠棟校宋本作「也門外」，宋監本同，岳本同，嘉靖本同，衛氏集説同，考文引補本、古本、足利本同。此本「也」誤「宅」，閩本同，監、毛本「也門外」誤「至應門」。「趍」字惟嘉靖本與此本同，各本俱作「趨」。

063 結其綏不使鳴也　惠棟校宋本作「也」，宋監本同，岳本同，考文引古本同。此本「也」誤「焉」，閩、監、毛本同，嘉靖本同，衛氏集説同。

064 故謂喪與災眚　各本同。釋文出「與裁」，云「音災」。

065 玉有山玄水蒼者　各本同。毛本「玉」誤「王」。

066 視之文色所似也　閩、監、毛本同。岳本同。嘉靖本同。衛氏集説「之」作「其」，通典六十三亦作「之」。

067 綦文雜色也　各本同。盧文弨云：「綦」字當重，見詩箋。按，通典六十三引亦作「綦文雜色也」，「綦」字亦不重。

068 孚筠旁達信也　惠棟挍宋本同。閩、監、毛本「筠」作「尹」，衛氏集説同。

069 天子佩白玉下至士　惠棟挍宋本作「士」，衛氏集説同，考文引補本同。此本「士」誤「于」，閩、監、毛本同。

070 宮中謂之時　閩、監、毛本同。衛氏集説「宮」作「室」，是也。

071 曲折而東嚮西嚮也　惠棟挍宋本有「西嚮」二字，衛氏集説同。此本「西嚮」二字脱，閩、監、毛本同。

072 卻退遷行則身微仰也　閩、監本同。衛氏集説同。毛本「遷」作「還」。

073 謂君子恒聞鸞和佩玉之正聲　惠棟挍宋本作「謂」。此本「謂」誤「以」，閩、監、毛本同。

074 無由入於身也　惠棟挍宋本同。衛氏集説同。閩、監、毛本「於」作「就」。

075 鄭不復易毛也　閩、監本同。毛本「易」誤「見」。

076 是臣之去朝君　閩、監本同。衛氏集説同。毛本「臣」誤「以」，惠棟挍宋本「臣」字同，「去」作「法」。

077 **云出所處而君在焉**　閩、監本同。毛本「焉」誤「也」。

078 **自朝則結佩朝結佩**　閩、監、毛本同。盧文弨云：宋本無「自」字，疑當有，或是圈隔。

079 **故爵韋爲韠也**　惠棟挍宋本作「韋」，衛氏集説同，考文引補本同。此本「韋」誤「常」，閩、監、毛本同。

080 **凡佩玉必上繫於衝**　閩、監、毛本同。衛氏集説同。考文引補本「衝」作「衡」。

081 **下垂三道**　惠棟挍宋本同。閩、監、毛本「三」誤「二」，衛氏集説同。

082 **瑜是玉之美者**　惠棟挍宋本作「者」，衛氏集説同。此本「者」誤「也」，閩、監、毛本同。

083 **雖佩瑜玉亦應降殺**　閩、毛本同。衛氏集説同。監本「瑜」誤「喻」。

084 **云純當爲緇者以經云**　惠棟挍宋本同。閩、監、毛本「者」誤「鄭」。

085 **玄組朱組皆是色**　惠棟挍宋本作「皆」，考文引補本同。此本「皆」誤「者」，閩、監、毛本同。

086 **義分明故讀純爲緇**　閩、監本同。考文引宋板同。毛本「純爲」二字倒。

087 **以純爲絲**　惠棟挍宋本作「純」，考文引補本同。此本「純」作「義」，閩、監、毛本同。❺

088 **注云綦蒼艾色**　惠棟挍宋本作「艾」，衛氏集説同，考文引補本同。此本「艾」誤「文」，閩、監、毛本同。

089 **又説文云綦蒼文**　閩本同。惠棟挍宋本同。考文引補本同。監、毛本「蒼文」作「蒼艾」。盧文弨云：説文正云「蒼艾色」，鄭箋詩則云「綦綦文」。

090 **孔子佩象環五寸** 閩、監本同。毛本「寸」誤「色」。

童子之節也節

091 **餘束約組之餘組也** 惠棟挍宋本同。宋監本同。岳本同。嘉靖本同。衞氏集説同。閩、監、毛本「紐」、「組」互誤。

092 **皆爲幼少** 惠棟挍宋本同。宋監本同。岳本同。嘉靖本同。考文引古本、足利本同。閩、監、毛本「少」誤「小」，衞氏集説同。

093 **肆餘也** 惠棟挍宋本同。閩、監、毛本「肆」作「肂」。

094 **謂約束帶之餘組** 惠棟挍宋本作「約」，衞氏集説同，考文引補本同。此本「約」誤「絢」，閩、監、毛本同，下「并約帶之組」放此。

095 **若身充勤勞之事** 衞氏集説同。考文引補本同。閩、監、毛本「充」誤「無」。

096 **爲其事之切迫** 閩、監本作「爲」。此本「爲」誤「餘」，毛本「爲」誤「謂」。

097 **故遂服本服之緦耳** 惠棟挍宋本同。衞氏集説同。閩、監、毛本「故」誤「欲」。

侍食於先生異爵者節❻

098 **雖不服緦猶免** 惠棟挍宋本作「不」，考文引補本同。此本「不」誤「有」，閩、監、毛本同。

099 **主人自置其醬** 閩、監本同。石經同。岳本同。嘉靖本同。衞氏集説同。毛本「置」作「致」。

100 **異爵謂尊於己也** 閩、監、毛本同。衞氏集説「也」作「者」。

101 **飽猶食美** 閩、監、毛本同。考文引補本「食美」作「美食」。❼

食棗桃李節

102 食中弃所操　石經同。岳本同。嘉靖本同。閩、監、毛本「弃」作「棄」，衛氏集説同。❽

103 此補脱重　各本同。釋文出「重也」，正義本無「也」字。考文云古本「重」下有「者也」二字。

104 食瓜亦祭先也　閩、監、毛本同。衛氏集説同。浦鏜從通解下補「圃」字。❾

105 人孰和調　閩、監、毛本同。衛氏集説「人」作「火」。

孔子食於季氏節

106 至肩則飽　閩、監本同。考文引宋板同。毛本「飽」字闕。

君賜車馬節

107 以左手覆按右手也　閩、毛本同。衛氏集説同。監本「按」作「案」，岳本同，嘉靖本同，釋文出「覆案」。

108 慎於尊卑　閩、監、毛本同。岳本同。嘉靖本同。衛氏集説「卑」下有「也」字，考文引古本同，釋文出「慎乎尊卑也」。

109 即不敢乘服也　閩、監本同。毛本「即」作「則」。

凡獻於君節

110 及致膳於尊者之義　閩、監、毛本同。衛氏集説同。浦鏜挍「義」改「儀」。

111 恐邪氣干犯　閩、毛本同。監本「干」誤「于」。

112 葷謂薑之屬也　閩、監本同。毛本「謂」誤「爲」。

113 操醬齊以致命　閩、監本同。毛本「操」誤「爲」。❿

大夫拜賜而退節

114 則士又拜君之諾報也　閩、監本同。

毛本「則」誤「賜」。

115 尊相近故受也　惠棟挍宋本作「相」，衛氏集説同，考文引補本同。此本「相」誤「卑」，閩、監、毛本同。

父命呼節

116 手執業則投之　各本同。毛本「投」誤「受」。

117 假且啓云日中還　閩、監、毛本同。惠棟挍宋本「且」作「旦」，是也，衛氏集説同。

118 不能顛頷　閩、毛本同。監本「頷」誤「頯」。

119 此孝子之情父没之後　閩、監、毛本同。惠棟挍宋本「此」作「凡」。

君入門節

120 此一節論兩君朝聘　惠棟挍宋本同。閩、監、毛本「論」作「明」，衛氏集説同。

君與尸行接武節

121 皆如與尸行之節也　閩、監本同。岳本同。嘉靖本同。衛氏集説同。考文引古本、足利本同。毛本「行之節」誤「之行迹」。

122 移之言靡迆也　惠棟挍宋本作「迆」，正義同，岳本同，嘉靖本同，衛氏集説同，釋文出「靡迆」。此本「迆」作「匜」，閩、監、毛本同，疏「靡迆」並放此。

123 圈豚行　各本同。石經同。釋文出「豚」，云「本又作『豚』，注同」，正義本作「豚」。

124 蹜蹜如也　各本同。石經同。釋文出「宿宿」，云「本或作『蹜』」。

125 豚循也　惠棟挍宋本同。考文引補本同。衛氏集説同。閩、監、毛本「循」誤「豬」。

君子之容舒遲節

126 見所尊者齊遬　石經作「遬」，岳本同。此本「遬」誤從文作「遬」，閩、監、毛本同，嘉靖本同，衛氏集說同，釋文同。

127 舒遲閑雅也　閩、監本同。毛本「閑」作「閒」。

128 君子雖尋常舒遲　閩、監本同。毛本「遲」誤「持」。

129 齊謂裳下緝　閩、監本同。毛本「謂」誤「爲」。

凡祭節

130 如覩其人在此　各本同。釋文「覩」作「睹」。

戎容暨暨節

131 儀形貌也　閩、監、毛本同。岳本同。嘉靖本同。衛氏集說同。段玉裁挍本「儀」改「義」。按，正義云「以義斷割，使義形貌」，正疏此「義」字之義，作「義形貌」者是也。⑪

132 立容辨卑毋讇　各本同。石經同。釋文出「毋讇」。毛本「毋」誤「無」。

133 讇爲傾身以有下也　惠棟挍宋本亦作「有」，閩本同，岳本同，嘉靖本同，考文引足利本同；釋文出「有下」，宋監本同，「爲」作「謂」；監、毛本「有」誤「自」，衛氏集說同。

134 若陽氣之躰物也　閩、監、毛本「躰」作「體」，岳本「躰」作「休」，嘉靖本同，衛氏集說同，考文引補本、古本、足利本同。段玉裁從九經三傳沿革例刪「氣」字，「體」改「休」。按，正義云「休，養也」，「躰」不可訓養，當以作「休」爲是。「休」、「躰」形近，故致誤也。

135 總干而山立　閩本同。監、毛本「干」誤「于」。

136 凡自稱節　惠棟挍云：「凡自稱」節、「上大夫」節，宋本合爲一節。

137 言我於天下之內　惠棟挍宋本作「下」。此本「下」誤「子」，閩、監、毛本同。

138 則謂率土之內　閩、監本同。毛本「土」誤「上」。

139 則曰臣某子某某男某　惠棟挍宋本同。衛氏集説同。考文引補本同。閩、監、毛本「男」上脱一「某」字。

140 故曲禮云其在東夷北狄　惠棟挍宋本作「其」，衛氏集説同。此本「其」誤「某」，閩、監、毛本同。

141 謹按曲禮云其與民言　閩、監、毛本同。惠棟挍宋本「謹按」作「故」字。

142 云擯者亦曰孤　閩、監、毛本同。盧文弨云「云」上當有「故」字。

上大夫曰下臣節

143 孽當爲枿聲之誤　毛本作「枿」，岳本同，嘉靖本同，衛氏集説同。此本「枿」誤「栟」，閩、監本同。按，釋文出「臣孽」，云「依注音枿」，是亦作「枿」字也。

144 以車馬給使者也　惠棟挍宋本同。宋監本同。岳本同。嘉靖本同。衛氏集説同。考文引補本同。閩、監、毛本「使」誤「死」。

145 出使他國在於賓館　惠棟挍宋本同。衛氏集説同。考文引補本同。閩、監、毛本「賓」誤「擯」。

146 其實謂介接主君之時　惠棟挍宋本作「實」，衛氏集説同。此本「實」誤「質」，閩、監、毛本同。

147 謂對己君也　閩、監本同。毛本「謂」誤「爲」，下「亦謂對己君也」同。

148 若顛木之有由孽是也　閩、監、毛本同。衛氏集説「孽」作「蘖」。

149 若乞師告糴　惠棟挍宋本作「乞」。此本「乞」誤「己」，閩、監、毛本同。

150 公士至賓也　閩、監本同。毛本「士」誤「事」，下「則用公家之士」同。×

以國之公事○出聘　補：案，此「○」誤衍。

* 覆明上正聘使公士爲擯之事　惠棟挍宋本同。閩、監、毛本「士」誤「事」。×

151 禮記正義卷第四十終　惠棟挍宋本此行在疏「是大夫也」之下，記云凡三十三頁。⑫

30—152

校記

❶南昌本出文改作「附釋音禮記注疏卷第三十」，上提三格。校語下增「禮記正義卷第四十」。

❷南昌本出文重「故」字。校語「如此」作「不重故字」，無「此本」下「故字」。

❸南昌本出文「垂」作「至」。校語「作垂」上有「至」字，下有「是也」，無「此本垂誤至」，「毛本」下「同」字作「並誤至」。

❹南昌本出文無「○注君女至稅」。校語「是也下厠注三寸至爲衿正義一則」作「此下有注三寸至爲衿正義曰知三寸，約帶紐組之廣者，以帶廣四寸，此云三寸，長齊於帶，承上紐約用組之下，故知是紐廣也。云言其屈而重也者，解垂帶名紳之意。申，重也，云宜承約用組結者，以此經云三寸長齊於帶，非發語之端，明知有所承次，故以爲宜承約用組之下一段，此本誤脱」。

❺南昌本出文「純」作「義」。

❻南昌本出文「侍」作「待」。

❼南昌本無「毛」字。

❽南昌本「毛」作「本」。

❾南昌本「下補」上有「先」字。

❿南昌本「誤爲」作「作造」。

⓫南昌本「踈」作「疏」。

⓬南昌本出文改作「是大夫也」，上提一格。校語「此行在疏是大夫也之下」改作「此下標禮記正義卷第四十終」。

禮記注疏校勘記卷三十一

31—001 禮記正義卷第四十一　惠棟挍宋本。❶

明堂位第十四

002 按鄭目録云名曰明堂者　閩、監、毛本同。衛氏集説「堂」下有「位」字。

003 似秦相吕不韋作春秋時説者　閩、監、毛本作「似」，衛氏集説同。此本「似」誤「以」。按，「似」誤「以」，與玉藻疏同。

004 今漢立明堂於丙巳　閩、監、毛本同。衛氏集説同。惠棟挍宋本「巳」作「乙」。

005 其室不敢踰廟　閩、監、毛本「室」作「飾」。

昔者周公節

006 不於宗廟辟王也　閩、監、毛本同。岳本同。嘉靖本同。衛氏集説同。釋文出「辟王」，云「一本作『辟正王』」。考文引古本「王」上有「正」字。按，正義云「辟王，謂辟成王也」，是正義無「正」字。「於」字各本同，毛本作「于」。

007 負之言背也　各本同。釋文出「偝也」，云「本又作『背』」，正義本作「背」。

008 鎮服蕃服　閩、監、毛本同。嘉靖本同。衛氏集説同。岳本「蕃」作「藩」，釋文出「藩服」，云「本又作『蕃』，下同」，正義本作「蕃」。○按，「藩」正字，「蕃」假借字。

009 新君即位　各本同。考文引古本、足利本作「新王新君即位」。按，正義云「或新王即位而來朝，或己君初即位」，是「世告至」兼新王、新君二義也。○按，考文所謂古本，多本之正義。

010 侯服歲一見　各本同。釋文出「壹見」，云「壹又作一」。

011 昔者至位也　惠棟校宋本無此五字。

012 正義曰此下節　閩、監本同。毛本「下」作「一」。

013 明周公朝諸侯於明堂之儀　惠棟校宋本作「儀」，衛氏集説同。此本「儀」誤「義」，閩、監、毛本同。

014 而稱薨同正諸侯者　惠棟校宋本作「同」。此本「同」誤「周」，閩、監、毛本同。

015 諸侯受次于廟門外是覲在廟　惠棟校宋本作「是」，衛氏集説同。此本「是」誤「也」，閩、監、毛本同。

016 命大事則權稱王也　閩、監本同。毛本「大」誤「人」。

017 王肅以爲稱成王命　閩、監本同。毛本「成」誤「反」。

018 引周禮侯服歲一見以下　閩、監本同。毛本「歲」誤「雖」。

019 注云周之所服國數　閩、監本同。毛本「云」誤「曰」。

020 明堂云朝位服事之國數　閩、監本同。毛本「位」作「謂」。

明堂也者節

021 明堂至卑也　惠棟校宋本無此五字。

022 在此明堂之意　閩、毛本同。監本「在」誤「住」。

昔殷紂亂天下節

023 昔殷至天下　惠棟校宋本無此五字。

024 故庾氏云史記　閩、毛本同。監本「庾」

誤「庚」。

025 九侯女不好淫　惠棟挍宋本有「九」字。此本「九」字脱，閩、監、毛本同。❷

026 於是四方民大和會　考文引宋板同。衛氏集説同。閩、監、毛本「大」誤「人」。

027 周公東征三年而歸攝政　惠棟挍宋本作「歸」。此本「歸」誤「得」，閩、監、毛本同。

028 罪人謂周公屬黨也　惠棟挍宋本有「謂」字。此本「謂」字脱，閩、監、毛本同。

029 明年秋迎周公而反　惠棟挍宋本有「秋」字。此本「秋」字脱，閩、監、毛本同。

030 反則居攝之元年　惠棟挍宋本作「攝」。此本「攝」誤「東」，閩、監、毛本同。

031 四年封康叔　惠棟挍宋本作「康」。此本「康」誤「知」，閩、監、毛本同。

032 天子大子十八稱孟侯　惠棟挍宋本作「大」。此本「大」誤「天」，閩、監、毛本同。

033 禮既是鄭學故具詳焉　惠棟挍宋本作「具詳」。此本「具詳」二字倒，閩、監、毛本同。

034 致政以王事歸授之者　惠棟挍宋本同。閩、監、毛本「以」誤「於」。

035 王功輔成王業若周公也　惠棟挍宋本作「王功」。此本「王功」誤「上功」，閩、監、毛本同。

036 以勞定國若禹也　惠棟挍宋本作「若」。此本「若」誤「名」，閩、監、毛本同。

037 是以封周公於曲阜節　惠棟云：「是以」節、「季夏」節、「君卷」節、「是故夏礿」節、「大廟」節、「振木鐸」節、「山節」節、「鸞車」節、「有虞」節、「夏后」節、「泰有」

節、「爵夏后」節、「灌尊」節、「土鼓」節、「拊搏」節、「魯公」節、「米廩」節、「崇鼎」節、「越棘」節、「夏后」節、「垂之」節、「夏后」節、「有虞」節、「俎有」節、「夏后」節、「有虞」節、「有虞」節、「有虞」節、「有虞」節、「凡四代」節，宋本合三十節爲一節。❸

038 并五五二十五　惠棟挍宋本作「并」，宋監本同，岳本同，嘉靖本同，衛氏集説同。此本「并」誤「井」，閩、監、毛本同。

039 俾侯于魯　各本同。釋文出「卑侯」，云「本又作『俾』，下同」。○按，「俾」正字，「卑」假借字。

040 爲周室輔　各本同。毛本「室」誤「公」。

041 是以至禮也　惠棟挍宋本無此五字。

042 揔爲二十四同同謂百里也　惠棟挍宋本重「同」字，衛氏集説同。此本不重，閩、監、毛本同。❹

043 云兵車千乘成國之賦也者　閩、監本同。毛本「千」誤「十」。

季夏六月節

044 雕篹　各本同。石經同。釋文出「彫篹」，云「本亦作『雕』」。按，正義作「彫」，與釋文本同。❺

045 朱干玉戚　各本同。毛本「干」誤「于」。

046 白牡殷牲也　毛本作「牡」，岳本同，嘉靖本同，衛氏集説同。此本「牡」誤「牲」，閩、監本同。

047 象骨飾之　閩、監、毛本同。岳本同。嘉靖本同。衛氏集説同。考文引古本「象骨」上有「象樽以」三字，足利本無「以」字。○按，段玉裁挍本作「象尊象骨飾之」，作「樽」俗字。

048 鬱鬯之器也黃彝也　閩、監、毛本同。岳本同。嘉靖本同。衛氏集説同。考文引古本、足利本「鬱鬯」上有「鬱尊」二字，「黃彝」上有「黃目」二字。

049 雕刻飾其直者也　惠棟挍宋本作「雕」，岳本同，嘉靖本同，衛氏集説同。此本「雕」作「彫」，閩、監、毛本同。❻

050 自衮冕而下　各本同。釋文出「自卷」，云「本又作『衮』，下文同」。×

051 周禮味師掌教味樂　閩、監、毛本同。岳本同。嘉靖本同。衛氏集説「味」並作「韎」。○按，周禮作「韎」。

052 尊敬周公　毛本同。衛氏集説同。閩、監本「敬」誤「故」。×

053 鬱謂鬱鬯酒　毛本同。閩、監本「酒」誤「酉」。×

054 灌用玉瓚大圭者　監、毛本同。閩本「灌」誤「雚」，下「灌謂」同。×

055 清廟周頌文王詩也　閩、監本同。毛本「文」誤「武」。×

056 唯制夷狄樂聖王也　閩、監、毛本同。浦鏜挍「唯」改「誰」。按，白虎通作「誰制夷狄之樂，以爲先聖王也」。

057 俱有味株離之義　閩、監本同。毛本「義」作「異」。×

058 云犧尊以沙羽爲畫飾者　惠棟挍宋本同。閩、監、毛本「沙」作「莎」，下「沙羽」同。

059 獻讀爲犧犧尊飾以翡翠　惠棟挍宋本如此。此本二「犧」字脱一，「尊」下衍「其」字，閩、監、毛本同。×

060 故謂之犧象　惠棟挍宋本作「象」。此本「象」作「尊」，閩、監、毛本同。

061 此處謂之璧角者　惠棟挍宋本作「璧」。此本「璧」誤「玉」，閩、監、毛本同。×

062 角是爵之所受之名異　閩、監、毛本同。衛氏集説無下「之」字。孫志祖挍云「之」

疑「其」。

063 以文王有清明之德　閩、監本同。毛本「明」誤「廟」。

君卷冕立于阼節

064 百官廢職服大刑　惠棟挍宋本同。石經同。岳本同。嘉靖本同。衛氏集説同。閩、監、毛本「官」誤「宮」。

065 君卷至大服　惠棟挍宋本無此五字。

066 君待之於阼階　毛本同，衛氏集説亦作「待」，無「之」字，閩、監本「待」作「持」。

067 祭姜嫄之廟　閩、監本同。惠棟挍宋本同。毛本「嫄」誤「源」。

068 謂朝踐及饋孰并酳尸之時　惠棟挍宋本同。衛氏集説同。閩、監、毛本「孰」作「熟」，「并」誤「拜」。

069 命百官各揚舉其職事　閩、監、毛本同。衛氏集説「命」作「令」。

070 漢之步搖亦覆首　閩、監本同。毛本「首」誤「之」。

是故夏礿節

071 是故至祭也　惠棟挍宋本無此五字。

072 遂以獮田　閩、監本同。惠棟挍宋本同。毛本「遂」誤「所」。

大廟節

073 大廟至應門　惠棟挍宋本無此五字。

074 是衛有庫門也　閩、監本同。毛本「衛」誤「謂」。

山節藻棁節

075 刮刮摩也　各本同。釋文「摩」作「劘」，嘉靖本同。

076 今桴思也　閩、監、毛本同。岳本同。嘉靖本同。衞氏集説同。惠棟挍宋本「桴」作「浮」，續通解同。釋文出「桴思」，云「音浮」。

077 刻之爲雲氣蟲獸　惠棟挍宋本作「蟲」，宋監本同，岳本同，考文引古本、足利本同。此本「蟲」誤「蠱」，閩、監、毛本同，嘉靖本同，衞氏集説同，疏内「蟲獸」字並放此。

078 山節至飾也　惠棟挍宋本無此五字。

079 山節謂欂盧　惠棟挍宋本作「欂」。此本「欂」誤「櫛」，閩、監、毛本同。

080 反爵于坫上　惠棟挍宋本作「于」，衞氏集説同。此本「于」誤「之」，閩、監、毛本同。

081 故謂之反坫也　惠棟挍宋本同。衞氏集説同。閩、監、毛本「謂」誤「爲」。

082 爲雲氣蟲獸也　閩、監、毛本「蟲」誤「蠱」，下「爲雲氣蟲獸」、「畫雲氣蟲獸」並同。

083 自山節以下皆天子廟飾也　閩、監本同。毛本「山節」誤「天子」。

084 杗廇謂之梁　惠棟挍宋本同。閩、監、毛本「杗」誤「宗」。

085 塞向墐户　閩本同。惠棟挍宋本同。監、毛本「墐」誤「瑾」。

086 爲兩楹之間失之矣　閩、監本同。毛本「爲」誤「謂」。考文引宋本無「兩」字。

087 按易乾上九　惠棟挍宋本作「按」。此本「按」誤「接」，閩、監、毛本同。

088 今浮思也者　考文引宋板同。閩、監、毛本「浮」作「桴」，下「爲浮思」、「今浮思」、「角浮思」、「闕浮思」、「則浮思」、「曰浮思」並同。

089 謂巍闕也　閩本同。監、毛本「巍」作「魏」。

鸞車節

090 乘路玉路也　閩、監本同。岳本同。嘉靖本同。毛本「玉」誤「王」。

091 鸞車至路也　惠棟挍宋本無此五字。

092 大路木路也　閩、監本同。毛本「木」誤「大」。

093 春秋傳曰大路素　閩、監本同。毛本「素」誤「宗」。

有虞氏之旂節

094 綏當爲緌　閩、毛本同。岳本同。嘉靖本同。監本「緌」誤「綏」。

095 緌謂注旄牛尾於杠首　閩本同。岳本同。嘉靖本同。衛氏集說同。毛本「謂」誤「爲」。監本「杠」誤「杜」。

096 武王左杖黃鉞　各本同。釋文「杖」作「仗」。○按，「杖」正字，「仗」俗字。

097 有虞至大赤　惠棟挍宋本無此五字。

098 但注旄竿首未有旒縿　惠棟挍宋本同。衛氏集說同。閩、毛本「未」誤「末」。

099 知有虞氏當言緌　惠棟挍宋本同。閩、監、毛本「緌」誤「綏」。

100 夏后氏之旗若去旒縿　毛本作「若」。此本「若」誤「君」，閩、監本同。

101 故以緌麾爲之旗　惠棟挍宋本同。閩、監、毛本「緌」誤「綏」。

夏后氏駱馬黑鬣節

102 白馬黑鬣曰駱　閩本同。惠棟挍宋本同。岳本同。嘉靖本同。衛氏集說同。監、毛本「曰」誤「白」。

103 夏后至騂剛　惠棟挍宋本無此五字。

104 剛牡也　惠棟挍宋本作「牡」。此本「牡」誤「壯」，閩、監、毛本同，衛氏集說同。

泰有虞氏之尊也節

105 泰有虞氏之尊也　各本同。石經同。釋文出「大」，云「本又作『泰』」。

106 泰有至尊也　惠棟挍宋本無此五字。

107 則有餘泰罍犧　閩、監本作「餘」，毛本「餘」誤「虞」。

爵夏后氏以琖節

108 爵夏至以爵　惠棟挍宋本無此五字。

109 贊玉几玉爵　惠棟挍宋本作「几」，閩、監、毛本「几」誤「凡」。

灌尊節

110 祼用雞彝鳥彝　惠棟挍宋本作「雞彝」，宋監本同，岳本同，衞氏集説同。閩、監、毛本「雞彝」誤「雞夷」，嘉靖本同。

111 灌尊至蒲勺　惠棟挍宋本無此五字。

112 犧象不可即爲二時　考文引宋板作「二」，閩、監、毛本「二」誤「三」。

113 冬屬土色黄　閩、監、毛本如此，浦鏜挍從續通解「土色黄」改「玄黄色」。

土鼓蕢桴節

114 是知皇氏等之説　閩、監本同。毛本誤作「是知皇氏之等」。

115 蕢當爲凷　監、毛本作「凷」，岳本同，衞氏集説同。此本「凷」誤「由」，閩本同，嘉靖本同。

116 土鼓至樂也　惠棟挍宋本無此五字。

117 謂截葦爲籥　閩本同。考文引宋板同。監、毛本「截」誤「戳」，衞氏集説同。

118 此等是伊耆氏之樂　惠棟挍宋本同。閩、監、毛本「氏」字脱。

119 以伊耆氏爲神農也　閩、監、毛本同。

惠棟挍宋本無「也」字，衞氏集説同。

拊搏節

120 中琴小瑟　各本同。毛本「小」誤「七」。

121 拊搏以韋爲之　宋監本同。岳本同。嘉靖本同。閩、監、毛本「韋」誤「葦」，衞氏集説同。

122 拊搏至器也　惠棟挍宋本無此五字。×

魯公之廟節 ×

123 魯公至室也　惠棟挍宋本無此五字。×

124 故下云君臣未嘗相弑　惠棟挍宋本同。閩、監、毛本「云」誤「文」。×

米廩節 ×

125 米廩至學也　惠棟挍宋本無此五字。×

126 正義曰此一經　閩、監本同。衞氏集説同。毛本「經」誤「節」。×

127 烝烝乂　閩、監本同。毛本「乂」誤「又」。×

128 是虞帝上孝也　惠棟挍宋本同。閩、監、毛本「帝」誤「舜」。×

越棘大弓節 ×

129 棘戟方言文　惠棟挍宋本同。閩、監、毛本「文」衍「也」字。×

垂之和鐘節

130 垂之和鐘　閩、監、毛本同。石經同。岳本同。嘉靖本同。衞氏集説「鐘」作「鍾」。石經考文提要云：宋本九經、南宋巾箱本、至善堂九經本並作「鍾」。釋文出「和鍾」，云「説文作『鐘』，以此『鍾』爲酒器」。按，此本疏中「和鐘」字作「鍾」，閩、監、毛本仍作「鐘」。

131 女媧之笙簧　閩、監本同。石經同。岳本同。嘉靖本同。衞氏集説同。毛本「媧」誤「蝸」。釋文出「女媧」。

132 女媧三皇　惠棟挍宋本作「媧」，岳本同，嘉靖本同，衛氏集説同。此本「媧」誤「蝸」，閩、監、毛本同，下「女媧作笙簧」同此。按，此本疏中「女媧」字並作「媧」，北宋本同，閩、監、毛本仍並誤「蝸」。

133 **承宓羲者**　閩、監、毛本同。嘉靖本同。衛氏集説「羲」作「犧」，岳本「羲」作「戲」。釋文出「戲」，云「音羲」。

134 **垂堯之共工也至女媧作笙簧**　惠棟挍宋本作「垂堯至媧作笙簧」。

135 **承庖羲制度**　閩、監、毛本同。惠棟挍宋本「羲」作「犧」，衛氏集説同，「庖」作「包」。

夏后氏之龍簨虡節

136 **以挂縣紘也**　閩、監、毛本同。岳本同。嘉靖本同。衛氏集説同。釋文亦作「紘」。段玉裁挍本云詩有瞽疏引作「紞」爲是。釋文作「紘」，非也。冠之制，紞下垂，紘不下垂。詩齊風箋正作「縣紞」。

137 **戴以璧**　閩本同。岳本同。嘉靖本同。衛氏集説同。考文引宋板同。監、毛本「戴」作「載」。按，釋文出「載以」，云「音戴」。孔、陸異本，監、毛以釋文改正義本，非也，二本疏中仍作「戴」。

138 **夏后至璧翣**　惠棟挍宋本無此五字。❼

139 **以挂鍾磬**　閩本「鍾」字同，監、毛本「鍾」作「鐘」，下「鍾」字同。閩、監本「挂」作「掛」。○按，掛，俗「挂」字。

140 **故知業則簨也**　閩、監本同。毛本「業」字誤倒在「故知」上。

有虞氏之兩敦節

141 **夏后氏之四連**　各本同。石經同。釋文出「四連」，云「本又作『連』」。○按，依説文當作「槤」，从木，連聲。段玉裁云：「周禮、管子多以『連』爲『輦』，韓勑禮器碑『胡輦器用』即『胡連』也。」❽

142 **共簠簋連文**　閩、監本同。毛本「文」誤

「方」。

143 故云黍稷器也　閩、監、毛本同。浦鏜挍云「黍」上補「皆」字。按，衛氏集説作「故鄭云皆黍稷器」，疑「皆」字當有。

144 言魯之所得唯此耳　閩、監本同。毛本「之」字闕。

俎有虞氏以梡節

145 夏后氏以嶡　各本俱作「嶡」，石經同，此本「嶡」誤「巖」。

146 皆及俎距是也　閩、監、毛本同。惠棟挍宋本「距」作「拒」。

147 陸機草木疏云　閩、監本同。毛本「機」作「璣」。

148 椇曲來巢　閩、監、毛本同。段玉裁挍本云「椇」當作「枳」，云「枳椇」即宋玉賦之「枳句」，又即説文之「迟曲」。

149 但古制難識不可委知　惠棟挍宋本同。閩、監、毛本「委」作「悉」，衛氏集説同。

有虞氏服韍節

150 朱紱方來　閩、監本同。衛氏集説同。毛本「紱」誤「韍」。

有虞氏祭首節

151 言尚非　閩、監、毛本同。岳本同。嘉靖本同。衛氏集説同。惠棟挍宋本「非」作「也」，考文引足利本作「言尚非也」。

有虞氏官五十節

152 夏后氏宜百二十　各本同。毛本「宜」誤「以」。

153 明魯家兼有四代之官　閩、監本同。毛本「四」誤「三」。

154 何得備立四代之官　閩、監、毛本同。惠棟挍宋本「立」作「爲」，衛氏集説無「立」字。

155 小宰職文　閩、監、毛本「小」誤「少」。×

156 亦克用乂　監本同。閩、毛本「乂」誤「又」。

157 禮是記事之典　閩、監本同。毛本「記」誤「紀」。×

有虞氏之綏節

158 殷又刻繒爲重牙　閩、監、毛本同。嘉靖本同。岳本「重」作「崇」，衛氏集説同，考文引古本同。盧文弨挍云按前注亦作「重牙」。

159 纁白緣　閩、監、毛本同。岳本同。嘉靖本同。衛氏集説同。釋文出「熏」，云「字又作『纁』」。浦鏜挍「白」字改「帛」。按，浦鏜是也。

160 故云綏亦旌旗之緌　考文引宋板同。閩、監、毛本「緌」誤「綏」。×

凡四代之服器官節

161 資或爲飲　閩、監、毛本同。岳本同。嘉靖本同。考文引古本作「資或爲諮」也。○按，「飲」必誤字，而古本不可信。

162 凡四至樂焉　惠棟挍宋本無此五字。

163 此經結之於後　惠棟挍宋本有「於」字，衛氏集説同。此本「於」字脱，閩、監、毛本同。

164 又有女媧氏笙簧　閩、監、毛本同。惠棟挍宋本「氏」作「之」，衛氏集説亦作「之」，「蝸」作「媧」。

165 是故天下資禮樂焉者　閩、監本同。毛本「資」字誤倒在「天下」上。×

166 使圉人犖賊子般　惠棟挍宋本同。閩、監、毛本「賊」誤「弑」，下「卜齮賊公于武闈」同。

167 云婦人髽而弔始於臺駘者　閩、監、毛本作「始」，此本「始」誤「戰」。×

168 禮記正義卷第四十一終　惠棟挍

169

宋本此行在疏「是其事也」之下。❾

禮記卷第九經三千六百五十一字注六千三百五十五字　宋監本。　×

31—170

禮記卷第九經三千六百三十七字注六千三百四十九字　嘉靖本。　×

校記

❶南昌本出文改作「附釋音禮記注疏卷第三十一」，上提三格。校語下有「禮記正義卷第四十一」。

❷南昌本出文無「九」字。校語「有九字」上有「侯上」，「九字脱」作「誤脱」。

❸南昌本「木鐸」作「本鐸」。

❹南昌本出文不重「同」字。校語移「閩、監、毛本」句於「惠棟挍宋本」句上，無「此本不重」。

❺南昌本「釋文出」下「彫」作「雕」。

❻南昌本出文「雕」作「彫」。

❼南昌本出文「璧」作「襞」。

❽南昌本「本又作連」，「連」字作「璉」。

❾南昌本出文改作「附釋音禮記注疏卷第三十一終」，上提三格。校語「此行在疏是其事也之下」改作「此下標禮記正義卷第四十一終」，下有「宋監本禮記卷第九，經三千六百五十一字，注六千三百五十五字。嘉靖本禮記卷第九，經三千六百三十七字，注六千三百四十九字」。

禮記注疏校勘記卷三十二

32—001 禮記正義卷第四十二　惠棟挍宋本。❶

喪服小記第十五

斬衰括髮節

002 齊衰惡笄以終喪　閩、監、毛本同。石經同。岳本同。嘉靖本同。衛氏集説同。考文引古本、足利本「齊衰」下有「帶」字。段玉裁校本云：「『惡笄』下應有『帶』字，按注云『笄所以卷髮，帶所以持身』，先釋『笄』，後釋『帶』，是脱『帶』字，不當在『惡笄』上，正義亦云『此一經明齊衰，婦人笄帶終喪無變之制』，亦先言『笄』，後言『帶』，是皆『惡笄』下應有『帶』字之確證。」段玉裁是也，正義出經文此句二見，並脱「带」字，亦當補。○按，段玉裁又云儀禮喪服「布總箭笄」疏引喪服小記云「婦人帶惡笄以終喪」，有「帶」字，而在「惡笄」之上，是各本不同也。

003 斬衰至則髽　惠棟挍宋本無此五字。

004 至將小斂去笄縰　閩、監本同。毛本「去」誤「云」。　×

005 子拜賓事之時　閩、監、毛本同。浦鏜挍云「事」衍文。按，衛氏集説作「子拜賓時」，無「事之」二字。

006 注母至而免　閩、監、毛本同。考文引宋板「母」下有「服」字。

007 卒小斂主人髺髮袒　閩本同。監本「髺」誤「髻」，衛氏集説同，毛本「髺」誤「髺」。　×

008 是明男女首飾之異　閩、監本同。毛本「女」誤「子」。　×

009 男去冠女則去笄　閩、毛本同。監本

「女」誤「文」。

010 其麻髽之形與括髮如一　惠棟挍宋本作「髮」，此本「髮」誤「髽」，閩、監、毛本同，下「猶男子之括髮」如此。

011 知有露紒髽者　閩、監本同。毛本「知」誤「又」。

012 則不容說女服之未成義也　惠棟挍宋本同。續通解同。閩、監、毛本「服」作「子」。

013 以上於男子則免　閩、監、毛本同。盧文弨挍云：「以上」「以」字疑衍，「上」當作「止」。按，衛氏集說「以上」作「言」。

014 凡親始死將三年者皆去冠笄纚如故　惠棟挍宋本如此，衛氏集說同。此本「者」誤「而」，「纚」誤「縰」，閩、監、毛本同。

015 知者鄭注士喪禮文男子　惠棟挍宋本同。閩、監、毛本「文」作「云」，下「知者鄭注喪服變除文」同。

016 皆吉屨無約　惠棟挍宋本作「吉」，衛氏集說同。此本「吉」誤「去」，閩、監、毛本同。

017 括髮在二日小斂之前　惠棟挍宋本同。閩、監、毛本「小」誤「不」。

018 舉者出户出户袒　閩、監本同。惠棟挍宋本上「户」作「尸」，非也，毛本亦作「户」，「袒」誤「祖」。

019 故鄭注云士喪禮云　閩、監、毛本同。惠棟挍宋本「注」下無「云」字。

020 故士喪禮小斂主人髺髮衆主人免　閩、毛本作「髺」，此本「髺」誤「髻」，監本誤「髻」。

021 陳苴経大鬲　惠棟挍宋本作「苴」。此本「苴」誤「首」，閩、監、毛本同。

022 此襲帶絰絞垂日數　惠棟挍宋本作「日」。此本「日」誤「目」，閩、監、毛本同。×

023 則大夫以上加素弁　惠棟挍宋本作「加」，衛氏集説同。此本「加」誤「亦」，閩、監、毛本同。×

024 未可以輕文變於主婦之質也　惠棟挍宋本作「輕」。此本「輕」誤「經」，閩、監、毛本同。×

025 及大功以下服畢　惠棟挍宋本作「畢」，衛氏集説同。此本「畢」誤「卑」，閩、監、毛本同。

苴杖竹也節

026 苴杖至桐也　惠棟挍宋本無此五字。

027 故貌必蒼苴　惠棟挍宋本作「故」，衛氏集説同。此本「故」誤「破」，閩、監、毛本同。

028 以其體圓性貞　毛本同。衛氏集説同。惠棟挍宋本同。閩、監本「貞」誤「真」。

029 故斷而用之　惠棟挍宋本作「斷」，衛氏集説同。此本「斷」誤「斷」，閩、監、毛本同。×

030 明其外雖被削　惠棟挍宋本作「被」，衛氏集説同。此本「被」誤「披」，閩、監、毛本同。×

031 此謂母喪示外被削　惠棟挍宋本作「此」，衛氏集説同。此本「此」誤「故」，閩、監、毛本同。×

祖父卒節 ×

032 祖父至三年　惠棟挍宋本無此五字。×

爲父母節 ×

033 爲父至則否　惠棟挍宋本無此五字。×

男主必使同姓節

034 男主至異姓　惠棟挍宋本無此五字。

035 故知先無主後　閩、監、毛本同。浦鏜校云「先」當「爲」字誤。

爲父後者節

036 爲父至無服　惠棟校宋本無此五字。

037 子皆爲出母期　惠棟校宋本作「期」，衛氏集説同。此本「期」誤「服」，閩、監、毛本同。

038 故無服　閩、監、毛本同。惠棟校宋本「服」下有「也」字。

親親以三爲五節

039 親親至畢矣　惠棟校宋本無此五字。

040 故云親親以三爲五者　惠棟校宋本同。毛本「三」誤「二」。「者」字閩本、監本、毛本並誤「也」。

041 下加曾元兩孫　閩、監本同。毛本「兩」作「二」。衛氏集説亦作「兩」。

042 故相親之説不須分矣　惠棟校宋本作「相」，續通解同。此本「相」誤「祖」，閩、監、毛本同。

043 應云以五爲七今言九者　惠棟校宋本作「今」，此本「今」誤「年」，閩、監、毛本「今」作「而」。

044 但父祖及於己是同體之親　閩、監、毛本同。衛氏集説無「及」字。

045 而曾祖是正尊自加齊衰服　閩、監本同。毛本「衰」誤「哀」。

046 若據祖期斷則世叔宜九月　惠棟校宋本作「斷」，衛氏集説同。此本「斷」誤「二」，閩、監、毛本「斷」作「年」。❷

047 族世叔又疏一等故宜緦麻　閩、監本同。毛本「宜」誤「以」，「疏」作「踈」，其餘

「疏」字並同。

048 又父爲子期而兄弟之子但宜九月　閩、監、毛本同。浦鏜挍云「而」當「則」字誤。按，衛氏集説「而」字無。

049 特爲尊是故降至期　閩、監本「尊」作「首」。毛本「尊是」作「首足」，衛氏集説同，惠棟挍宋本亦作「首足」。

050 以無尊降之故亦爲三月　惠棟挍宋本同。衛氏集説同。閩、監、毛本「尊」作「等」。

051 終於族人故云親畢矣　閩、監、毛本同。衛氏集説同。惠棟挍宋本「矣」作「也」。

王者禘其祖之所自出節

052 世子有廢疾　閩、監、毛本同。嘉靖本同。衛氏集説同。岳本「廢」作「癈」。○按，依説文當作「癈」，假借作「廢」。

053 王者至如之　惠棟挍宋本無此五字。

054 則郊天立祀五廟　惠棟挍宋本作「天」。此本「天」誤「曰」，閩、監、毛本同，衛氏集説亦作「郊天」。

055 外至者天神也主者人祖也　閩本同。衛氏集説同。監本「天」誤「大」，毛本「天」誤「大」，「祖」誤「主」。

別子爲祖節

056 別子至宗也　惠棟挍宋本無此五字。

057 爲百世不遷之大宗　閩本同。惠棟挍宋本同。監、毛本「大」誤「太」，通典七十三引此疏亦作「大宗」。

058 於族人唯一俱時事　閩、監、毛本「俱時」作「時俱」，考文引宋板「時俱」作「俱事」。盧文弨挍云作「俱事」亦疑有譌。

059 繼祖者至曾孫五世　閩、監本同。毛本「孫」誤「祖」。

060 不爲加服是祖遷於上　惠棟挍宋本作「上」。此本「上」誤「三」，閩、監、毛本同，通典七十三引此疏亦作「遷於上」。❸

061 所以尊祖故敬宗　惠棟挍宋本作「故」，衛氏集説同。此本「故」作「或」，閩、監、毛本同。

062 謂下正猶爲庶也者　閩、毛本同。監本「下」誤「不」。

庶子不爲長子斬節

063 庶子至故也　惠棟挍宋本無此五字。

064 如庾氏此言則父適二世　閩、監本同。毛本「如」誤「故」，「父」誤「久」。

065 今欲明比祖非遠　閩、監本同。毛本「比」誤「此」。

066 既義須繼祖言不繼祖自足　惠棟挍宋本如此，續通解同。此本上「祖」誤「禰」，「足」誤「是」，閩、監、毛本同。

067 四者皆期悉不得斬也　惠棟挍宋本作「期」，衛氏集説同。此本「期」誤「斯」，閩、監、毛本「期」誤「斬」。

庶子不祭殤節

068 宗子之諸父無後者　閩、監、毛本同。嘉靖本同。衛氏集説同。岳本「之」字脱。

069 庶子至祔食　惠棟挍宋本無此五字。

070 從祖附食者　閩、監本同。毛本「附」作「祔」。

071 云不祭殤者父之庶者　閩、監、毛本同。衛氏集説同。浦鏜挍本「庶」下補「也」字。按，浦鏜是也。

072 己若是曾祖之庶　惠棟挍宋本作「若」，衛氏集説同。此本「若」誤「者」，閩、監、毛本同。

庶子不祭禰者節

073 庶子至宗也　惠棟挍宋本無此五字。

074 禰適故得立禰廟　惠棟挍宋本作「禰適」，衛氏集説同。此本「禰適」作「稱適」，閩、監、毛本同。❹

075 禰庶不得立禰廟　閩、監本同。毛本上「禰」誤「稱」。

親親尊尊節

076 言服之所以隆殺　閩、監、毛本同。嘉靖本同。衛氏集説同。岳本「隆」作「降」，考文引古本、足利本同。

077 親親至者也　惠棟挍宋本無此五字。

078 此一經論服之降殺之義　閩、監、毛本同。衛氏集説「降」作「隆」。按，作「隆」與注合，下文並放此。

079 則卑幼可知也　閩、監、毛本同。惠棟挍宋本無「也」字，衛氏集説同。

080 爲服發文記者別言其事　惠棟挍宋本作「文」。此本「文」作「又」，閩、監、毛本同。

從服者節

081 而今俱出女君　惠棟挍宋本有「出」字，宋監本同，岳本同，嘉靖本同，衛氏集説同，考文引古本、足利本同。此本「出」字脱，閩、監、毛本同。❺

082 從服至子服　惠棟挍宋本無此五字。

083 其餘三徒則所從亡則已　惠棟挍宋本作「則已」，衛氏集説同。此本「則已」誤「而已」，閩、監、毛本同。❻

084 又君亡則臣不服君黨親也　惠棟挍宋本作「臣」，此本「臣」誤「目」，閩、監、毛本

「臣」誤「自」，衛氏集説亦作「臣」，「服」上有「復」字。

085 二是妻從夫服夫之黨　閩本同。惠棟挍宋本同。衛氏集説同。監、毛本「妻」誤「妾」。

086 服其親也鄭特云　惠棟挍宋本作「鄭」，此本「鄭」誤「節」，閩、監、毛本「鄭」誤「注」。×

禮不王節　×

087 禮不王不禘　惠棟挍宋本無此五字。×

088 世子不降節　閩、監、毛本「父爲士」以下提行另爲一節。

089 據服之成文也本所以正見父在爲妻不杖　閩、監、毛本同。岳本同。嘉靖本同。浦鏜從續通解挍「服」上補「喪」字，刪「正」字，疏内同。

090 世子至士服　惠棟挍宋本無此五字。

091 云主言與大夫之適子同　惠棟挍宋本作「云」。此本「云」誤「如」，閩、監、毛本同。❼

092 齊衰不杖有成文　閩、監本同。毛本「有」誤「以」。×

婦當喪而出節

093 當舅姑之喪也　惠棟挍宋本同。岳本同。嘉靖本同。衛氏集説同。閩、監、毛本「舅」誤「喪」。

094 婦當至遂之　惠棟挍宋本無此五字。

095 此一經明婦人遭喪　閩、監本同。毛本「遭」誤「遣」。×

096 則隨兄弟服三年之受　惠棟挍宋本作「服」，衛氏集説同。此本「服」誤「喪」，閩、監、毛本同。×

097 既已絶夫族　惠棟挍宋本亦作「已」，閩本同，衛氏集説同，監、毛本作「以」。

098 故女遂止也　惠棟挍宋本作「故」，衛氏集説同。此本「故」誤「於」，閩、監、毛本同。×

099 而夫反命之　閩、監、毛本同。衛氏集説同。盧文弨云「反命」當倒。

100 則猶遂三年乃除　閩、監本同。毛本「猶」誤「有」。×

再期之喪節

101 哀惻之情益衰　閩、監本作「惻」，岳本同，嘉靖本同，衛氏集説同，考文引宋板同。此本「惻」誤「則」，毛本「惻」誤「側」。

102 而除喪已祥則除　惠棟挍宋本作「已」，宋監本同，岳本同，嘉靖本同，衛氏集説同。閩、監、毛本「已」誤「者」，此本「喪已」二字闕。

103 爲之練祭可也　惠棟挍宋本作「練」，宋監本、岳本同，嘉靖本同，衛氏集説同。此本「練」字闕，閩、監、毛本「練」誤「再」。

104 再期至喪也　惠棟挍宋本無此五字。

105 隨時悽感　惠棟挍宋本作「悽」，衛氏集説同。此本「悽」誤「棲」，閩、監、毛本「悽」誤「傷」。

106 自爲天道減殺　惠棟挍宋本作「減」，通解同。此本「減」作「感」，閩、監、毛本同。❽

107 不相爲元意各别也　惠棟挍宋本作「元」，此本「元」字闕，閩本同，監、毛本「元」誤「〇」，通解「元」作「充」，亦非。

108 但祭爲存親　惠棟挍宋本作「存」。此本「存」誤「有」，閩、監、毛本同。×

109 恐人疑之祭爲除喪而祭　惠棟挍宋本同。閩、監、毛本「之祭」二字倒。

110 然祭雖不爲除喪　閩、監、毛本同。惠棟挍宋本無「然」字。

111 祥時除衰杖　惠棟挍宋本如此，衛氏集說亦作「祥時除衰杖也」。此本誤「祥持除衰」，閩本作「祥特除衰」，監、毛本作「祥特除喪」，並誤。

112 不忍頓除故有禫也　惠棟挍宋本作「禫」，衛氏集說同。此本「禫」誤「禮」，閩、監、毛本同。×

113 大功主者爲之練祥　閩、監本同。毛本「者」誤「人」。

114 生不及祖父母節　惠棟云：「生不及祖」節，宋本分「爲君之父母」以下爲下卷第一節。又云：宋本「生不至不稅」及「注謂子至之言」疏文二則俱在前注「喪與服不相當之言」下，屬四十二卷。又云：「恩輕故也」下接「降而在緦小功者」正義一則，并「注此句至則否」正義一則。

115 而父稅喪　各本同。石經同。釋文出「說喪」，云「注及下同」。

116 不責非時之恩　惠棟挍宋本作「責」，正義同，宋監本同，岳本同，嘉靖本同，衛氏集說同，考文引古本、足利本同。此本「責」誤「貴」，閩、監、毛本同。×

117 禮記正義卷第四十二終　惠棟挍宋本此行在疏「故云稅也」之下，凡二十頁。❾

118 禮記正義卷第四十三　惠棟挍宋本分「爲君之父母」以下爲卷四十三。×

爲君之父母節❿

119 親緦小功不稅矣　惠棟挍宋本、宋監本、岳本、衛氏集說、考文引古本、足利本「親」上並有「正」字。

120 生不至不說　惠棟挍宋本無此五字。

121 此子生則不及歸　閩、監、毛本同。考文引宋板無「子」字。按衛氏集説作「此子」，無「生」字，疑宋板亦當無「生」字，非無「子」字也，寫者偶誤耳。

122 若此諸親死道路既遠　惠棟挍宋本作「諸」，衛氏集説同。此本「諸」誤「謂」，閩、監、毛本同。×

123 劉知蔡謨等解生義與王同　惠棟挍宋本作「生」，此本「生」誤「正」，閩、毛本同，監本「同」誤「王」。×

124 則餘踈者不税可知也　惠棟挍宋本作「踈」。此本「踈」誤「從」，閩、監、毛本同。×

125 若服未除則猶是服内服　閩、監、毛本如此，衛氏集説同，此本「除」誤「服」。×

126 按禮論云有服其殘服者　惠棟挍宋本如此。此本「有」誤「存」，「殘」作「喪」，閩、監、毛本同。⑪

127 若本大功以上降而在緦小功者　閩本同。惠棟挍宋本同。監、毛本「在」誤「若」。

128 一則爲此句應連親屬之下　惠棟挍宋本同，此本「應連」誤「至情」。閩、監、毛本作「至連」，考文引宋板「至連」二字作「應」字，並非。

129 故知宜承父税喪已則否之下也　閩、監本同。毛本「喪」誤「之」。×

130 若君已除則臣不税之　閩、監本同。毛本「除」誤「臣」。×

131 比反而君諸親喪　惠棟挍宋本作「諸」，衛氏集説同。此本「諸」誤「謂」，閩、毛本同，監本「比」誤「北」。×

132 則從君服之非税義也　惠棟挍宋本

作「服」，衛氏集説同。此本「服」誤「明」，閩、監、毛本同。

校記

❶南昌本出文改作「附釋音禮記注疏卷第三十二」，上提三格。校語下有「禮記正義卷第四十二」。

❷南昌本「作斷」作「同」，無「此本斷誤二」。

❸南昌本「作上」作「同」，無「此本上誤三」，「同」作「上誤三」。

❹南昌本「作禰適」作「同」，無「此本禰適作稱適」，「同」作「並禰適作稱適」。

❺南昌本出文無「出」字。校語「有出字」上有「俱下」，「出字脱」作「誤脱」。

❻南昌本出文「則已」作「而已」。校語「作則已」作「而作則」，無「此本則已誤而已」，「同」作「並誤」。

❼南昌本「作云」作「同」，無「此本云誤如」，「同」作「云誤如」。

❽南昌本出文「滅」作「感」。校語移「閩、監、毛本同」一句於「惠棟挍宋本」句上，「作滅」上有「感」，無「此本滅作感」。

❾南昌本出文改作「故云税也」，上提一格。校語「此行在疏故云税也之下」改作「此下標禮記正義卷第四十二終」，無「凡二十頁」。

❿南昌本下有校語「惠棟挍宋本自此節起至適婦不爲舅後者節止爲第三四十三卷。卷首題禮記正義卷第四十三」。

⓫南昌本出文「殘」作「喪」。校語移「閩、監、毛本同」一句於「惠棟挍宋本」句上，「如此」作「喪作殘」，無「此本有誤存，殘作喪」。

禮記注疏校勘記卷三十三

喪服小記

虞杖不入節 ×

33—001 虞杖至於堂　惠棟挍宋本無此五字。×

爲君母節 ×

002 爲君至黨服　惠棟挍宋本無此五字。×

經殺五分而去一節

003 經殺至如經　惠棟挍宋本無此五字。

004 苴經大搹　考文引宋板同。閩、監、毛本「苴」誤「首」，衛氏集説同。

妾爲君之長子節 ×

005 輕服君之正統　閩、毛本同。岳本同。嘉靖本同。衛氏集説同。監本「正」誤「止」。×

006 妾爲至君同　惠棟挍宋本無此五字。×

除喪者先重者節

007 婦人除乎帶　惠棟挍宋本同。宋監本同。岳本同。嘉靖本同。衛氏集説同。考文引古本、足利本同。閩、監、毛本「帶」誤「要」。

008 除喪至輕者　惠棟挍宋本無此五字。

009 及除脱之義　惠棟挍宋本作「除」，衛氏集説同。此本「除」誤「餘」，閩、監、毛本同。

010 以其所重故也　惠棟挍宋本作「故」，衛氏集説同。此本「故」誤「敬」，閩、監、毛本「故」誤「要」。❶

011 但以麻易男要女首　惠棟挍宋本如此，衛氏集説同。此本「男要」二字闕，閩、監、毛本「男要」誤「故男」。

無事不辟廟門節 ×

012 無事至其次　惠棟挍宋本無此五字。✕

復與書銘節

013 復與至書氏　惠棟挍宋本無此五字。

014 謂書亡人名字於旌旗也　閩、監本同。毛本「於」誤「如」。✕

015 故復及銘皆書稱名也　閩、監、毛本同。浦鏜挍云「書」字當在「銘」字上。

016 若妾有不知姓者當稱氏矣　考文引宋板作「當」，衛氏集説同。此本「當」誤「常」，閩、監、毛本同。❷

斬衰之葛節

017 麻同皆兼服之　惠棟挍宋本有此一句，在「齊衰之葛」節注「七十六」之下，石經同，宋監本同，岳本同，嘉靖本同，衛氏集説同，陳澔集説同，考文引古本、足利本同。石經考文提要云：宋大字本、宋本九經、南宋巾箱本、余仁仲本、劉叔剛本、至善堂九經本並如此。毛本亦有，惟「同」字作「葛」。此本六字脱，閩、監本同。岳本考證云：「永懷堂本脱此句。」❸

018 皆者皆上二事也兼服之謂服麻又服葛也男子則經上服之葛帶下服之麻婦人則經下服之麻固自帶其故帶也所謂易服易輕者也兼服之文主於男子　此六十一字係「麻同，皆兼服之」注，惠棟挍宋本有，宋監本同，岳本同，嘉靖本同，衛氏集説同，惟無「皆者皆上二事也」七字，毛本亦有，惟「固自帶」之「帶」誤「當」，「兼服之文」「文」誤「又」。此本全脱，閩、監本同。

019 斬衰至服之　惠棟挍宋本無此五字。

020 麻同皆兼服之者　惠棟挍宋本同。衛氏集説同。閩、監、毛本「同」誤「葛」。

021 兼服謂服麻又服葛也　惠棟挍宋本作「又」，此本「又」字闕，閩、監、毛本「又」作「兼」。

022 案喪服傳云苴絰大搹　惠棟挍宋本同。閩、監、毛本「苴」誤「首」，衛氏集説同，下「就苴絰九寸之中」同。

023 凡笇之法　閩、監、毛本同。衛氏集説「笇」作「筭」，浦鏜挍「笇」改「笇」。○按，笇，俗字也。「笇」又「笇」之誤。

024 納子餘分以爲積數　惠棟挍宋本亦作「納」，衛氏集説同，閩、監、毛本「納」誤「約」。

025 但其事繁碎　惠棟挍宋本同。衛氏集説同。閩、監、毛本「繁」誤「繫」。

026 同自帶其故帶也者　閩、監、毛本同。惠棟挍宋本「同」作「固」。

報葬者報虞節

027 報葬至卒哭　惠棟挍宋本無此五字。

028 虞是安神　惠棟挍宋本作「虞」。此本「虞」誤「謂」，閩、監、毛本同。❹

029 而待哀殺也　惠棟挍宋本如此，此本「哀」上衍「齊」字，閩本同，監、毛本誤作「而待齊哀殺也」。❺

父母之喪節

030 喪之隆衰宜從重也　惠棟挍宋本作「衰」，考文引古本同。此本「衰」誤「哀」，閩、監、毛本同，岳本同，嘉靖本同，衛氏集説同。

031 父母至斬衰　惠棟挍宋本無此五字。

032 卒事之日反服父服　惠棟挍宋本作「日反」，衛氏集説同。此本「日反」誤「後還」，閩、監、毛本同。❻

大夫降其庶子節

033 大夫至之喪　惠棟挍宋本無此五字。

034 其子亦不敢服　閩、監、毛本同。惠棟挍宋本無「其」字。

爲慈母之父母節

035 爲慈至無服　惠棟挍宋本無此五字。×

夫爲人後者節

036 以不貳隆　考文引宋板作「隆」，衛氏集説同。此本「隆」作「降」，閩、監、毛本同，岳本同，嘉靖本同。釋文出「不貳降」，云「一本作『隆』」。盧文弨挍云宋本作「隆」是也。❼

037 夫爲至大功　惠棟挍宋本無此五字。

038 人生不及祖之徒　惠棟挍宋本作「祖」，衛氏集説同。此本「祖」誤「相」，閩、監本同，毛本「及祖」誤「相及」。

039 熊氏云然恐賀義未盡善也　閩、監本同。毛本脱「然」字。惠棟挍宋本「也」作「矣」。

士祔於大夫節

040 士祔至易牲　惠棟挍宋本無此五字。

041 依亡人之貴賤禮供之　惠棟挍宋本作「亡」。此本「亡」誤「主」，閩、監、毛本同。❽

繼父不同居也者節 ×

042 繼父至異居　惠棟挍宋本無此五字。×

043 四時使之祭祀　閩、監本同。毛本「使」誤「侯」。×

044 哭朋友者節　閩、監、毛本「祔葬者不筮宅」提行别爲一節。惠棟云「哭朋」至「南面」正義二則，宋本接在「門外，寢門外」之下。衛氏集説分節同。

045 哭朋至南面　惠棟挍宋本無此五字。

046 以對荅弔賓　閩、監、毛本同。惠棟挍宋本「賓」作「客」，衛氏集説同。

士大夫不得祔於諸侯節

047 士大夫謂公子公孫　各本同。毛本「士」誤「上」。×

048 士大至於士　惠棟挍宋本無此五字。

049 諸祖祖之兄弟也　閩本同。惠棟挍宋本同。衞氏集説同。監、毛本下「祖」誤「袝」。

050 若夫祖無妾　惠棟挍宋本作「夫」，衞氏集説同。此本「夫」誤「太」，閩、監、毛本同。

爲母之君母節

051 爲母至不服　惠棟挍宋本無此五字。

宗子母在節

052 宗子至妻禫　惠棟挍宋本無此五字。

053 則杖有不禫禫有不杖者　監本「不禫」字下誤衍「〇」。❾

054 小記篇云庶子在父之室　閩、監、毛本同。惠棟挍宋本「篇」作「又」。

055 應有庶子爲母不杖之文　閩、監本同。毛本「之」誤「其」。

056 如賀循此論　閩、監本同。毛本「論」誤「云」。

057 庶子不得爲妻禫也　惠棟挍宋本作「禫」。此本「禫」誤「杖」，閩、監、毛本同。❿

爲慈母後者節

058 父之妾無子者　閩、監本、岳本、嘉靖本、衞氏集説同。毛本「父」誤「夫」。

059 爲慈至可也　惠棟挍宋本無此五字。

060 總解經慈母庶母祖庶母三條也　惠棟挍宋本作「三條」。此本「三條」誤「云即」，閩、監、毛本同。

061 皆是庶子父命之使事妾母也　閩、監本同。毛本「皆」誤「者」。

062 母道舊定不假須父命之　考文引宋板同。閩、監、毛本「假須」作「須假」。

063 然緣喪服慈母而起　惠棟挍宋本同。閩本「慈」字漶滅，監、毛本「慈」誤「爲」。

為父母妻長子禫節

064 目所爲禫者也　惠棟挍宋本作「目」，正義同，宋監本同，嘉靖本同，衛氏集説同，考文引古本、足利本同。此本「目」誤「日」。閩、監、毛本「目」作「自」，岳本同。⓫

065 爲父至子禫　惠棟挍宋本無此五字。

066 鄭云目所爲禫者　惠棟挍宋本作「目」，衛氏集説同。此本「目」作「自」，閩、監、毛本同。⓬

慈母與妾母節　×

067 慈母至祭也　惠棟挍宋本無此五字。×

丈夫冠而不爲殤節

068 丈夫冠而不爲殤　閩、監、毛本同。石經同。岳本同。嘉靖本同。衛氏集説同。浦鏜挍云：丈夫冠，賈公彦士冠禮疏及楊復齋儀禮圖喪服殤大功九月、七月章引此皆作「大夫」，按文與「婦人」相對，似作「丈夫」爲正，但賈、楊所見本不應並誤，今此節疏義不存，無可考挍，姑闕所疑，以俟達者。按，集説載山陰陸氏云「不言『男子』、『女子』，言『丈夫』、『婦人』，則以冠宜有丈夫之道，笄宜有婦德故也」，審陸此言，是宋所見本亦作「丈夫」也。○按，賈氏士冠疏誤耳。

069 未許嫁與丈夫同　閩、監、毛本同。岳本同。嘉靖本同。惠棟挍宋本「同」下有「也」字，衛氏集説同，考文引古本同。

070 爲殤至服之　惠棟挍宋本無此五字。

071 此一節論宗子殤死　閩、監、毛本同。考文引宋板「節」作「經」，衛氏集説同。⓭

072 以其父無殤義故也　閩、監本同。衛氏集説同。毛本「無」誤「爲」。

073 而宗不可絶　惠棟挍宋本作「不」，衛氏集説同。此本「不」誤「大」，閩、監、毛本同。×

074 不以殤者之爲父　惠棟挍宋本作

「不」，衛氏集説同。此本「不」誤「而」，閩、監、毛本同。

075 既不與殤爲子　閩本同。惠棟挍宋本同。衛氏集説同。監、毛本「與」誤「爲」。

076 依其班秩如本列也　閩、監本同。毛本「如」誤「也」。

077 不責人以非時之恩　惠棟挍宋本同。衛氏集説同。閩、監本「恩」誤「思」。

078 故推此時本親兄弟　惠棟挍宋本作「推」，衛氏集説同。此本「推」誤「折」，閩、監、毛本同。

久而不葬者節

079 久而至則已　惠棟挍宋本無此五字。

080 故謂此在不除之例　閩、監、毛本同。續通解無「故」字。

081 不俟言而明矣　閩、監本同。毛本「矣」字脱。

082 謂庾言爲是　閩、監本同。毛本「言」字脱。

箭笄終喪三年節

083 箭笄終喪三年　閩、監、毛本同。石經同。岳本同。嘉靖本同。衛氏集説同。段玉裁挍云：注「自卷持」，蒙「齊衰惡笄帶以終喪」而言，則此「箭笄」下亦當有「帶」字。

084 箭笄終喪三年　惠棟挍宋本無此六字。

齊衰三月節

085 齊衰三月　閩、監本同。石經同。岳本同。嘉靖本同。衛氏集説同。考文引宋板同。毛本「月」誤「日」。

086 齊衰至繩屨　惠棟挍宋本無此五字。

087 大功以上同名重服　惠棟挍宋本作「上」，衛氏集説同。此本「上」誤「下」，閩、監、毛本同。

088 所以同其末屨以表恩而不同也　考文引宋板同。閩、監、毛本「末」作「麻」，「而」作「無」。

練筮日節

089 練筮至筮尸　惠棟挍宋本無此五字。

090 此一經論練祥筮日筮尸之時　閩、監、毛本同。衛氏集説「筮尸」下有「視濯」二字。

091 屨是末服　惠棟挍宋本作「末」，衛氏集説同。此本「末」誤「未」，閩、監、毛本同。

092 故孝子便去杖亦敬生故也　閩本同。考文引宋板同。衛氏集説同。監、毛本「生」作「賓」。

093 告服朝服也　按，「告」當作「吉」，監本誤。

094 從小祥可知也　惠棟挍宋本作「小」，衛氏集説同。此本「小」誤「服」，閩、監、毛本同。

095 則非祥後之服　閩、監、毛本同。衛氏集説同。續通解「則」作「明」。

096 故引以證之　惠棟挍宋本有「之」字，衛氏集説同。此本「之」字脱，閩、監、毛本同。

庶子在父之室節

097 舅不主妾之喪　閩、監、毛本同。岳本同。嘉靖本同。衛氏集説同。盧文弨挍云：足利古本「妾」作「庶妻」，似當作「庶子妻」。

098 庶子至可也　惠棟挍宋本無此五字。

099 禫爲服外故微奪之可　惠棟挍宋本同。閩、監、毛本「可」作「耳」。

100 而其孫不降其父也　惠棟挍宋本作「而」，此本「而」誤「爲」，閩、監、毛本同。

101 按祖不厭孫　惠棟挍宋本同。續通解同。閩、監、毛本「按」誤「於」。

102 不以杖即位者以祖爲其父主　惠棟挍宋本作「者」。此本「者」誤「子」，閩、監、毛本同。

103 猶如庶子之子亦非厭也　惠棟挍宋本如此，閩本「子亦」二字闕。此本「子亦」誤「者非」，監、毛本同。

104 若妻次子既非正嗣　惠棟挍宋本作「正」，衞氏集説同。此本「正」誤「丌」，閩、監、毛本「正」誤「冢」。

105 言即位如似適婦之喪　惠棟挍宋本同。閩、監、毛本「似」作「依」。

106 雖有杖不得持即位　惠棟挍宋本作「持」，毛本同。此本「持」誤「時」，閩、監本「時」誤「特」。

107 今嫌爲妻亦得杖　惠棟挍宋本同。閩、監、毛本「嫌」誤「姑」。

諸侯弔於異國之臣節

108 諸侯至錫衰　惠棟挍宋本無此五字。

109 若自弔己臣　惠棟挍宋本同。衞氏集説同。閩、監、毛本「自」誤「曰」。

110 主人必免者此承上也　毛本同。閩、監本「者」誤「著」。

111 今鄰國君弔君爲之主　閩、毛本同。監本「弔」誤「〇」。

112 以經云未喪服嫌謂未括髮　惠棟挍宋本作「經」。此本「經」誤「純」，閩、監、毛本同。

113 是殯後乃成服也　惠棟挍宋本作「後」。此本「後」誤「也」，監、毛本同，閩本「後」誤「乃」。⑭

養有疾者節

114 則不易己之喪服　惠棟挍宋本同。石經同。岳本同。衛氏集説同。閩、監、毛本「己」誤「已」，嘉靖本同。

115 養有至者否　惠棟挍宋本無此五字。

116 親族有疾患者養之法　閩、監、毛本同。衛氏集説同。盧文弨本「疾」改「病」。

117 疾者既死無生後　閩、監本同。毛本「生」作「主」，衛氏集説同。

118 今來爲主則不易己喪服　閩、監本同。毛本「則」誤「今」。

119 故今爲新死者　閩、監本同。毛本「今」誤「則」。

120 本有喪謂有前喪之服也　惠棟挍宋本同。閩、監、毛本「謂」誤「服」。

妾無妾祖姑者節

121 妾無至可也　惠棟挍宋本無此五字。

122 今又無高祖妾祖姑　惠棟挍宋本同。閩、監、毛本「又」作「妾」。

婦之喪虞卒哭節

123 婦之至爲主　惠棟挍宋本無此五字。

124 婦之喪虞卒哭　惠棟挍宋本作「之」。此本「之」誤「人」，監、毛本同。

125 虞與卒哭其在於寢　按，「其」當作「具」。

126 士不攝大夫　惠棟挍宋本如此。此本作「士不至宗子」，閩、監、毛本同。

陳器之道節

127 陳器至可也　惠棟挍宋本無此五字。

128 故既夕禮注云　閩本作「夕」，惠棟挍宋本同。此本「夕」誤「名」，監、毛本同。

奔兄弟之喪節

129 而後之家　閩、監、毛本同。石經同。岳本、嘉靖本、衛氏集説同。惠棟挍宋本「後」作「后」，宋監本同。○按，經傳多借「后」爲「後」。

130 而后之墓　惠棟挍宋本同。石經同。宋監本同。岳本、嘉靖本、衛氏集説同。閩、監、毛本「后」作「後」。

131 奔兄至之墓　惠棟挍宋本無此五字。

父不爲衆子節　×

132 父不至於外　惠棟挍宋本無此五字。×

與諸侯爲兄弟者節

133 與諸至服斬　惠棟挍宋本無此五字。×

134 恐彼此俱作諸侯爲之服斬　惠棟挍宋本作「彼」，衛氏集説同。此本「彼」誤「經」，閩、監、毛本同。

135 或服本親之服　惠棟挍宋本作「親」，是也。此本「親」作「義」，閩、監、毛本同。⑮

136 故知容在異國也　惠棟挍宋本作「容」，衛氏集説同。此本「容」作「客」，閩、監、毛本同。⑯

137 據本國經爲卿大夫者也　閩本同。惠棟挍宋本同。監、毛本「經」作「輕」。

138 外宗爲君夫人如内宗　惠棟挍宋本同。閩、監、毛本「夫人」誤「大夫」。

下殤小功節

139 帶澡麻不絶本　各本同。石經同。釋文出「不絶」，云「本或作『不絶本』，非也」。按，正義云「故云『帶澡麻不絶』，『不絶』謂不斷本也」，是正義本亦無「本」字也。

140 澡率治麻爲之　惠棟挍宋本作「之」，宋監本同，岳本同，嘉靖本同，衛氏集説同。此本

「之」誤「絰」，閩、監、毛本同。

141 **凡殤散帶垂**　毛本作「帶」，岳本同，嘉靖本同，衛氏集説同。此本「帶」誤「絶」，閩、監本同。釋文出「散帶」，正義同。

142 **下殤至報之**　惠棟挍宋本無此五字。

143 **服澡麻爲絰帶**　惠棟挍宋本同。衛氏集説同。閩、監、毛本「絰」誤「輕」。

144 **婦祔於祖姑節**　惠棟云：「婦祔」節，宋本分「爲父後」以下半節合下「婦人不爲主」節爲一節。

145 **謂舅之母死**　惠棟挍宋本作「之」，宋監本同，岳本同，嘉靖本同，衛氏集説同，考文引古本、足利本同。此本「之」誤「姑」，閩、監、毛本同。

146 **適子正體於上當祭祀也**　惠棟挍宋本作「祀」，岳本同，嘉靖本同，考文引古本、足利本同。此本「祀」誤「禮」，閩、監、毛本同，衛氏集説同。

147 **婦祔至故也**　惠棟挍宋本無此五字。

婦人不爲主節

148 **母爲長子削杖**　惠棟挍宋本同。石經同。宋監本同。嘉靖本同。衛氏集説同。閩、監、毛本「杖」誤「長」。

149 **母爲長子服**　各本同。釋文無「長」字。

150 **謂長女也**　惠棟挍宋本作「女」，宋監本同，岳本同，嘉靖本同，衛氏集説同，考文引古本、足利本同。此本「女」誤「久」，閩、監、毛本同。

151 **婦人至人杖**　惠棟挍宋本無此五字。

152 **但夫是移天之重**　惠棟挍宋本作「天」，衛氏集説同。此本「天」誤「夫」，閩、監、毛本同。山井鼎云：宋板爲是。唐柳宗元文「移天夙喪」注「女子家則父天，嫁則夫天」，故曰「移」。

153 今有姑在姑主子喪　閩、監本同。毛本「主」誤「在」。

154 又喪大記云主之喪二日　閩、監本同。毛本「二」作「三」，非。考文引宋板「主」作「士」，是也。

155 童女得稱婦人者　惠棟挍宋本同。閩、監、毛本「女」誤「子」。

緦小功節

156 不可久無飾也　惠棟挍宋本作「飾」，宋監本同，岳本同，嘉靖本同，衛氏集説同，按正義亦作「飾」。此本「飾」誤「節」，閩、監本同。

157 遠葬者比反哭者　閩、監本同。石經同。岳本同。嘉靖本同。衛氏集説同。毛本「哭」誤「器」。

158 墓在四郊之外　閩、毛本同。岳本同。嘉靖本同。衛氏集説同。監本「四」誤「西」。

159 不散麻者自若絞垂　毛本同。岳本同。嘉靖本同。衛氏集説同。閩、監本「散」誤「敢」。

160 緦小至皆免　惠棟挍宋本無此五字。

161 前云赴葬者赴虞　閩、監本同。毛本「葬」誤「虞」。

162 於疾葬者疾虞　惠棟挍宋本作「疾虞」。此本「疾虞」誤「矣虞」，閩、監、毛本同。

163 比反哭者皆冠者　考文引宋板同。閩、監、毛本「冠」誤「棺」。

164 及郊而后免反哭者　毛本作「反」。此本「反」誤「及」，閩、監本同。

165 已君之來其免如此　閩、監本同。毛本「其」作「皆」。

除殤之喪者節

166 文不縞冠元端　閩、監、毛本同。嘉靖本同。衛氏集説同。岳本「縞」作「縟」，釋文出「不緌」。段玉裁挍本從九經三傳沿革例作「文不緌，玄冠、玄端」。按，段是也，盧文弨挍亦依疏「冠」上增「元」字。

167 除殤至縞冠　惠棟挍宋本無此五字。

168 緌數也玄冠玄端　惠棟挍宋本如此，毛本同。此本上「玄」字誤「云」，閩、監本同。×

奔父之喪節 ×

169 奔父至三祖　惠棟挍宋本無此五字。×

適婦不爲舅後者節

170 適婦不爲舅後者　閩、監、毛本同。石經同。岳本同。嘉靖本同。衞氏集説同。陳澔集説「舅」下衍「姑」字。

171 皆如庶子庶婦也　閩、監、毛本同。嘉靖本同。衞氏集説同。惠棟挍宋本上「庶」作「衆」，岳本同。考文云足利本下「庶」作「衆」。

172 適婦至小功　惠棟挍宋本無此五字。

173 則姑之服庶婦小功而已　考文引宋板如此，衞氏集説同。此本「之」上衍「爲」字，閩、監、毛本同。⑰

174 以父母於子適者正服期　閩、監本同。毛本「子適」二字倒。

33—175 禮記正義卷第四十三終　惠棟挍宋本此行在疏「爲後者也」之下，計云凡二十四頁。⑱

校記

❶南昌本「作故」作「同」，無「此本故誤敬」。

❷南昌本「作當」作「同」，無「此本當誤常」，「同」作「當誤常」。

❸南昌本「石經考文提要」之「考」作「者」。

❹南昌本出文「虞」作「謂」。校語「作虞」上有「謂」，下增「是也」，無「此本虞誤謂」，「同」作「並誤謂」。

❺南昌本出文「哀」上有「齊」字。校語「如此」作「哀上

無齊字」，「此本哀上衍齊字」作「此誤衍也」。

❻南昌本出文「日反」作「後還」。校語移「閩、監、毛本同」一句於「惠棟挍宋本」句上，「作日反」上有「後還」，無「此本日反作後還」。

❼南昌本出文「隆」作「降」。

❽南昌本出文「亡」作「主」。

❾南昌本「不禫」上有「案」字，「下誤衍○」作「下○誤衍」，「監本」下有「同」字，「監本同」句移於「衍」字下。

❿南昌本出文「禫」作「杖」。

⓫南昌本出文「目」作「日」。校語「作目」上有「日」字。

⓬南昌本出文「目」作「自」。校語移「閩、監、毛本同」一句於「惠棟挍宋本」句上，「作目」上有「自」字，無「此本目作日」。

⓭南昌本無「衞氏集説」下「同」字。

⓮南昌本「作後」上有「亦」字，無「此本後誤也」，「同」作「後誤也」。

⓯南昌本出文「親」作「義」。校語「作親」上有「義」，無「此本親作義」，「同」作「並誤義」。

⓰南昌本出文「容」作「客」。校語移「閩、監、毛本同」一句於「惠棟挍宋本」句上，「作容」上有「客」，無「此本容作客」。

⓱南昌本出文「之」上有「爲」字。校語「如此」作「之上無爲字」，「此本之上衍爲字」作「此誤衍也」。

⓲南昌本出文改作「爲後者也，上提三格。校語「此行在疏爲後者也之下」改作「此下標禮記正義卷第四十三終」，「計」作「記」。

禮記注疏校勘記卷三十四

34—001 禮記正義卷第四十四　惠棟挍宋本。❶

大傳第十六

禮不王不禘節

002 黑則汁光紀　閩、監、毛本同。岳本同。嘉靖本同。衛氏集説同。釋文出「叶」，云「本又作『汁』」。

003 汎配五帝也　各本同。釋文「汎」和「氾」。

004 諸侯及其大祖　惠棟挍宋本同。石經同。岳本同。嘉靖本同。閩、監、毛本「大」作「太」，衛氏集説同。釋文于上出「大微」，云「下文注『大祖』、『大王』皆同」，是釋文本亦作「大」也。

005 禮不至高祖　惠棟挍宋本無此五字。

006 又元命包云　惠棟挍宋本同。衛氏集説同。閩、監、毛本「元」誤「糸」。

007 若有功當爲墠而祫祭之也　閩、監本同。毛本「墠」誤「壇」。

牧之野節

008 牧之至尊也　惠棟挍宋本無此五字。

009 乃追王大王大王名亶父者　惠棟挍宋本同。閩、監、毛本「大王」二字不重，衛氏集説同。

010 凡國野十里有廬　惠棟挍宋本有「有」字，衛氏集説同。此本「有」字脱，閩、監、毛本同。❷

011 三十里有宿　考文引宋板作「三」，是也，衛氏集説同。此本「三」誤「二」，閩、監、毛本同。

012 案周本記云　閩、監、毛本同。衛氏集説「記」作「紀」。浦鏜挍云「記」當作「紀」，下同。

013 載文王木主　閩、監本同。毛本「木」誤「本」。

014 謂周公攝政六年祭清廟　考文引宋板作「六」，此本「六」誤「云」，閩、監、毛本「六」誤「之」。❸

015 又與武成違其義非也　惠棟挍宋本作「違」，續通解同。此本「違」誤「衛」，閩、監、毛本「違」誤「異」。❹

016 追王大王亶甫王季歷　惠棟挍宋本同。閩、監、毛本「甫」作「父」。

017 文王稱王早矣者　閩、監、毛本同。惠棟挍宋本「文」上有「云」字。

018 於時稱王九十六也　閩、監、毛本同。考文引宋板「王」下有「年」字。

019 君王其終撫諸是也　惠棟挍宋本作「終」。此本「終」誤「後」，閩、監、毛本同。

020 號稱猶未定　閩、監本同。衛氏集説、毛本「猶」誤「有」。

上治祖禰節

021 上治至竭矣　惠棟挍宋本無此五字。

022 因治親屬合族之禮　閩、監、毛本作「因」，衛氏集説同。此本「因」誤「音」，考文引宋板「因」作「外」。

023 上正治祖禰是尊其尊也　惠棟挍宋本有「禰」字。此本「禰」字脱，閩、監、毛本同，衛氏集説作「上正祖禰是尊其尊」。

024 使人義之道理竭盡於此矣　閩、監、毛本同。衛氏集説同。浦鏜挍云「義」衍字。

聖人南面而聽天下節

025 察有仁愛者　惠棟挍宋本作「者」，宋監本同，考文引古本、足利本同，岳本同，嘉靖本同。此本「者」誤「也」，毛本同。閩、監本作「察存仁愛也」，衛氏集說作「察存仁愛者」，並誤。❺

026 **無不贍者**　各本同。石經「貝」字旁摩滅。釋文出「不贍」，云「本又作『儋』」。❻

027 **紕繆猶錯也**　閩、監、毛本同。岳本同。嘉靖本同。衛氏集說同。考文引宋板無「繆」字，足利本同，宋監本同。

028 **徽號旌旗之名也**　惠棟挍宋本作「旗」，宋監本同，岳本同，嘉靖本同，衛氏集說同，是也。此本「旗」作「旂」，閩、監、毛本同。

029 **徽或作褘**　岳本同，釋文亦作「褘」。嘉靖本、衛氏集說、閩、監、毛本「褘」誤「禕」，下同。

030 **聖人至者也**　惠棟挍宋本無此五字。

031 **即下云一曰治親之屬是也**　惠棟挍宋本同。閩、監、毛本「云」誤「文」。

032 **是人理相承順之道**　惠棟挍宋本作「人」。此本「人」誤「以」，閩、監、毛本同。❼

033 **此一經至與民變革者也**　閩、監本同。毛本「與」誤「於」。

034 **言新制天下必宜造此物也**　惠棟挍宋本作「新制」，衛氏集說同。此本「新制」二字闕，閩、監、毛本「新制」作「始有」。

035 **隨寅丑子所損也**　閩、監、毛本同。浦鏜挍云：損，疑「建」或「指」誤。齊召南挍云「損」字當作「建」。

036 **周夜半**　毛本作「周」，衛氏集說同。此本「周」誤「問」，閩、監本同。

037 **器爲楬豆**　惠棟挍宋本作「楬」。此本「楬」誤「輵」，閩、監、毛本同，衛氏集說同。

038 **爲銘各以其物**　考文引宋板作「各」。此本「各」誤「名」，閩、監、毛本同。

039 則以緇長半幅頳末　毛本同。閩本「頳」誤「赬」，監本「赬」誤「賴」。

040 是徽號與此同矣　閩、監本同。毛本「徽」誤「欲」。

041 同姓從宗節　惠棟云：「同姓」節、「其夫」節，宋本合爲一節。

042 主於母與婦之名耳　閩、監本同。岳本同。嘉靖本同。衛氏集説同。毛本「主」誤「立」。

043 同姓至有别　惠棟挍宋本無此五字。

044 則展氏臧氏是也　惠棟挍宋本作「臧」，衛氏集説同。此本「臧」誤「藏」，閩、監、毛本同。

045 凡賜氏族者此爲卿乃賜　閩、監、毛本同。齊召南挍云「此」字當作「必」。衛氏集説「此」字無。

046 若子孫不爲卿　惠棟挍宋本作「不」，衛氏集説同。此本「不」誤「若」，閩、監、毛本同。

047 氏族對之爲别　惠棟挍宋本同。閩、監、毛本「之」作「文」，衛氏集説同。

048 鄖陽封人之女　惠棟挍宋本同。閩、監本「鄖」誤「鄖」，毛本「鄖」誤「鄖」。

其夫屬乎父道者節

049 道猶行列也　衛氏集説同。閩、監、毛本「猶」作「由」。

050 既尊卑縣絶　惠棟挍宋本同。閩、監、毛本「縣」作「懸」，下「既不甚縣絶」同。○按，「縣」、「懸」正俗字。

051 即淫亂易生　閩本同。惠棟挍宋本同。監、毛本「即」誤「既」。

052 謂之爲婦　惠棟挍宋本同。閩、監、毛本

「婦」誤「母」。

053 故嫂不可謂之爲母　閩、監本同。毛本「謂之」誤倒在「不可」上。

054 兄妻假以嫂老之名　閩、監本同。衛氏集説同。毛本「嫂」誤「婦」。

四世而緦節

055 昏姻可以通乎　各本同。石經同。釋文「昏」作「婚」，按正義亦並作「婚姻」。

056 四世至然也　惠棟挍宋本無此五字。

057 謂上至高祖下至己兄弟　惠棟挍宋本如此，衛氏集説同。此本「下」字上衍「以」字，閩、監、毛本同。❽

058 婚姻可以通乎者　閩、監、毛本「婚」作「婚」，是也，下「婚姻」字並同。

059 婚姻應可以通乎　閩本同。惠棟挍宋本同。監、毛本「應」誤「無」。

060 大宗百世不改也　毛本同。閩、監本「大」誤「太」。×

061 雖百世婚姻不通者　閩、監、毛本同。考文引宋板「世」下有「而」字。

服術有六節　×

062 服術至從服　惠棟挍宋本無此五字。×

063 幼謂諸殤　惠棟挍宋本同。衛氏集説同。閩、監、毛本「謂」誤「爲」。×

從服有六節　×

064 從服至而重　惠棟挍宋本無此五字。×

自仁率親節

065 自猶用也　閩、監本同。岳本同。嘉靖本同。衛氏集説同。考文引宋板同。毛本「也」誤「爲」。

066 自仁至然也　惠棟挍宋本無此五字。

067 父母恩愛漸近　惠棟挍宋本作「母」。

此本「母」誤「爲」，閩、監、毛本同。

君有合族之道節

068 君有至位也　惠棟挍宋本無此五字。

069 有合會族人之道　惠棟挍宋本作「會」，衛氏集説同。此本「會」作「食」，閩、監、毛本同。❾

070 多有簒代之嫌　惠棟挍宋本作「簒」。此本「簒」誤「纂」，閩、監、毛本同。

071 今遠自卑退　考文引宋板同。閩、監、毛本「今」作「令」。

庶子不祭節

072 宗其繼別子之所自出者　閩、監、毛本同。石經同。岳本同。嘉靖本同。衛氏集説同。朱子云：「『之所自出』四字疑衍，注中亦無其文，至作疏時方誤耳。」

073 庶子至義也　惠棟挍宋本無此五字。

074 庶子不祭祖下文云不祭禰　閩、監、毛本同。衛氏集説同。惠棟挍宋本「文」作「又」。

075 又承上繼別爲大宗之下　閩、監、毛本同。惠棟挍宋本「又」作「文」。

076 別子之適子弟之子者　惠棟挍宋本同。閩、監、毛本「者」誤「爲」。

有小宗而無大宗者節

077 有小至是也　惠棟挍宋本無此五字。

078 以前經明卿大夫士有大宗　惠棟挍宋本作「士有」，衛氏集説「士」作「事」。此本「士有」誤「小宗」，閩、監、毛本同。

079 是有無之宗　惠棟挍宋本同。閩、監、毛本「之」字脱，衛氏集説同。

080 公子是也　閩、監、毛本同。惠棟挍宋本「也」下有「者」字。

公子有宗道節

081 亦莫之宗　閩、監、毛本同。岳本同。嘉靖本同。衛氏集説「宗」下有「也」字。盧文弨挍云：古本注末有「者」字，足利本同，惟「莫」字作「無」，與監本疏合。

082 公子至道也　惠棟挍宋本無此五字。

083 此一節覆説上公子　閩、監、毛本同。惠棟挍宋本「節」作「經」，衛氏集説同。

084 士大夫之身　惠棟挍宋本作「身」，此本「身」誤「見」。閩、監、毛本「身」誤「兄」，衛氏集説同。⑩

085 云公子不得宗君者　惠棟挍宋本有「者」字，毛本同，監本脱。

086 同喪服宗子之妻也　惠棟挍宋本有「服」字，衛氏集説同。此本「服」字脱，閩、監、毛本同。各本「妻」字同，毛本「妻」誤「義」。

087 則無所宗亦無之宗者　閩、監本同。毛本下「無」作「莫」。

088 鄭於此注遥釋前耳　惠棟挍宋本作「遥」，衛氏集説同。此本「遥」誤「宗」，閩、監、毛本同。

絶族無移服節

089 絶族至屬也　惠棟挍宋本無此五字。

090 爲族屬既絶故無移服　閩本同。惠棟挍宋本同。監、毛本「故」誤「者」，衛氏集説同。

自仁率親節

091 自仁至謂也　惠棟挍宋本無此五字。

092 從親己以至尊祖　閩本同。惠棟挍宋本同。監本「親已」作「親親」，衛氏集説同。毛本「己」作「親」，「至」誤「下」。

093 以收族之故　閩本同。惠棟挍宋本同。

監、毛本「之」作「人」。

094 宗廟嚴故重社稷者　監、毛本作「者」，惠棟挍宋本「者」作「○」。

095 始於家邦　惠棟挍宋本作「於」，衛氏集説同。此本「於」誤「周」，閩、監、毛本同。

096 則後乃社稷保重也　惠棟挍宋本作「乃」。此本「乃」誤「於」，閩、毛本同。

097 此之謂也者　監、毛本作「者」，惠棟挍宋本「者」作「○」。

34—098 故鄭荅炅模云然也　閩本同。考文引宋板同。監、毛本「炅」誤「晁」，「模」誤「摸」。

校　記

❶南昌本出文改作「附釋音禮記注疏卷第三十四」，上提三格。校語下有「禮記正義卷第四十四」。

❷南昌本出文無「有」字。校語「有有字」上有「里下」，「有字脱」作「誤脱」。

❸南昌本出文「六」作「云」。校語「作六」上有「云」，無「此本六誤云」。

❹南昌本「作違」作「同」，無「此本違誤衛」。

❺南昌本出文「者」作「也」。校語「作者」上有「也」，「者誤也」作「誤也」。

❻南昌本「瞻」作「贍」。

❼南昌本出文「人」作「以」。校語「作人」上有「以」，下有「是也」，無「此本人誤以」，「同」作「並誤以」。

❽南昌本出文「下」下有「以」字。校語「如此」作「下字上無以字」，「下字上衍以字」作「誤衍」。

❾南昌本出文「會」作「食」。校語移「閩、監、毛本同」一句於「惠棟挍宋本」句上，「作會」上有「食」，無「此本會作食」。

❿南昌本「作身」上有「亦」，無「此本身誤見」。

禮記注疏校勘記卷三十五

少儀第十七

35—001 及薦羞之少威儀　閩、監本同。毛本「少」作「小」，衛氏集說同。

聞始見君子者節

002 謙遠之也　各本同。釋文出「嗛」，云「本又作『謙』」。○按，謙，正字；嗛，假借字。

003 聞始至命者　惠棟挍宋本無此五字。

004 雜明細小威儀　閩、監本同。毛本「明」誤「文」。

005 各隨文解之　閩、監、毛本同。惠棟挍宋本「隨」作「依」。

006 再辭曰固　惠棟挍宋本作「曰」，衛氏集說同。此本「曰」誤「也」，閩、監、毛本同。

不得階主節

007 解上經文云聞名之義也　閩、監、毛本同。惠棟挍宋本無「經」字。

008 隱義云階可升上　閩、監、毛本作「隱」，此本「隱」誤「正」。

敵者曰節❶

009 敵者曰　監、毛本作「敵」。石經同。岳本同。嘉靖本同。衛氏集說同。此本「敵」誤「適」，閩本同，陳皓集說同。盧文弨挍云「適」、「敵」古今字。齊召南挍云：以鄭注推之，古本是作「敵」者，玩下文「敵者曰贈從者」，「敵者曰襚」，可見作「適」者非也。○按，敵，正字；適，假借字。❷

010 亦應云願見於將命者　閩、監本同。毛本「於」誤「以」。

011 因上已有　惠棟挍宋本作「因」，衛氏集説同。此本「因」誤「固」，閩、監、毛本同。×

罕見曰聞名節

012 前二條明始相見　惠棟挍宋本作「二條」，衛氏集説同。此本「二」誤「三」，「條」字不誤，閩、監本同。毛本「二條」誤「三徐」。

013 此明已經相見　閩、監、毛本同。衛氏集説作「此經明已相見」。

014 按爾雅釋詁文罕希也　閩、監、毛本同。孫志祖挍云：按爾雅釋詁「希寡鮮罕」，此「罕希」當作「希罕」也。

015 亟見曰朝夕節　惠棟云：「亟見」節，宋本分「瞽曰聞名」句另爲一節。

016 亟見至聞名　惠棟挍宋本無此五字。❸

適有喪者曰比節

017 四十待盈坎　惠棟挍宋本作「待」，作「坎」，衛氏集説同。此本「待」誤「持」，「坎」誤「次」，閩、監、毛本同。❹

童子曰聽事節

018 雖往適它喪　閩、監、毛本「它」作「他」，衛氏集説同。

適公卿之喪節

019 不直云聽役於將命　閩、監、毛本同。考文引宋板「命」下有「者」字。

020 大喪帥六卿之衆庶　閩、監、毛本同。衛氏集説「卿」作「鄉」。按，「鄉」字是也。×

君將適他節

021 君將適他　各本同。石經同。釋文出「適它」，云「本亦作『他』」。按，此本正義並作「它」。

022 君將至從者　惠棟挍宋本無此五字。

023 論臣致物於君及適者之辭　閩、監、毛本同。衛氏集說「適」作「敵」。浦鏜挍云當作「敵」。

024 **適它**　閩、監、毛本「它」作「他」，下「它國」並同。

025 **臣如致金玉貨貝於君者**　惠棟挍宋本作「致」。此本「致」作「置」，閩、監、毛本同。❺

026 **以充君路之資者也**　惠棟挍宋本作「者」。此本「者」誤「乘」，閩、監、毛本同。

027 **畧舉其梗槩耳**　閩本同。監、毛本「梗」誤「挭」。

028 **故臣不敢言將物與君**　閩、監本同。毛本「物」誤「命」。

臣致襚於君節

029 **言廢衣不敢必用斂也**　惠棟挍宋本作「言廢衣不必其以斂也」，宋監本同，岳本同，嘉靖本同，衛氏集說同，閩、監、毛本作「言廢衣不必以其斂也」，「其以」二字誤倒。

030 **周禮玉府**　毛本作「玉」，岳本同，嘉靖本同，衛氏集說同。此本「玉」誤「五」，閩、監本「玉」誤「王」。

031 **臣致至曰襚**　惠棟挍宋本無此五字。

032 **但充以廢致不用之例**　閩、監、毛本同。衛氏集說無「以」字，「例」作「列」，下有「也」字。浦鏜挍云「廢致」疑「廢置」誤。盧文弨挍云「致」、「置」古多通用。

033 **物謂文織畫繡之屬也**　惠棟挍宋本作「物謂文」，衛氏集說同。此本「物謂文」誤倒作「文謂物」，閩、監、毛本同。❻

親者兄弟節

034 **不執將命也**　惠棟挍宋本作「也」，宋監本同，考文引古本、足利本同，岳本同，嘉靖本同，衛氏集說同。此本「也」誤「者」，閩、監、毛本

同。❼

035 大功以上同財之親　閩本作「財」，衛氏集説同，考文引宋板同。此本「財」作「體」，監、毛本同。❽

臣爲君喪節

036 衣是送君　閩本作「衣」，惠棟挍宋本同，衛氏集説同。此本「衣」誤「尢」，監、毛本同。❾

賵馬入廟門節

037 賻馬與其幣　各本同。毛本「幣」誤「弊」，疏同。

038 賵馬至廟門　閩本同。監、毛本「賵」誤「賻」。惠棟挍宋本無此五字。

039 禮既祖訖而後賵馬入　考文引宋板作「祖」，衛氏集説同。此本「祖」作「袓」，閩、監、毛本同。❿

040 以馬助生人營喪曰賻馬　惠棟挍宋本有「人」字，衛氏集説同。此本「人」字脱，閩、監、毛本同。

041 周禮革路建大白以即戎也　惠棟挍宋本有「禮革」二字。此本「禮革」二字脱，閩、監、毛本同。

042 有以大白兵車而賻之者　惠棟挍宋本作「賻」。此本「賻」誤「賵」，閩、監、毛本同。⓫

賻者既致命節

043 賻者至受也　惠棟挍宋本無此五字。

044 坐委于擯東南　閩、監、毛本同。衛氏集説「擯」作「殯」，下「不告擯」同。按，作「殯」是也。

受立授立節

045 受立至之矣　惠棟挍宋本無此五字。

046 及送贈之禮　閩、監、毛本同。惠棟挍宋本「送贈」作「贈送」。

047 煩尊者故也　惠棟挍宋本作「煩」。此本「煩」作「類」，閩、監、毛本同。⑫

048 則有坐而授受　考文引宋板作「授受」，衛氏集說同。此本作「受授」，閩、監、毛本同。

始入而辭節

049 始入至則否　惠棟挍宋本無此五字。

050 雖尊卑相敵　惠棟挍宋本作「雖」，衛氏集說同。此本「雖」誤「知」，閩、監、毛本同。×

問品味節

051 問品至某乎　惠棟挍宋本無此五字。

052 及道藝之事也　毛本作「及」，衛氏集說同。此本「及」誤「亦」，閩、監本同。×

053 子亟食於某乎者　閩、監本同。毛本「子」誤「于」。×

054 南本云不斥主人非也　閩、監本同。毛本「本」誤「敦」。×

055 案師氏教國子　閩、監本同。毛本「教」誤「敦」。×

056 教國子三德三行者　嚴杰云「者」字上脫「三德」二字。

057 禮樂射馭書數也　惠棟挍宋本如此。此本「馭」下衍「於」字，閩、監、毛本同。考文無「於」字，又無「也」字，衛氏集說同。

不疑在躬節

058 訾思也重猶寶也　惠棟挍宋本如此，宋監本同，岳本同，嘉靖本同，衛氏集說同，考文引古本、足利本同。此本作「訾思重猶寶也也」，閩、監、毛本刪去一「也」字，而「思」下「也」字遂脫。

059 不疑至重器　惠棟挍宋本無此五字。

060 則爲賓爲主皆然也　閩、監、毛本同。衛挍宋本「則」作「而」。

061 謂卿大夫之家也　惠棟挍宋本有「卿」字，此本「卿」字脱，閩、監、毛本同，衛氏集説同。

062 不可顧斆之也　惠棟挍宋本同。閩、監、毛本「斆」作「效」，衛氏集説同。

063 禮記正義卷第四十四終　惠棟挍宋本此行在疏「淫亂濫惡也」之下，記云凡二十三頁。⓭

064 禮記正義卷第四十五　惠棟挍宋本分「汜埽曰埽」以下爲卷四十五。

汜埽曰埽節⓮

065 汜埽曰埽　閩、監、毛本同。石經同。岳本同。嘉靖本同。衛氏集説同。釋文「汜」作「汜」。浦鏜挍云：「汜」誤「汜」，下並同。

066 埽席前曰拚　閩本同。石經同。岳本同。嘉靖本同。衛氏集説同。監、毛本「拚」誤「捹」，釋文亦作「拚」，下「拚」及疏並同。

067 帚恒埽地　毛本作「埽」，岳本同，嘉靖本同，衛氏集説同。此本「埽」誤「帚」，閩、監本同，考文引宋板、古本、足利本亦作「埽」。⓯

068 不潔清也　閩本同。監、毛本「潔」作「潔」，岳本同。嘉靖本「潔」作「絜」，衛氏集説同，釋文同。○按，漢人祇作「絜」。

069 汜埽至膺擖　惠棟挍宋本無此五字。

070 明主人爲賓洒埽之事　惠棟挍宋本作「爲」，衛氏集説同。此本「爲」誤「與」，閩、監、毛本同。⓰

071 若遠路大賓來　閩、監本同。毛本「遠」誤「近」。

072 若埽席上　惠棟挍宋本作「埽」。此本

「埽」誤「帚」，閩、監、毛本同，衛氏集説「埽」作「拚」。⑰

073 不得持嚮尊者 惠棟挍宋本作「得」，衛氏集説同。此本「得」字漶滅，閩、監、毛本「得」作「可」。

不貳問節

074 以問吉凶於蓍龜 閩、監本同。考文引宋板同。岳本同。嘉靖本同。衛氏集説同。毛本「蓍」誤「者」。

075 不貳至則否 惠棟挍宋本無此五字。

076 此一節明問卜筮之法 惠棟挍宋本有「問」字，衛氏集説同。此本「問」字脱，閩、監本同，毛本同，「法」誤「卜」。

077 不二問者 閩、監本同。毛本「二」作「貳」。

078 不得二心 閩、監本同。毛本「二」作「貳」，惠棟挍宋本同，下「若二心」同。

尊長於己踰等節

079 喪俟事不犆弔 各本同。石經同。釋文出「不特」，云「本又作『犆』」。○按，特，正字。

080 端慤所以爲敬也 各本同。釋文「慤」作「愨」，是也。

081 嫌勝故專之 惠棟挍宋本作「專」，宋監本同，岳本同，嘉靖本同，衛氏集説同，考文引古本、足利本同。此本「專」誤「薄」，閩、監、毛本同。⑱

082 尊長至擢馬 惠棟挍宋本無此五字。

083 此一節論卑幼 閩、監本同。監本「論」誤「謂」。

084 奉命於尊長諸雜之儀 閩、監、毛本「命」作「侍」，衛氏集説同。

085 不使擯者將傳其命 惠棟挍宋本作「其」，衛氏集説同。此本「其」誤「於」，閩、監、毛本同。

086 若尊者眠卧　閩本同。惠棟挍宋本同。衛氏集説同。監本「眠」誤「服」，毛本「眠」誤「臨」。

087 上耦前取一矢下耦又進　閩、監、毛本同。考文引宋板「矢」作「次」，衛氏集説同。

088 但頻勝三馬難得　惠棟挍宋本作「三馬」，衛氏集説同。此本「三馬」二字倒，閩、監、毛本同。[19]

089 足以爲三馬以成定勝也　閩、監、毛本同。衛氏集説「定」字無。

執君之乘車節

090 扡諸幦　宋監本、惠棟挍宋本、岳本、嘉靖本同。閩、監、毛本「扡」作「拖」，衛氏集説同，石經「扡」字殘闕，釋文亦作「扡」。○按，依説文當作「拕」，从手，拕聲。

091 執君至後步　惠棟挍宋本無此五字。

092 謂君不在車　惠棟挍宋本有「君」字。此本「君」字脱，閩、監、毛本同。

093 僕者在車背君面　毛本作「背」，衛氏集説同。此本「背」誤「皆」，閩、監本同。

094 嚮前取君綏　惠棟挍宋本作「嚮」，衛氏集説同。此本「嚮」誤「面」，閩、監、毛本同。

095 幦車覆蘭也　惠棟挍宋本同。閩、監、毛本「蘭」作「闌」，下「車前蘭也」同。

096 而拖末於車前幦上也　閩、監、毛本「拖」作「擲」，衛氏集説同。

請見不請退節

097 罷之言罷勞也春秋傳曰師還曰疲　閩、監、毛本同。岳本同。衛氏集説同。嘉靖本同，「言」誤「吉」。段玉裁挍本云：「罷勞」之「罷」當作「疲」，「曰疲」之「疲」當作「罷」，二字蓋互譌。

098 請見至曰罷　惠棟挍宋本無此五字。

099 及朝廷歸退之辭　惠棟挍宋本作「歸退」，衛氏集説同。此本「歸退」二字倒，閩、監、毛本同。

100 還者何善辭也　惠棟挍宋本作「善」。此本「善」誤「等」，閩、監、毛本同。×

侍坐於君子節

101 運澤謂玩弄也　惠棟挍宋本作「謂」，宋監本同，岳本同，嘉靖本同，衛氏集説同。此本「謂」誤「於」，閩、監、毛本同。×

102 侍坐至可也　惠棟挍宋本無此五字。×

103 謂君子搖動於笏　閩、監、毛本作「謂」，衛氏集説同。此本「謂」誤「請」，閩、監本「笏」字同，考文引宋板同，毛本「笏」誤「外」。×

104 尊者忽問日之蚤晚　閩本作「晚」，惠棟挍宋本同，衛氏集説同。此本「晚」誤「暮」，監、毛本「晚」誤「莫」。

事君者節

105 事君至罪也　惠棟挍宋本無此五字。

106 先商量事意堪合以否　惠棟挍宋本作「以」，衛氏集説同。此本「以」誤「則」，閩、監、毛本同。×

107 然猶如此　閩、毛本同。監本「此」誤「比」。×

不窺密節

108 不窺至戲色　惠棟挍宋本無此五字。

109 不得窺覘隱密之處　閩、監本同。毛本「覘」誤「覘」。×

110 故鄭云嫌伺人之私也　惠棟挍宋本有「故」字，此本「故」字脱，閩、監、毛本同。×

111 人當恒自矜持　惠棟挍宋本作「人」。

此本「人」誤「自」，閩、監、毛本同。

爲人臣下者節

112 怠惰也　惠棟挍宋本作「惰」，宋監本同，岳本同，嘉靖本同，衛氏集説同。此本「惰」誤「墮」，閩、監、毛本同。釋文亦出「怠惰」，各本正義並作「惰」字，不誤。⑳

113 不可因也　閩、監、毛本同。嘉靖本同。惠棟挍宋本「不」作「無」，宋監本同，岳本同，衛氏集説同，考文引古本、足利本同。

114 爲人至之役　惠棟挍宋本無此五字。

115 君若有惡臣當諫之　惠棟挍宋本有「有」字，衛氏集説同。此本「有」字脱，閩、監、毛本同。㉑

116 役爲也謂事君如上者　惠棟挍宋本有「也」字。此本「也」字脱，閩、監、毛本同。

117 柳莊者是社稷之臣也　閩、監、毛本同。考文引宋板無「是」字。

毋拔來節

118 毋瀆神　閩本同。石經同。岳本同。嘉靖本同。衛氏集説同。監、毛本「瀆」作「瀆」。

119 説或爲申　閩、監、毛本作「申」，岳本同，嘉靖本同。此本「申」誤「伸」，衛氏集説「申」誤「甲」。㉒

120 思此則疾貪也　考文引古本同。閩、監、毛本「貪」作「貧」，岳本同，嘉靖本同，衛氏集説同。

121 毋拔至言語　惠棟挍宋本無此五字。

122 凡人固不可豫欲測量之也　惠棟挍宋本作「固」，衛氏集説同。此本「固」作「故」，閩、監、毛本同。㉓

123 若終不然則傷知也　惠棟挍宋本作「然」。此本「然」誤「終」，閩、監、毛本同。

124 謂規矩尺寸之法或言工巧　閩、監、毛本同。浦鏜挍「或」改「式」。按，作「法式」是也。

125 剡注裏尺　閩、監本同。毛本「注」誤「註」。×

126 今有夕桀各爲二篇　閩、監、毛本同。惠棟挍宋本「二」作「一」。

127 餘並不取　惠棟挍宋本作「取」。此本「取」誤「敢」，閩、監、毛本同。㉔

128 注說至宜也　閩、監、毛本同。考文引宋板「說」下有「謂」字。㉕

129 或薄或厚聲之震動　惠棟挍宋本作「震」，衛氏集說同。此本「震」作「振」，閩、監、毛本同。㉖

130 大短出聲疾易竭　惠棟挍宋本作「出」，作「竭」。此本「出」誤「則」，「竭」誤「愒」，閩、監、毛本同。×

言語之美節

131 讀如歸往之往　閩、監、毛本同。岳本同。嘉靖本同。衛氏集說同。按，「讀如」當依正義作「讀爲」。

132 言語至雍雍　惠棟挍宋本無此五字。

133 心有繼屬　閩、監、毛本同。衛氏集說「有」下有「所」字，「繼」字同，同。浦鏜挍云「繼」改「繫」。㉗

134 四牡騑騑　閩、監、毛本同。衛氏集說同。惠棟挍宋本「四」作「駟」，下「四牡翼翼」、「四牡騑騑」並同。

135 皆是馬之嚴止　閩、監、毛本同。考文引宋板無「皆是」二字，「止」作「正」。

問國君之子節

136 問國君之子長幼　各本並作「幼」，此本「幼」誤「曁」。×

137 中和祗庸孝友　毛本作「祗」，岳本同，嘉靖本同，衛氏集説同。此本「祗」誤「祇」，閩、監本同。×

138 軍中之拜肅拜　考文引宋板作「軍」，古本、足利本同，岳本同，嘉靖本同。此本「軍」誤「車」，閩、監、毛本同，衛氏集説同。段玉裁校本云：「車中」當作「軍中」，公羊僖三十二疏正作「軍」。㉘

139 問國君至不拜　惠棟校宋本無此六字。

140 幼則云已能受命令於樂人　閩、監、毛本同。衛氏集説「命」作「政」。

141 大磬舜樂也　閩本同。惠棟校宋本同。監、毛本「磬」作「韶」。○按，韶，正字；磬，假借字。周禮作「磬」。磬者，籒文「韒」字也。

婦人吉事節

142 爲喪主則不手拜　各本並作「手」，此本「手」誤「爭」。×

143 肅拜拜低頭也　閩、監、毛本同。岳本同。嘉靖本同。衛氏集説同。段玉裁校本云：當作「肅拜，拜不低頭也」，別有説。

144 婦人以肅拜爲正　各本同。考文引古本下有「故雖君賜之重亦肅拜而受」十一字。

145 婦人至手拜　惠棟校宋本無此五字。

146 此一節論婦人拜儀　閩、監、毛本同。惠棟校宋本「節」作「經」，衛氏集説同。

147 吉事及君賜悉然也　閩、監本同。毛本「吉」誤「言」。×

148 此云手至地不同者　惠棟校宋本作「不同」，衛氏集説同。此本「不同」誤「也云」，閩、監、毛本同。×

149 其實一也云婦人以肅拜爲正者　毛本作「也云」。此本「也云」誤「云同」，閩、監本同。衛氏集説亦作「其實一也」。×

150 而昏禮婦拜扱地　惠棟挍宋本有「婦」字，衛氏集説同。此本「婦」字脱，閩、監、毛本同。

151 左傳穆羸　閩、監、毛本同。衛氏集説「羸」作「嬴」。

152 則上云凶事乃手拜是也　閩、監本同。毛本「拜」誤「舞」。

葛經而麻帶節

153 葛經而麻帶　閩、監本同。毛本「而」作「至」。惠棟挍宋本無此五字。

154 帶有除無變　閩、監、毛本同。衛氏集説同。惠棟挍宋本「帶」下有「則」字。

155 故云麻帶也　閩、監、毛本同。惠棟挍宋本無「也」字，「云」作「曰」，衛氏集説「也」字亦無。

156 取俎進俎節　惠棟云：「取俎」節，宋本分「執虛」以下另爲一節。

157 取俎進俎不坐　惠棟挍宋本無此六字。

158 謂進肉於俎　閩、監本同。考文引宋板同。毛本「於」誤「如」。

凡祭於室中節

159 堂上無跣　閩、監、毛本同。石經同。岳本同。嘉靖本同。衛氏集説同。釋文出「毋跣」。

160 爲歡也　各本同。釋文「歡」作「懽」。

161 説屨乃升堂　各本同。釋文出「稅屨」，云「本或作『脱』，又作『説』」。

162 凡祭至有之　惠棟挍宋本無此五字。

163 若儐尸則于堂　惠棟挍宋本作「儐」，衛氏集説同。此本「儐」作「擯」，閩、監、毛本同。㉙

164 燕安坐相親之心　閩、監、毛本同。浦鏜挍云「心」下增「也」字。

165 非禮之盛節　惠棟挍宋本同。閩、監、毛本「節」誤「即」。

未嘗不食新節

166 未嘗不食新　惠棟挍宋本無此五字。

僕於君子節

167 僕於至還立　惠棟挍宋本無此五字。

168 乘貳車節　惠棟云：「乘貳車」節，宋本分「貳車者」以下合「有貳車者」節爲一節。

169 卿大夫各如其命之數　閩、監、毛本同。岳本同。嘉靖本同。惠棟挍宋本「卿」上有「及」字，「數」下有「也」字，宋監本同，考文引古本同。衛氏集説「卿」上亦有「及」字，「數」下「也」字無，考文引足利本同。

170 乘貳至則否　惠棟挍宋本無此五字。

171 貳車云式主敬　惠棟挍宋本有「貳」字。此本「貳」字脱，閩、監、毛本同。

172 上公貳車九乘　惠棟挍宋本如此。此本「公」字脱，「車」誤「公」，作「上貳公九乘」，閩、監、毛本同。㉚

有貳車者之乘馬節

173 尊有爵者之物　惠棟挍宋本有「者」字，宋監本同，岳本同，嘉靖本同，衛氏集説同，考文引古本、足利本同。此本「者」字脱，閩、監、毛本同。㉛

174 有貳至弗賈　惠棟挍宋本無此五字。

175 有二車者之乘馬服車不齒者　閩、監、毛本同。惠棟挍宋本「二」作「貳」，下同。

176 亦不得輕平尊者物　閩、監本同。毛本「平」誤「乎」。

其以乘壺酒節

177 **束脩**　閩、監本同。石經同。岳本同。衛氏集説同。嘉靖本「脩」作「修」。毛本「束脩」誤「束修」，下「執脩」、「束脩」、「書脩」並同，注疏放此。

178 **車則説綏**　各本同。石經同。釋文出「税綏」，云「本又作『脱』，又作『説』」。

179 **則袒櫜奉胄**　各本同。監本「胄」誤「胃」。

180 **櫝謂劍函也**　閩、監、毛本同。岳本同。嘉靖本同。衛氏集説同。考文云古本下有「蓋者匣之蓋也」六字。按，既言「函」，又言「匣」，字岐出，正義云「蓋劍函之蓋也」，古本蓋依此增入。

181 **夫襓劍衣也**　各本同。考文云古本下有「開匣以其蓋卻合於匣之底下乃加襓於匣中而以劍置襓上也」二十五字。按，此亦妄增也，下接「加劍於衣上」，於文義不順。

182 **熲杖**　宋監本亦作「熲」，岳本同。閩、監、毛本「熲」作「穎」，石經同，衛氏集説同。嘉靖本「熲」誤「穎」，注放此。石經考文提要云：「按，九經三傳沿革例云『疏本作穎，釋文及建諸本作熲，監本及興國本作穎』，釋文以警枕之『熲』，其旁下从火，又未知監本、興國本『穎』字其旁下从木者以何本爲據。今熲、穎二字皆依釋文，據此則宋監本已作『穎』，蓋从正義謂『穎是穎發之義，刃之在手，謂之爲穎。禾之秀穗，亦謂之爲穎。枕之警動，亦謂之穎』，故其字从禾，然釋文最古，且警枕與刃穎字有分別，故珂依之。宋本九經、南宋巾箱本、余仁仲本、劉叔剛本、儀禮經傳通解、禮記纂言並作『熲』。」按，今释文「熲」字各本亦不同，葉影宋本作「熲」，公庫本作「穎」，通志堂本作「穎」，與唐石經合。○按，段玉裁云：「熲」蓋與「炯」同，熲之言耿耿也，故爲警枕，詩言「耿耿不寐」是也，「穎」誤，「穎」俗。32

183 **筴籥**　閩本同。惠棟挍宋本同。宋監本同。石經同。岳本同。嘉靖本同。衛氏集説同。考文引古本、足利本同。監、毛本「筴」作「莢」。按，注「筴」字閩、監、毛本俱作「莢」。

184 **謂編束萑葦以裹魚肉也**　惠棟挍宋本作「萑」，宋監本同，岳本同，嘉靖本同，衛氏集説同。此本萑字模糊，閩、監、毛本「萑」作「菅」。按，正義本作「萑」，釋文本作「菅」。各本「裹」字不誤，惟毛本誤「裹」。○按，萑葦之萑當作「萑」，从艸，萑聲。菅，别一物。

185 左手執上　各本同。考文引古本下有「右手捧下陰陽之義也」九字。按，增此九字於文義亦不順，元文當無。

186 刀卻刃授頴　閩、監、毛本「頴」作「穎」，石經同，釋文同，岳本同，衞氏集説同。嘉靖本「頴」誤「頴」，注同。

187 其以乘壺酒束脩一犬賜人至凡有刺刃者以授人則辟刃　惠棟挍宋本無此二十三字。

188 其以鼎肉則執以將命○　閩、監、毛本同。惠棟挍宋本「○」作「者」，毛本同。

189 犬則至右之　閩、監本同。惠棟挍宋本作「犬則執緤者」。

190 則執緤犬繩也○　閩、監本同。毛本「犬」誤「大」，「○」脱，惠棟挍宋本無「○」。

191 效犬者左牽之是也　惠棟挍宋本作「效」，衞氏集説同。此本「效」誤「効」，閩、監、毛本同。

192 天下之壯犬也　惠棟挍宋本作「下」，衞氏集説同。此本「下」誤「子」，閩、監、毛本同。

193 故犬道韓盧宋浞　惠棟挍宋本作「浞」，衞氏集説同。此本「浞」誤「促」，閩、監、毛本同。各本「犬」字不誤，毛本「犬」誤「大」。

194 則浞鵲音同　惠棟挍宋本同。閩、監、毛本「浞」誤「促」。

195 若復有他物與鎧同獻　惠棟挍宋本作「與」，衞氏集説同。此本「與」誤「則」，閩、監、毛本同。

196 則開甲槖出冑奉之　惠棟挍宋本作「槖出」，衛氏集説同。此本「槖出」二字倒，閩、監、毛本同。㉝

197 注襲郤至發聲　惠棟挍宋本有「郤」字。此本「郤」字脱，閩、監、毛本同。

198 若今刀榼　閩、監、毛本同。惠棟挍宋本「榼」作「榼」。

199 故云夫或爲煩　惠棟挍宋本作「或」。此本「或」誤「遂」，閩、監、毛本「或」誤「作」。㉞

200 當以繒帛爲之　惠棟挍宋本作「帛」，此本「帛」誤「線」，閩、監、毛本「帛」誤「綿」。

201 頴警枕也　閩、監、毛本「頴」作「穎」，按疏中此字本作「穎」，九經三傳沿革例所謂疏本作「穎」是也。

202 謂戈之有刃者　閩、毛本同。監本「刃」作「忍」。

203 筴著也　閩本同。監、毛本「筴」作「莢」。

204 見苞苴之禮行　閩、監、毛本同。惠棟挍宋本「苞」作「包」。

205 茵著蓐也者　閩、監本同。惠棟挍宋本「茵」上有「云」字，毛本同。

206 云頴警枕也者　閩本同。監、毛本「頴」作「穎」，下「別言頴」、「頴是頴發」並同。

207 云莢著也者　閩、監本同。毛本「莢」作「筴」。

208 管如篴　考文引宋板同。閩、監、毛本「篴」作「篴」。

209 刀卻刃授頴　閩本同。監、毛本「頴」作「穎」，下八「頴」字並同。

210 言授人以刀卻仰其刃　惠棟挍宋

本如此。此本「刀刃」二字互誤，閩、監、毛本同。

211 削謂曲刀　惠棟挍宋本同。閩、監、毛本「刀」誤「刃」。

212 刀之在手　閩本作「刀」，惠棟挍宋本同。此本「刀」誤「刃」，監、毛本同，衛氏集説同。

乘兵車節

213 不以刃鄉國也　岳本同。嘉靖本同。閩、監、毛本同，「鄉」作「嚮」，衛氏集説同。釋文出上注「正鄉」云「下『鄉國』同」，是釋文本亦作「鄉」也。○按，嚮，俗「鄉」字。㉟

214 乘兵至尚右　惠棟挍宋本無此五字。

215 言士卒行伍　閩、毛本同。監本「伍」誤「五」。

賓客主恭節

216 賓客至主詡　惠棟挍宋本無此五字。

217 勇武自光大　閩、監本同。毛本「自」誤「日」。

軍旅思險節

218 軍旅至以虞　惠棟挍宋本無此五字。

燕侍食於君子節

219 毋放飯　閩、毛本同。石經同。岳本同。嘉靖本同。衛氏集説同。監本「毋」上有「同」字，蓋誤以上句音義「下小飯同」之「同」字混入經文。

220 燕侍至則也　惠棟挍宋本無此五字。

221 謂數數嚼之　惠棟挍宋本作「嚼」，衛氏集説同。此本「嚼」作「爵」，閩、監、毛本同。

客爵居左節

222 僎或爲騶　閩、監、毛本同。岳本同。衛氏集説同。惠棟挍宋本「騶」作「馴」，宋監本同，嘉靖本同，考文引古本同。釋文出「爲騶」，云「本又作『馴』」。按，正義云「僎或爲馴」者，是正義本當作「馴」也。

223 客爵至居右　惠棟挍宋本無此五字。

224 此三人既不被僎　惠棟挍宋本作「三」，衛氏集説同。此本「三」誤「主」，閩、監、毛本同。×

225 欲僎饒其賓　惠棟挍宋本作「賓」。此本「賓」誤「客」，閩、監、毛本同。×

226 注云謂此鄉之人　惠棟挍宋本作「謂此」。此本「謂此」二字倒，閩、監、毛本同。

羞濡魚者節

227 今文遵或爲僎　惠棟挍宋本同。閩、監、毛本「文」誤「云」。

228 夏右鰭　各本同。石經同。釋文「鰭」作「鬐」。

229 羞濡至祭膴　惠棟挍宋本無此五字。

230 謂膳羞有溼魚也　閩、監本同。毛本「膳」誤「善」。×

231 少牢主人獻祝佐食　惠棟挍宋本作「祝」，與儀禮合。此本「祝」誤「俎」，閩、監、毛本同。

232 故特横之殊於牲體也　惠棟挍宋本作「特」。此本「特」誤「時」，閩、監、毛本同。×

233 皆十有五　閩本作「十有」，惠棟挍宋本同。此本「十有」二字倒，監、毛本同，下「十有四」同。

凡齊節　×

234 凡齊至於左　惠棟挍宋本無此五字。×

贊幣自左節

235 謂爲君授幣　考文引宋板作「授」，古本、足利本同，衛氏集説同。此本「授」誤「受」，閩、監、毛本同，岳本同，嘉靖本同。

236 贊幣至自右　惠棟挍宋本無此五字。

237 謂爲君授幣之時　惠棟挍宋本作「授」，衛氏集説同。此本「授」誤「受」，閩、監、毛本同。

酌尸之僕節

238 祭左右軌范　閩、監、毛本同。石經同。岳本同。嘉靖本同。衛氏集説同。惠棟挍宋本「軌」作「軓」。盧文弨挍云：「軌」乃「軹」之譌，而鄭此處但云「與軹同」，釋文又音媿美反，不當改「軓」。按，盧挍是也，軌本爲車轍，鄭君此注以當軹、軓爲車軾前，注意以爲即此范，范既爲軓，軌又改軓，是「祭左右軓軓」，必不可通。戴震有辨詩、禮注「軓軌軹軒」四字文，言之極詳。段玉裁曰：「軌者，輿下輪内之偁。高誘注吕氏春秋曰『兩輪之閒曰軌』，毛公詩傳曰『由輈以下曰軌』，合此二語，知軌之所在矣。上距輿，下距地，兩旁距輪，此之謂軌。高誘云『兩輪之閒』，去輪言之，則空處也。連輪言之，則禮記之左右軌也。」㊱

239 祭軌乃飲　各本同。惠棟挍宋本「軌」作「軓」，非也。

240 軌與范聲同　閩、監、毛本同。惠棟挍宋本「軌」作「範」，宋監本同，岳本同，嘉靖本同，考文引足利本同。衛氏集説「軌」作「軓」，考文引古本作「范與範聲同」。盧文弨挍云古本「范與範聲同」，是。宋本、足利本「範與范聲同」，非。按，此「軌」字誤，當作「軓」，衛氏集説作「軓與范聲同」是也，戴震考定此注亦如此，各本並誤。○按，段玉裁云當作「範與軓聲同」。

241 酌尸至乃飲　惠棟挍宋本無此五字。

242 僕立於右　閩、監、毛本同。惠棟挍宋本「於」作「在」，衛氏集説同，續通解同。

243 祭偏乃自飲　閩本作「徧」，惠棟挍宋本同，衛氏集説同。此本「徧」字闕，監、毛本「徧」誤「畢」。

244 祭兩軹祭軌　閩、監、毛本同。惠棟挍宋本「軌」作「軓」，下「不濡軌」並同。按，此作「軓」是，作「軌」誤也，下「大御云軓」、「但式前之軓」、「不濡軓」並同。

245 大御云軌　閩、監、毛本同。惠棟挍宋本「御」作「馭」，「軌」作「軓」，是也。

246 謂式前之範　閩、監、毛本同。段玉裁挍本「範」改「軓」。

247 若轂末之軌則車旁著九　閩、監本同。衛氏集説同。毛本「九」誤「凡」，下「亦車旁著九」同。

248 其車轍亦謂之軌　惠棟挍宋本作「轍」，衛氏集説同。此本「轍」誤「撤」，閩本同，監、毛本「轍」作「徹」。

249 凡羞節　惠棟云：「凡羞」節，宋本分「小子至立飲」爲一節，「凡洗必盥」爲一節，「牛羊之肺至提心」爲一節，「凡羞至以齊」爲一節，「爲君至本末」爲一節，「羞首至祭耳」爲一節，「尊者至嘗羞」爲一節，「牛與至柔之」爲一節，「其有折俎至尸則坐」爲一節。

250 腴有似於人穢　惠棟挍宋本有「於」字，宋監本同，岳本同，嘉靖本同，衛氏集説同。此本「於」字脱，閩、監、毛本同。釋文出「濊」，云「本又作『穢』」。○按，依説文當作「薉」，从艸，歲聲。

251 卑不得與賓介其備禮容也　閩、監、毛本同。考文云宋板「具」作「俱」，足利本同，岳本同，嘉靖本同，衛氏集説同，通解同。

252 先盥乃洗爵　惠棟挍宋本作「先」，宋監本同，岳本同，衛氏集説同。此本「先」誤「洗」，閩、監、毛本同，嘉靖本同。

253 先自絜也　惠棟挍宋本亦作「絜」，宋監本同，閩本同，岳本同，嘉靖本同，衛氏集説同。監、毛本「絜」作「潔」，俗字。

254 刲離之不絶中央少者　閩、監本同，岳本同，嘉靖本同，衛氏集說同。毛本「剗」誤「到」，「絶」字同。惠棟挍宋本「剗」字同，「絶」作「終」，非是。

255 凡羞有湇者　各本同。石經同。按，毛氏居正云：「湇，肉汁也，从泣聲也，从月義也。非从聲音之音也。」各本俱作「湆」，誤。

256 爲君子擇葱薤　閩、監、毛本同。石經同。岳本同。嘉靖本同。衛氏集說同。惠棟挍宋本「薤」作「韰」，釋文出「葱薤」，下「切葱若薤」同。○按，韰，正字；薤，俗字。

257 機者　閩本同。石經同。嘉靖本同。衛氏集說同。監、毛本「機」誤「璣」，岳本同，釋文出「機者」。

258 以醢與菫菜淹之　各本同。釋文「菫」作「堇」。

259 亦爲柄尺之類也　惠棟挍宋本作「柄尺」，岳本同，嘉靖本同，考文引古本、足利本同。此本「柄尺」二字倒，閩、監、毛本同，衛氏集說同，釋文出「柄尺」。

260 左手嚌之　惠棟挍宋本同。岳本同。嘉靖本同。衛氏集說同。閩、監、毛本「嚌」誤「齊」。

261 尸左執爵　惠棟挍宋本作「執」，宋監本同，岳本同，嘉靖本同，衛氏集說同。此本「執」誤「就」，閩、監、毛本同。×

262 凡羞至則坐　閩、監本同。毛本「坐」誤「祭」。惠棟挍宋本無此五字。

263 其腹與人相似　閩、監、毛本同。衛氏集說「腹」誤「腸」。×

264 故君子但食他處　閩本同。惠棟挍宋本同。監、毛本「但」誤「俱」。

265 凡飲酒必洗爵　閩、監、毛本同。考文引宋板「必」作「是」，非也。

266 提猶絶也　惠棟挍宋本作「絶」，衛氏集說同。此本「絶」誤「法」，閩、監、毛本同。×

267 **心謂肺中央少許耳**　閩、監本同。毛本「少」誤「以」。

268 **庚云湇汁也**　閩、毛本同。監本「庚」誤「庚」。

269 **執幕者升自西階**　閩、監、毛本同。惠棟挍宋本「幕」作「冪」，衛氏集說同。

270 **機者謂沐而飲酒**　閩、監本同。毛本「而」誤「面」。

271 **折俎謂折骨體於俎也**　惠棟挍宋本如此。此本上「俎」字脱，「也」誤「者」，閩、監、毛本同，衛氏集說作「折俎者折骨體於俎也」。[37]

272 **若有折俎爲尊**　惠棟挍宋本有「有」字，衛氏集說同。此本「有」字脱，閩、監、毛本同。[38]

273 **未飲酒之前則嘗之**　惠棟挍宋本作「未」，衛氏集說同。此本「未」誤「謂」，閩、監、毛本同。

274 **而後報切之爲膾也**　閩本同。惠棟挍宋本同。監、毛本「報」作「細」，衛氏集說「後報」作「復細」。

275 **云尸左執爵**　閩、監本同。毛本「執」誤「則」。

衣服在躬節

276 **衣服至爲罔**　惠棟挍宋本無此五字。

其未有燭節

277 **而有後至者**　惠棟挍宋本有「有」字，宋監本同，石經同，岳本同，衛氏集說同，考文引古本、足利本同。此本「有」字脱，閩、監、毛本同，嘉靖本同。石經考文提要：宋大字本、宋本九經、南宋巾箱本並有「有」字。[39]

278 **言獻主者**　各本同。毛本「者」誤「人」。

279 其未至不歌　惠棟挍宋本無此五字。

280 謂已在於坐者也　惠棟挍宋本有「也」字，衛氏集説同。此本「也」字脱，閩、監、毛本同。㊵

281 故道示之　惠棟挍宋本如此。此本「示」誤「亦」，閩、監本同，毛本「道示」誤「亦道」。

282 則使宰夫爲主人以獻賓故云爲獻主也　惠棟挍宋本作「爲」，有「云」字，衛氏集説同。此本「爲」誤「與」，「云」字脱，閩、監、毛本同。㊶

283 故從辭而止　惠棟挍宋本作「從」，作「止」，衛氏集説同。此本「從」誤「徙」，「止」誤「上」，閩、監、毛本同。

284 以燭乃授已執事之人　考文引宋板作「事」，此本「執事」誤「執執」，閩、監、毛本「事」作「燭」，衛氏集説作「乃以燭授執事之人也」。

285 又各歌詩相顯德　惠棟挍宋本有「德」字，衛氏集説同。此本「德」字脱，閩、監、毛本同。㊷

286 所以殺於三事　閩、監、毛本同。衛氏集説「於」作「此」。

洗盥節

287 示不敢歆臭也　各本同。釋文出「不歆」，無「敢」字，又出「臭之」，「也」作「之」。

288 洗盥至而對　惠棟挍宋本無此五字。

289 謂不以鼻嗅尊長飲食也　惠棟挍宋本有「以」字，作「嗅」。此本「以」字脱，「嗅」誤「臭」，閩、監、毛本同。㊸

爲人祭節

290 此皆致祭祀之餘於君子也　惠棟挍宋本有「也」字，宋監本同，岳本同，嘉靖本同，衛氏集

說同。此本「也」字脫，閩、監、毛本同。㊹

291 以授使者于阼階之南南面　閩、監、毛本同。石經同。岳本同。嘉靖本同。衛氏集說同。陳澔集說本脫一「南」字。石經考文提要云：宋大字本、宋本九經、南宋巾箱本、余仁仲本、劉叔剛本並有兩「南」字。

292 折九个　惠棟挍宋本作「个」，宋監本同，石經同，釋文同，岳本同，嘉靖本同，衛氏集說同，考文引古本、足利本同。此本「个」作「箇」，閩、監、毛本同，下「七个」、「五个」及疏並同。㊺

293 爲人至五箇　惠棟挍宋本無此五字。

294 言以祭胙告君子　閩本同。監、毛本「胙」誤「祚」。

295 其禮大牢　惠棟挍宋本同。閩、監、毛本「大」作「太」，下「若得大牢」同。

296 明所膳禮數也　惠棟挍宋本有「禮」字，衛氏集說同。此本「禮」字脫，閩、監、毛本同。㊻

297 右邊已祭　閩、監本同。毛本「已」作「以」。

298 九箇者　惠棟挍宋本「箇」作「个」，下「七箇」、「五箇」並同。

299 則膳羊左肩　閩、監、毛本同。衛氏集說同。惠棟挍宋本「肩」下有「也」字。

300 亦用五箇以爲膳也　惠棟挍宋本作「亦」。此本「亦」誤「以」，閩、監、毛本同。

國家靡敝節

301 則車不雕幾　各本同。石經同。釋文「雕」作「彫」。

302 貝冑朱綅　岳本同。嘉靖本同。衛氏集說同。考文引宋板同。閩、監、毛本「貝」誤「具」。

303 國家至常秩　惠棟挍宋本無此五字。

304 由君造作侈靡 閩、監本同。毛本「君」誤「治」。

305 云以組飾之者 惠棟挍宋本有「之」字。此本「之」字脱，閩、監、毛本同。㊼

306 縢是縳約之名 閩、監本同。毛本「縳」誤「縛」。

307 魯頌閟宮文 閩、毛本同。監本「魯」誤「曾」。

308 貝胄朱綅 惠棟挍宋本作「貝」。此本「貝」誤「具」，閩、監、毛本同，下「貝胄貝飾」同。

309 禮記正義卷第四十五終 惠棟挍宋本此行在疏「亦鎧飾也」之下，計云凡二十五頁。㊽

310 禮記卷第十經三千七百一十三字注五千四百四十七字 宋監本。

35—311 禮記卷第十經四千二十字注六千三百八字 嘉靖本。

校記

❶南昌本「敵」作「適」。

❷南昌本出文「敵」作「適」。

❸南昌本出文「名」作「夕」。

❹南昌本出文「待」作「持」，「坎」作「次」。校語移「閩、監、毛本同」一句於「惠棟挍宋本」句上，「作待」上有「持」，「作坎」上有「次」，無「此本待誤持，坎誤次」。

❺南昌本出文「致」作「置」。校語移「閩、監、毛本同」一句於「惠棟挍宋本」句上，「作致」上有「置」，無「此本致作置」。

❻南昌本出文「物謂文」作「文謂物」。校語「物謂文誤倒作文謂物」作「誤倒」。

❼南昌本出文「也」作「者」。校語「作也」上有「者」。

❽南昌本出文「財」作「體」。校語移「監、毛本同」一句

於「閩本」句上，「作財」上有「體」，無「此本財作體」。

❾南昌本出文「衣」作「尤」。校語「作衣」上有「尤」，「此本衣誤尤」作「此誤尤」。

❿南昌本出文「祖」作「袒」。校語「作祖」上有「袒」，「此本祖誤袒」作「此誤袒」。

⓫南昌本出文「賻」作「賵」。校語「作賻」上有「賵」，「賻誤賵」作「誤」。

⓬南昌本出文「煩」作「類」。校語移「閩、監、毛本同」一句於「惠棟挍宋本」句上，「作煩」上有「類」，無「此本煩作類」。

⓭南昌本出文改作「淫亂濫惡也」，上提一格。校語「此行在疏淫亂濫惡也之下」改作「此下標禮記正義卷第四十四終」。

⓮南昌本下有校語「惠棟挍宋本自此節起至國家靡敝節止題禮記正義卷第四十五」。

⓯南昌本出文「埽」作「帚」。校語「埽誤帚」作「誤作帚」。

⓰南昌本出文「爲」作「與」。校語移「閩、監、毛本同」一句於「惠棟挍宋本」句上，「作爲」上有「與」，無「此本爲誤與」。

⓱南昌本出文「埽」作「帚」。校語「作埽」上有「帚」。

⓲南昌本出文「專」作「薄」。校語「作專」上有「薄」，「專誤薄」作「誤」，「同」作「並誤」。

⓳南昌本出文「三馬」作「馬三」。

⓴南昌本出文「惰」作「墮」。校語「作惰」上有「墮」，「惰誤墮」作「誤」。

㉑南昌本出文無「有」字。校語「有有字」上有「若下」。

㉒南昌本出文「申」作「伸」。校語「作申」上有「伸」，「申誤伸」作「誤也」，「申誤甲」作「誤作甲」。

㉓南昌本出文「固」作「故」。校語移「閩、監、毛本同」一句於「惠棟挍宋本」句上，「作固」上有「故」，無「此本固作故」。

㉔南昌本出文「取」作「敢」。校語「作取」上有「敢」，「取誤敢」作「誤敢」。

㉕南昌本校語「説」作「謂」。

㉖南昌本出文「震」作「振」。校語移「閩、監、毛本同」一句於「惠棟挍宋本」句上，「作震」上有「振」，無「此本震作振」。

㉗南昌本「繼字」下不重「同」字。

㉘南昌本出文「軍」作「車」。校語「作軍」上有「車」，

「軍誤車」作「誤車」。

㉙南昌本出文「儐」作「擯」。校語移「閩、監、毛本同」一句於「惠棟挍宋本」句上，「作儐」上有「擯」，無「此本儐作擯」。

㉚南昌本出文誤「車」字。校語「如此」作「貳下有車字，是也」，無「此本公字脱，車誤公，作上貳公九乘」，「同」作「作上貳公九乘，公、貳誤倒，車字亦誤脱」。

㉛南昌本出文無「者」字。校語「有者字」上有「爵下」。

㉜南昌本「興國本潁字其旁下从木」，無「國」字，「木」作「禾」。

㉝南昌本出文「橐出」作「出橐」。

㉞南昌本「作或」作「同」，無「此本或誤遂」。

㉟南昌本出文「刃」作「刀」。

㊱南昌本「軓爲車軾」之「軓」作「軌」，「車」作「二」。

㊲南昌本出文無「謂」上「俎」字。校語「如此」作「謂上有俎字」，「上俎字脱」作「脱」，無「也誤者」。

㊳南昌本出文無「有」字。校語「有有字」上有「折上」。

㊴南昌本出文無「有」字。校語上「有有字」上有「而下」，「有字脱」作「誤脱」。

㊵南昌本出文無「也」字。校語移「閩、監、毛本同」一句於「惠棟挍宋本」句上，「有也字」上有「者下」，無「此本也字脱」。

㊶南昌本出文無「則使宰夫爲主人以獻賓」及「云」字。校語移「閩、監、毛本同」一句於「惠棟挍宋本」句上，無「作爲」，「有云字」上有「故下」，無「此本爲誤與，云字脱」。

㊷南昌本出文無「德」字。校語「有德字」上有「顯下」。

㊸南昌本出文無「以」字。校語「有以字」上有「不下」。

㊹南昌本出文無「也」字。校語「有也字」上有「子下」。

㊺南昌本出文「个」作「箇」。校語「作个」上有「箇」，「七个」、「五个」作「七箇」、「五箇」。

㊻南昌本出文無「禮」字。校語「有禮字」上有「膳下」，「禮字脱」作「誤脱」。

㊼南昌本出文無「之」字。校語「有之字」上有「飾下」。

㊽南昌本出文改作「附釋音禮記注疏卷第三十五終」，上提三格。校語「此行在疏亦鎧飾也之下」改作「卷第四十五終」，「計」作「記」，「頁」下有「宋南昌府學監本禮記卷第十，經三千七百一十三字，注五千四百四十七字。嘉靖本禮記卷第十，經四千二十字，注六千三百八字」。

禮記注疏校勘記卷三十六

36—001 禮記正義卷第四十六　惠棟挍宋本。❶

學記第十八

發慮憲節

002 發慮至學乎　惠棟挍宋本無此五字。

003 賢謂德行賢良　惠棟挍宋本同。衛氏集説同。閩、監、毛本「謂」誤「爲」。

004 注憲法也言發計慮當擬度於法式也求謂招來也謏之言小也動衆謂師役之事　閩、監、毛本同。惠棟挍宋本作「注憲法至之事」，無「也言」至「師役」廿七字。

005 言謏音近小　閩、監本同。毛本「音」誤「者」。

玉不琢節

006 教學爲先　閩、監本同。石經同。各本同。毛本「教」誤「敬」。

007 謂内則設師保以教　惠棟挍宋本作「謂」，岳本同，嘉靖本同，衛氏集説同，考文引古本、足利本同。此本「謂」誤「爲」，閩、監、毛本同。

008 玉不至謂乎　惠棟挍宋本無此五字。

009 言學不舍業即經云　惠棟挍宋本有「言」字。此本「言」字脱，閩、監、毛本同。❷

010 高宗夢得説作説命　考文引宋板同。閩、監、毛本「得」誤「傅」。

雖有嘉肴節

011 惠棟挍此節「然後能自强」「强」字起，至下節「七年視論學取友」

「學」字止，宋本闕。

012 雖有至謂乎　惠棟挍宋本無此五字。

013 是故學然後知不足者　惠棟挍宋本如是。此本「者」上衍「之」字，閩本同，監、毛本「之」作「也」。❸

014 凡人多有解怠　閩、監本同。毛本「多」誤「諸」。

古之教者節

015 中年考校　閩、監本同。石經同。岳本同。嘉靖本同。衛氏集説同。毛本「校」誤「挍」。○按，毛本作「挍」，避所諱，全書皆然。

016 離經斷句絶也　各本同。考文引古本、足利本「經」下有「章」字。按，此以正義云「章句斷絶」，故增「章句」，其實非也。

017 强立臨事不惑也　閩、監本同。岳本同。嘉靖本同。衛氏集説同。考文引宋板同。毛本「立」誤「力」。

018 古之至謂乎　惠棟挍宋本無此五字。

019 朝夕出入恒受教於塾　惠棟挍宋本同。衛氏集説同。閩、監、毛本「受」作「就」。

020 古之教民百里皆有師　閩、監、毛本同。衛氏集説同。盧文弨挍云「百」乃「者」字之譌。

021 以教世子及羣后之子　閩、監、毛本同。惠棟挍宋本無「及」字，衛氏集説同。

022 餘諸侯於國　閩、監本同。毛本「諸」誤「者」。惠棟挍宋本無「餘」字，衛氏集説同。

023 謂學者初入學一年　惠棟挍宋本作「一」，衛氏集説同。此本「一」誤「二」，閩、監、毛本同。

024 引舊記之言　閩、監本同。毛本「之」誤「者」。

025 注術當爲遂聲之誤也古者仕焉而已者歸教於閭里至在遠郊之外　閩、監、毛本同。惠棟挍宋本作「注術當至之外」，無「爲遂」至「遠郊」二十二字。

026 士爲少師　惠棟挍宋本同。衞氏集説同。閩、監、毛本「少」誤「小」。

027 五族爲黨五黨爲州　惠棟挍宋本如此，毛本同，衞氏集説同。此本「五黨」二字脱，閩、監本同。❹

028 六遂舉序　閩、監本同。毛本「序」誤「遂」。

029 序州黨之學　惠棟挍宋本同。衞氏集説同。閩、監、毛本「州」誤「周」。

030 注中猶閒也鄉遂大夫閒歲則考學者之德行道藝周禮三歲大比乃考焉　閩、監、毛本同。惠棟挍宋本作「注中猶至考焉」。❺

031 皆謂國學亦非也　惠棟挍宋本同。閩、監、毛本「謂」誤「爲」。

大學始教節

032 二者所以扑撻　惠棟挍宋本作「扑」，岳本同，嘉靖本同，衞氏集説同，釋文亦作「扑」。此本「扑」誤「撲」，閩、監、毛本同。按，九經字樣云：「扑，説文作『撲』，經典相承，通用之。」段玉裁曰：「依説文當作『攴』，隸變而爲『扑』，『撲』與『扑』義別，今人多溷而爲一。」❻

033 游其志也　各本同。石經同。釋文出「斿其」，云「本亦作『游』」。○按，斿者，「游」之省。

034 以游暇學者之志意　各本同。釋文「游暇」作「斿假」。

035 官居官者也　惠棟挍宋本「居」上有「官」字，宋監本同，岳本同，嘉靖本同，衞氏集説同。此本上「官」字誤作「○」，閩、監、毛本上「官」字脱。

036 大學至謂乎　惠棟校宋本無此五字。

037 服皮弁祭先聖先師　閩、監本同。毛本「聖」誤「理」。

* 謂春時學始入學也　補：案，「始」上當有「士」字。

038 釋木云槄山榎　惠棟校宋本同。衛氏集説同。閩、監、毛本「榎」誤「擾」。

039 盧氏云撲作教刑　閩、監、毛本同。惠棟校宋本「撲」作「扑」。按，作「扑」是也，下「撲撻」同。

040 時觀而弗語存其心也者　監本、毛本如此，惠棟校宋本無「者」字。

041 若有疑滯未曉　閩本同。監、毛本「曉」作「曉」。盧文弨校云：曉，此卷内俱作「曉」，可兩通。

大學之教也節

042 不學愽依　閩本同。釋文亦同。「愽」，監、毛本「愽」作「博」，是也，石經同，岳本同，嘉靖本同，衛氏集説同，注疏放此，下「愽喻」同。❼

043 藏焉脩焉　閩、監本同。石經同。岳本同。衛氏集説同。毛本「脩」作「修」，嘉靖本同，注疏放此，下「厥脩」同，「壞亂而不脩」同。

044 樂其友而信其道　各本同。毛本「道」字誤倒在「而」字上。

045 是以雖離師輔而不反也　惠棟校宋本有「也」字，宋監本同，石經同，岳本同，嘉靖本同，衛氏集説同，考文引古本、足利本同。石經考文提要云：宋大字本、宋本九經、南宋巾箱本、余仁仲本並有「也」字。此本「也」字脱，閩、監、毛本同。❽

046 大學至謂乎　惠棟校宋本無此五字。

047 各與其友同居　閩本同。惠棟校宋本

同。監、毛本並誤「閒」，衛氏集説同。❾

* 學不學操縵不能弦者　補：各本「弦」上有「安」字。

* 雜服至皮弁至朝服玄端服屬之類　閩、監、毛本作「雜服自袞而下至皮弁朝服无端之屬」，不誤。

048 禮謂禮經也　惠棟挍宋本如此。此本「經」上衍「之」字，閩、監、毛本同。❿

049 藝謂操縵博依六藝之等　閩、監本同。毛本「博」誤「搏」。

050 則不能躭翫樂於所學之正道　閩、監本同。考文引宋板同。毛本「樂於」誤「不」字，「學」作「業」。⓫

051 然如此也　惠棟挍宋本作「也」。此本「也」誤「者」，閩、監、毛本同。

* 若能藏脩游息游　補：案，「息」上「游」字誤衍。

052 言安學業既深　閩本同。惠棟挍宋本同。監、毛本「學」誤「樂」。

053 必知此是深由本師　閩、監、毛本無「是」字。

054 而此前親師後樂友者　惠棟挍宋本有「師」字。此本「師」字脱，閩、監、毛本同。⓬

055 離猶違也已道深明　閩、監本同。毛本「也已」二字倒。

056 當能敬重其道　惠棟挍宋本同。閩、監、毛本「當」作「常」。

057 此句結親師敬道也　閩、監本同。毛本「敬」誤「教」。

今之教者節

058 多其訊　各本同。石經「訊」作「訐」。

059 動云有所法象而已　惠棟挍宋本作

「有」，宋監本同，岳本同，嘉靖本同，衛氏集説同，考文引古本、足利本同。此本「有」誤「其」，閩、監、毛本同。

060 教人不盡其材　各本同。石經初刻作「才」，後改刻作「材」。

061 今之至由乎　惠棟挍宋本無此五字。

062 但詐呻吟長詠　惠棟挍宋本如此。此本「詐」字不誤，「呻」字脱，閩、監本同。毛本既脱「呻」字，「詐」又誤「謳」。⑬

063 皆不曉而猛浪　惠棟挍宋本同。閩、監、毛本「猛」誤「孟」。⑭

064 是不用己之忠誠也　惠棟挍宋本作「不」，衛氏集説同。此本「不」誤「以」，閩、監、毛本同。

065 教者佛戾也　閩、監、毛本同。惠棟挍宋本無此五字。

066 教者既背違其理　閩、監、毛本同。惠棟挍宋本「背」作「悖」。

067 易説卦文也　惠棟挍宋本作「文」。此本「文」誤「爻」，閩、監、毛本同。

068 注教者至失問　閩本「注」字闕，監、毛本「注」作「○」。

069 大學之法節　惠棟挍此節疏「不越其節分而教之」「分」字起至「自是學者之常理」「自」字止，宋本闕。

070 未發情慾未生　閩、監、毛本同。岳本同，嘉靖本同。惠棟挍宋本「慾」作「欲」，衛氏集説同，考文引古本同。釋文出「情慾」，云「音欲，下注『情慾』同」。○按，欲，正字；慾，俗字。

071 大學至由興也　惠棟挍宋本無此六字。

072 此一節論教之得理　考文引宋板作「教」，衛氏集説同。此本「教」誤「發」，閩、監、毛本同。

073 禁於未發之謂豫者　閩、監本同。毛本「謂」誤「爲」。下「謂豫」同。

074 若年長而聰明者　閩本同。惠棟挍宋本同。監、毛本「若」誤「謂」。

075 此朋友琢磨之益　閩、監、毛本同。惠棟挍宋本「磨」作「摩」。○按，作「摩」是也。段玉裁云：「摩礱之功，精於礲研，凡琢摩字从石作『磨』者非。」詳説文注。

發然後禁節

076 教不能勝其情慾　監本、毛本作「慾」，宋監本作「欲」。

077 格讀如凍洛之洛　各本同。段玉裁云：「説文無『洛』，有『垎』字，水乾也，玉篇『土乾也』，王逸九思自注『垎，竭也』。」則此注及疏「洛」皆當作「垎」。

078 扞堅不可入之貌　閩、監、毛本同。岳本同。嘉靖本同。衞氏集説同。考文引古本、足利本「扞」下有「格」字。段玉裁挍云「堅」上當有「格」字。按，釋文出經文「格」，云「注同」，則知注有「格」字，當在「扞」字下也。

079 則孤陋而寡聞　閩、毛本同。嘉靖本同。石經「陋」作「陃」，岳本同，監本同，衞氏集説同。

080 燕辟廢其學　閩、監、毛本同。岳本同。衞氏集説同。石經「辟」作「譬」，嘉靖本同，考文引宋板及古本同。○按，譬，正字；辟，假借字。

081 廢滅　惠棟挍宋本如此，宋監本同，岳本同，嘉靖本同，考文引古本、足利本同。此本「廢滅」誤「教弛」，閩本二字闕。監、毛本作「廢弛」，衞氏集説同。

082 發然至廢也　惠棟挍宋本無此五字。

083 若情欲既發　惠棟挍宋本作「若」。此本

「若」誤「則」，閩、監、毛本同。×

084 雖欲追悔欲學　閩、監、毛本同。考文引宋板上「欲」作「復」。

085 徒勤苦四體終難成也　閩、監、毛本同。惠棟挍宋本「終」上有「而」字。

086 獨學謂獨自習學　閩、監、毛本同。惠棟挍宋本「習學」作「學習」。

087 則學識孤偏鄙陋　監、毛本同。衛氏集説同。閩本「偏」作「徧」，惠棟挍宋本同。

088 此燕朋燕譬特加二條　惠棟挍宋本作「譬」，此本「譬」誤「僻」，閩、監、毛本「譬」作「辟」。×

089 不相遵敬　閩、監、毛本同。衛氏集説「遵」作「尊」。

090 燕譬廢其學者　惠棟挍宋本同。閩、監、毛本「譬」作「辟」，下「譬譬喻也」同。×

091 言若作此燕朋燕譬　閩、監本同。毛本「作」誤「則」。×

092 言格是堅彊　閩、監本同。毛本「格」字同，「彊」作「殭」，下「堅彊」同，惠棟挍宋本「格」作「洛」。⑮

093 故云如凍洛之洛但今人謂地堅爲洛也　閩、監、毛本同。段玉裁云：垎从土，正義是，釋文非也，正義本作「凍垎」，俗改爲「凍洛」。

君子既知教之所由興節

094 開爲發頭角　閩、監本同。岳本同。嘉靖本同。考文引宋板、古本、足利本同。毛本「爲」誤「謂」，衛氏集説同。

095 君子至喻矣　惠棟挍宋本無此五字。

096 但廣開道　惠棟挍宋本作「開」。此本「開」誤「閞」，閩、監、毛本同。×

097 若師能教弟子如此三事　閩、監本同。毛本「此」誤「也」。×

學者有四失節　×

098 學者至者也　惠棟挍宋本無此五字。×

善歌者節

099 則後人樂放傚　宋監本同。惠棟挍宋本同。閩、毛本同。岳本同。嘉靖本同。監本「傚」誤「効」。釋文「傚」下有「也」字，衛氏集説同，考文引古本「傚」下有「之也」二字。

100 善歌至志矣　惠棟挍宋本無此五字。

君子知至學之難易節

101 三王四代唯其師此之謂乎　石經同。岳本同。嘉靖本同。閩、監、毛本「唯」作「惟」，衛氏集説同，陳澔集説「唯」字同。「此」上有「其」字，考文引古本、足利本「此」上「其」字亦有。盧文弨挍云據疏「此」上有「其」字。石經考文提要：宋大字本、宋本九經、南宋巾箱本、余仁仲本並無「其」字。

102 君子至謂乎　惠棟挍宋本無此五字。

凡學之道節

103 庾云舉四代以兼包三王　惠棟挍宋本作「庾」。此本「庾」誤「更」，閩、監、毛本同。×

104 昔黄帝顓頊之道存乎意　閩、監本同。岳本同。嘉靖本同。衛氏集説同。毛本「存」誤「有」，通典五十二亦作「存」。

105 凡學至師也　惠棟挍宋本無此五字。

106 恒在於意　閩、監本同。毛本「於」誤「與」。×

107 與瑞書同矣　閩、毛本同。監本「瑞」作「端」。×

108 以仁得之以不仁守之其量十世　閩、監、毛本同。盧文弨挍云今大戴作「以不仁得之以仁守之其量十世」。

善學者節

109 善學至道也　惠棟挍宋本無此五字。

110 故恒言我師特加功於我者　閩、毛本同。監本「特」誤「持」。惠棟挍宋本「者」作「也」。

111 心且不解則荅問之人　閩、監、毛本同。惠棟挍宋本「荅問」作「問荅」。

112 以爲設喻譬善能荅問難者　閩本、監本同。惠棟挍宋本「以」作「亦」。毛本「喻譬」字誤倒。

113 鐘小則小鳴應之　閩、監本、毛本「鐘」作「撞」。按，「撞」字是也，下「撞大則大鳴應之」句法一例。　×

114 每一春而爲一容　閩本同。惠棟挍宋本同。監、毛本「一春」誤「以春」。　×

115 亦待其一問　閩、監本「亦」字同，「問」誤「間」，毛本「問」字同，「亦」誤「以」。

116 以戈摏長狄喉　考文引宋板作「摏」，此本「摏」誤「椿」，閩、監、毛本同。　×

記問之學節

117 記問之至舍之可也　閩本同。監、毛本作「記問至可也」。惠棟挍宋本八字無。

良冶之子節

118 調乃三體相勝　閩本同。惠棟挍宋本同。宋監本同。岳本同。嘉靖本同。衛氏集説同。監、毛本「調」誤「謂」。

119 始駕馬者反之　閩、監、毛本同。石經同。岳本同。嘉靖本同。衛氏集説同。釋文出「始駕者」，云「一本作『始駕馬者』」。按，正義云「始駕者，謂馬子始學駕車之時」，出「始駕者」三字成句，其所据經文亦當無「馬」字。

120 良冶至於學矣　惠棟挍宋本無此六字。

121 言積世善治之家　惠棟挍宋本作「世」，衛氏集説同。此本「世」誤「言」，閩、監本同，毛本「世」誤「習」。⑯

122 若忽駕之　閩、監本同。毛本「忽」誤「或」。

123 則可有志於學矣　閩、監、毛本同。衛氏集説同。惠棟挍宋本「矣」作「也」。

古之學者節

124 醜或爲計　惠棟挍宋本如此，岳本同，嘉靖本同，衛氏集説同。此本「爲」下衍「之」字，閩、監、毛本同。段玉裁云：「計」當作「討」，古音「討」與「醜」同。⑰

125 古之至不親　惠棟挍宋本無此五字。

126 ○此經論師道之要　閩、監本同。毛本「○此經」作「此一經」。

127 鼓革也　閩、監本同。毛本「革」誤「茧」。

128 而五色畫繢者不得水　閩、毛本同。監本「繢」誤「績」。

君子曰節

129 非主於一官　惠棟挍宋本作「主」，衛氏集説同。此本「主」誤「言」，閩、監、毛本同。⑱

130 或源也　各本同。石經同。釋文出「或原」，云「本又作『源』」。

131 源泉所出也　惠棟挍宋本作「出」，宋監本同，岳本同，嘉靖本同，衛氏集説同。此本「出」誤「求」，閩、監、毛本「出」誤「來」。

132 君子至務本　惠棟挍宋本無此五字。

133 官謂分職在位者　閩、監、毛本同。考文引宋板無「者」字，衛氏集説同。

134 器謂物堪用者　毛本同。閩、監本「謂」誤「爲」。

135 **不器爲羣器之本**　閩、監本同。毛本「爲」誤「謂」。

136 **鮫龍生焉**　惠棟挍宋本同。閩、監、毛本「鮫」作「蛟」。×

137 **初爲積漸後成聖賢也**　閩、監、毛本同。惠棟挍宋本「聖賢」作「賢聖」。

36—138 **禮記正義卷第四十六終**　惠棟挍宋本此行在疏「後成聖賢也」之下，計云凡二十三頁。⑲

校記

❶南昌本出文改作「附釋音禮記注疏卷第三十六」，上提三格。校語下有「卷第四十六」。

❷南昌本出文無「言」字。校語「有言字」上有「學上」。

❸南昌本出文「者」上有「之」字。校語「如是」作「者上無之字」，無「此本者上衍之字」。

❹南昌本出文無「五黨」。校語「如此」作「作五黨爲州」。

❺南昌本出文「猶間」作「猶閒」。

❻南昌本出文「扑」作「撲」。校語「惠棟挍宋本」句「作扑」上有「撲」字，「此本扑誤撲」句無「扑」字。

❼南昌本「釋文亦同慱」作「釋文亦作慱」。

❽南昌本出文無「也」字。

❾南昌本「並」上有「同字」。

❿南昌本出文「經」上有「之」字。校語「如此」作「無之字」，「此本經上衍之字」作「此本之字誤衍」。

⓫南昌本「業」作「習」。

⓬南昌本出文無「師」字。校語「有師字」上有「親下」。

⓭南昌本出文無「呻」字。校語「如此」作「吟上有呻字」，無「詐字不誤」，「既」作「亦」。

⓮南昌本「猛誤孟」上有「曉誤嘵」。

⓯南昌本「監」下有「毛」字，無「毛本格字同，疆作彊，下竪疆同」。

⓰南昌本出文「世」作「言」。校語「作世」作「積言作積世」，「世誤言」作「誤」。

⓱南昌本出文「爲」下有「之」字。校語「如此」作「無之

字」，「爲下衍之字」作「誤衍」。

⑱南昌本校語下有「今正」。

⑲南昌本出文改作「附釋音禮記注疏卷第三十六終」，上提三格。校語「此行在疏後成聖賢也之下」改作「此下標卷第四十六終」，「計」作「記」。

禮記注疏校勘記卷三十七

37—001 禮記正義卷第四十七　惠棟挍宋本。❶

樂記第十九

002 其樂尤微　閩本同。惠棟挍宋本同。監、毛本「尤」誤「元」。按，漢志作「樂尤微眇」。

003 故無遺法矣　惠棟挍宋本作「遺」，衞氏集説同。此本「遺」誤「移」，閩、監、毛本同。

004 其内史丞王度傳之　惠棟挍宋本作「丞」，衞氏集説同。此本「丞」誤「承」，閩、監、毛本同。按，漢志「度」作「定」。❷

005 劉向校書　閩、監本同。毛本「校」作「挍」。

006 餘次奏樂第十二　閩、監、毛本同。惠棟挍宋本「餘」作「下」。

007 昭本第二十一　監、毛本同，衞氏集説亦作「昭本」。閩本「昭」作「招」，惠棟挍宋本同。

008 其二十三篇之目　閩、監本同。毛本「其」字脱。

009 凡音之起節　惠棟云：「凡音」節、「樂者」節、「凡音」節、「宮爲君」節、「鄭衞」節、「凡音」節、「人生而靜」節、「是故先王」節，宋本合爲一節。

010 及干戚羽旄　惠棟挍宋本作「旄」，宋監本同，石經同，岳本同，嘉靖本同，衞氏集説同，陳澔集説同。釋文出「羽旄」，云「音毛」。此本「旄」誤「毛」，閩、監、毛本同。盧文弨云：注、釋引「旄」，史記是「旄」字。按，正義出經文亦作「旄」。

011 凡音至之樂　惠棟挍宋本無此五字。

012 聲相應故生變者　閩、監本同。毛本「生」誤「聲」。

013 則聲爲初音爲中樂爲末也　惠棟挍宋本有「中」字，衛氏集説同。此本「中」字脱，閩、監、毛本同。❸

014 易文言文證同聲相應之義也　惠棟挍宋本同。閩、監、毛本「文證」誤「又謂」，衛氏集説亦作「證」。

015 執此盾與斧也　閩、毛本同。監本「此」誤「比」。

016 按樂師有帗舞　宋監本亦作「帗」，與周禮樂師合，毛本同，衛氏集説同。閩本「帗」字模糊，監本「帗」誤「怽」。

017 帥而舞山川之祭祀　惠棟挍宋本作「帥」。此本「帥」誤「師」，閩、監、毛本同。

018 包含文武之大武　閩、監本同。惠棟挍宋本「大武」作「大舞」，毛本同。按，作「大舞」是也。

樂者音之所由生也節

019 感於物而后動　惠棟挍宋本同。石經同。岳本同。嘉靖本同。衛氏集説同。閩、監、毛本「后」作「後」。石經考文提要云：宋大字本、宋本九經、南宋巾箱本、余仁仲本、劉叔剛本並作「后」，假借字。

020 言人聲在所見　閩、監本同。考文引宋板同。岳本同。嘉靖本同。衛氏集説同。毛本「聲」誤「生」。

021 樂者至道也　惠棟挍宋本無此五字。

022 是樂由比音而生　衛氏集説同。閩、監、毛本「比」作「此」，是也。

023 而發揚放散無輒礙　閩、監、毛本同。惠棟挍宋本「礙」下有「也」字。

024 感於物而后動者　惠棟挍宋本同。閩、監、毛本「后」作「後」。

025 此四事是防慎所感之具矣　惠棟挍宋本作「具」，衛氏集説同。此本「具」作「是」，閩、監、毛本同。

凡音者生人心者也節

026 凡音至通矣　惠棟挍宋本無此五字。

027 明君上之樂隨人情而動　監本同。衛氏集説同。閩本「情」字闕，毛本「情」作「心」。

028 則上文感於物而后動是也　惠棟挍宋本同。閩、監、毛本「后」作「後」。

宮爲君節

029 敝敗不和貌　閩、監、毛本同。岳本同。嘉靖本同。衛氏集説同。惠棟挍宋本「貌」上有「之」字。○按，史記樂書注引有「之」字。

030 商亂則陂　史記「陂」作「槌」，徐廣注云：「槌，今禮作『陂』也。」

031 其官壞　閩、監、毛本同。石經同。岳本同。嘉靖本同。衛氏集説同。陳澔集説「官」誤「臣」，考文引足利本同。石經考文提要云：宋大字本、劉叔剛本並作「其官」。

032 王耄荒　各本同。釋文「耄」作「旄」。○按，説文作「薹」，今作「耄」，假借作「旄」，俗作「耄」。

033 宮爲至日矣　惠棟挍宋本無此五字。

034 又土爰稼穡猶君能滋生萬民也　閩、監本同。毛本「土」誤「上」，「生」誤「養」。

035 以其徵清事之象也　閩、監、毛本同。盧文弨云：「徵清」當作「微清」，下同。

036 冬則物皆藏聚與財相類也　閩、監本同。毛本「與」誤「於」。×

037 則五聲之響無敝敗矣　閩、監、毛本同。惠棟挍宋本「聲」作「音」，衛氏集説同。

038 則其聲欹斜而不正也　監、毛本同。惠棟挍宋本「斜」作「邪」，衛氏集説同，閩本此處漶滅。

039 其民怨者若角音之亂　閩本同。惠棟挍宋本同。監、毛本「角」誤「商」。

040 由民勤於事悲哀之所生　閩、監本同。毛本「生」下有「也」字，衛氏集説同。

041 危者謂聲不安也　閩、監本同。毛本「聲」誤「身」。×

042 羽聲所以不安者　閩本作「聲」，惠棟挍宋本同，衛氏集説同。此本「聲」誤「音」，監、毛本同。❹

043 動聲儀又云　閩、監本同。毛本「又」誤「有」。×

鄭衛之音節 ×

044 鄭衛至止也　惠棟挍宋本無此五字。×

045 今論説鄭國之爲俗　惠棟挍宋本作「今」。此本「今」誤「命」，閩、監、毛本同。×

凡音者生於人心者也節

046 極窮也　各本同。盧文弨云：足利古本「窮」上有「猶」字，史記集解同。

047 朱弦而䟽越　石經同，岳本同，嘉靖本同，衛氏集説同，宋監本同，惠棟挍宋本亦作「弦」。閩本「弦」作「絃」，監、毛本同；「䟽」作「疏」，注並同。

048 而不知樂之大理　惠棟挍宋本作「理」，此本「理」誤「禮」。閩、監、毛本「禮」作「體」，衛氏集説同。

049 而治道備矣者音由聲生　惠棟挍宋

本、閩、毛本並同。監本「音」誤「言」。

050 樂由音聲相生　閩、監、毛本同。惠棟挍宋本「相」作「而」。

051 而治道備矣　監本「而」字上衍「〇」。❺

052 音聲皆善人事無邪僻　惠棟挍宋本作「無邪」。此本「無邪」誤「皆無」，閩、監、毛本同。

053 言王者能使禮樂皆得其所　閩本同。惠棟挍宋本同。監、毛本「王」誤「正」。

054 所以名爲德者　閩、監本同。毛本「名」誤「明」。

055 隆謂隆盛言樂之隆盛　惠棟挍宋本「言」字。此本「言」字脱，閩、監、毛本同。❻

056 此覆上食饗之禮　惠棟挍宋本有「食」字，衛氏集説同。此本「食」字脱，閩、監、毛本同。❼

057 後有垮越　閩、監、毛本同。惠棟挍宋本「有」作「首」，「垮」作「挎」，與鄉飲酒禮合。

058 按郊特牲郊血大饗腥　閩、監、毛本同。惠棟挍宋本「牲」下有「云」字，衛氏集説同。

059 云遺猶餘也者　惠棟挍宋本作「也者」。此本「也者」二字倒，閩、監、毛本同。

人生而靜節

060 性之欲也　史記「欲」作「頌」，徐廣曰：「頌，音容。今禮作『欲』。」

061 則是物至而人化物也　閩、監、毛本同。岳本同。嘉靖本同。惠棟挍宋本云「而人化物也」下脱注「隨物變化」四字。盧文弨云惠棟據史記集解增。

062 是情性別矣　惠棟挍宋本有「性」字。此本「性」字脱，閩、監、毛本同。❽

063 而人之好惡無節者　惠棟挍宋本如此。此本「無」上衍「而」字，閩、監、毛本同。❾

是故先王之制禮樂節

064 言爲作法度以遏其欲　各本同。盧文弨云：足利古本「欲」下有「也」字，史記集解同。按，衛氏集説亦有「也」字。

065 則以刑罰防止也　閩、監、毛本同。惠棟挍宋本「也」作「之」，衛氏集説同。

066 則王道備具矣　閩、監、毛本同。衛氏集説同。惠棟挍宋本「備具」作「具備」。

樂者爲同節

067 合情飾貌者　各本同。石經同。釋文出「飭貌」，云「本又作『飾』」。

068 欲其並行斌斌然　各本同。盧文弨云：足利古本作「彬彬」，史記集解同。按，釋文出「斌斌」，云「本又作『彬彬』」。○按，説文作「份」，又云古文「份」从彡、林，斌，俗作字。

069 樂者至行矣　惠棟挍宋本無此五字。

070 分別仔細不可委知　惠棟挍宋本「仔」作「子」。閩、監、毛本「委」作「悉」。

071 先論其異同也　閩、監、毛本同。惠棟挍宋本「異同」作「同異」。

072 禮使父子殊別是爲異　閩、監、毛本同。惠棟挍宋本「異」下有「也」字。

073 刑爵得所政教均平矣　惠棟挍宋本作「爵」。此本「爵」誤「罰」，閩、監、毛本同。✕

074 爵者則明德　惠棟挍宋本作「則」。此本「則」誤「以」，閩、監、毛本同。✕

075 謂王者用仁以愛民也　閩、監本同。毛本「民」誤「之」。✕

076 則民行治也　閩、監、毛本同。惠棟挍宋本「行治」作「治行」，衛氏集説作「則民治行矣」。

樂由中出節

077 樂由至行矣　惠棟挍宋本無此五字。

078 此一節　監本、毛本作「節」，惠棟挍宋本作「經」。

079 行之在心故靜也　惠棟挍宋本作「在」。此本「在」誤「好」，閩、監、毛本同。×

大樂與天地同和節

080 言順天地之氣與其數　各本同。盧文弨云：足利古本「數」下有「也」字，史記集解同。

081 故明王以相㳂也　石經同，宋監本同，惠棟挍宋本同，岳本同，嘉靖本同，釋文亦作「㳂」。閩、監、毛本「㳂」作「沿」，衛氏集説同，注放此，下「不相㳂樂」同。

082 舉事在其時也　惠棟挍宋本同。宋監本同。岳本同。嘉靖本同。考文引足利本同。閩本「舉」字闕。監、毛本「舉」作「爲」，衛氏集説同。○按，史記注引作「舉」。

083 名因其得天下之功　閩、監、毛本同。岳本「名」作「各」，嘉靖本同，衛氏集説同，考文引古本、足利本同。

084 大樂至功偕　惠棟挍宋本無此五字。

085 故四海之内合其敬愛　閩、監、毛本同。惠棟挍宋本「合」作「會」。

086 ○注云精氣謂七八　閩、監本同。惠棟挍宋本「○」無，毛本同。按，「○」不當有。

087 秋冬終物相似　閩、監本同。毛本「秋」誤「飲」。×

088 亡而人用其教百年　考文引宋板同。閩、監、毛本「人」作「民」。×

089 生則有禮樂化民　閩、監、毛本同。惠棟挍宋本「有」作「以」。

故鐘鼓管磬節

090 故鐘鼓管磬　監、毛本同。石經同。岳本同。嘉靖本同。閩本「鐘」作「鍾」，衛氏集說同。

091 屈伸俯仰　史記作「詘信俯仰」。○按，說文作「屈申」，段玉裁云：「屈，亦作『詘』，所謂『隨體詰詘』也。伸，古經傳皆作『信』，周易『詘信相感而利生焉』，又『尺蠖之詘以求信也』。」

092 綴兆舒疾　史記「綴」作「級」，徐廣曰「級，今禮作『綴』」。

093 故鐘至謂也　惠棟挍宋本無此五字。

094 綴謂舞者行位相連綴也　閩、監本同。毛本「位」誤「謂」。×

095 所以能制作者　閩、監、毛本同。惠棟挍宋本「者」作「也」。

樂者天地之和也節

096 樂生於陽　閩、監、毛本同。衛氏集說同。考文云宋板「生」作「主」。

097 禮主於陰　閩本同。惠棟挍宋本同。監、毛本「主」作「生」，衛氏集說同。

論倫無患節

098 論倫至同也　惠棟挍宋本無此五字。

099 謙恭謹慎　閩、監本同。毛本「謹」誤「敬」。×

100 此等與民共同有也　閩、監、毛本同。衛氏集說「共」作「所」。×

王者功成作樂節

101 功主於王業　各本同。監本「主」誤「生」。×

102 其治辯者　閩、監、毛本同。石經同。岳本同。嘉靖本同。衛氏集說同。釋文出「治辨」，云「本又作『辯』」。

103 辯徧也　各本同。釋文「辯」作「辨」。

104 孔子曰韶盡美矣　閩、監本同。岳本同。嘉靖本同。衛氏集説同。毛本「韶」誤「紹」。

105 達猶具也　惠棟挍宋本有「猶」，史記注引同。⑩

106 害在淫侉　閩、監、毛本同，岳本同，嘉靖本同，衛氏集説同。釋文亦作「侉」，史記注同，惠棟挍宋本「侉」作「夸」。

107 王者至聖乎　惠棟挍宋本無此五字。

108 今記者以樂禮爲第三言　閩、監、毛本同。衛氏集説「言」作「章」。

109 禮以體別爲義　惠棟挍宋本作「義」，衛氏集説同。此本「義」誤「儀」，閩、監、毛本同。×

110 而樂云作體云制者　閩、監、毛本同。惠棟挍宋本無「而」字，衛氏集説同。

111 故義取於同和　閩、監、毛本同。惠棟挍宋本「同和」作「和同」。

112 故云不相襲也　惠棟挍宋本有「故」字。此本「故」字脱，閩、監、毛本同，衛氏集説作「故不相沿襲也」。⑪

* 注成至作樂　補：案，「成」上當有「功」字。

113 大武之樂其體美矣　惠棟挍宋本作「其」，此本「其」誤「此」，閩、監、毛本「此」作「比」。×

114 禮文雖略德備也　閩、監、毛本同。惠棟挍宋本「備」下有「具」字。

115 樂人之所好害在淫侉者　閩、監、毛本同。惠棟挍宋本「好」下有「也」字，無「者」字，考文引宋板「者」作「若」，下屬。⑫

天高地下節

116 樂者敦和　各本同。石經同。釋文出「惇和」，云「本又作『敦』」。○按，惇，正字，今多作「敦」，假借，非本字也。

117 天高至官矣　惠棟挍宋本無此五字。

118 神即先聖　惠棟挍宋本同。閩、監、毛本「即」作「則」。

119 上下之禮亦有體　閩、監本同。毛本「禮」誤「體」。

天尊地卑節

120 卑高已陳　閩、監、毛本同。石經同。岳本同。嘉靖本同。衛氏集説同。坊本「已」作「以」。石經考文提要云：宋大字本、宋本九經、南宋巾箱本、余仁仲本、劉叔剛本並作「已」。

121 大小萬物也　惠棟挍宋本作「小大」，岳本同，衛氏集説同。此本「小大」二字倒，閩、監、毛本同，嘉靖本同。

122 小者隨陽出入　閩、監、毛本同。岳本同。嘉靖本同。衛氏集説同。惠棟挍宋本「陽」上有「陰」字，是也。盧文弨云史記集解有「陰」字。

123 天尊至別也　惠棟挍宋本無此五字。

124 故聖人因此制禮　閩、監、毛本同。惠棟挍宋本無「故」字，衛氏集説同。

125 山川羣物也　閩、監本同。毛本「羣」誤「澤」。

126 如此禮者天地之別也者　閩、監本同。惠棟挍宋本「禮」上有「則」字，毛本同。

127 合結禮也　閩、監本同。毛本「禮」誤「體」。

地氣上齊節

128 奮訊也　閩、監、毛本同。嘉靖本同。惠棟挍宋本「訊」作「迅」，岳本同，衛氏集説同。釋文出「奮訊」，云「本又作『迅』」。按，正義云「奮迅而

「出」，是正義本當作「迅」也。○按，「迅」正字，「訊」假借字，史記集解作「迅」。

129 地氣至和也　惠棟按宋本無此五字。

130 天氣下降者　閩、監本同。毛本「下降」二字倒。

131 積氣從下升在樂象氣　閩、監本同。衞氏集説同。毛本「在」作「上」。

132 故先禮象形從天爲初　閩、監、毛本同。浦鏜云「故先」二字疑在「象形」下。按，衞氏集説作「在禮象形故從天爲初」。

133 百物化生由天地齊降　惠棟按宋本有「化生」二字。此本「化生」二字脱，閩、監、毛本同。⑬

134 此經樂者樂之和　惠棟按宋本如此，此本「和」上衍「不」字，閩、監、毛本「樂之和」作「天地之和」。⑭

化不時節

135 男女無別則亂升　史記「升」作「登」，注同。

136 化不至情也　惠棟按宋本無此五字。

137 及夫禮樂之極乎天節　惠棟云：「及夫禮樂」節、「樂著大始」節，宋本合爲一節。

138 及夫至深厚　惠棟按宋本無此五字。

139 此經盛論禮樂之大厚　閩、監、毛本「厚」作「原」，衞氏集説「厚」字無。

樂著大始節

140 大始百物之始主也　閩、監、毛本同。岳本「主」作「生」，嘉靖本同，衞氏集説同，惠棟按宋本、考文引古本、足利本同。

141 則亦天地之間耳　閩、監本同。岳本同。嘉靖本同。考文引宋板、古本、足利本同。毛本「亦」誤「下」。

142 樂著至樂云○正義曰　惠棟挍宋本無此八字。

143 動則周禮動物　閩本同。毛本「禮」作「還」。監本「動」誤「物」。

37—144 禮記正義卷第四十七終　惠棟挍宋本此在疏「有動靜也」之下，計云凡二十八頁。⑮

校記

❶南昌本出文改作「附釋音禮記注疏卷第三十七」，上提三格。校語下有「禮記正義卷第四十七」。

❷南昌本「此本丞誤承」作「此誤承」。

❸南昌本出文無「中」字。校語「有中字」作「作音爲中」。

❹南昌本出文「聲」作「音」。校語「作聲」上有「音」字，「聲誤音」作「誤」。

❺南昌本出文「而」上有「○」。校語「監本」下有「同」字，「而」字上有「案」字。

❻南昌本出文無「言」字。校語「有言字」上有「樂上」，「言字脱」作「脱」。

❼南昌本出文無「食」字。校語「有食字」上有「饗上」，「食字脱」作「脱」。

❽南昌本出文無「性」字。校語「有性字」上有「情下」，「性字脱」作「脱」。

❾南昌本出文「無」上有「而」字。校語「如此」作「無節上無而字」，「無上衍而字」作「誤衍」。

❿南昌本出文無「猶」字。校語「有」上有「具上」，「猶」下有「字」。

⓫南昌本出文無「故」字。校語「有故字」上有「上」字。

⓬南昌本出文無「者」字。校語無「閩、監、毛本同」，「無者字」，「考文引宋板者作若，下屬」三句。

⓭南昌本出文無「化生」二字。校語「有化生」上有「百物下」，「化生二字脱」作「脱」。

⓮南昌本出文「和」上有「不」字。校語「如此」作「和上無不字」，無「此本和上衍不字」。

⓯南昌本出文改作「附釋音禮記注疏卷第三十七」，上提三格。校語「此在疏有動靜也之下」改作「禮記正義卷第四十七終」，「計」作「記」。

禮記注疏校勘記卷三十八

38—001 禮記正義卷第四十八　惠棟挍宋本。❶

樂記

昔者舜作節

002 昔者至諸侯　惠棟挍宋本無此五字。

003 本是第三　惠棟挍宋本同。閩、監、毛本「三」誤「二」。×

004 此南風歌辭未得聞也　閩、監本同。毛本「聞」誤「見」。

故天子之爲樂也節

005 五穀時熟　閩、監、毛本同。石經「熟」作「孰」，宋監本、惠棟挍宋本、岳本、嘉靖本、衛氏集説同。石經考文提要云：宋大字本、宋本九經、南宋巾箱本、余仁仲本亦並作「孰」。

006 其舞行綴遠　史記「綴」作「級」，下「綴短」同。

007 故天至綴短　惠棟挍宋本無此五字。

008 故觀至行也○正義曰　惠棟挍宋本無此九字。

大章章之也節

009 言德之無不施也　監、毛本作「言德」，岳本同，嘉靖本同，衛氏集説同。此本「言德」二字倒，閩本同。×

010 韶繼也　各本同。毛本「韶」誤「紹」。

011 周禮曰大濩大武　閩、監、毛本同。岳本同。嘉靖本同。衛氏集説同。惠棟挍本「大濩」上增「殷曰」二字，「大武」上增「周曰」二字。盧文弨云惠棟本依史記集解增。

012 大章至盡矣　惠棟挍宋本無此五字。

013 皇帝曰咸池故知咸是黄帝樂名　閩、監、毛本同。惠棟挍宋本「皇」作「黄」，「知咸」下有「池」字。

014 更立五行舞　閩、監本同。毛本「行」誤「代」。×

015 按五行鈎命決云伏犧樂爲立基神農樂爲下謀祝融樂爲祝續　閩、監、毛本同。齊召南云：按，鈎命決，孝經緯也，周禮大司樂疏亦引此作「孝經緯云」，此文「五行」二字誤也，又「祝續」，賈疏作「屬讀」。

016 案司樂注云　按，「司」字上當有「大」字。

017 是其德也　閩、監本同。毛本「德」誤「得」。×

018 故曰濩救世　閩本同。惠棟挍宋本同。監、毛本「世」作「也」。

天地之道節

019 事不節則無功是也　惠棟挍宋本有「事」字，衞氏集説同。此本「事」字脱，閩、監、毛本同。❷

夫豢豕爲酒節

020 百拜以喻多　各本同。盧文弨云：足利古本「多」下有「也」字，史記集解同。

021 夫豢至教焉　惠棟挍宋本無此五字。

022 由其生禍　惠棟挍宋本同。閩本「生」字漶滅，監、毛本「生」誤「主」。

023 言樂體者聖人心所愛樂也　閩、監本同。毛本「體」誤「禮」。

024 具五獻之籩豆於幕下　閩、監本作「具」。此本「具」誤「其」，毛本同。×

025 是壹獻無百拜　閩、監、毛本同。惠棟挍宋本「獻」下有「也」字。

夫民有血氣節

026 形猶見也　各本同。毛本「形」誤「刑」。×

027 廉直勁正　史記作「經正」，集解引孫炎云「經，法也」，索隱云「今禮本作『勁』」。

028 至淫亂以上　閩、監本同。毛本「亂」誤「樂」。×

029 嘽寬也諧和也　監本同。毛本「嘽」字闕，閩本漶滅。

是故先王本之情性節

030 生氣陰陽氣也　閩、監本同。岳本同。嘉靖本同。衛氏集説同。毛本下「氣」誤「器」。×

031 省猶審也　史記注引「審」下有「習之」二字。

032 律小大之稱　史記作「類小大」，索隱云：「今禮作『律』。」

033 黄鍾爲宫　閩本同。岳本同。嘉靖本同。衛氏集説同。監、毛本「鍾」作「鐘」，下「應鍾」同。

034 宫爲君　閩、監本如此，岳本同，嘉靖本同，衛氏集説同。毛本「宫」誤「言」，此本誤倒作「君爲宫」。❸

035 是故至深矣　惠棟挍宋本無此五字。

036 因物念慮謂之情　惠棟挍宋本作「物」。此本「物」誤「性」，閩、監、毛本同。×

037 道五常之行者　毛本同。監本「常」誤「當」，閩本漶滅。×

038 道達人情以五常之行　惠棟挍宋本作「達」，衛氏集説同。此本「達」誤「夫」，閩、監、毛本同。×

039 廣謂增習　閩、毛本同。監本「增」誤「憎」。×

040 終於羽比五聲終始　惠棟挍宋本作「比」，衛氏集説同。此本「比」誤「此」，閩、監、毛本同。

041 學者習音樂　閩、監、毛本同。惠棟挍宋本無「者」字。

土敝則草木不長節

042 而滅平和之德　閩、監、毛本同。石經同。岳本同。嘉靖本同。衛氏集説同。惠棟挍宋本無「而」字，陳澔集説同。石經考文提要云：宋大字本、宋本九經、南宋巾箱本、余仁仲本、劉叔剛本並有「而」字。○按，史記有「而」字。

043 土敝至之也　惠棟挍宋本無此五字。

044 男女無節故樂淫　閩、監本同。毛本「無」誤「不」。

045 凡姦聲感人節　惠棟云：「凡姦」節、「然後發以聲」節、「故曰樂」節、「是故君子」節、「樂者」節、「樂也者」節、「所謂大輅」節，宋本合爲一節。

046 謂人樂習焉　各本同。盧文弨云：足利古本「焉」作「也」，史記集解作「之也」。

047 凡姦至其義　惠棟挍宋本無此五字。

048 不施設於身體　惠棟挍宋本、毛本同。監本「體」誤「禮」，閩本漶滅。

049 耳目口鼻心想知慮百事之體　惠棟挍宋本如此，此本「心」字脱，閩、監、毛本有「心」字，脱「想」字。❹

然後發以聲音節

050 此一節明正聲之道　閩本同。惠棟挍宋本同。監、毛本「一」誤「二」。

051 清明者芒也　閩、監、毛本同。浦鏜云「芒」上脱「清」字。

052 言陰陽未合化矣　惠棟挍宋本作

「陽」，此本「陰陽」誤「陰陰」，閩、監、毛本「陽」誤「氣」。❺

053 百度謂晝夜百刻　閩、監、毛本同。惠棟挍宋本無上「百」字。

054 即還相爲宮是樂之常也　閩、監、毛本同。考文引宋板無「相」字。

055 變移敝惡讙風　閩、監、毛本同。考文云宋板「讙」作「之」，衛氏集説同。

故曰樂者節

056 欲謂邪淫也　閩、監本同。岳本同。嘉靖本同。考文引宋本、古本、足利本同。毛本「淫」誤「辟」。衛氏集説「邪淫」二字倒。

057 故曰至不樂　惠棟挍宋本無此五字。

058 欲謂邪淫　惠棟挍宋本同。閩、監、毛本「謂」誤「爲」。×

059 以邪淫之欲　惠棟挍宋本作「邪淫」。此本「邪淫」二字倒，閩、監、毛本同。

是故君子反情節

060 廣樂以成其教　閩、監、毛本同。岳本同。嘉靖本同。衛氏集説同。石經「成其」二字剜刻，無「其」字。

061 歌詠其聲也　閩、監、毛本同。衛氏集説同。石經「詠」作「咏」，宋監本、岳本、嘉靖本同。釋文出「歌咏」，云「音詠」。

062 然後樂氣從之　惠棟挍宋本作「氣」，宋監本、岳本、嘉靖本同，衛氏集説同。石經「氣」字剝闕。此本「氣」作「器」，閩、監、毛本同。史記亦作「氣」。不誤。❻

063 唯樂不可以爲僞　閩、監、毛本同。石經同。岳本同。嘉靖本同。衛氏集説同。坊本「唯」作「惟」。石經考文提要云：宋大字本、宋本九經、南宋巾箱本、余仁仲本、劉叔剛本並有「唯」。

064 是故至爲僞　惠棟挍宋本無此五字。

065 此明君子敦行善樂也　閩、監、毛本同。惠棟挍宋本「明」作「乃」。

066 是樂可以觀其德行矣　閩、監本同。毛本「樂」誤「觀」。×

067 詩謂言詞也　閩、監、毛本同。考文云宋板「詞」作「辭」，衛氏集説亦作「辭」。

068 志在内以言詞言説其志也　閩、監本同。惠棟挍宋本「在」下有「於」字，「内」下有「故」字，「詞」作「辭」，下同。毛本無「於」字及「説」上「言」字。

069 歌咏其聲也者　閩、監、毛本「咏」作「詠」，下「咏」字並同。

070 然後樂氣從之者　惠棟挍宋本同。閩、監、毛本「氣」誤「器」，下「然後樂氣從之也」同。

071 故變化神通也　閩、監本同。衛氏集説同。毛本「神通」作「通神」。

072 是和順積於心中　閩、監、毛本同，衛氏集説亦作「於」，惠棟挍宋本「於」作「在」。

073 則惡聲見於外　閩、監本同。毛本「聲」誤「事」。×

樂者心之動也節

*君子動其本○樂其象　補：案，「○」誤。

074 以明伐時再往也　史記集解引「伐」下有「紂」字。

075 與聲音相應之事　惠棟挍宋本作「應」，衛氏集説同。此本「應」誤「續」，閩、監、毛本同。

076 謂伐紂之義而興立　閩、監、毛本同。浦鏜挍「而興立」改「興立也」，從衛氏集説。

077 云復亂以飭歸鳴鐃而退　閩、監、毛本同。惠棟挍宋本「鳴」上有「謂」字。

樂也者施也節

078 樂也至始也　閩、監、毛本同。惠棟挍宋本「始」作「報」。

079 以人竟言之　閩、監本同。毛本「竟」作「意」，衛氏集説同，惠棟挍宋本亦作「意」。

080 以父祖子孫言之　惠棟挍宋本、閩、毛本同。監本「祖」誤「日」。

所謂大輅者節

081 龍旂九旒　各本同。石經同。釋文出「九流」，云「本又作『旒』」。○按，旒，俗「流」字。

082 送之以禮　惠棟挍宋本作「送」，宋監本、岳本、嘉靖本同，考文引古本、足利本同。監、毛本「送」作「報」，衛氏集説同。此本「送」作「既」，閩本同。按，史記集解引作「送」。❼

083 寶龜之中並以青黑爲之緣　閩、監、毛本同，衛氏集説亦作「中」，段玉裁「中」改「甲」。按，公羊定八年傳「龜青純」，何休云「謂緣甲頿也，緣在於甲」，此「中」字作「甲」是也。

084 天子既與大輅龍旂　閩、監、毛本同。惠棟挍宋本「與」下有「之」字，衛氏集説同。

085 樂也者節　惠棟云：「樂也者」節、「窮本知變」節、「是故大人」節、「樂者」節，宋本合爲一節。

086 管乎人情矣　史記「管」作「貫」，張氏正義云「貫，猶通也」，與鄭注異。

087 樂也至情矣　惠棟挍宋本無此五字。

088 情之不可變者也樂出於心　閩、監本同。惠棟挍宋本、毛本「者也」二字倒。

089 是主領其同　閩、監、毛本同。衛氏集説「主」作「統」。

090 是分別其異也　閩、監本同。毛本「異」

誤「義」，衛氏集説亦作「異」。

窮本知變節

091 凝成也　各本同。盧文弨云：足利古本「成」上有「猶」字，史記集解同。按，正義亦云「凝猶成也」。

092 禮樂出於人心　閩、監、毛本同。衛氏集説同。惠棟挍宋本「於」作「在」。

093 而樂主於和　閩、監本同。毛本「主」誤「王」。

是故大人節

094 言天地將爲之昭焉明也　閩、監、毛本同。衛氏集説同。惠棟挍宋本「焉」作「然」，宋監本、岳本、嘉靖本同，考文引古本、足利本同。

095 毛者孕鬻　各本同。石經同。釋文「鬻」作「粥」。○按，鬻爲「育」之假借字，「粥」又「鬻」之譌字。

096 訢讀爲熹　各本同。毛本「訢」誤「訴」。

097 熹猶蒸也　監本、毛本作「蒸」，惠棟挍宋本作「烝也」，正義同。

098 殈裂也　各本同。盧文弨云：足利古本「裂」上有「猶」字，史記集解同。

099 則天地恊和　閩、監本同。衛氏集説同。毛本「和」誤「合」。

100 爲之昭著之事　惠棟挍宋本、毛本同。衛氏集説同。閩、監本「著」誤「者」。

101 是使二氣蒸動　監本、毛本作「蒸」，惠棟挍宋本作「烝」。

102 天以氣煦之　閩、監、毛本同。衛氏集説同。惠棟挍宋本「氣」上有「地」字。

103 皆得奮動也　閩、監本同。毛本「得」誤「侍」。

104 角觡生者　閩、監本同。毛本「觡」誤「輅」。×

105 猶若人之喜也　閩本同。惠棟挍宋本同。監、毛本「喜」作「熹」。

106 云體曰嫗者　閩、監本同。毛本「嫗」誤「煦」。×

樂者非謂節

107 黃鐘大呂　監、毛本同。石經同。岳本同。閩本「鐘」作「鍾」，嘉靖本同，衛氏集説同。

108 弦歌干揚也　各本同。毛本「干」誤「于」。○按，此句之下史記集解有鄭注「揚鉞也」三字，諸本皆脱。

109 後尸居後贊禮儀　按，此句之上史記集解有「商祝習商禮者商人教以敬於接人」十四字，此恐是取諸士喪禮注中補入者。

魏文侯節

110 明其心恭敬　閩、監、毛本同。惠棟挍宋本「其」作「在」。

111 袪尺二寸故稱端也　閩、監本同。毛本「袪」誤「袂」。×

子夏對曰節

112 訊疾以雅　各本同。石經「訊」作「訙」，釋文同。

113 脩身及家　閩、監本同。石經同。岳本同。衛氏集説同。毛本「脩」作「修」，嘉靖本同。

114 帥瞽登歌　惠棟挍宋本、宋監本、岳本、嘉靖本亦作「帥」，與周禮合，衛氏集説同，閩、監、毛本「帥」誤「師」。❽

115 狀如漆筩　各本同。釋文「筩」作「甬」。

116 子夏至發也　惠棟挍宋本無此五字。

117 樂音相和正以寬廣　惠棟挍宋本、閩、毛本同。監本「音」誤「昔」。

118 言始奏樂之時　監本同。毛本「時」誤「云」，閩本滮滅。

119 是衆俱進退　閩、監本同。毛本「俱進」誤「進進」。

120 以待拊鼓也　惠棟挍宋本同。閩本滮滅，監、毛本「拊」誤「擊」。

121 帥瞽登歌謂大師　惠棟挍宋本作「帥」，此本「帥」誤「師」，閩、監、毛本同。❾

122 堂下詩人吹管　惠棟挍宋本同。閩、監、毛本「詩」作「諸」。

123 鼓主發動象春無兵器之用　惠棟挍宋本作「象春」，此本「春」字同，「象」誤「衆」。閩、監、毛本「象春」誤「衆音」，衛氏集説同。

38—124 有兩紐疏畫　惠棟挍宋本作「紐」。此本「紐」誤「組」，閩、監、毛本同。

校記

❶南昌本出文改作「附釋音禮記注疏卷第三十八」，上提三格。校語下有「禮記正義卷第四十八」。

❷南昌本出文無「事」字。校語「有事字」上有「不上」，「事字脱」作「脱」。

❸南昌本出文「宮」作「君」，「君」作「宮」。校語「如此」作「作宮爲君」，無「此本誤倒」下「作君爲宮」，移「此本誤倒」四字於「毛本」句上。

❹南昌本出文無「心」字。校語「如此」作「想上有心字」，「心字脱」作「脱」。

❺南昌本「作陽」作「作陰陽」，「陰陽誤陰陰」作「誤陰陰」，「陽誤氣」作「誤陰氣」。

❻南昌本出文「氣」作「器」。校語移「閩、監、毛本同」句於「惠棟挍宋本」句上，「作氣」上有「器」字，無「此本氣作器」。

❼南昌本出文「送」作「既」。校語移「閩本同」句於「惠棟挍宋本」句上，「作送」上有「既」字，無「此本送作既」。

❽南昌本「亦」作「並」。

❾南昌本出文「帥」作「師」。校語「作帥」上有「師」字，「帥誤師」作「誤」。

禮記注疏校勘記卷三十九

樂記

今夫新樂節

39—001 及優侏傿　閩、監、毛本同。岳本同。衛氏集説同。陳澔集説同。惠棟挍宋本「傿」作「儒」，石經、宋監本、嘉靖本同。釋文出「傿」，云「音儒」。

002 獶雜子女　各本同。石經同。盧文弨云「獶」當作「獿」。按，釋文亦作「獶」，云「依字亦作『猱』」。○按，依説文當作「夒」，猱即「夒」字，夒聲、柔聲古音同部。

003 今夫至發也　惠棟挍宋本無此五字。

004 此經明子夏　閩、監、毛本同。惠棟挍宋本「此經」上有「正義曰」三字。

005 對文侯新樂之禮　惠棟挍宋本同。閩、監、毛本「禮」誤「體」，衛氏集説同。

006 俱曲屈進退而已　閩、監、毛本同。惠棟挍宋本「曲屈」作「屈曲」。

007 今君之所問者樂也節　惠棟云：「今君之所問」節，宋本分「文侯曰」以下另爲一節。

008 鏗鏘之類　閩、監、毛本同。岳本同。嘉靖本同。衛氏集説同。釋文「鏘」作「鎗」。

009 今君至何如　惠棟挍宋本無此五字。

010 前兩經　閩、監、毛本同。考文云宋板上有「正義曰」三字。

011 謂音聲也　考文云宋板作「也」，此本「也」字闕，閩、監、毛本「也」作「耳」。

012 音則心邪聲亂　閩、監本同。毛本「心聲」二字互誤。

013 ○文侯曰　閩、監本同。毛本「○」誤「古」，考文云宋板無「古」字。

014 不曉不同之狀　閩、監本同。毛本上「不」字闕。

子夏對曰夫古者節

015 當謂樂不失其所　各本同。盧文弨云史記集解無「樂」字。❶

016 照臨四方曰明　各本同。釋文出「炤臨」，云「本亦作『照』」。

017 子夏至謂也　惠棟挍宋本無此五字。❷

018 此一節　閩、監、毛本同。惠棟挍宋本上有「正義曰」三字。

019 如上所謂是大得其所當也　閩、監本同。毛本「得」誤「德」。

020 類謂勤施無私　閩、監本同。毛本「類」誤「克」。

021 以下皆昭二十八年左傳文也　惠棟挍宋本作「八」，衛氏集説同。此本「八」誤「六」，閩、監、毛本同。

今君之所好者節

022 今君至出也　惠棟挍宋本無此五字。

023 上既云　閩、監、毛本同。惠棟挍宋本上有「正義曰」三字。

子夏對曰鄭音好濫節

024 齊音敖辟　各本同。石經同。釋文出「傲」，云「字又作『敖』」。○按，古多假「敖」爲「傲」。

025 子夏至用也　惠棟挍宋本無此五字。

026 此一節　閩、監、毛本同。惠棟挍宋本上有「正義曰」三字。

027 **好濫相偷竊** 閩、監、毛本同。衛氏集説同。惠棟挍宋本「濫」作「此」。

詩云肅雍和鳴節

028 **肅雍和鳴** 閩、監、毛本同。石經同。岳本同。嘉靖本同。衛氏集説「雍」作「雝」，陳澔集説同。石經考文提要云：按詩考列之「詩異字、異義」中，宋大字本、宋本九經、南宋巾箱本、余仁仲本、劉叔剛本並作「雍」，下「雍雍和也」同。

029 **此一節** 閩、監、毛本同。惠棟挍宋本上有「正義曰」三字。

爲人君者節

030 **此經明子夏** 閩、監、毛本同。惠棟挍宋本上有「正義曰」三字。

031 **禮記正義卷第四十八終** 惠棟挍宋本此行在疏「釋言文也」之下，計云凡二十七頁。❸

032 **禮記正義卷第四十九** 惠棟挍宋本分然後聖人以下爲卷四十九 ×

然後聖人作爲節❹

033 **壎篪** 閩本同。惠棟挍宋本、宋監本、石經、岳本、衛氏集説、釋文同。監、毛本「篪」誤「箎」，嘉靖本同，注放此，疏同。

034 **謂祝敔也** 各本同。釋文出「圉」，云「本又作『敔』」。○按，敔，正字；圉，假借字。

035 **或爲簨虡** 閩、監、毛本同，岳本、衛氏集説同，釋文亦作「虡」。嘉靖本「虡」作「簴」，考文云足利本同。○按，説文作「虡」，隸省作「虡」，俗從竹。

036 **然後鍾磬竽瑟** 閩本同。嘉靖本同。衛氏集説同。監、毛本「鍾」作「鐘」，石經同，岳本同，下「鍾聲鏗」、「聽鍾聲」並同。疏放此。

037 **然後至序也** 惠棟挍宋本無此五字。

038 篪七室塤六孔　閩、監本同。衛氏集説同。惠棟挍宋本「室」作「空」，毛本同，「塤」誤「埍」。盧文弨云「空」即「孔」字。

039 故周語單穆公云　惠棟挍宋本有「公」字，衛氏集説同。此本「公」字脱，閩、監、毛本同。❺

鍾聲鏗節

040 鍾聲至武臣　惠棟挍宋本無此五字。

041 則其號必充滿於萬物矣　閩、監、毛本同。惠棟挍宋本「滿」作「徧」。

石聲磬節

042 石聲至之臣　惠棟挍宋本無此五字。

043 此一經　閩、監、毛本同。考文云宋板上有「正義曰」三字，下疏皆放此。

044 故讀聲音罄然矣　閩本同。監本「聲」作「罄」，毛本「聲」作「磬」。

045 則分明辨別也　惠棟挍宋本同。閩、監、毛本「則」誤「明」。×

046 恐是樂器故讀爲罄　閩、監本同。毛本「罄」誤「磬」。×

絲聲哀節

047 絲聲至之臣　惠棟挍宋本無此五字。×

竹聲濫節

048 君子聽竽笙　各本同。毛本「竽」誤「竿」。

049 竹聲至之臣　惠棟挍宋本無此五字。

鼓鼙之聲讙節

050 鼓鼙至之臣　惠棟挍宋本無此五字。

051 故使人意動作也　閩、監本同。毛本「意動」二字倒。

052 則五者之器皆據其聲　惠棟挍宋本作「皆」。此本「皆」誤「者」，閩、監、毛本同。×

君子之聽音節

053 非聽其鏗鎗而已也　惠棟挍宋本、宋監本、石經、岳本同。考文引古本、足利本同。閩、監本「也」字同，「鎗」作「鏘」，嘉靖本同，衛氏集説同。毛本「鎗」作「鏘」，「也」誤「矣」，釋文亦作「鎗」。石經考文提要云：宋大字本、宋本九經、南宋巾箱本、余仁仲本、劉叔剛本並有「鏗鎗」，史記樂書同。

054 君子至合之也　惠棟挍宋本無此六字。❻

055 非徒聽其音聲鏗鎗而已　惠棟挍宋本同。閩、監、毛本「鎗」作「鏘」，衛氏集説同。

056 四方皆五行相生　惠棟挍宋本作「相」。此本「相」誤「可」，閩、監、毛本同。

057 今按崔氏此説　閩、監本同。毛本「此」誤「所」。

058 賓牟賈侍坐於孔子節　惠棟云：「賓牟賈」節、「咏歎之」節、「賓牟賈起」節、「子曰居」節，宋本合爲一節。

059 賓牟賈　「牟」字各本並從牛，惟此本及閩本從午，作「牟」，下經疏並同。石經此「牟」字從干作「牟」，下「賓牟賈起」又從牛作「牟」。按，從「牛」是。

060 賓牟至衆也　惠棟挍宋本無此五字。

061 武謂周之武樂　閩、監本作「武謂」，此本「武謂」誤「式謂」，毛本誤「或謂」。

062 欲作武樂之前　惠棟挍宋本作「武」，衛氏集説同。此本「武」誤「舞」，閩、監、毛本同。

063 此以下王事　惠棟挍宋本、閩、監、毛本「王」作「五」。

咏歎之節

064 咏歎之　各本同。石經同。嘉靖本「歎」作「嘆」，釋文出「咏嘆」，云「音歎」。

065 事戎事也　閩、監、毛本同。嘉靖本同。衛氏集説同。岳本「戎」作「伐」，考文引足利本同。

066 荒老耄也　各本同。釋文「耄」作「旄」，下同。○按，依説文當作「𦒷」。

067 咏歎至是也　惠棟挍宋本無此五字。

068 此是賓牟賈荅孔子之詞　閩、監、毛本同。惠棟挍宋本「詞」作「辭」，下「此亦賓牟賈對詞」、「此亦孔子問詞」並同。

069 象武王伐紂　閩、監本同。毛本「伐」誤「代」。

070 而左足仰起何故也　惠棟挍宋本作「起」。此本「起」誤「之」，閩、監、毛本同。

071 謂非是武樂之音　閩、監、毛本同。惠棟挍宋本「音」作「意」。

072 故知有司妄説爲貪商　惠棟挍宋本作「知」。此本「知」誤「是」，閩、監、毛本同。

073 十三年伐紂　惠棟挍宋本同。閩、監、毛本「三」誤「二」。

074 是文王崩後六年伐紂　惠棟挍宋本作「是」，此本「是」字漶滅，閩、監、毛本「是」誤「時」。

075 子男子之美稱　閩、監、毛本同。考文云宋板無下「子」字。

076 言吾子相親之詞　惠棟挍宋本作「相」，衛氏集説同。此本「相」誤「張」，閩、監、毛本同。此本「詞」字閩、監、毛本同，惠棟挍宋本作「辭」，衛氏集説同。

賓牟賈起節

077 敢問遲之遲　各本同。石經「遲」並作「遟」，釋文同。下倣此。

078 是賓牟賈問詞也　閩、監、毛本同。惠棟挍宋本「詞」作「辭」。

079 於前荅之事猶有不曉　閩、監本同。

毛本「前」誤「席」。

080 **前經是夫子之問** 惠棟挍宋本作「子」，此本「子」字漶滅，閩、監、毛本「子」誤「武」。

子曰居節

081 **吾語女** 惠棟挍宋本作「女」，石經、宋監本、岳本、嘉靖本同，衛氏集説同。釋文出「女」，云「音汝，下『且女』同」。此本「女」作「汝」，閩、監、毛本同。按，下「且女」此本及三本並作「女」，則此處「女」字不當岐出作「汝」。

082 **大公之志也** 各本同，石經同，釋文亦作「大」，毛本「大」作「太」。

083 **故象其成功者也** 惠棟挍宋本同。閩、監、毛本「放」作「倣」，衛氏集説同。❼

且夫武始而北出節

084 **五成而分周公左** 各本同。石經同。考文云古本「分」下有「陜」字。孫志祖挍云按史記樂書本、家語辨樂解皆有「陜」字。

085 **始奏象觀兵盟津時也** 閩、監、毛本同。嘉靖本同。岳本「盟」作「孟」，衛氏集説同。釋文出「孟津」，云「本亦作『盟』」。

086 **且夫至以崇** 惠棟挍宋本無此五字。

087 **此一經孔子** 閩、監本同。衛氏集説同。毛本「經」作「節」。惠棟挍宋本上有「正義曰」三字。

088 **則前云三步以見方是一成也** 惠棟挍宋本作「是」。此本「是」誤「見」，閩、監、毛本同。衛氏集説無「則」字，「是一成也」作「此是一成也」。❽

089 **舞者從北頭第一位却至第二位** 惠棟挍宋本作「北頭第一位」，衛氏集説同。此本「一」誤「二」，閩本同，監、毛本「一」誤「二」，「二」誤「三」。「却」字閩本同，監、毛本作「卻」，衛氏集説同。

090 至六成還反復此位 閩、監本同。毛本「復」誤「從」。×

091 天子夾振之節 惠棟云：「天子」節、「分夾而進」節，宋本合爲一節。

092 天子至國也 惠棟校宋本無此五字。

093 王與大將親自執鐸 惠棟校宋本作「王」，衛氏集説同。此本「王」誤「正」，閩、監、毛本同。❾

094 六成而復綴以崇其爲天子 閩、監本同。毛本「崇」誤「成」。×

095 具如熊氏之説 惠棟校宋本同。閩、監、毛本「具」誤「俱」。

分夾而進節

096 庶民弛政 各本同。石經同。嘉靖本「弛」作「㢮」，注同。

097 車甲衅而藏之府庫 史記「衅」作「弢」。

098 包之以虎皮 史記「包」作「苞」。

099 反當爲及字之誤也 惠棟校宋本如此，岳本同，嘉靖本同，衛氏集説同，考文引足利本同。此本「反」下衍「商」字，閩、監、毛本同。❿

100 封謂故無土地者也 各本同。監本「土」誤「上」。×

101 封紂子武庚於殷墟 各本同。釋文出「殷虚」，云「音墟」。○按，「虚」、「墟」古今字。

102 封比干墓崇賢也 惠棟校宋本作「崇」，宋監本、岳本、嘉靖本、衛氏集説同，考文引古本、足利本同。此本「崇」作「宗」，閩、監、毛本同。按，史記集解作「崇」不誤。×

103 分夾至兵也 惠棟校宋本無此五字。

104 分謂部分 閩、監本同。毛本「謂」誤

「爲」。

105 武王既入立於社南　閩、監、毛本同。惠棟挍宋本無「於」字。

106 虎皮武猛之物也　閩、監本同。毛本「武猛」二字倒。

107 用此虎皮包裹兵器　閩、監本同。毛本「用」誤「與」。

108 鍵籥牡也　惠棟挍宋本作「牡」，衛氏集説同。此本「牡」誤「牝」，閩、監、毛本同。

109 反當至約也　惠棟挍宋本同。閩、監、毛本「當」誤「商」。

110 是及至商也　閩、監本同。毛本「商」誤「山」。

111 云投舉徙之詞也者　閩、監、毛本同。惠棟挍宋本「詞」作「辭」。

112 武王親釋其縛　閩、監本同。毛本「縛」作「縛」，衛氏集説同。

113 聘于鄭公孫段云請垂櫜　閩本同。惠棟挍宋本同。監、毛本「段」誤「假」。

114 散軍而郊射節　惠棟挍云：「散軍」節、「若此」節，宋本合爲一節。

115 散軍至弟也　惠棟挍宋本無此五字。

116 此一經　惠棟挍宋本上有「正義曰」三字。

117 鄭注射義云一發五豝　閩、監、毛本同。惠棟挍宋本「一」作「壹」。

118 此既習禮射於學　惠棟挍宋本作「習」，衛氏集説同，此本「習」誤「思」，閩、監、毛本「習」誤「用」。

119 亦還國而耕也　監、毛本同。衛氏集説同。閩本「耕」作「教」，惠棟挍宋本同。

120 爲射宫於郊者也　閩、監、毛本同。考文引宋板「者也」作「也者」。

121 其餘爲埤　閩、監、毛本同。衛氏集説同。惠棟挍宋本「埤」作「裨」。按，儀禮覲禮注作「裨」。

122 君子曰禮樂節　惠棟挍云：「君子」節、「治禮以治躬」節，宋本合爲一節。

123 善心生則寡於利欲　史記集解引上有「若」字。

124 君子至者也　惠棟挍宋本無此五字。

125 易直子諒之心生則樂者　閩、監本同。毛本「生」誤「者」。

126 云油然新生好貌也　閩、監本同。毛本「也」誤「此者」。

127 書傳箕子歌云　惠棟云：「箕子」當作「微子」，宋本及史記俱作「箕子」。

致禮以治躬節

128 鄙詐是貪多詐僞　閩、監、毛本作「鄙詐是貪多利僞生」。惠棟挍宋本作「鄙詐入之謂利欲生」，宋監本、岳本、嘉靖本同，考文引古本、足利本同。衛氏集説作「鄙詐入之謂利僞生」。○按，史記集解引「謂利欲生」四字。

129 致禮至之矣　惠棟挍宋本無此五字。

130 而治躬謂致禮意　閩、監、毛本同。惠棟挍宋本「治躬謂致」作「聖王詳審」，衛氏集説同。

131 前經明致樂治心則向善心生　閩、監、毛本同。惠棟挍宋本作「前經明致樂治心得則善心生」。

132 而有鄙慲詐僞之心入於内矣　閩、監、毛本同。衛氏集説同。惠棟挍宋本無「入」字。

故樂也者節

133 而民不生易慢焉　各本並作「慢」，石經同，此本「慢」誤「優」。⓫

134 故樂至承順　惠棟挍宋本無此五字。

135 此一經　惠棟挍宋本上有「正義曰」三字。

136 故極益於和也　閩、監、毛本同。衛氏集說亦作「益」。惠棟挍宋本「益」作「盡」，下「故極益於順也」同。

故曰致禮樂節

137 故曰至難矣　惠棟挍宋本無此五字。

138 此一經　惠棟挍宋本上有「正義曰」三字。

139 樂也者動於内者也節　惠棟挍云：「樂也者」節、「夫樂者」節、「故人」節，宋本合爲一節。

140 放淫於聲　惠棟挍宋本、宋監本並有「於」字，岳本、嘉靖本同，衛氏集說同。此本「於」字脱，閩、監、毛本同。○按，史記集解引有「於」字。⓬

141 報讀曰褒猶進也　閩、監、毛本同。惠棟挍宋本「曰」作「爲」，考文引宋板同，「褒」字重，作「報讀爲褒褒猶進也」，古本、足利本同，岳本同，嘉靖本同，衛氏集說同，宋監本亦重「褒」字。

142 樂也至一也　惠棟挍宋本無此五字。

143 此一節論樂之體　閩本同。考文引宋板「樂」作「禮」。監、毛本作「此一節論禮樂之體」，衛氏集說同，惠棟挍宋本「此」上有「正義曰」三字。

144 作樂之道須有自退反也　閩、監本同。毛本「作」誤「則」。

夫樂者樂也節

145 夫樂至此矣　惠棟挍宋本無此五字。

146 前嗟嘆之　閩、監、毛本同。惠棟挍宋本「前」作「則」，衛氏集説亦作「則嗟歎」。

故人不耐無樂節

147 故人不耐無樂　各本同。石經「耐」字剜刻。釋文出「而耐」，其「而」字應作「不」，疑傳寫之誤。

148 不能無喜樂也　閩本同。惠棟挍宋本同。監、毛本「喜」誤「善」。

149 言經之耐字　閩、監本同。毛本「經」誤「今」。

先生恥其亂節

150 曲直繁瘠　各本同。石經「瘠」字殘闕。釋文出「繁瘠」。九經古義云：「荀子『瘠』作『省』。按，省與『眚』通，『眚』猶瘠也，故字亦作『瘠』，尋文義『繁省』爲長。」

151 先王至方也　惠棟挍宋本無此五字。

152 此一節　惠棟挍宋本上有「正義曰」三字。

153 邪氣謂淫邪之氣　惠棟挍宋本作「淫」。此本「淫」誤「湍」，閩、監、毛本同。

是故樂在節

154 是故至方也　惠棟挍宋本無此五字。

155 此一經　惠棟挍宋本此上有「正義曰」三字。

＊ 言近以至親遠　補：案，「親」字誤衍。

故聽其雅頌之聲節

156 故聽至免也　惠棟挍宋本無此五字。

157 志意得廣焉者　閩、監本同。毛本「廣」誤「寡」。

158 揔要之所言　閩本同。惠棟挍宋本同。監、毛本「言」作「名」，衛氏集説同，下「揔要之所言也」同。

159 樂既合天地之命　惠棟挍宋本作

「既」，衛氏集説同。此本「既」誤「師」，閩、監、毛本同。×

160 感動於人　惠棟按宋本作「於」，衛氏集説同。此本「於」誤「天」，閩、監、毛本同。×

161 自然敬愛也　惠棟按宋本作「愛」。此本「愛」誤「畏」，閩、監、毛本同。⑬

162 紀是綱紀衆物之名　閩、監、毛本同。惠棟按宋本「綱紀衆」作「細繩束」。

夫樂者先王節

163 禮樂王者所常興則盛矣　閩、監、毛本同。衛氏集説同。惠棟按宋本「矣」作「也」，岳本、嘉靖本、宋監本並同。

164 夫樂至盛矣　惠棟按宋本無此五字。

子贛見師乙而問焉節

165 子贛　閩、監、毛本同。岳本同。嘉靖本同。石經「贛」作「贑」，衛氏集説同，釋文同，宋監本作「貢」。

166 而吾子自執焉　此下經注各本及石經並同，惟考文云：宋板「自執焉」下接「寬而靜」云云，「而慈愛」下接「者宜歌商」云云，「五帝之遺聲也」下接「商人識之」云云，校各本經文刪去一「愛」字及「商之遺聲也」五字，又刪去注，此文換簡以下五十七字及「云商之遺聲也」以下三十字。山井鼎云：「宋本此經次序與諸本异，注亦有闕略，蓋隨注意改其次序，併刪去注文也。」按，陳澔集説本經文自「而吾子自執焉」以下至「商人識之」以下多所倒置，蓋依用興國于氏本，亦與宋板合。

167 商宋詩也　按，史記集解上有「肆正也」三字，諸本並脱。

168 下如隊　閩、監、毛本同。岳本同。嘉靖本同。衛氏集説同。釋文出「如隊」，石經「隊」作「墜」。○按，「隊」、「墜」古今字。

169 上下同美之也　閩、監、毛本同。嘉靖本同。衛氏集説同。惠棟挍宋本「同」作「目」，岳本同。

170 子貢至問樂　惠棟挍宋本無此五字。

171 各逐人性所宜者也　惠棟挍宋本同。閩、監、毛本「逐」誤「遂」，衛氏集説同。

172 如賜同者宜何歌也者　閩本同。惠棟挍宋本同。監本空闕「同」字，毛本「同」字無。

173 如賜同之氣性宜作何歌　閩本同。惠棟挍宋本同。監本闕「同」字，毛本「同」字無，「氣」誤「人」。

174 大雅者歌其大正　閩、監本同。毛本「正」誤「雅」，下「王者小正」同。

175 謙恭卑退　閩、監本同。毛本「謙」誤「者」。×

176 謂性情肆放　惠棟挍宋本「肆」誤「四」。

177 言能直己陳德　閩、監、毛本同。惠棟挍宋本無「能」字。

178 未能行五帝之德也　閩、監、毛本同。惠棟挍宋本「帝」作「常」。

179 商之遺聲也者　閩、監本同。毛本「遺」誤「道」。×

180 如似隊落之下也　閩、監本同。毛本「似」誤「此」。×

181 言聲音感動於人　閩、監、毛本同。惠棟挍宋本「聲音」作「音聲」。

182 故歌之爲言也長言之也者　閩、監本同。毛本「長」字誤倒在「言也」上。×

183 言雖復嗟歎情猶未滿　惠棟挍宋本作「猶」，衛氏集説同。此本「猶」作「由」，閩、監、毛本同。

184 按詩云先嗟歎　閩、監本同。毛本「云先」作「先云」。

185 故永歌之　閩、監、毛本「永」作「咏」。

186 禮記正義卷第四十九終　惠棟挍宋本此行在疏「商之處也」之下，計云凡二十六頁。⓮

187 禮記卷第十一經六千四百九十五字注五千五百　宋監本。　×

39—188 禮記卷第十一經六千四百九十五字注五千五百三十三字　嘉靖本。　×

校記

❶南昌本校語下有「○案，正義亦無樂字」。

❷南昌本校語下有「此本○下脱正義曰三字」。

❸南昌本出文改作「釋言文也」，上提一格。校語「此行在疏釋言文也之下」改作「此下標禮記正義卷第四十八終」，「計」作「記」。

❹南昌本下有校語「惠棟挍宋本自此節起至子贛見師乙而問焉節止爲第四十九卷。卷首題禮記正義卷第四十九」。

❺南昌本出文無「公」字。

❻南昌本出文「合之」作「之合」。校語下有「此本○下脱正義曰」。

❼南昌本出文「故」作「放」。

❽南昌本出文「是」作「見」。校語「作是」上有「見」字，「是誤見」作「誤」。

❾南昌本「作王」作「同」，無「此本王誤正」，「毛本」下「同」作「王誤正」。

❿南昌本出文「反」下有「商」。校語「如此」作「無商」。

⓫南昌本出文「慢」作「僈」。校語「並作慢」作「僈作慢」，「慢誤僈」作「誤」。

⓬南昌本出文無「於」字。

⓭南昌本出文「愛」作「畏」。校語「作愛」上有「畏」字，「愛誤畏」作「誤。」

⑭南昌本出文改作「附釋音禮記注疏卷第三十九」，上提三格。校語「此行在疏商之處也之下」改作「禮記正義卷第四十九終」，「計」作「記」，「頁」下有「宋監本禮記卷第十一，經六千四百九十五字，注五千五百字。嘉靖本禮記卷第十一，經六千四百九十五字，注五千五百三十三字」。

禮記注疏校勘記卷四十

40—001 禮記正義卷第五十　惠棟挍宋本。❶

雜記上第二十

002 此於別録屬喪服　考文云宋板作「此於」，衞氏集説同。此本「此於」二字倒，閩、監、毛本同。×

諸侯行而死於館節

003 如於道　各本同。石經同。毛本「於」誤「其」。

004 予使有之　閩、監、毛本同。岳本同。嘉靖本同。惠棟挍宋本「予」作「與」，宋監本、衞氏集説、釋文、考文引古本並同。按，正義亦作「與」。

005 招用褒衣也　各本同。釋文出「哀衣」，云「本又作『褒』」。×

006 緌謂旌旗之旄也　惠棟挍宋本同，岳本同，嘉靖本同，衞氏集説亦作「緌」，閩、監、毛本「緌」誤「綏」。

* 公館與公之所爲　補：案，曾子問無「之」字，此誤衍也。

007 故得升屋招魂　閩本同。惠棟挍宋本同。監、毛本「魂」誤「魄」。×

008 絲旁著妥　惠棟挍宋本如此。此本「著」上衍「者」字，閩、監、毛本同。❷

009 其音雖訓爲安　閩本作「安」，惠棟挍宋本同。此本「安」誤「委」，監、毛本同。❸

010 綏謂旌旗之旄也者　閩、監、毛本同。惠棟挍宋本「綏」作「緌」，上有「云」字。

其輤有裧節

011 緇布裳帷　各本同。石經同。釋文出「緇裳帷」，云「本或作『緇布裳帷』」。 ×

012 輤取名於櫬　惠棟挍宋本作「櫬」，岳本同，嘉靖本同，釋文同。此本「櫬」誤「襯」，閩、監、毛本同，衛氏集説同，下「櫬棺」、「櫬覆」並同，疏放此。

013 定四年祝鮀云　閩、監、毛本同。惠棟挍宋本「鮀」作「佗」。

014 封康叔以綪茷　惠棟挍宋本作「茷」。此本「茷」誤「茂」，閩、監、毛本同。 ×

至於廟門節

015 不忍遠也　各本同。釋文「也」作「之」。 ×

※ 唯輤爲説于廟門外者者　補：案，下「者」字誤衍。

016 今入之有宮室故云輤也　閩、監、毛本同。衛氏集説「云」作「去」，是也。

017 公之喪至自乾侯　惠棟挍宋本作「至」。此本「至」誤「室」，閩、監、毛本同。 ×

大夫士死於道節

018 輲讀爲輇或作槫　閩、監、毛本同。岳本同。嘉靖本同。惠棟挍宋本「槫」作「摶」，衛氏集説同，釋文亦作「摶」。齊召南云：按周禮遂師注云「蜃，禮記或作『槫』，或作『輇』」，賈疏引此注曰「輲，讀爲輇，或作輇」，是賈所見禮記注本異也；儀禮既夕記「納車於階間」，注云「周禮謂之蜃車，雜記謂之團，或作輇，或作槫，聲讀皆相附耳，未聞孰正」，是鄭所見本不同也。按，正義作「槫」不誤。

019 不易以楯也　閩、監、毛本同。惠棟挍宋本「楯」作「輴」，岳本同，嘉靖本同，衛氏集説同。釋文出「以楯」，云「一本作『輴』，同」。

020 是有輤櫬近之義也　閩、監、毛本「櫬」作「襯」，下「櫬近」同。山井鼎云：「『有輤』疑

『輤有』誤，宋板『此櫬』从木，下『櫬近』與今本同。」❹

021 或作榑者　閩、監、毛本同。惠棟挍宋本「榑」作「摶」。

022 亦載以輴車　閩本同。惠棟挍宋本同。衛氏集説同。監、毛本「輴」誤「輴」。

023 既夕云　閩、監、毛本同。衛氏集説同。惠棟挍宋本「夕」下有「禮」字。

024 設輅羣輅羣上有四周　閩、監、毛本同。衛氏集説同。浦鏜挍「輅羣輅」改「前後輅」。

025 以輇爲輪　惠棟挍宋本作「輇」，衛氏集説同。此本「輇」誤「輪」，閩、監、毛本「輇」誤「輻」。❺

026 但不用輻爲輪　閩、監、毛本同。段玉裁挍云「爲輪」下疑脱「輴」字。

027 士朝廟用輁軸　惠棟挍宋本作「輁」，衛氏集説「輁」作「輂」。此本「輁」誤「軹」，閩、監、毛本同。❻

028 輴與輁軸　閩本同。惠棟挍宋本同。衛氏集説「輁」作「輂」，監、毛本「輁」誤「軹」，下「輁軸則無」、「輁狀如長牀」並同。

029 刻兩頭爲軹　閩、監、毛本同。衛氏集説同。惠棟挍宋本「軹」作「軔」。

士輤葦席節

030 以爲輤棺之屋也　監本、毛本有「也」字，惠棟挍宋本無。

031 言以士云葦席以爲屋　閩、監本作「云」，毛本「云」誤「輤」。

凡訃於其君節

032 凡訃至某死　惠棟挍宋本無此五字。

033 不分別尊卑皆同年卒者　閩、監、毛本同。浦鏜挍云「年」當「言」字誤。

034 杜所不用也　閩、監、毛本同。惠棟挍宋本無「也」字。

大夫訃於同國節

035 大夫至某實正義曰此一經明大夫之卒　惠棟挍宋本有上五字。

036 故云某死　惠棟挍宋本「云」作「曰」。　×

037 以身赴告　惠棟挍宋本作「以」，衛氏集説同。此本「以」誤「於」，閩、監、毛本同。　×

士訃於同國節

038 士訃至某死正義曰　惠棟挍宋本有上五字，諸本脱。

039 及大夫士等皆云某死　惠棟挍宋本作「皆」。此本「皆」誤「之」，閩、監、毛本同。　×

大夫次於公館節

040 故居堊室也　閩、監、毛本同。惠棟挍宋本無「也」字。

大夫爲其父母節

041 今大夫喪服禮逸　閩、監、毛本同。岳本同。嘉靖本同。惠棟挍宋本無「服」字，宋監本、衛氏集説同，考文引古本、足利本同。

042 是晏嬰之父晏弱　惠棟挍宋本作「嬰」。此本「嬰」誤「襄」，閩、監、毛本同。　×

043 以苴麻爲首經要帶　惠棟挍宋本作「首」。此本「首」誤「苴」，閩、監、毛本同。　×

* 鄭既約○左傳　補：案，「約」下「○」誤衍。

044 斬衰枕凷士則疏衰　惠棟挍宋本同。衛氏集説同。閩、監、毛本「凷」誤「草」。　×

045 縷細降一等　惠棟挍宋本作「細」，衛氏集説同。此本「細」誤「緦」，閩、監、毛本同。　×

046 是大功以下與大夫同　閩、監、毛本同。考文云宋板「大夫」下有「士」字。

047 故曾子云哭泣之哀　惠棟挍宋本作「哀」，衛氏集説同。此本「哀」誤「衰」，閩、監、毛本同。×

048 平仲可爲能遠於害矣　惠棟挍宋本作「遠」，衛氏集説同。此本「遠」誤「達」，閩、監、毛本同。×

049 馬昭荅王肅曰雜記云　惠棟挍宋本作「曰」。此本「曰」誤「同」，閩、監、毛本同。×

050 皆爲非禮並與鄭違　惠棟挍宋本有「禮」字。此本「禮」字脱，閩、監、毛本同。×

士之子爲大夫節

051 謂暫爲喪主　閩本同。惠棟挍宋本同。衛氏集説同。監、毛本「主」誤「用」。×

052 自然用大夫禮也　閩本同。惠棟挍宋本同。衛氏集説同。監、毛本「用」誤「爲」。×

如筮節

053 則史練冠長衣　各本同。石經同。考文云古本「史」上有「筮」字。按注云「筮史，筮人也」，則經「筮」字當有。

054 如筮者謂下大夫及士不合用卜　按，「如」字疑「知」字之譌。

* 深衣之純以素〇者也、補：按，「者」上「〇」誤衍。×

大夫之喪既薦馬節

055 既薦馬薦馬者　各本同。石經同。釋文出「藨」，云「本亦作『薦』」。×

大夫之喪大宗人相節

056 謂楊火灼之以出兆　閩本同。監、毛本「楊」作「揚」，岳本同，嘉靖本同，衛氏集説同。考文引宋板亦作「楊」，疏同。

057 **內子以鞠衣節**　坊本此節經文十九字移置「狄稅素沙」下，用興國于氏本。

058 **自揄狄而下**　閩、監、毛本同。岳本同。嘉靖本同。惠棟挍宋本「揄」作「褕」，衛氏集說同，釋文出「自揄」，与周禮內司服合。○按，褕，正字；揄，假借字。

059 **自鞠衣而下**　閩本同。惠棟挍宋本同。各本同。監本「自」誤「目」，毛本「自」誤「曰」。

060 **尚所褒賜之衣**　閩、監、毛本同。衛氏集說「尚」作「上」。

061 **素沙者**　閩、監本同。毛本「沙」作「紗」，下「亦以素沙爲裏」同。

062 **是下大夫之妻所復襢衣也**　惠棟挍宋本同。閩、監、毛本「復」作「服」。

063 **以重繒爲之**　惠棟挍宋本作「重」，衛氏集說同。此本「重」誤「裏」，閩、監、毛本同。❼

＊ **見加賜之之衣也者**　補：案，「之」字誤重。

064 **謂內子初始爲卿妻**　閩、監、毛本同。惠棟挍宋本「初」下有「嫁」字。

夫人稅衣節

065 **揄狄**　閩、監、毛本同。石經同。岳本同。嘉靖本同。衛氏集說「揄」作「褕」，注同。釋文上出「自揄」，云「下文并注同」，是釋文本亦作「揄」也。

066 **狄稅素沙**　各本同。石經同。毛本「沙」誤「紗」，注「狄稅素沙」同。

大夫不揄絞節

067 **大夫不揄絞**　閩、監、毛本同。石經同。岳本同。嘉靖本同。衛氏集說「揄」作「褕」，釋文同，注放此。

068 **其池繫絞繒於下**　宋監本、閩本、惠棟挍宋本、岳本、嘉靖本、衛氏集說並同。監、毛本

「繢」誤「繪」。✕

069 故云在其間　惠棟挍宋本作「故」。此本「故」誤「次」，閩、監、毛本同。✕

070 士不云魚躍拂池故也　惠棟挍宋本同。閩、監本「云」誤「去」，毛本「不云魚」誤「去魚不」。

婦附於其夫之所附之妃節

071 夫所附之妃　閩、監、毛本同。惠棟挍宋本「附」作「祔」，岳本同，嘉靖本同，衛氏集説同。

男子附於王父節

072 配謂并祭　各本同。監本「并」誤「拜」。

073 是其配　閩、監本同。毛本「其」誤「以」。✕

君薨大子號稱子節

074 故知未踰年者　閩、監、毛本同。惠棟挍宋本「者」作「也」。

075 宰周公齊侯宋子以下于葵邱　惠棟挍宋本作「公」。此本「公」誤「云」，閩、監、毛本同。❽

076 今宋襄公未葬君當稱子某　惠棟挍宋本作「稱」。此本「稱」誤「宋」，閩、監、毛本同。❾

40—077 若未葬雖踰年猶稱子　惠棟挍宋本有「稱」字。此本「稱」字脱，閩、監、毛本同。❿

校記

❶南昌本出文改作「附釋音禮記注疏卷第四十」，上提三格。校語下有「禮記正義卷第五十」。

❷南昌本出文「著」上有「者」。校語「如此」作「著上無者字」，「此本著上衍者字」作「此誤衍」。

❸南昌本出文「安」作「委」。校語「作安」上有「委」字，「此本安誤委」作「此誤委」。

❹南昌本「宋板」作「宋本」。

❺南昌本出文「軨」作「輪」。校語「作軨」作「以輪作以軨」。

❻南昌本校語下有「今正」。

❼南昌本出文「重」作「裹」。校語「作重」上有「裹」字，「重誤裹」作「誤」。

❽南昌本出文「公」作「云」。校語「作公」上有「云」字，「公誤云」作「誤」。

❾南昌本出文「稱」作「宋」。校語「作稱」上有「宋」字。

❿南昌本出文無「稱」字。校語「有稱字」上有「子上」。

禮記注疏校勘記卷四十一

雜記上

有三年之練冠節

41—001 有三至不易　惠棟挍宋本無此五字。

002 按聖證論云范宣子之意　閩、監、毛本同。齊召南云：聖證論是魏時王肅所作以難鄭學者，范宣子即東晉范宣，在肅之後，肅何緣得引之，後文「爲妻父母在不杖不稽顙」疏引禮論范宣子申云，可知此文「聖證論」三字係「禮論」二字之訛也。孫志祖云：按，「聖證論云」下當有脫文。

003 云練除首絰者間傳文　閩本同。惠棟挍宋本同。監、毛本「間」誤「因」。

有父母之喪節

004 有父至神也　惠棟挍宋本無此五字。

005 得祔兄弟小功之殤　閩本同。衛氏集説同。監、毛本「祔」作「附」。浦鏜挍云：當作「祔」，後並同。

006 故諸儒等難鄭云　惠棟挍宋本作「云」。此本「云」誤「注」，閩、監、毛本同。

007 祭於室白故曰陽童　閩本同。惠棟挍宋本同。衛氏集説同。此本「白」誤「曰」，監、毛本同。

008 不可觸名故也　惠棟挍宋本如此，續通解同。此本誤作「可謂名是也」五字，閩、監、毛本作「尊其名是也」，亦誤。❶

凡異居節

009 其始麻散帶絰　各本同。石經同。毛本「散」作「散」，後同。

010 疏者謂小功以下也　宋監本、閩本、惠棟校宋本、岳本、嘉靖本、衛氏集説並同。監、毛本「謂」誤「爲」。

011 凡異至日數　惠棟校宋本無此五字。

012 唯哭對使者赴於禮可也　惠棟校宋本作「赴」，衛氏集説同。此本「赴」字闕，閩、監、毛本「赴」作「則」。

013 其始麻散帶絰者　惠棟校宋本作「麻」。此本「麻」誤「喪」，閩、監、毛本同。

014 不見尸柩不散帶也　閩、監、毛本同。惠棟校宋本無「也」字。

主妾之喪節

015 則自祔至於練祥　閩、監、毛本同。嘉靖本同。石經「祔」作「附」，宋監本、岳本、衛氏集説同。石經考文提要云：宋大字本亦作「附」。

女君死節

016 女君至黨服　惠棟校宋本無此五字。

017 雖是徒從而抑妾故爲女君黨服　閩、監、毛本如此，衛氏集説同，此本「抑」誤「服」，「故」字闕。

018 禮記正義卷第五十終　惠棟校宋本此行在疏「先女君之黨服也」之下，計云凡二十五頁。❷

019 禮記正義卷第五十一　惠棟校宋本自「聞兄弟之喪」以下爲卷五十一。

聞兄弟之喪節❸

020 聞兄至虞之　惠棟校宋本無此五字。

021 謂此親兄弟同氣及同堂兄弟也　閩、監、毛本同。衛氏集説「謂此」作「此謂」。

凡喪服未畢節

022 凡喪至拜踊　惠棟校宋本無此五字。

023 其禮以殺　閩、監、毛本同。惠棟挍宋本「以」作「已」。

大夫之哭大夫節

024 大夫至弁經　惠棟挍宋本無此五字。

025 又卻明與殯之前　閩、監本同。毛本「殯」誤「嬪」。✕

026 理亦既殯　按，「亦」字下當脱「兼」字。

爲長子杖節

027 爲長至即位　惠棟挍宋本無此五字。

爲妻節

028 爲妻至稽顙　惠棟挍宋本無此五字。

029 則庶子爲妻得以杖即位乎　閩、監、毛本同。浦鏜挍云「則」當「側」字誤。

違諸侯節 ✕

030 違諸至反服　惠棟挍宋本無此五字。✕

喪冠條屬節

031 左辟象吉輕也　惠棟挍宋本作「左」，宋監本、岳本、嘉靖本、衛氏集説同，考文引古本、足利本同。此本「左」誤「右」，閩、監、毛本同。

032 緦冠繰纓　各本同。石經同。釋文「繰」作「縿」，注同。

033 喪冠至繰纓　惠棟挍宋本無此五字。

034 左爲陽陽吉也　閩本作「左」，惠棟挍宋本同，衛氏集説同。此本「左」誤「右」，監、毛本同。✕

035 其縷就上繰之　惠棟挍宋本作「縷」，衛氏集説同。此本「縷」誤「繰」，閩、監、毛本同。❹

大功以上節 ✕

036 大功以上散帶　惠棟挍宋本無此六字。✕

朝服十五升節

037 朝服至錫也　惠棟挍宋本無此五字。

諸侯相襚節

038 諸侯至以襚　惠棟挍宋本無此五字。

039 後路爲上路之後次路也　閩、監、毛本同。衛氏集説「爲」作「謂」，惠棟挍宋本同。

040 不可以施遺於人　閩、監、毛本同。惠棟挍宋本「遺」作「遣」。

遣車視牢具節

041 遣車視牢具　惠棟挍宋本無此五字。

042 明大夫以上皆大牢包九个者　惠棟挍宋本作「者」。此本「者」誤「皆」，閩、監、毛本同。

疏布輤節

043 四面有章　各本同。石經同。釋文出「有章」，云「本或作『鄣』」。考文云古本「章」作「障」。

044 疏布至四隅　惠棟挍宋本無此五字。

045 入壙置於椁之四隅　閩、毛本作「入」，衛氏集説同。此本「入」誤「人」，監本同。

端衰喪車節

046 載粻至而已　惠棟挍宋本無此五字。

047 端衰至無等　惠棟挍宋本無此五字。

048 而今用縗綴心前　閩、監、毛本同。惠棟挍宋本「縗」作「衰」。○按，縗，正字；衰，假借字。

049 鄭云王喪之木車也　閩、監本同。毛本「王」誤「主」。

050 駹車雚蔽　惠棟挍宋本同。閩、監、毛本「雚」作「萑」。○按，作「雚」與初刻唐石經周禮合，依説文當作「雚」，从艸，萑聲。

051 袪尺二寸　閩本同。監、毛本「二」作

「一」，非也。

大白冠節

052 齊東曰武　惠棟按宋本、岳本、嘉靖本、衛氏集說並同。閩、監、毛本「東」誤「人」。

053 大白至后蕤　惠棟按宋本無此五字。

054 既先有別卷　惠棟按宋本作「先有」，衛氏集說同。此本「先有」二字倒，閩、監、毛本同。❺

055 衛文公大布之衣　閩、監本同。毛本「公」誤「子」。

大夫冕而祭於公節

056 弁而祭於己　惠棟按宋本作「己」，宋監本、石經、岳本、衛氏集說同。此本「己」誤「巳」，閩、監、毛本同，嘉靖本同，下「祭於己」及注並同。

057 士弁而親迎　各本同。石經同。釋文出「而迎」，無「親」字。

058 大夫至可也　惠棟按宋本無此五字。

暢臼以椈節

059 暢　各本同。石經同。釋文出「鬯」，云「本亦作『暢』」。按，「鬯」、「暢」古通用，爾雅注引此文正作「鬯」。

060 臼以椈　監、毛本同。石經同。釋文同。岳本同。閩本「臼」誤「曰」。嘉靖本「椈」誤「掬」，衛氏集說同。注疏放此。

061 所以擣鬱也　各本同。釋文出「以搗」，云「本亦作『擣』」。○按，說文云：「𢷎，手椎也，从手，𠷎聲。」

062 暢臼至與末　惠棟按宋本無此五字。

063 椈柏爾雅釋木文　惠棟按宋本同。閩、監、毛本「文」誤「云」。

064 以枇升入於鼎　惠棟按宋本及閩、毛本同。監本「鼎」誤「知」。

065 知謂喪祭也者　閩本同。惠棟挍宋本同。監、毛本「知」誤「此」。×

率帶節

066 率帶　閩、監、毛本同。石經同。岳本「帶」作「帶」，嘉靖本同，衛氏集説同，考文引古本、足利本同。釋文出「率帶」，云「本亦作『帶』」。

067 率帶至二采　惠棟挍宋本無此五字。

醴者稻醴也節

068 實見間　各本同。毛本「間」誤「問」。

069 所以庪甕甒之屬　閩、監、毛本同。岳本「庪」作「庋」，釋文同，衛氏集説同。嘉靖本作「庪」，惠棟挍宋本同，考文引古本、足利本同。

070 醴者至折入　惠棟挍宋本無此五字。

071 言此甕甒筲衡等　惠棟挍宋本作「等」，此本「等」誤「筲」，閩、監、毛本「等」誤「實」。×

072 以承抗席是也　閩、監本同，衛氏集説亦作「抗」，毛本「抗」誤「坑」。

073 重既虞而埋之節　惠棟挍云：「重既虞」節、「凡婦人」節，宋本合爲一節。

074 重既虞而埋之　惠棟挍宋本無此六字。

075 重出自道道左倚之　閩、監、毛本同。衛氏集説「道」字不重。

凡婦人節　×

076 生禮死事　惠棟挍宋本作「生」，岳本同，嘉靖本同，衛氏集説同，考文引古本、足利本同。此本「生」誤「主」，閩、監、毛本同。×

小斂大斂節

077 小斂至辯拜　惠棟挍宋本無此五字。

078 及啟攢之時　閩、監、毛本同。衛氏集説同。考文云宋板「攢」作「欑」。

079 故明事竟即拜也　惠棟挍宋本有「事」字。此本「事」字脱，閩、監、毛本同。❻

080 即此云辯拜三事也　閩本同。惠棟挍宋本同。監、毛本「三」誤「二」。

朝夕哭節

081 朝夕哭不帷　惠棟挍宋本無此五字。

無柩者不帷節

082 棺柩已去鬼神在室　各本同。毛本「鬼」誤「也」。

083 無柩者不帷　惠棟挍宋本無此五字。

君若載而后弔之節

084 君若至后奠　惠棟挍宋本無此五字。

085 出待者孝子哭踊畢　惠棟挍宋本作「哭」，衛氏集説同。此本「哭」誤「卒」，閩、監、毛本同。❼

086 子羔之襲也節　惠棟挍云：「子羔」節、「爲君使」節，宋本合爲一節。

087 纊爲繭　各本同。釋文出「絖」，云「字又作『纊』」。

088 或爲玄冠　惠棟挍宋本如此，岳本同，嘉靖本同，衛氏集説同，考文引古本、足利本同。此本「爲」字誤重，閩、監、毛本作「或謂爲玄冠」，亦誤。❽

089 子羔至婦服　惠棟挍宋本無此五字。

090 爵弁一者　閩、監本同。毛本「一」誤「云」。

爲君使節

091 公所爲君所作離宮別館也　惠棟挍宋本、宋監本無「別」字。

公七踊節

092 公七至居間　惠棟挍宋本無此五字。×

093 在室殯踊節　閩、監本同。衛氏集説同。毛本「節」上衍「之」字。×

公襲卷衣一節

094 申加大帶於上　閩、監、毛本同。石經同。岳本同。嘉靖本同。衛氏集説同。坊本「於」誤「之」。石經考文提要云：宋大字本、宋本九經、南宋巾箱本、余仁仲本、劉叔剛本並作「於上」。

095 公襲至於上　惠棟挍宋本無此五字。

096 唯天子諸侯七稱天子十二稱與與者疑辭也侯無文故約之云諸侯　閩、監、毛本同。惠棟挍宋本作「唯天子諸侯無文故約之云諸侯七稱天子十二稱與與者疑辭也」，無「也」下「侯」字，續通解同。❾

小斂環絰節

097 小斂至一也　惠棟挍宋本無此五字。

098 而貴賤悉得加於環絰　閩、監、毛本同。衛氏集説同。續通解「於」作「此」。

099 以大夫與他殯尚弁絰　此本「夫」下「與」上六字闕，閩、監、毛本同。盧文弨云空處宋本作「與他殯尚弁絰」六字，「與」下複删去，是也。

公視大斂節

100 既鋪絞紟衾君至此君升乃鋪席　惠棟挍宋本有「君至此君升」五字，岳本、宋監本、嘉靖本、衛氏集説同，考文引古本、足利本同。此本五字脱，閩、監、毛本同。❿

101 公視至乃斂　惠棟挍宋本無此五字。

102 君來至之前　嚴杰云「來」當作「未」。

103 則主人徹去之　惠棟挍宋本如此，衛氏集説同。此本「徹」上衍「散」字，閩、監、毛本同。⓫

魯人之贈也節

104 贈用制幣元纁束帛　閩、監、毛本同。岳本同。嘉靖本同。衛氏集説同。惠棟挍宋本無「帛」字。按，無「帛」字與儀禮士喪禮合。

105 魯人至終幅　惠棟挍宋本無此五字。

106 而用廣尺長終幅　惠棟挍宋本有「終」字，衛氏集説同。此本「終」字脱，閩、監、毛本同。⓬

弔者即位于門西節

107 弔者至反位　惠棟挍宋本無此五字。

108 若對賓之辭則稱孤某也　閩、監、毛本同。惠棟挍宋本無「也」字，衛氏集説同。

含者執璧節

109 皆受之於殯宮　閩本同。岳本同。嘉靖本同。衛氏集説同。監、毛本「殯」誤「賓」。

110 含者至以東　惠棟挍宋本無此五字。

襚者曰節

111 而委於璧北　閩、監本同。毛本「北」誤「此」。⓭

112 上介賵節　盧文弨云宋本合下二節爲一節。

113 孤某須矣　閩、監、毛本同。石經同。岳本同。嘉靖本同。衛氏集説同。坊本無「某」字，釋文出「孤須矣」，云「從此盡篇末，皆無『某』字，有者非」。石經考文提要云：宋大字本、宋本九經、南宋巾箱本、余仁仲本、劉叔剛本並有「某」字。下「上客臨節」同。

114 上介至以東　惠棟挍宋本無此五字。

115 於殯宮中庭北輈者　惠棟挍宋本作「宮」，衛氏集説同。此本「宮」誤「客」，閩、監、毛本同。

116 下猶馬也由在也　閩、監、毛本同。浦鏜按「猶」疑「謂」，「在」作「左」。按，衞氏集說亦作「由左也」。

117 則大路亦使設之也　閩、監、毛本同。盧文弨云「亦」下當有「客」字。

118 賻馬不入廟門是也　惠棟挍宋本作「門」。此本「門」誤「閒」，閩、監、毛本同。×

119 此諸侯相於既踈　閩本同。惠棟挍宋本同。監、毛本「於」誤「與」。

120 賵爲後諸侯相於　考文引宋板同。閩、監、毛本「侯」誤「後」。×

121 約雜記文　惠棟挍宋本作「文」。此本「文」誤「云」，閩、監、毛本同。×

122 明尊此卿大夫含之賵之也　閩、監本同。毛本「含」誤「舍」，下節疏「弔含」同。

凡將命節 ×

123 此一經廣明從上以來弔含襚　閩、監本同。毛本「一」誤「二」。×

上客臨節

124 介立于其左　惠棟挍宋本、石經、岳本、嘉靖本、宋監本、衞氏集說並同。閩、監、毛本「其」誤「門」。石經考文提要云：宋大字本、宋本九經、南宋巾箱本、余仁仲本、劉叔剛本並作「其左」。

125 上客至稽顙　惠棟挍宋本無此五字。

126 各下其君二等　惠棟挍宋本作「君」，衞氏集說同。此本「君」誤「客」，閩、監、毛本同。×

127 若於古禮士也　惠棟挍宋本同。閩、監、毛本「古」誤「吉」。

128 主拜送者謝其勞辱來也　閩、監、毛本同。考文引宋板「主」作「去」。

其國有君節 ×

129 其國至受弔　惠棟挍宋本無此五字。×

外宗房中節 ✕

130 外宗至興踊　惠棟挍宋本無此五字。✕

士喪有與天子同者節

41—131 鄭引古者　閩、監、毛本同。浦鏜挍「引」改「注」。

校　記

❶南昌本出文改作「可謂名是也」。校語「如此」作「作不可觸名故也」，「誤作可謂名是也」作「誤」。

❷南昌本出文改作「先女君之黨服也」，上提一格。校語「此行在疏先女君之黨服也之下」改作「此下標禮記正義卷第五十終」，「計」作「記」。

❸南昌本下有校語「惠棟挍宋本自此節起至子游曰既祥節止爲第五十一卷。卷首題禮記正義卷第五十一」。

❹南昌本校語下有「今正」。

❺南昌本「倒」作「誤倒」。

❻南昌本出文無「事」字。

❼南昌本「作哭」作「同」，無「此本哭誤卒」，「毛本」下「同」作「哭誤卒」。

❽南昌本出文重「爲」字。校語「如此」作「不重爲字」，「爲字誤重」作「誤重」。

❾南昌本出文無「七」上「侯」字。

❿南昌本出文無「君至此君升」。校語「惠棟挍宋本」下有「紟衾下」。

⓫南昌本出文「徹」上有「散」字。校語「如此」作「無散字」，「徹上衍散字」作「誤衍」。

⓬南昌本出文無「終」字。校語「有終字」上有「長下」。

⓭南昌本出文「璧」作「席」。校語「同」作「席作璧」。

禮記注疏校勘記卷四十二

雜記下第二十一

有父之喪節

42—001 則孫可祔焉　閩、監本同。嘉靖本同。衛氏集説同。毛本「祔」作「附」，岳本同。

002 有變除喪祭之節　閩、監、毛本同。惠棟挍宋本無「祭」字，衛氏集説同。

003 自依録之　閩、監、毛本同。惠棟挍宋本「自」作「且」。

004 壞廟之道易檐可也　閩、毛本同。衛氏集説同。此本「檐」誤「擔」，下「易檐」同。×

005 其祖傳入高祖廟　閩、監、毛本同。衛氏集説同。考文云宋板「傳」作「傅」，非也。

有殯節

006 有殯至之禮　惠棟挍宋本無此五字。

007 大夫士將與祭於公節　盧文弨云宋本合下「曾子問曰卿大夫」節爲一節。

008 其它如奔喪之禮　閩、監、毛本同。石經同。岳本同。嘉靖本同。衛氏集説「它」作「他」，坊本同。釋文出「其它」，云「音他」。石經考文提要云：宋大字本、宋本九經、南宋巾箱本、余仁仲本、劉叔剛本並作「它」。下「其它」同。

009 告者反而后哭　惠棟挍宋本、宋監本、石經、岳本、嘉靖本同。閩、監、毛本「后」作「後」，衛氏集説同。按，下「釋服而后歸」，各本並作「后」，惟衛氏仍作「後」。按，后，假借字。

010 則次于異宮　閩、監本、岳本、嘉靖本、衛氏集説同。毛本「于」作「於」，石經「于」字闕。

011 大夫至異宮　惠棟挍宋本無此五字。

012 以其期喪緩於父母　閩、監、毛本同。惠棟挍宋本「緩」上有「差」字。

曾子問曰卿大夫節

013 注内喪同宮也　惠棟挍宋本有「也」字。此本「也」字脱，閩、監、毛本同。

014 與前與後祭同　閩、監、毛本同。盧文弨云「與後」疑是「則與」。齊召南云：當作「與前與祭同」，「後」字誤衍。

015 故出舍公之公館　惠棟挍宋本如此。此本上「公」誤「云」，下「公」誤「宮」，閩、監、毛本同。衛氏集説作「故出舍公之宮館」。

父母之喪將祭節

016 散等栗階　毛本作「栗」，岳本同，衛氏集説同。此本「栗」誤「粟」，閩、監本同，嘉靖本同。按，各本並作「栗」不誤。

017 父母至亦然　惠棟挍宋本無此五字。

018 云有父母之喪當在殯宮者既遭父母之喪兄弟悉應同在殯宮　閩、監、毛本同。盧文弨云宋本脱「當在殯宮者既遭父母之喪」十一字。

019 不得有在異宮而死之所以　閩、監、毛本同。盧文弨云「之」下疑脱一「理」字。孫志祖云「之」下當脱「事」字。

020 謂升一等而後散升不連步也　閩、監、毛本同。惠棟挍宋本無「散」字，衛氏集説同。

自諸侯達諸士節

021 自諸至可也　惠棟挍宋本無此五字。

022 故知小祥之祭旅酬之前　惠棟挍宋本作「旅」，衛氏集説同。此本「旅」誤「祥」，閩、監、毛本同。

凡侍祭喪者節

023 吉祭告賓祭薦　閩、毛本同。岳本同。嘉靖本同。衛氏集說同。監本「吉」作「告」。

024 凡祭至不食　惠棟挍宋本無此五字。

子貢問節

025 子貢至喪也　惠棟挍宋本無此五字。

孔子曰少連大連節

026 怠惰也　毛本作「隋」，岳本、嘉靖本、衛氏集說同，釋文出「怠隋」。此本「惰」誤「隋」，閩、監本同。

027 孔子至子也　惠棟挍宋本無此五字。

三年之喪言而不語節

028 三年至入門　惠棟挍宋本無此五字。

029 及此經云三年之喪　閩、監、毛本同。惠棟挍宋本無「云」字。

030 不與人居居即坐也　惠棟挍宋本如此，衛氏集說同。此本下「居」誤「者」，閩、監、毛本同。

妻視叔節

031 妻視至成人　惠棟挍宋本無此五字。

親喪外節

032 親喪至内除　惠棟挍宋本無此五字。

視君之母節

033 視君之母與妻　惠棟挍宋本、石經、宋監本、岳本、嘉靖本同。衛氏集說同。考文引古本、足利本同。閩、監、毛本「妻」上衍「君之」二字。石經考文提要云：宋大字本、宋本九經、南宋巾箱本、余仁仲本、劉叔剛本並無下「君之」二字。❶

免喪之外節

034 視君至食也　惠棟挍宋本無此五字。

035 免喪至是也　惠棟挍宋本無此五字。

036 必有殊異於無喪之人 惠棟挍宋本作「喪」，衛氏集説同。此本「喪」誤「便」，閩、監、毛本「喪」誤「憂」。

祥主人之除也節

037 既祭乃服大祥 閩本、惠棟挍宋本、宋監本、岳本、嘉靖本同。衛氏集説同。監、毛本「祭」誤「葬」。

038 祥主至故服 惠棟挍宋本無此五字。❷

039 則祥後并禫服 閩、監、毛本同。惠棟挍宋本「禫」作「禮」。

040 故著縞冠素紕麻衣 閩、監、毛本同。惠棟挍宋本「故」作「加」，衛氏集説同。

041 故知禫祭之後亦著禫服 閩、監本同。惠棟挍宋本同。毛本「祭」誤「禮」。×

子游曰既祥節

042 子游至反服 惠棟挍宋本無此五字。

043 鄭恐反服夕吉服之服 閩、監、毛本同。浦鏜挍云「夕」疑「襲」字誤。按，「夕」當作「反」，形近致誤。

044 禮記正義卷第五十一終 惠棟挍宋本此行在疏「素縞麻衣也」之下，計云凡三十二頁。❸

045 禮記正義卷第五十二 惠棟挍宋本分「當袒」以下爲卷五十二。×

當袒大夫節❹

046 當袒至成踊 惠棟挍宋本無此五字。❺

上大夫節

047 上大至少牢 惠棟挍宋本無此五字。×

祝稱卜葬虞節

048 祝稱至子某 惠棟挍宋本無此五字。×

049 於子孫通稱名可知也 惠棟挍宋本

有「名」字。此本「名」字脱，閩、監、毛本同。

古者貴賤皆杖節

050 叔孫武叔　各本同。監本「叔孫」誤「叔叔」。

051 古者至杖也　惠棟挍宋本無此五字。

052 其杖不鄙褻而許用也　閩、監本同。毛本「不」誤「而」。

鑿巾以飯節

053 鑿巾至之也　惠棟挍宋本無此五字。

054 故使賓爲其親含　閩、毛本同。監本「含」誤「舍」。

冒者何也節

055 冒者至冒也　惠棟挍宋本無此五字。

或問於曾子曰夫既遣節

056 歸于賓館　閩、監本同。石經同。岳本同。嘉靖本同。毛本「于」作「於」，衛氏集説同。

057 或問至饗乎　惠棟挍宋本無此五字。

058 載車之而去　閩、監、毛本同。惠棟挍宋本無「車」字。

非爲人喪節

059 非爲至賜與　惠棟挍宋本無此五字。

060 平敵則問　毛本作「平」，衛氏集説同。此本「平」誤「乎」，閩、監本同。

061 故云問與賜與　惠棟挍宋本如此。此本上「與」字脱，閩、監、毛本同。❻

062 三年之喪以其喪拜節　惠棟挍云：「三年」節、「三年之喪如或遺之」節、「如君命」節，宋本合爲一節。

063 三年至吉拜○正義曰從上問與賜與以下　惠棟挍宋本無上九字。

三年之喪如或遺之節

064 三年至受之　惠棟按宋本無此五字。

065 雖受之猶不得食也　惠棟按宋本作「猶」，衛氏集説同。此本「猶」誤「而」，閩、監、毛本同。

066 期之喪節　惠棟按云：「期之喪」節，宋本分「弔非從主人」以下合「喪食雖惡」節爲一節。

067 此弔者恩薄厚　閩、毛本同。岳本同。嘉靖本同。衛氏集説同。監本「恩」誤「思」。

068 嘗執摯相見也　各本同。釋文「摯」作「贄」。×

069 三年至盈坎　惠棟按宋本無此五字。

070 小祥後衰與大功同　毛本如此，衛氏集説同。此本「與」字誤重，閩本同，監本不重，空闕一字。❼

071 此練則弔又承十一月練之下　惠棟按宋本作「又」，此本「又」字斷缺，閩、監、毛本「又」作「文」。

072 期喪練弔則亦然也　惠棟按宋本作「則」。此本「則」誤「即」，閩、監、毛本同。×

喪食節　×

073 喪食至無子　惠棟按宋本無此五字。×

非從柩節

074 無免於堩　閩、監本同。岳本、衛氏集説同。毛本「堩」作「垣」，石經同，嘉靖本「堩」作「坦」，釋文出「於堩」。

075 非從至於堩　惠棟按宋本無此五字。

凡喪小功節　×

076 凡喪至沐浴　惠棟按宋本無此五字。×

077 疏衰之喪節　惠棟按云：「疏衰」節、「三年」節，宋本合爲一節。

078 言重喪不行求見人爾　閩、監、毛本同。

岳本同。嘉靖本同。衛氏集説同。惠棟挍宋本「重」作「至」。

079 人來求見己亦可以見之矣　惠棟挍宋本作「己」，衛氏集説同。閩、監、毛本「己」作「已」，岳本同，嘉靖本同，此本「己」誤「則」。×

080 疏衰至見人　惠棟挍宋本無此五字。

三年之喪祥而從政節

081 三年之喪　各本並同。毛本「三」誤「二」。

卒哭而諱節

082 謂王父母以下之親諱　閩、監、毛本同。岳本同。嘉靖本同。段玉裁云：「謂王父母」之「謂」當作「爲」，去聲。

083 子與父同諱　各本同。毛本「同」誤「司」。×

084 卒哭而諱至則諱　惠棟挍宋本無此七字。

085 是子與父同是有諱也　閩、監、毛本同。惠棟挍宋本無「是」字。

086 於己爲從祖姑　閩、監、毛本同。考文云宋板無「爲」字。盧文弨挍云宋板脱。

087 宮中諱者謂母所爲其親諱　閩、監本同。毛本「謂」誤「爲」。×

088 是爲從祖昆弟諱而生文也　閩本同，惠棟挍宋本同，衛氏集説亦作「昆」，監、毛本「昆」誤「兄」。

以喪冠者節 ×

089 以喪至乃出　惠棟挍宋本無此五字。×

090 云始遭喪　閩本同。惠棟挍宋本同。監、毛本「始」誤「如」。

大功之末節 ×

091 此皆謂可用吉禮之時　各本同。毛本「吉」誤「古」。

092 大功至不可　惠棟挍宋本無此五字。

093

必待祭訖乃行也　閩、監本同。毛本「必」誤「以」。×

42—094

大功小功之末可以吉冠　閩、監本同。毛本「吉」誤「言」。×

校記

❶南昌本「余仁仲」下無「本」字。

❷南昌本出文「至」作「既」。

❸南昌本出文改作「素縞麻衣也」，上提一格。校語「此行在疏素縞麻衣也之下」改作「此下標禮記正義卷第五十一終」，「計」作「記」。

❹南昌本出文「袒」作「袓」。下有校語「惠棟挍宋本自此節起至韠長三尺節止爲第五十二卷。卷首題禮記正義卷第五十二」。

❺南昌本出文「袒」作「袓」。

❻南昌本出文「問」下無「與」字。校語「如此」作「問下有與字」，「上與字脱」作「誤脱」。

❼南昌本出文重「與」字。

禮記注疏校勘記卷四十三

雜記下

凡弁經節

43—001 凡弁經其衰侈袂　惠棟挍宋本無此七字。

002 其袂半而益一　惠棟挍宋本作「其」。此本「其」誤「而」，閩、監、毛本同。❶

父有服宮中節

003 父有至絶樂　惠棟挍宋本無此五字。

004 則子不與於樂者　閩、監、毛本同。惠棟挍宋本無「子」字。

姑姊妹其夫死節

005 姑姊至之黨　惠棟挍宋本無此五字。

006 云里尹閭胥里宰之屬也　閩、監本同。惠棟挍宋本、毛本「也」作「者」。

007 二十五家爲閭閭置一胥中士也六　閩、監、毛本同。考文云宋板此十七字無，衛氏集說同。

麻者不紳節

008 亦是此國君爲主之義　惠棟挍宋本同。閩本「義」字闕，監、毛本「義」誤「説」。

009 麻者至於采　惠棟挍宋本無此五字。

010 按聘禮已國君薨　惠棟挍宋本作「聘」，衛氏集説同。此本「聘」誤「周」，閩、監、毛本同。❷

011 似行聘享之事　惠棟挍宋本作「似」，衛氏集説同。此本「似」誤「飯」，閩、監、毛本同。

國禁哭節

012 **謂大祭祀**　閩、監、毛本同。岳本同。嘉靖本同。衞氏集説本同。考文云宋板「祀」作「禮」。

013 **不菲**　各本同。石經同。釋文出「不屝」，云「本又作『菲』」。○按，屝，正字；菲，假借字。

014 **不絶地之情者能用禮文哉**　惠棟挍宋本作「哉」，宋監本、岳本、嘉靖本、衞氏集説同，考文引古本、足利本同。此本「哉」誤「矣」，閩、監、毛本同。❸

015 **國禁至矣哉**　惠棟挍宋本無此五字。

016 **世柳之母死節**　惠棟挍云：「泄柳」節、「諸侯使人」節，宋本合爲一節。

017 **世柳之母死**　石經同。岳本同。嘉靖本同。釋文出「世柳」。閩、監、毛本「世」作「泄」，衞氏集説同，下及注並放此，疏同。

018 **泄柳至侯七**　惠棟挍宋本無此五字。

019 **諸侯飯以珠**　閩、監、毛本同。惠棟挍宋本下有「含以璧」三字。按，「諸侯飯以珠，含以璧」，稽命徵文。衞氏集説載孔疏云「天子飯以珠，含以玉。諸侯、大夫、士飯以珠，含以貝」，并於「諸侯」下删去「飯以珠」三字，而與「大夫士」連文，其所據本更無「含以璧」三字，可知蓋脱之久矣。

020 **知天子至士葬即反虞者**　惠棟挍宋本作「葬」。此本「葬」誤「喪」，閩、監、毛本同。×

諸侯使人節　×

021 **侯至此也**　惠棟挍宋本無此五字。×

卿大夫節

022 **君問之無筭**　閩、監本同。石經同。岳本同。嘉靖本同。毛本「筭」作「算」，衞氏集説同，釋文亦作「算」。○按，當作「算」。

023 **卿大至舉樂**　惠棟挍宋本無此五字。❹

升正柩節

024 謂一黨之民　段玉裁云：周禮鄉師疏引此注，「天子千人與」五字當在「一黨之民」下。

025 居前道正之　閩、監本同。岳本同。嘉靖本同。衛氏集説同。考文引宋板同。毛本「正」誤「止」。

026 升正至以茅　惠棟挍宋本無此五字。

027 升廟之西階於兩楹之間　閩、監、毛本同。浦鏜挍「於」字上補「正」字。

028 謂之羽葆葆謂蓋也　閩、監、毛本同。考文云宋板「葆」字不重。

029 居柩前御行於道　閩、監、毛本同。惠棟挍宋本無「葆」字，衛氏集説同。❺

030 孔子曰管仲鏤簋節　惠棟挍云：「孔子」節，宋本分「婦人非三年」之下合「如三年」節爲一。

031 管仲鏤簋　各本同。石經同。釋文出「縷簋」，字誤也。❻

032 刻爲蟲獸也　監、毛本作「蟲」，岳本同，衛氏集説同。此本「蟲」省作「虫」，閩本同，嘉靖本同。山井鼎云：「此注及疏正嘉二本皆作『虫』，宋板、萬曆、崇禎本注及疏並作『蟲』。」

033 冠有笄者爲紘　各本同。考文引足利本「爲紘」作「有紘」。

034 豚肩不揜豆　各本同。石經同。釋文出「不弇」，云「本亦作『揜』」。

035 孔子至而弔　惠棟挍宋本無此五字。

036 是難可爲上者也　閩本同。惠棟挍宋本同。監、毛本「可」作「乎」，下「是難可爲下」同。

如三年之喪節　×

037 如三至禮然　惠棟挍宋本無此五字。×

038 不升正階亦異於女賓也　閩、監本同。毛本「正」誤「側」。×

君子有三患節

039 彼功倍已也　閩、監、毛本同。嘉靖本同。衛氏集説、岳本「已」並作「己」，是也。

040 君子至耻之　惠棟挍宋本無此五字。

041 未聞患弗得聞也者　閩、監、毛本同。惠棟挍宋本「未」下有「之」字。

孔子曰凶年節

042 亦取易供也　各本同。釋文「供」作「共」。×

043 哀公使孺悲　各本同。石經同。釋文出「孺悲」，云「本亦作『孺』」。

044 孔子至下牲　惠棟挍宋本無此五字。

045 子貢觀於蜡節　惠棟挍云：「子貢」節、「張而不弛」節，宋本合爲一節。

046 子貢至知也　惠棟挍宋本無此五字。

047 及飲末醉無不如狂者也　閩、監、毛本同。惠棟挍宋本「醉」上有「而」字。

張而不弛節

048 張而至道也○正義曰此孔子以弓喻於民也　惠棟挍宋本無上八字。

049 文武弗爲也者　閩、監本同。毛本「弗」誤「非」。×

050 喻民一時須勞　閩、監、毛本同。考文云宋板「民」下有「之」字。

* 則文武得其其中道也　補：案，「其」字誤重。

孟獻子曰節

051 孟獻至之也　惠棟挍宋本無此五字。

052 其月日至注云若天子則圜丘　閩、

監、毛本同。惠棟挍宋本「注」作「主」。衛氏集説無「注云」二字。

053 冬至既祭上帝　惠棟挍宋本有「至」字。此本「至」字脱，閩、監、毛本同。❼

054 理不合議　惠棟挍宋本作「理」，衛氏集説同。此本「理」誤「禮」，閩、監、毛本同。×

夫人之節 ×

055 夫人至始也　惠棟挍宋本無此五字。×

外宗爲君夫人節

056 舅之女及從母皆是也　閩、監、毛本同。岳本同。嘉靖本同。惠棟挍宋本無「及」字，衛氏集説同。

057 外宗至宗也　惠棟挍宋本無此五字。

058 外宗者謂君之姑姊妹之女　閩、監、毛本同。考文云宋板「君」作「宗」。

059 故舅女及從母　閩、監本同。毛本「女」誤「氏」。×

廏焚節

060 廐焚　閩本同。嘉靖本同。衛氏集説同。監、毛本「廐」作「廏」，岳本同。石經作「廏」，釋文同，疏放此。

061 廐焚至道也　惠棟挍宋本無此五字。

062 謂孔子拜謝鄉人爲火而來　閩本同。考文引宋板同。監、毛本「謝」下衍「一」字。

063 慰問孔子者　閩、監本同。毛本「子」誤「了」。×

孔子曰管仲遇盜節

064 宦於大夫者之爲之服也　惠棟挍宋本作「宦」，宋監本、石經、岳本、嘉靖本、衛氏集説同。此本「宦」誤「官」，閩、監、毛本同，注疏並放此。石經考文提要云：宋大字本、宋本九經、南宋巾箱本、余

仁仲本、劉叔剛本並作「宧」。按，惠棟挍正義皆作「宧」。❽

065 孔子至爾也　惠棟挍宋本無此五字。

066 作記之者　閩、監、毛本同。盧文弨云「之」衍字。

過而舉節　✕

067 過而至稱字　惠棟挍宋本無此五字。✕

内亂不與焉節

068 内亂至辟也　惠棟挍宋本無此五字。

069 時季友不討慶父　惠棟挍宋本有「不」字。此本「不」字脱，閩、監、毛本同。

贊大行節

070 贊大至事也　惠棟挍宋本無此五字。

成廟則釁之節

071 宗人視之　惠棟挍宋本作「視」，石經同，岳本同，嘉靖本同，考文引古本、足利本同。此本「視」誤「祝」，閩、監、毛三本同，衛氏集説同。石經考文提要云：宋大字本、宋本九經、南宋巾箱本、余仁仲本、九經誤字並作「視」。通典四十八引亦云「雍人拭羊，宗人視之」。

072 居上者宰夫也　閩、監、毛本同，岳本、嘉靖本同，衛氏集説亦作「居上」。按，通典四十八引作「東上者宰夫也」，「東」字似勝，經「雍人拭羊，宗人視之，宰夫北面于碑南東上」，注正釋經「東上」二字。

073 拭靜也　各本同。釋文出「拭靚」，云「本亦作『靜』」，通典亦作「拭靜」。

074 周禮有刉衈　各本同。釋文「衈」作「珥」。

075 路寢成則考之　各本同。石經同。毛本「考」作「攷」，通典亦作「考」。

076 成廟至豭豚　惠棟挍宋本無此五字。

077 爵弁者士服也　閩本同。惠棟挍宋本同。監、毛本「士」誤「上」，衛氏集説亦作「士」。

078 君與祝宗人宰夫雍人等皆著玄服謂朝服緇衣素裳等其祝宗人宰夫雍人等皆入廟之時　惠棟挍宋本同，衛氏集説亦同，閩、監、毛本衍「著玄服謂朝服緇衣素裳等其祝宗人宰夫雍人等」二十字。❾

079 升於屋上自中者　惠棟挍宋本有「上」字。此本「上」字脱，閩、監、毛本同。

諸侯出夫人節

080 擯者傳焉　各本同。釋文出「儐者」，云「本又作『擯』」。

081 器皿其本所齎物也律弃妻畀所齎　閩、監、毛本同。岳本同。嘉靖本同。惠棟挍宋本上「齎」作「賫」，衛氏集説同。釋文出「所齊」，云「下同」。按，注二「齎」字各本並同，惟宋本及衛氏本上作「賫」，下作「齎」。正義云「陳夫人嫁時所賫器皿之屬」，各本並作「賫」，則注亦當作「賫」爲是，後人見下律文作「齎」，并改上「賫」亦作「齎」，疑非其舊。

082 諸侯至稱之　惠棟挍宋本無此五字。

083 命歸本國　閩、監、毛本同。考文云宋板「命」作「令」，衛氏集説同。

084 不能指斥夫人　閩、監、毛本同。衛氏集説同。通解「能」作「欲」。

085 故君使臣某　閩、監、毛本同。衛氏集説「使臣」作「使使臣」。

孔子曰吾食於少施氏節

086 時人倨慢　各本同。釋文出「倨慢」，云「本亦作『慢』」。

087 孔子至吾子　惠棟挍宋本無此五字。

納幣一束節

088 十个爲束　岳本同。嘉靖本同。衛氏集説同。閩、監、毛本「个」作「箇」，釋文出「十个」。

089 兩兩者合其卷　閩、監、毛本同。岳本同。嘉靖本同。衛氏集説同。段玉裁挍本云：按，「者」字衍，「兩兩合其卷」，用史記「兩兩相比」，漢人語也，沈彤改「者」爲「卷」，非，召南疏無「者」字。

090 五兩五尋　閩、監、毛本同。岳本同。嘉靖本同。衛氏集説同。段玉裁挍本云：五兩五尋，宋監本作「一兩五尋」，召南疏亦作「一兩五尋」。

091 猶匹偶之云與　各本同。考文云古本「猶」作「由」。按，作「由」字與正義合。

092 猶若女有鬌紒也　各本同。釋文出「紛」，云「字又作『紒』」，通典五十六亦作「紒」。

093 納幣至鬌首　惠棟按，宋本無此五字。⑩

094 今謂之匹由匹偶也　閩本同。惠棟挍宋本同。監、毛本「由」作「猶」。

095 則主婦及女賓爲笄禮　閩、毛本同。監本「及」誤「反」。

韠長三尺節

096 會謂領上縫也　閩、監、毛本同。嘉靖本同。衛氏集説同。惠棟挍宋本「領上」作「上領」，足利本同，岳本同，續通解同。釋文出「領縫」。盧文弨云：通攷作「領上縫」，疏但作「領縫」，似「上」字衍也。

097 若今時絛也　各本同。釋文出「之絛」。

098 韠長至五采　惠棟挍宋本無此五字。

099 韠之兩邊　惠棟挍宋本作「之」。此本「之」誤「以」，閩、監、毛本同，衛氏集説同。

100 倒攝之　惠棟挍宋本同。衛氏集説同。閩、監、毛本「攝」誤「襵」。

101 此帛上下各濶五寸也　閩、監、毛本同。惠棟挍宋本「各」作「亦」，衛氏集說同。

102 以其在下總會之處　閩、監、毛本同。惠棟挍宋本「下」作「上」。

103 若如此説　惠棟挍宋本同。閩、監、毛本「如」誤「加」。✕

104 禮記正義卷第五十二終　惠棟挍宋本此行在疏「濶狹五寸也」之下，計云凡三十四頁。⓫

105 禮記卷第十二經五千八十四字　注六千七百十二字　宋監本。✕

43—106 禮記卷第十二經五千三十七字　注六千七百八十二字　嘉靖本。✕

校記

❶南昌本校語下有「今正」。

❷南昌本校語下有「今正」。

❸南昌本校語下有「今正」。

❹南昌本校記上提一格。

❺南昌本出文「前」上有「葆」字。

❻南昌本校語「縷」作「鏤」。

❼南昌本出文無「至」字。校語「有至字」上有「冬下」，「至字脱」作「脱」。

❽南昌本出文「宧」作「官」。校語「惠棟挍宋本」下有「官」字，「宧誤官」作「誤作官」，「桉」作「按」。

❾南昌本校語下有「〇案，此本亦誤衍」。

❿南昌本校語「按」作「挍」。

⓫南昌本出文改作「附釋音禮記注疏卷第四十三終」，上提三格。校語「此行在疏濶狹五寸也之下」改作「禮記正義卷第五十二終」，「計」作「記」，「頁」下有「宋監本禮記卷第十二，經五千八十四字，注六千七百十二字。嘉靖本禮記卷第十二，經五千三十七字，注六千七百八十二字」。

禮記注疏校勘記卷四十四

44—001 禮記正義卷第五十三　惠棟挍宋本。[1]

喪大記第二十二

002 劉元云　閩、監、毛本同。惠棟挍宋本「元」作「先」。

疾病外内皆埽節

003 外内皆埽者　閩、監、毛本同。考文云宋板上有「正義曰」三字。

004 有疾病者齊　閩、監、毛本同。考文云宋板「病」作「疾」。浦鏜挍亦作「有疾疾者齊」。

君大夫徹縣節

005 或爲北墉下　閩、監、毛本同。岳本同。嘉靖本同。惠棟挍宋本無「北」字，衛氏集説同。按釋文出「爲墉」，是亦無「北」字。

006 去牀庶其生氣反　各本同。毛本「去」誤「云」。

007 君大至之手　惠棟挍宋本無此五字。

008 疾困去樂之事　毛本同。衛氏集説同。閩、監本「去」誤「云」，下「特縣又去」同。

009 東首于北墉下　閩、監本作「墉」，惠棟挍宋本同。此本「墉」誤「牖」，毛本誤「墉」。

010 則暫時移鄉南墉下　閩、監本同。惠棟挍宋本「墉」作「牖」，毛本亦作「墉」。

君夫人卒於路寢節

011 士之妻　閩、監、毛本同。岳本同。嘉靖本同。衛氏集説同。石經作「士士之妻」。段玉裁挍本云：唐石經「士士之妻」是也，各本脱一「士」字。

按，正義云「夫妻俱然，故云皆也」，又云「此云士死于寢」，是正義本經文有兩「士」字也。

012 **君夫至于寢**　惠棟挍宋本無此五字。

013 **不就而燕息焉**　閩、監本同。衛氏集説同。惠棟挍宋本、毛本「焉」並作「也」。

014 **皆婦人供視之**　閩、監本同。毛本「供」改「共」。

015 **比君路寢爲小寢**　惠棟挍宋本作「比」。此本「比」誤「此」，閩、監、毛本同。

016 **即安謂就夫人寢也**　惠棟挍宋本有「就」字，衛氏集説同。此本「就」字脱，閩、監、毛本同。❷

017 **按莊公三十二年**　監本作「二」，考文引宋板同。此本「二」誤「三」，閩、毛本同。「公」字各本並有，考文引宋板獨無。

018 **公羊傳何休注云**　閩、毛本同。監本「何」誤「同」。

小臣復節

019 **捲衣投于前**　閩本同。惠棟挍宋本、石經、宋監本、岳本、嘉靖本、衛氏集説同。釋文出「捲衣」，監、毛本「捲」作「卷」。

020 **用朝服而復之者**　惠棟挍宋本作「復」，宋監本、岳本、嘉靖本、衛氏集説同。此本「復」誤「服」，閩、監、毛本同。

021 **小臣至而復**　惠棟挍宋本無此五字。

022 **此一節明復時**　閩、監、毛本同。惠棟挍宋本「節」作「經」，衛氏集説同。

023 **捲衣投于前**　閩本同。惠棟挍宋本同。監、毛本「捲」作「卷」，下「捲斂」同。

024 **從屋前投與司服之官**　閩、監本同。毛本「與」誤「于」，衛氏集説亦作「與」。

025 故云從生處來也　閩、監、毛本同。考文引宋板「云」作「衣」，續通解同。

026 而回往西北榮　閩、監、毛本同。惠棟挍宋本「回」作「迴」。

027 故自陰幽而下也　閩、監、毛本同。考文云宋板「自」作「就」，衛氏集説同，續通解同。❸

028 降因取西北厞　閩、監、毛本同。考文云宋板「取」作「徹」，是也，衛氏集説同。

029 婦人舉子男之妻　考文云宋板作「子男」，衛氏集説同。此本「子男」二字倒，閩、監、毛本同。

030 此云東榮　惠棟挍宋本有「云」。此本「云」字脱，閩、監、毛本同。❹

031 復衣不以衣尸節　惠棟挍云：「復衣」節，宋本分「婦人復不以袡」爲一節，「凡復」至「稱字」爲一節，「唯哭」至「死事」爲一節。

032 復衣不以衣至以斂　惠棟挍宋本無此八字。

033 是用生施死　閩、監、毛本同。惠棟挍宋本「施」下有「於」字。

始卒主人啼節

034 主人啼　各本同。石經同。釋文出「人諦」，云「本又作『啼』」。○按，依説文當作「嗁」，从口，虒聲，假借作「諦」，俗作「啼」。

035 始卒至哭踊　惠棟挍宋本無此五字。

036 通自上諸條並踊也　惠棟挍宋本作「條」，衛氏集説同。此本「條」誤「侯」，閩、監、毛本同。

既正尸節

037 既正至北面　惠棟挍宋本無此五字。

038 依唯士禮　閩、監、毛本同。考文云宋板「唯」作「准」，續通解同。

039 外命婦率外宗哭于堂上北面者　惠棟挍宋本、閩、毛本並同。監本「率」誤「卒」。

040 既夕禮云設牀笫當牖及遷尸是也　閩、監、毛本同。浦鏜挍云「及」當「乃」字誤。按，記文「遷尸」上有「袒下莞上簟設枕」七字，故云「乃」也。

041 則尸南首明矣是也　惠棟挍宋本作「矣」。此本「矣」誤「也」，閩、監、毛本同。

042 此經内命婦與外命婦相當　惠棟挍宋本作「内」。此本「内」誤「云」，閩、監、毛本同。

043 但姑姊妹必嫁於外族　閩、監本同。毛本「嫁」誤「稼」。

044 容在室女未嫁　考文云宋板作「容」。此本「容」作「各」，閩、監、毛本同。❺

大夫之喪節

045 哀慕若欲攀援　各本同。釋文出「扳」，云「本又作『攀』」。

046 大夫至而哭　惠棟挍宋本無此五字。

047 此一經明大夫初有喪哭位之禮　閩、監、毛本同。衛氏集説無「一」字，「大夫」下有「士」字。

048 故知是爲喪來哭者　惠棟挍宋本作「知」。此本「知」誤「列」，閩、監、毛本同。

君之喪未小斂節

049 士出迎大夫士也　閩、監、毛本同。惠棟挍宋本無「士」字。

050 大夫與士至小斂相偪也　惠棟挍宋

本如此，續通解同。此本「士至」二字倒，閩、監本同，毛本「與士至」誤「於至士」。

051 反改成踊是也　閩、監本作「改」，與禮記雜記下同。此本「改」誤「故」，毛本同。×

052 主人迎於寢門外　閩、監、毛本同。惠棟挍宋本「於」作「于」，衛氏集説同。×

053 若正當斂時不出　惠棟挍宋本作「正」。此本「正」作「此」，閩、監、毛本同。×

凡主人之出也節

054 此時寄公位在門西　宋監本、閩本同。考文云宋板同。岳本同。嘉靖本同。衛氏集説同。監、毛本「時」誤「特」。

055 凡主至門外　惠棟挍宋本無此五字。

056 但爵是卿大夫猶北面也　惠棟挍宋本作「卿」，衛氏集説同。此本「卿」誤「即」，閩、監、毛本同。

057 門西少進是也　閩、監本同。毛本「西」誤「外」。×

058 俱與士喪禮違　閩、監、毛本同。考文云宋板「俱」作「但」。×

夫人爲寄公夫人出節

059 故知此命婦在堂上北面　閩、監本同。毛本「北」誤「此」。×

060 與己國大夫同　考文云宋板作「大夫」。此本「大夫」誤「夫人」，閩、監、毛本同。×

061 小斂主人即位于户内節　惠棟挍云：「小斂節徹帷」節、「君拜」節，宋本合爲一節。

062 小斂之節及拜迎於賓　惠棟挍宋本作「及」，衛氏集説同。此本「及」誤「乃」，閩、監、毛本同。×

063 今小斂當户内　惠棟挍宋本作「當」，衛氏集説同。此本「當」誤「在」，閩、監、毛本同。

064 鄭云婦人亦有苴經　閩、監、毛本同。考文云宋板無「有」字。按，士喪禮注作「亦有」，考文所引宋板非是。

065 諸侯路寢室在於中房　惠棟挍宋本作「中房」。此本「中房」二字倒，閩、監、毛本同。

君拜寄公節

066 氾拜衆賓於堂上　各本同。石經「氾」作「汜」，岳本作「氾」，釋文同。按，釋文音芳劍反，當作「氾」爲是。

067 有襲經乃踊　閩、監、毛本同。岳本同。嘉靖本同。衛氏集説同。惠棟挍云「有」當作「先」。

068 初亦括髪　各本同。毛本「括」誤「拈」。

069 小斂畢尸出堂　惠棟挍宋本有「畢」字，衛氏集説同。此本「畢」字脱，閩、監、毛本同。❻

070 此更申明拜命婦與士妻之異也　惠棟挍宋本作「與」。此本「與」誤「於」，閩、監、毛本同。

071 以士喪禮小斂後　閩、監本同。毛本「士」誤「下」。

072 又序東帶經猶括髪　閩、監本同。毛本「又」誤「有」。

073 以四代袒免　閩、監本同。毛本「袒」誤「祖」。

074 及兩大夫相爲并君於大夫　閩本同。惠棟挍宋本同。監本「并」作「拜」，似「拜」字，毛本遂誤「拜」。

075 無朋友恩者　閩本作「朋」，惠棟挍宋本同。此本「朋」誤「明」，監、毛本「朋」誤「服」。齊召南云：「當作『無朋友恩者』，『朋』、『服』

字相近而誤。蓋君於士也，大夫於大夫也，士於士也，其用皮弁服襲裘並同，所異者有朋友之恩則加弁絰，無朋友之恩則無弁絰也。」

076 其錫衰緦衰之等　惠棟挍宋本作「緦」，衛氏集說同。此本「緦」誤「麻」，閩、監、毛本同。×

君喪虞人出木角節 ×

077 自以親疏哭也　惠棟挍宋本作「自」，宋監本、岳本、嘉靖本、衛氏集說同，考文引古本、足利本同。此本「自」誤「即」，閩、監、毛本同。×

078 君喪至一燭　惠棟挍宋本無此五字。×

079 凡喪縣壺以代哭者　閩、監本同。毛本「凡」誤「也」。×

婦人迎客送客不下堂節

080 男子出寢門見人不哭　惠棟挍宋本、石經、宋監本、岳本、嘉靖本、衛氏集說同。續通解同。閩、監、毛本同，下衍「外」字，陳澔集說同。石經考文提要云：宋大字本、宋本九經、南宋巾箱本、余仁仲本、劉叔剛本並無「外」字。按，疏述經亦無「外」字。

081 出門見人謂迎賓也　惠棟挍宋本作「謂迎賓也」，宋監本、岳本、嘉靖本、衛氏集說同，續通解同，考文引足利本同。此本「迎賓」下衍「客者」二字，閩、監、毛本同。

082 婦人迎客至無無主　惠棟挍宋本無此八字。

083 則出門迎亦不哭也　閩、監、毛本同。惠棟挍宋本無「迎」字，衛氏集說同。

084 此以下明喪無主　惠棟挍宋本作「此以」。此本「此以」二字倒，閩、監、毛本同。

085 無後已自絶嗣　閩、監、毛本同。惠棟挍宋本「已」作「則」。按，考文引宋板但云「無後」下有「則」字，不云「已」作「則」，疑當作「無後則已自絶嗣」。

086 君之喪三日節　惠棟挍云：「君之喪」節、「大夫」節、「士之喪」節，宋本合爲一節。

087 不以柱地也　宋監本、岳本、嘉靖本同，釋文出「以柱」。閩、監、毛本「柱」作「拄」，衛氏集説同，疏倣此。

088 大夫於君所輯杖　毛本作「大夫」，岳本同，嘉靖本同，衛氏集説同。此本「大夫」誤「夫夫」，閩、監本同。×

089 君之至則杖　惠棟挍宋本無此五字。

090 但使人代執之自隨　惠棟挍宋本作「但」。此本「但」誤「俱」，閩、監、毛本同。×

091 則對之則不敢杖　閩、監、毛本同。惠棟挍宋本無上「則」字。

092 雖爲敵國　惠棟挍宋本作「爲」，續通解同。此本「爲」誤「與」，閩、監、毛本同。×

093 故並得執杖柱地也　閩、監、毛本「柱」作「拄」。考文云宋板無「執」字，衛氏集説同。×

094 及君之女御　閩、監本同。毛本「御」誤「銜」。×

大夫之喪節　×

095 大夫至人杖　惠棟挍宋本無此五字。×

士之喪二日而殯節

096 弃杖者斷而弃之於隱者　各本同。石經同。釋文出「棄杖」，云「本亦作古『弃』字」。

097 士之至隱者　惠棟挍宋本無此五字。

098 三日之朝者　閩、監本同。毛本「三」誤「二」。×

099 於君命夫人之命如大夫者　惠棟挍宋本如此，毛本同。此本「於」誤「若」，「之」誤

「而」，閩、監本同。

100 是降下大夫也　惠棟挍宋本作「是」。此本「是」誤「定」，閩、監、毛本同。

101 故數往曰爲二日　監本誤「三」，惠棟挍宋本、毛本作「二」。

102 推此大夫士適子　閩、監、毛本同。惠棟挍宋本「推」作「惟」。

103 同故並不得以杖即位也　惠棟挍宋本有「故」字，續通解同。此本「故」字脱，閩、監、毛本同。❼

104 謂將葬既啟之後　惠棟挍宋本作「葬」，衛氏集説同。此本「葬」誤「喪」，閩、監、毛本同。

105 君設大盤節　惠棟挍云：「君設」節，宋本次在「管人汲授御者」節之後。按，坊本、陳澔集説依用興國于氏本移置亦如此。

106 宜承濡濯弃於坎下　各本同。釋文出「濡濯于坎」。段玉裁挍本云「濡」當作「渜」。

107 札爛脱在此耳　閩、監、毛本作「札」，岳本同，嘉靖本同，衛氏集説同。此本「札」誤「礼」，考文云宋板、足利本「札」作「禮」，亦誤。按，釋文出「札」，音側八反，知作「札」不作「礼」。

108 君設至一也　惠棟挍宋本無此五字。

109 夷盤者小於大盤　惠棟挍宋本有「夷盤」二字。此本「夷盤」二字脱，閩、監、毛本同。❽

始死遷尸于牀節

110 病時所加新衣　惠棟挍宋本、宋監本、岳本、嘉靖本、衛氏集説同。閩、監、毛本「衣」誤「布」。

111 此一節反明初死沐浴之節　惠棟挍

宋本同，衛氏集說亦作「反」，閩、監、毛本「反」作「又」。

112 故除去死時衣所加新衣及復衣　閩本同。考文引宋板同。監本「時衣」誤「時之」，「及」誤「乃」，毛本亦誤「時之」，「及」字不誤。

113 兩頭曲屈　惠棟挍宋本同。衛氏集說同。閩、監、毛本「曲屈」二字倒。

114 鄭注云云尸南首　閩、監、毛本同。惠棟挍宋本「云」字不重。

115 今几脚南出　閩、監、毛本同。考文云宋板「今」作「令」，衛氏集說同。

116 初廢牀者牀在北壁當户　閩、監、毛本同。惠棟挍宋本「者」作「時」，續通解同。

117 幐衽良席在東北正　閩、監、毛本「正」作「上」。按，浦鏜作「在東北止」，云「止」古文「趾」。○按，浦鏜云是也，說文有「止」無「趾」。

118 取鄉明之義　閩、監、毛本同。惠棟挍宋本「義」下有「也」字。

管人汲不說繘節

119 餘水弃于坎　惠棟挍宋本、石經、宋監本、岳本、嘉靖本、衛氏集說同。閩、監、毛本「弃」作「棄」。

120 管人至而浴　惠棟挍宋本無此五字。

121 故不說去此索　監本、毛本作「此」，非。閩本此處缺，惠棟挍宋本作「井」。

122 知西階者以士喪禮云　閩、監本同。毛本「士」誤「上」。×

123 生時有此也　惠棟挍宋本作「此」，續通解同。此本「此」誤「作」，閩、監、毛本同。

管人汲授御者節

124 如它日　惠棟挍宋本、石經、宋監本、岳本、嘉靖本同。閩、監、毛本「它」作「他」，衛氏集説同。按，釋文上節出「如它」，云「音他，下同」，謂此「它」字也。石經考文提要云：宋大字本、宋本九經、南宋巾箱本、劉叔剛本並作「它」。

125 濡濯弃于坎　惠棟挍宋本同。石經同。岳本同。嘉靖本同。衛氏集説同。閩、監、毛本「弃」作「棄」。段玉裁挍云「濡」當作「渜」。

126 管人至于坎　惠棟挍宋本無此五字。

127 土垼塹竈　閩本同。惠棟挍宋本同。監、毛本「土」誤「士」。考文云宋板「塹」作「墼」，衛氏集説亦作「土垼塹竈」。

128 以䟽布幂口　惠棟挍宋本作「幂」，衛氏集説同。此本「幂」誤「幕」，閩、監、毛本同。

129 而就御者受淅汁　閩、監本同。毛本「汁」誤「沐」。✕

130 管人授御者　考文引宋板同。閩、監、毛本「授」誤「受」。✕

131 御者授汁　閩、監、毛本同。盧文弨云「授」當作「受」。

132 則浴汁亦然　閩、監本同。毛本「亦然」誤「然也」。

君子喪子大夫節

133 子大夫公子食粥　惠棟挍宋本、石經、宋監本、岳本、嘉靖本同。續通解同。閩、監、毛本「公子」下衍「衆士」二字，衛氏集説同，陳澔集説同。錢大昕云：「下文之『士』即上文之『衆士』也，衆士不在食粥之列。」石經考文提要云：宋大字本、宋本九經、南宋巾箱本、余仁仲本、劉叔剛本並無「衆士」二字。❾

134 食之無筭　各本同。石經同。毛本「筭」作「算」，衛氏集説同，下「無筭」並同。

135 君之至無筭　惠棟挍宋本無此五字。

136 按律曆志黃鍾之律　惠棟挍宋本作「黃」。此本「黃」誤「云」，閩、監、毛本同。✕

137 計一十九兩有奇爲一升　閩、監、毛本同。惠棟挍宋本無上「一」字，衛氏集說同。

138 以成四百八十銖　惠棟挍宋本作「八十」，衛氏集說同。此本「八十」誤「六十」，閩、監、毛本同。

大夫之喪節

139 大夫至如之　惠棟挍宋本無此五字。

140 卿大夫室老士貴臣　毛本同。衛氏集說同。閩、監本「貴臣」二字倒，考文云宋板亦作「貴臣」。

既葬節　✕

141 既葬至食肉　惠棟挍宋本無此五字。✕

食粥於盛節　✕

142 食粥至醴酒　惠棟挍宋本無此五字。✕

143 謂祥後也　閩、毛本同。監本「後」誤「二」。✕

期之喪三不食節

144 期之至樂之　惠棟挍宋本無此五字。

145 九月至喪也者謂事同期也　閩、監、毛本同。考文云宋板作「九月之喪食飲猶期之喪也者謂事同期也」。✕

146 五月三月之喪節　惠棟挍云：「五月」至「成喪」疏文四則，宋本次在「七十唯衰麻在身」經注之後。

147 關大夫及君也　閩、監、毛本同。嘉靖本同。衛氏集說同。惠棟挍宋本無「及」字，宋監本、岳本同，考文引古本同。

148 五月至成喪　惠棟挍宋本無此五字。

149 容殤降之　惠棟挍宋本作「殤」，衛氏集說同。此本「殤」誤「傷」，閩、監、毛本同，下

「殤降者也」同。

150 **大夫之稱經云故主**　惠棟挍宋本如此。此本「稱」字、「故主」二字並脱，閩、監、毛本同。衛氏集説亦有「稱」字。

151 **謂經帶垂散麻以送葬**　惠棟挍宋本作「送」。此本「送」誤「故」，閩、監、毛本同。×

既葬若君食之節

152 **既葬至則辭**　惠棟挍宋本無此五字。

153 **不辟粱肉者**　閩、毛本同。監本「不」誤「君」。×

小斂於户内節

154 **小斂至葦席**　惠棟挍宋本無此五字。

155 **注三者下皆莞**　閩、監、毛本同。考文云宋板「皆」下有「有」字。

156 **故司几筵**　閩本作「司」，惠棟挍宋本同，衛氏集説同。此本「司」誤「同」，監、毛本同。×

小斂布絞節

157 **小斂至在列**　惠棟挍宋本無此五字。×

158 **豎置於尸下**　惠棟挍宋本作「豎」，衛氏集説同。此本「豎」誤「竪」，閩、監、毛本同。

44—159 **禮記正義卷第五十三終**　惠棟挍宋本此行在疏「故知無紟也」之下，計云凡三十一頁。❿

校記

❶南昌本出文改作「附釋音禮記注疏卷第四十四」，上提三格。校語下有「禮記正義卷第五十三」。

❷南昌本出文無「就」字。

❸南昌本「衛氏集説」下無「同」字。

❹南昌本出文無「云」字。校語「云」下有「字」字。

❺南昌本出文「容」作「各」。校語「作容」上有「各」，

「容作各」無「容」。

❻南昌本出文無「畢」字。

❼南昌本出文無「故」字。

❽南昌本出文無「夷盤」。校語「有夷盤二字」上有「者上」。

❾南昌本「陳澔」作「陳酷」。

❿南昌本出文改作「附釋音禮記注疏卷第四十四終」，上提三格。校語「此行在疏故知無紟也之下」改作「禮記正義卷第五十三」，「計」作「記」。

禮記注疏校勘記卷四十五

45—001 禮記正義卷第五十四　惠棟挍宋本。❶

喪大記

大斂布絞節

002 大斂至無紞　惠棟挍宋本無此五字。

003 至大斂又各加一衾　閩、監、毛本同。惠棟挍宋本「至」上有「今」字。

004 凡物細則束縛牢急　閩、毛本同。監本「細」誤「綢」。

小斂之衣節

005 君衣尚多　惠棟挍宋本、宋監本、岳本同。嘉靖本同。衛氏集説同。閩本「衣」字漶滅，監、毛本「衣」誤「不」。

006 國君陳衣及斂　閩本同。考文引宋板同。監、毛本「及」誤「乃」。

007 君親屬有衣相送　閩、監、毛本同。考文云宋板「君」作「若」，衛氏集説同。

袍必有表節

008 袍必至一稱　惠棟挍宋本無此五字。

009 爵弁服皮弁服褖衣注云　惠棟挍宋本如此，衛氏集説同。此本「注」上衍「注衣」二字，閩、監、毛本作「褖衣純衣注云」，並誤。❷

凡陳衣者節

010 凡陳至不入　惠棟挍宋本無此五字。

011 謂五方正色之采　惠棟挍宋本作「色」。此本「色」誤「氣」，閩、監、毛本同。

凡斂者袒節

012 凡斂至是斂　惠棟挍宋本無此五字。

013 并引士喪禮商祝主斂　惠棟挍宋本如此。此本「商」下衍「頌」字，閩、監、毛本同。❸

小斂大斂節 ×

014 小斂至不紐　惠棟挍宋本無此五字。×

斂者既斂必哭節 ×

015 斂者至六人　惠棟挍宋本無此五字。×

016 乃爲斂者　惠棟挍宋本作「者」。此本「也」誤「者」，閩、監、毛本同。×

君錦冒節

017 君錦至冒也　惠棟挍宋本無此五字。

018 自小斂後衣多不可用冒　閩、監本同。惠棟挍宋本同。監、毛本「自」誤「目」。×

019 熊氏分質字屬上殺字屬下爲句　惠棟挍宋本如此，續通解同。此本「上殺字屬」四字脱，閩、監、毛本同。❹

君將大斂節

020 君將至如之　惠棟挍宋本無此五字。

021 故在堂下而向北　閩、監、毛本同。惠棟挍宋本「向」作「鄉」，衛氏集説同。按，下作「鄉南」，此亦當作「鄉北」。

022 敷於阼階上　惠棟挍宋本作「敷」，衛氏集説同。此本「敷」誤「簇」，閩、監、毛本同。×

023 宰告者大宰也　惠棟挍宋本同。閩、監、毛本「者」下有「宰」字。

大夫之喪節

024 先入門右巫止于門外　各本同。石經同。山井鼎云：「古本『先入門右』無『門』字，『巫止于門外』無『于門外』三字，與注合。」按，釋文出「巫止」，云「本或作『巫止門外』，『門外』，衍字耳」。

025 大夫至馮之　惠棟挍宋本無此五字。

君撫大夫節

026 撫以手按之也　閩本同。惠棟挍宋本同。岳本同。嘉靖本同。監、毛本「按」作「案」，衛氏集説同。

027 凡馮尸興必踊　各本同。坊本「必」誤「於」。

028 悲哀之至　惠棟挍宋本如此，宋監本、岳本、嘉靖本、衛氏集説同。此本「悲哀」下複衍「悲哀」二字，閩、監、毛本同。❺

029 君撫至必踊　惠棟挍宋本無此五字。

030 此以下目恩深淺　惠棟挍宋本作「目」。此本「目」誤「自」，閩、監、毛本同。×

父母之喪節 ×

031 父母至禫之　惠棟挍宋本無此五字。×

既葬柱楣節

032 柱楣塗廬　閩本、惠棟挍宋本、宋監本、岳本、嘉靖本、衛氏集説同。釋文出「柱楣」。監、毛本「柱」作「拄」。疏放此。

凡非適子節 ×

033 既葬至宮之　惠棟挍宋本無此五字。

034 凡非至爲廬　惠棟挍宋本無此五字。×

既葬與人立節

035 既葬至家事　惠棟挍宋本無此五字。

036 君諸侯王天子也　閩、監、毛本同。惠棟挍宋本「侯」下有「也」，衛氏集説同。

君既葬節 ×

037 君既至辟也　惠棟挍宋本無此五字。×

既練居堊室節

038 禫踰月而可作樂樂作無哭者　「禫」字

各本並同。惠棟云「禫」當作「祥」。段玉裁云孔作「祥」。按，正義云「是祥踰月而可作樂也」，又云「以祥踰月作樂」，又謂「定本『祥』字作『禫』字，恐『禫』字非也」，是正義本作「祥」之明證。毛本作「樂樂」，岳本同，嘉靖本同，衛氏集説同。此本脱一「樂」字，閩、監本同。❻

039 既練至故也　惠棟挍宋本無此五字。

040 云禫踰月而可作樂者　閩、監、毛本同。按，「禫」亦當作「祥」。

041 定本禫踰月而可作樂　惠棟挍宋本有「而可」二字。此本「而可」二字脱，閩、監、毛本同，「定本」誤「定不」。❼

禫而從御節

042 禫而至而歸　惠棟挍宋本無此五字。

043 值吉祭之節祭吉祭訖而後復寢　閩、監、毛本同。惠棟挍宋本「祭吉祭」作「行吉祭」。考文云宋板無「後」字，衛氏集説亦作「行吉祭訖而復寢」。

044 ○注云歸謂歸夫家也　閩、監、毛本同。山井鼎云：「宋板無圈，與上接續，『注』字無所標異爲是。」

公之喪節 ✕

045 公之至而歸　惠棟挍宋本無此五字。✕

大夫士父母之喪節

046 至忌日及朔望而歸殯宮也　閩、監、毛本同。惠棟挍宋本「而」作「則」，衛氏集説同，續通解同。

父不次於子節 ✕

047 父不至於弟　惠棟挍宋本無此五字。✕

048 喪既卑　惠棟挍宋本作「卑」。此本「卑」誤「畢」，閩、監、毛本同。✕

君於大夫世婦節 ✕

049 君於至斂焉　惠棟挍宋本無此五字。✕

050 并夫人於大夫士恩賜弔臨　閩本同。考文引宋板同。監、毛本「士」誤「上」。

051 彼謂卿也　惠棟挍宋本作「卿」。此本「卿」誤「祭」，閩、監、毛本同。

於外命婦節

052 於臣之妻略也　各本同。毛本「略」誤「路」。

053 於君至君至　惠棟挍宋本無此五字。

於士既殯而往節

054 舉所以來之辭也視祝而踊　毛本作「也」，岳本同，嘉靖本同，衛氏集説同，考文引宋本同。此本「也」誤「相」，閩、監本同。

055 於士至人踊　惠棟挍宋本無此五字。

056 故爲之賜之大斂焉　閩、監、毛本同。惠棟挍宋本無下「之」字。

057 而始往與士同也　惠棟挍宋本作「士」，衛氏集説同。此本「士」誤「上」，閩、監、毛本同。

058 故君位于阼而西鄉也　閩、監本同。毛本「于」誤「有」。

059 君既在阼階祝立當君北　閩、監、毛本同。惠棟挍宋本「階」作「此」。

060 主人拜稽顙者　閩、監、毛本同。惠棟挍宋本上有「主人至人踊」五字。

061 祝先踊君乃視祝而踊　閩、監本同。毛本「先」誤「相」。

大夫則奠可也節

062 士疾壹問之　各本同。毛本「問」誤「間」。

063 大夫至往焉　惠棟挍宋本無此五字。

064 以其卑王不拜之　惠棟挍宋本作「王」。

此本「王」誤「主」，閩、監、毛本同。×

君弔節 ×

065 君弔至殯服　惠棟挍宋本無此五字。×

夫人弔節 ×

066 夫人至不拜　惠棟挍宋本無此五字。×

大夫君不迎于門外節

067 入即位于下不升堂而立阼階之下西面　閩、監、毛本同。岳本「于」作「於」，嘉靖本同，衛氏集説同。考文引宋板「于」作「於」，「而立」作「而位」。❽

068 衆主人南面於其北　各本同。毛本「北」誤「此」。×

069 大夫至而拜　惠棟挍宋本無此五字。

070 又不言大夫君之妻來者　惠棟挍宋本作「君之」，衛氏集説同。此本「君之」二字倒，閩、監、毛本同。

071 若或有此諸賓在庭　惠棟挍宋本作「賓」，衛氏集説同。此本「賓」誤「侯」，閩、監、毛本同。×

072 君來雖不顯婦人之位　惠棟挍宋本作「來雖」，此本「來」誤「無」，閩、監、毛本「來雖」二字倒。×

君弔見節 ×

073 君弔至后踊　惠棟挍宋本無此五字。×

大夫士節 ×

074 大夫至必奠　惠棟挍宋本無此五字。×

君大棺八寸節

＊ 諸無革棺再重也　補：案，「諸」下當有「侯」字，此誤脱也。

075 君大至六寸　惠棟挍宋本無此五字。

076 注云所謂椑棺　閩、監、毛本同。惠棟挍宋本下有「也」字。

077 趙簡子所云罰始無椑 考文引宋板同。閩、監、毛本「趙」誤「明」。×

君裏棺用朱節

078 緑用雜金鐕 各本同。石經同。正義云「定本經中『緑』字皆作『琢』」，惠棟云當依定本作「琢」。

079 鐕所以琢著裏 閩、監、毛本同。嘉靖本同。衛氏集説同。岳本「琢」作「椓」，考文引古本同。按，釋文出「椓」，云「本又作『琢』」。

080 君裏至不緑 惠棟挍宋本無此五字。

081 又用象牙釘雜之 閩、監本同。毛本「雜」字闕。

082 用牛骨鐕者 考文引宋板同。閩、監、毛本「骨」誤「角」。×

君蓋用漆節 ×

083 君蓋至二束 惠棟挍宋本無此五字。×

084 亦漆衽合縫處也 惠棟挍宋本作「亦」，此本「亦」誤「以」，閩、監、毛本同。×

085 言二衽二束者與大夫同 閩、毛本同。監本「言」誤「君」。×

君大夫鬊爪節 ×

086 君大至埋之 惠棟挍宋本無此五字。×

087 盛于小囊 惠棟挍宋本作「盛」。此本「盛」誤「實」，閩、監、毛本同。×

君殯用輴節

088 欑置于西序 惠棟挍宋本同。石經同。岳本同。嘉靖本同。衛氏集説同。閩、監、毛本「置」誤「至」。石經考文提要云：宋大字本、宋本九經、南宋巾箱本、余仁仲本、劉叔剛本並作「置」。按，士喪禮注引此文亦作「置」字。

089 上四注如屋以覆之 閩、監、毛本同，岳本同，嘉靖本同。釋文出「四注」。衛氏集説

「注」作「柱」，考文引古本同。

090 君殯至帷之　惠棟挍宋本無此五字。

091 此所攢殯之大有似屋形　閩、監、毛本同。考文引宋板「大」作「木」。

092 云屋殯上覆如屋者也　閩、監、毛本同。惠棟挍宋本「也」下有「者」字。

093 形似於屋故云如屋　閩、監本同。毛本「於」誤「如」。×

094 云以檀弓參之　閩、監、毛本同。惠棟挍宋本「之」下有「者」字。

095 是諸侯不龍也謂不畫輴轅爲龍　惠棟挍宋本如此。此本「不龍」誤「不當」，「畫輴」誤「畫目」，閩、監、毛本同。

096 象椁上之四注以覆之　閩、監、毛本同。惠棟挍宋本「注」作「柱」，衛氏集説同，下「但不爲四注」同。

097 塗上加席三重　閩、監、毛本同。惠棟挍宋本「三」作「二」。

熬君四種八筐節

098 所以感蚍蜉　閩、監、毛本同。嘉靖本同。惠棟挍宋本「感」作「惑」，岳本同，衛氏集説同，考文引古本同。按儀禮注「感」字當作「惑」，此本疏中亦作「惑」。

099 設熬旁各一筐　閩、監、毛本同。岳本同。嘉靖本同。衛氏集説同。惠棟挍宋本無「各」字。浦鏜云「各」字儀禮無。按，疏及續通解并周禮廩人疏引此注皆無「各」字，吴草廬儀禮集説據此注謂爲經文脱，非也。

100 熬君至腊焉　惠棟挍宋本無此五字。

101 亦爲惑蚍蜉　惠棟挍宋本同。衛氏集説同。閩、監、毛本「惑」作「感」。

102 文與此同　惠棟挍宋本同。閩、監、毛本

「文」作「又」。✕

飾棺節

103 如小車笭　各本同。釋文「笭」作「苓」。○按，笭，正字；苓，假借字。

104 懸池於荒之爪端　監本作「爪」，岳本同，衞氏集説同。此本「爪」誤「瓜」，閩、毛本同，嘉靖本同。✕

105 綴具落其上　衞氏集説同。惠棟挍宋本「具落」作「貝落」，宋監本、岳本、嘉靖本同，考文引足利本同，閩、監、毛本作「貝絡」。✕

106 以木爲筐廣三尺　各本同。齊召南云「筐」當作「匡」。孫志祖云周禮疏引此注正作「匡廣三尺」。✕

107 車行使人持之而從既窆樹於壙中　各本同。浦鏜云：「既窆」上周禮疏引此有「引障」二字，「壙中」下有「障版」二字。按，聶崇義三禮圖考亦有此四字，今脱也。孫志祖云：孟子疏四卷下引注「使人持之而從」下有「以障」二字，「壙中」下有「障柩也」三字，文義較完足。

108 飾棺至用纁　惠棟挍宋本無此五字。

109 衣以青布　閩本同。惠棟挍宋本同。監、毛本「以」誤「之」。✕

110 荒邊爪端　毛本作「爪」，衞氏集説同。此本「爪」誤「瓜」，閩、監本同，下「荒之爪」、「人之指爪」並同。✕

111 帷者邊牆　考文引宋板同。閩、監、毛本「者」作「是」。

112 故云纁紐六也　惠棟挍宋本有「六」字。此本「六」字脱，閩、監、毛本同。❾

113 二畫爲黻二畫爲雲氣　閩、毛本同。監本「黻」誤「黼」。✕

114 皆戴圭玉也　閩、毛本同。監本「玉」誤「王」。✕

115 齊三采者降黃黑也　惠棟挍宋本作「降」。此本「降」誤「絳」，閩、監、毛本同，衛氏集說同。

116 又降用玄緇也　惠棟挍宋本作「用玄」，衛氏集說同。此本「用玄」二字倒，閩、監、毛本同。

117 後緇者事異　閩、監、毛本同。考文云宋板「事」作「士」。

118 云黼荒緣邊爲黼文　閩、監本同。毛本「文」誤「又」。

119 以參漢之制度而知也　閩、監、毛本同。惠棟挍宋本「以」作「亦」。

120 雜記曰大夫不揄絞　閩、監本同。毛本「揄」誤「於」。

121 竪有限襵　惠棟挍宋本同。閩、監、毛本「襵」作「攝」。

122 故知綏五采羽注於翣首　惠棟挍宋本有「於」字。此本「於」字脱，閩、監、毛本同。

君葬用輴節

123 是以文誤爲國　閩、監、毛本同。嘉靖本同。惠棟挍宋本「文」作「又」，宋監本、岳本、衛氏集說同，考文引足利本同。

124 君葬至功布　惠棟挍宋本無此五字。

125 國字與團字相似　閩、監本同。毛本「與」誤「如」。

126 載柩車同皆用輇也　閩本同。惠棟挍宋本同。監、毛本「同」誤「者」。

127 葬則用輇明矣　惠棟挍宋本作「輇」，衛氏集說同。此本「輇」誤「輴」，閩、監、毛本同。

凡封用綍節

128 又擊鼓爲縱舍之節　各本同。毛本「擊」

129 凡封至止也　惠棟挍宋本無此五字。誤「繫」。×

130 恐棺不正　閩、監、毛本同。惠棟挍宋本「棺」作「柩」，衛氏集説同。

131 直命人使無哭耳　惠棟挍宋本作「人」，衛氏集説同。此本「人」誤「入」，閩、監、毛本同。×

132 直以哭者自相止　閩、監、毛本同。惠棟挍宋本「止」下有「也」字，衛氏集説同。

133 故以前碑後碑各重鹿盧　惠棟挍宋本有「重」字，續通解同。此本「重」字脱，閩、監、毛本同。⑩

134 前碑後碑各用一紼　閩、監本同。毛本上「碑」誤「後」。惠棟挍宋本無「用」字，衛氏集説同。

135 經云綍去碑　考文引宋板同。衛氏集説同。閩、監、毛本「綍」上有「用」字。

136 其在旁之綍無碑也　閩本同。惠棟挍宋本同。監、毛本「在」誤「有」。×

137 左傳云晉侯請隧　惠棟挍宋本同。閩、毛本同。監本「隧」誤「遂」。×

138 闕地通路曰隧　惠棟挍宋本同。閩、監、毛本「闕」誤「闕」。×

君松椁節

139 其方自五寸而上　各本同。監本「上」誤「土」。×

140 蓋與椁方齊　各本同。毛本「椁」誤「得」。×

141 大夫再重　各本同。毛本「再」誤「二」。×

142 君松至木椁　惠棟挍宋本無此五字。

143 是卑者用小材　惠棟挍宋本作「是」。此本「是」誤「而」，閩、監、毛本同。⑪

144 橫三在上　惠棟挍宋本同。閩、監、毛本「橫」作「衡」。

145 象天三合地二也　惠棟挍宋本作「三」，此本「三」誤「二」，閩、監、毛本「三」誤「一」。⓬

棺椁之間節

146 棺椁至容甒　惠棟挍宋本無此五字。

147 柷如漆筩　惠棟挍宋本同。閩、監、毛本「筩」作「桶」，衛氏集説同。

148 椁席藏中神坐之席是也　閩、監、毛本同。惠棟挍宋本「椁」作「槨」。

149 大夫所掌士容甒者　惠棟挍宋本如此。此本「士」上衍「曰」字，閩、監、毛本同。⓭

150 士所用也　閩、毛本同。監本「士」誤「土」。　×

君裏節

151 君裏至虞筐　惠棟挍宋本無此五字。

152 禮記正義卷第五十四終　惠棟挍宋本此行在疏「今略盧氏不録也」之下，計云凡三十三頁。⓮

153 禮記卷第十三經三千三百九十一字注四千一百三十四字　宋監本。　×

45—154 禮記卷第十三經三千三百八十一字注四千一百二十九字　嘉靖本。　×

校記

❶南昌本出文改作「附釋音禮記注疏卷第四十五」，上提三格。校語下有「禮記正義卷第五十四」。

❷南昌本出文「注」上有「注衣」二字。校語「如此」作「無注衣二字」，「注上衍注衣二字」作「誤衍」。

❸南昌本出文「商」下有「祝」。校語「如此」作「無頌字」，「商下衍祝字」作「誤衍」。

❹南昌本出文無「上殺字屬」四字。校語「如此」作「依分質字屬上殺字屬下爲句」。

❺南昌本出文重「悲哀」二字。校語「如此」作「悲哀二字不重」，「悲哀下複衍悲哀二字」作「誤衍」。

❻南昌本出文不重「樂」字。

❼南昌本出文無「而可」。校語「有而可二字」上有「踰月下」，「而可二字脱」作「誤脱」。

❽南昌本出文「入」作「人」。

❾南昌本出文無「六」字。校語「有六字」上有「紐下」，「六字脱」作「脱」。

❿南昌本出文無「重」字。校語「有重字」上有「各下」，「重字脱」作「誤脱」。

⓫南昌本「作是」上有「而」，「是誤而」作「誤」。

⓬南昌本出文「三」作「二」，校語「作三」上有「二」，「三誤二」作「誤」。

⓭南昌本出文「士」上有「曰」。校語「如此」作「無曰字」，「士上衍曰字」作「誤衍」。

⓮南昌本出文改作「附釋音禮記注疏卷第四十五終」，上提三格。校語「此行在疏今略盧氏不録也之下」改作「禮記正義卷第五十四終」，「計」作「記」，「頁」下有「宋監本禮記卷第十三，經三千三百九十一字，注四千一百三十四字。嘉靖本禮記卷第十三，經三千三百八十一字，注四千一百二十九字」。

禮記注疏校勘記卷四十六

46—001 禮記正義卷第五十五　惠棟挍宋本。[1]

祭法第二十三

002 至周天子以下所制祀羣神之數　惠棟挍宋本同。衛氏集説同。閩、監、毛本「制」誤「祭」。

祭法節

003 下有禘郊祖宗　閩、監、毛本同。嘉靖本同。衛氏集説同。惠棟挍宋本「祖宗」作「宗祖」，岳本、宋監本同。

004 其帝大昊　岳本同。嘉靖本同。衛氏集説同。閩、監、毛本「大」作「太」，釋文亦作「大」。

005 稍用其姓代之　惠棟挍宋本作「代」，宋監本、岳本、嘉靖本、衛氏集説同，正義亦作「代」。此本「代」誤「氏」，閩、監、毛本同。[2]

006 殷人宜郊契　各本同。毛本「宜」誤「以」。×

007 郊祭一帝　各本同。監本「一」誤「二」。

008 祭法至武王　惠棟挍宋本無此五字。

009 又郊祭鄭玄云祭感生之帝　惠棟挍宋本作「云」。此本「云」誤「注」，閩、監、毛本同。×

010 非讖緯之妖説　毛本作「緯」。此本「緯」誤「諱」，閩、監本同。×

011 漢爲堯允而用火德　惠棟挍宋本作「允」。此本「允」誤「夙」，閩、監、毛本同。[3]

012 三則符之堯舜湯武無同宗祖之言

閩、監、毛本同。惠棟挍宋本「宗祖」作「祖宗」。

013 是五帝非黄帝之子孫也　閩、監本同。毛本「五」誤「武」。×

014 帝軒轅傳十世二千五百二十歲　監、毛本同。閩本「二千」作「一千」，惠棟挍宋本同。

015 又月令季秋大享帝　惠棟挍宋本作「季」，衛氏集説同。此本「季」誤「既」，閩、監、毛本同。

016 又孝經云　閩、監、毛本同。惠棟挍宋本無「又」字，衛氏集説同。

017 雜問志云　惠棟挍宋本作「雜」。此本「雜」誤「親」，閩、監、毛本同。×

018 云自夏已下稍用其姓代之者　惠棟挍宋本作「下」。此本「下」誤「上」，閩、監、毛本同。×

燔柴於泰壇節 ×

019 燔柴至騂犢　惠棟挍宋本無此五字。×

020 燔柴於泰壇者　惠棟挍宋本作「柴」。此本「柴」誤「祭」，閩、監、毛本同。×

埋少牢於泰昭節

021 相近當爲禳祈　閩、監、毛本同。嘉靖本同。惠棟挍宋本「禳」作「攘」，岳本同，衛氏集説同，下同。按，此本疏「相近當爲攘祈」，「攘，卻也」，「則祭攘卻之」及「祭以攘之」，「故讀相近爲攘祈」，五「攘」字俱從扌旁，閩、監、毛本並改從示旁。

022 埋少至不祭　惠棟挍宋本無此五字。

023 不以此神尊之　惠棟挍宋本作「之」。此本「之」誤「也」，閩、監、毛本同。×

024 攻説用幣而已攻説以是日月之災

惠棟挍宋本亦作「攻」，與周禮大祝注合，閩、監、毛本二「攻」字並誤「故」。

025 雩呼吁嗟哭位　閩、監本同。惠棟挍宋本「位」作「泣」，毛本「吁嗟」誤「嗟嗟」。

026 飌師雨師　惠棟挍宋本同。閩、監、毛本「飌」作「風」。

027 日月也在郊祀之中　閩、監、毛本同。惠棟挍宋本「祀」作「祭」。

大凡生於天地之間者節

028 禘郊宗祖　惠棟挍宋本、石經、宋監本、岳本、嘉靖本、衛氏集説同。閩、監、毛本「宗祖」二字倒，陳澔集説同。石經考文提要云：宋大字本、宋本九經、南宋巾箱本、余仁仲本、劉叔剛本並作「宗祖」。

029 大凡至變也　惠棟挍宋本無此五字。

030 故曰黄帝以下　閩、監、毛本同。惠棟挍宋本「曰」作「云」。

031 知通數顓頊及嚳者　閩、監本同。毛本「者」誤「也」。

天下有王節

032 明此禘郊宗祖外　惠棟挍宋本作「祖」。此本「祖」作「廟」，閩、監、毛本同。

033 大夫立三廟二壇　閩本、惠棟挍宋本、石經、岳本、嘉靖本、衛氏集説同。監、毛本「二」誤「一」。❹

034 顯考無廟　閩、監、毛本同。石經同。岳本同。嘉靖本同。衛氏集説同。陳澔集説「顯」作「皇」。釋文出「顯考無廟」，云「顯音皇，出注」。石經考文提要云：宋大字本、宋本九經、南宋巾箱本、余仁仲、劉叔剛本並作「顯考」。是漢、唐、宋以來知「顯」當爲「皇」而不敢改，而陳氏竟改之。

035 爲卿大夫之采地　各本同。釋文出「大夫采」三字，無「之」字。

036 祖始也　各本同。毛本「祖始」二字倒。

* 享嘗謂時之祭　補：案，「時」上當有「四」字，此誤脱也。

037 天子諸侯爲壇墠所禱　閩、監、毛本同。岳本同。嘉靖本同。衛氏集説同。盧文弨挍云「所」當作「祈」。

038 天下至曰鬼　惠棟挍宋本無此五字。

039 故此先言之　閩、監、毛本同。惠棟挍宋本「之」下有「也」字。

040 此之五廟則並同日月祭之也　閩本作「月月」，考文引宋板同。此本「月月」誤「日月」，監、毛本同，衛氏集説亦作「五廟皆月月祭之」。

041 享嘗四時祭祀文武特留　閩、監本同。毛本「祀」誤「配」。

042 曰考廟者爲父立之也　閩、監本同。毛本「立之」二字倒。

043 庶士府史之屬　閩、監本同。毛本「史」誤「吏」。

044 死曰鬼者既無廟　惠棟挍宋本作「既」。此本「既」誤「故」，閩、監、毛本同。

045 秋嘗物之備具　惠棟挍宋本作「具」，衛氏集説同。此本「具」誤「祖」，閩、監、毛本同。

046 反顧以其疎遠　惠棟挍宋本作「反」。此本「反」誤「及」，閩、監、毛本同。

047 云魯煬公者伯禽之子也　惠棟挍宋本如此。此本「伯」上衍「自」字，閩、監、毛本同。❺

048 大夫若無祖考　閩、監、毛本同。惠棟挍宋本「考」下有「者」字。

049 祇得立曾祖與祖及父三廟而已　閩本同。考文引宋板同。監、毛本「三」誤

「二」。

050 雖有百世之鬼不得禘祫　考文云宋板作「雖」，衛氏集説同。此本「雖」誤「唯」，閩、監、毛本同。×

051 天子長一尺二寸　閩、監、毛本同。惠棟挍宋本無「一」字。×

052 歷説無祖考之人於下　閩、監本同。毛本「於」誤「以」。×

053 故鬼其祖父與於寢中薦之　閩、監、毛本同。衛氏集説「父與」作「與父」。

王爲羣姓立社節

054 王爲至置社　惠棟挍宋本無此五字。

055 大社在庫門内之右　惠棟挍宋本作「内之」，衛氏集説同。此「内之」二字倒，閩、監、毛本同。

056 引州長職曰　惠棟挍宋本有「州」字，此本「州」字脱，閩、監、毛本同。

王爲羣姓立七祀節

057 王爲羣姓立七祀　閩本、石經、惠棟挍宋本、宋監本、岳本、嘉靖本、衛氏集説並同。監、毛本「祀」誤「祠」。

058 門户竈在旁　惠棟挍宋本有「户」字，岳本、嘉靖本、衛氏集説同，考文引古本、足利本同。此本「户」字脱，閩、監、毛本同。

059 巫祝以厲山爲之謬乎　各本同。釋文「謬」作「繆」。○按，唐人多以「繆」爲錯謬字。

060 王爲至或立竈　惠棟挍宋本無此六字。

061 無後者衆故言族厲　閩、監本同。毛本「故」誤「多」。×

062 而樂記直云　惠棟挍宋本有「而」字。此本「而」字脱，閩、監、毛本同。

063 謂此小祀者與　惠棟挍宋本作「謂」。

此本「謂」誤「記」，閩、監、毛本同。×

064 或有春秋二時　閩、監、毛本同。考文云宋板「二」作「兩」。

065 何得其鬼爲厲　惠棟挍宋本有「何」字。此本「何」字脱，閩、監、毛本同，衛氏集説亦作「何得爲厲也」。❻

王下祭節 ×

066 王下至而止　惠棟挍宋本無此五字。×

夫聖王之制祭祀也節

067 能捍大患則祀之　各本同。石經同。釋文「捍」作「扞」。×

068 周弃繼之　閩、監本同。石經同。岳本同。嘉靖本同。毛本「弃」作「棄」，衛氏集説同。

069 禹能脩鯀之功　閩、監本同。石經同。岳本同。毛本「脩」作「修」，嘉靖本同，衛氏集説同，下「顓頊能脩之」同。

070 此皆有功烈於民者也　宋監本脱「皆」字。

071 山林川谷丘陵　各本同。石經同。釋文出「业陵」，云「此古『丘』字」。

072 能刑謂去四凶　閩、監、毛本同。岳本同。嘉靖本同。考文云：宋板無此六字，足利本同。衛氏集説同。

073 夫聖至祀典　惠棟挍宋本無此五字。

074 及社稷之等所配之人　惠棟挍宋本作「之人」，衛氏集説同。此本「之人」誤「之〇」，閩、監、毛本「之人」誤「此」字。

075 神農之名柱　閩、監、毛本同。衛氏集説「之」下有「子」字。

076 故祀以爲配社之神　惠棟挍宋本、閩本、衛氏集説同。監本、毛本「祀」誤「社」。×

077 禪舜而老　惠棟挍宋本作「舜」，此本

「舜」誤「堯」，閩、監、毛本同。✕

078 鯀塞水而無功　閩、監、毛本同。惠棟挍宋本無「而」字，衛氏集説同。

079 鯀放居東裔　閩、監本同。毛本「放」誤「故」。✕

080 爲説父不肖則罪　惠棟挍宋本作「則」，續通解同。此本「則」誤「其」，閩、監、毛本同。

081 及日月丘陵之等　閩本同。惠棟挍宋本同。監、毛本「丘陵」誤「星辰」，衛氏集説亦作「及日月丘陵等」。

082 其宗廟與殤以下之親屬　惠棟挍宋本作「之」。此本「之」誤「及」，閩、監、毛本同。✕

083 稱舜典云棄汝后稷　閩、監、毛本同。浦鏜云「稱」當「按」字誤。

46—084 昌若生曹圉曹圉生根國　閩、監本同。毛本二「曹」字並誤「遭」。✕

校記

❶南昌本出文改作「附釋音禮記注疏卷第四十六」，上提三格。校語下有「禮記正義卷第五十五」。

❷南昌本出文「代」作「氏」，無「之」字。校語「宋本」下「代」上有「氏」，「代誤氏」無「代」。

❸南昌本出文「允」作「夙」。

❹南昌本「二誤一」無「一」字。

❺南昌本出文「伯」上有「自」字。校語「如此」作「無自字」，「伯上衍自字」作「誤衍」。

❻南昌本出文無「何」字。校語「有何字」上有「上」。

禮記注疏校勘記卷四十七

祭義第二十四

祭不欲數節

47—001 雨露既濡　各本同。石經同。釋文出「既濡」，云「本亦作『濡』」。×

002 祭不欲數數則煩煩則不敬祭不欲疏疏則怠至無樂　惠棟挍宋本無此廿一字。

003 春禘者夏殷禮也周以禘爲殷祭更名春祭至曰祠　惠棟挍宋本作「春禘至曰祠」。

004 郊特牲以注禘當爲禴　監本如此，惠棟挍宋本、毛本作「以郊特牲注」。

致齊於内節

005 思其所嗜　各本同。石經同。釋文出「所耆」，云「注及下並同」。○按，嗜，正字；耆，假借字。

006 致齊至齊者　惠棟挍宋本無此五字。

007 此一節明祭前齊日之事　監本、毛本如此，惠棟挍宋本無「日」字。

祭之日入室節

008 祭之至之聲　惠棟挍宋本無此五字。

009 孝子當想象僾僾髣髣見也詩云愛而不見　閩、監、毛本同。惠棟挍宋本「髣髣」作「髣髴」，衛氏集説同。段玉裁挍本謂當作「孝子當想象僾然」，説文曰「僾，仿佛見也。詩云『僾而不見』」。

010 必有悚息肅肅然如聞　惠棟挍宋本作「肅肅」，衛氏集説同。此本「肅肅」誤「肅德」，閩、監、毛本作「肅聽」。×

011 祝闔牖户　閩、監本同，與士虞禮記合。毛本「牖」誤「牗」。

012 如尸一食九飯之須　惠棟挍宋本同。閩、監、毛本「須」作「頃」，衛氏集説同。

013 則吉祭亦當然也　惠棟挍宋本作「亦」，衛氏集説同。此本「亦」誤「以」，閩、監、毛本同。✕

014 而皇氏謂尸謖之後　考文云宋板作「謖」。此本「謖」誤「稷」，閩、監、毛本同。✕

是故先王節 ✕

015 是故至敬乎　惠棟挍宋本無此五字。✕

君子生則敬養節

016 享猶祭也饗也　閩、監、毛本同。岳本同。嘉靖本同。衛氏集説同。考文引足利本「饗」作「鄉」。按，釋文出「鄉也」，浦鏜挍云「鄉」誤「饗」。

017 君子至私也　惠棟挍宋本無此五字。

唯聖人爲能饗帝節

018 唯聖至之也　惠棟挍宋本無此五字。

019 夫人奠設盎齊之尊　惠棟挍宋本作「尊」。此本「尊」誤「奠」，閩、監、毛本同，下文「預設盎齊之尊」同。按，注「設盎齊之奠」各本俱作「奠盎」，注與疏異本，浦鏜挍則并改注「盎齊之奠」作「盎齊之尊」。❶

020 上大夫儐尸即天子諸侯之繹也　惠棟挍宋本作「即」，衛氏集説同。此本「即」誤「則」，閩、監、毛本同。✕

文王之祭也節

021 謂夜而至旦也　惠棟挍宋本有「而」字，宋監本、岳本、嘉靖本、衛氏集説同，考文引古本、足利本同。此本「而」字脱，閩、監、毛本同。❷

022 文王至必哀　惠棟挍宋本無此五字。

023 言文在廟中　閩、監、毛本同。惠棟挍宋本「文」下有「王」字。

024 如似見親也　惠棟挍宋本作「似」，衞氏集說同。此本「似」誤「以」，閩、監、毛本同。×

025 言文王祭祀之盡忠誠也　閩、監本同。毛本「祭」誤「然」。×

026 如似真見親所愛　閩、監、毛本同。考文云宋板「似」作「以」。衞氏集說無「似」字。

027 王肅然解欲色　閩、監、毛本同。浦鏜挍「然」字當在「解欲色」下，誤倒在上。

028 得其夜發夕至明而不寐　考文引宋板同。閩、監本「得」作「待」，毛本「得」誤「待」。

029 故知二人容尸與侑也　惠棟挍宋本及衞氏集說同。此本「侑」字誤重，閩、監、毛本同。❸

仲尼嘗節

030 濟濟者容也　各本同。石經同。釋文出「濟濟者客也」，云「口白反，賓客也，下『客以遠』同」。按，岳氏九經三傳沿革例云：「石經、舊監本、蜀大字本及越本注疏並作『客』。諸本間以王肅音爲口白反，遂作『客』，非是。」

031 夫何慌惚之有乎　閩、監、毛本同。石經同。岳本同。嘉靖本同。衞氏集說同。坊本作「恍忽」。按，釋文出「慌惚」，云「本又作『忽』」。石經考文提要云：宋大字本、宋本九經、南宋巾箱本、余仁仲本、劉叔剛本並作「慌惚」，下「以其慌惚」同。

032 仲尼至當也　惠棟挍宋本無此五字。

033 謂仲尼奉薦進尸之時　閩、監本同。毛本「尸」誤「身」。×

034 謂容貌自反覆而脩正也　閩、監、毛本同。惠棟挍宋本「正」作「整」，衞氏集說同，下「以自脩正」同。

035 言孝子若作賓客之容　閩、監、毛本同。惠棟挍宋本無「作」字。

036 更覆結之 惠棟挍宋本如此。此本「之」上衍「上」字，閩本同，監、毛本「結之」誤「結上文」。❹

037 貴其誠敬 惠棟挍宋本作「敬」，衛氏集說同。此本「敬」誤「既」，閩、監、毛本同。×

038 言親親對孝子之辭 閩、監、毛本同。考文云宋板無「對」字。

039 又容以自反與容以遠相對 閩、監、毛本同。惠棟挍宋本「容以自反」作「客以自反」。按，「容以自反」之「容」不當作「客」，「容以遠」之「容」當作「客」也。

040 孝子將祭節 惠棟挍云：「孝子」節、「宮室」節、「於是諭其志意」節，宋本合爲一節。

041 孝子至治之 惠棟挍宋本無此五字。

宮室既脩節

042 夫婦齊戒沐浴盛服 閩、監、毛本同。石經同。岳本同。嘉靖本同。衛氏集說同。坊本「盛服」二字無。石經考文提要云：宋大字本、宋本九經、南宋巾箱本、余仁仲本並有「盛服」二字。

043 脩設謂掃除及黝堊 惠棟挍宋本有「掃」字，岳本、嘉靖本、宋監本、衛氏集說同，考文引古本、足利本同。此本「掃」字脱，閩、監、毛本同。❺

044 宮室至進之 閩、監、毛本同。惠棟挍宋本作「洞洞至也與」。

於是諭其志意節

045 言想見其仿佛來 惠棟挍宋本、宋監本、岳本、嘉靖本「仿」作「彷」，「佛」字同。閩、監、毛本「仿佛」作「彷彿」，衛氏集說同，釋文同。疏放此。

046 於是至志也 惠棟挍宋本無此五字。

047 似神明交接 閩、監本同。衛氏集說同。

毛本「似」誤「以」。

孝子之祭也節　×

048 孝子至之也　惠棟挍宋本無此五字。

049 以其禮包衆事非一可極　惠棟挍宋本有「一」字，續通解同，衞氏集説同。此本「一」字脱，閩、監、毛本同。❻

孝子之祭可知也節

050 齊謂齊莊　惠棟挍宋本有上「齊」字，宋監本、岳本、嘉靖本、衞氏集説同，考文引古本、足利本同。此本上「齊」字脱，閩、監、毛本同。❼

051 孝子至之矣　惠棟挍宋本無此五字。

孝子之有深愛者節

052 不失其孺子之心也　各本同。釋文「孺」作「䅿」。

053 孝子至道也　惠棟挍宋本無此五字。

先王之所以治天下者五節

054 先王至家也　惠棟挍宋本無此五字。

055 無加於孝乎　閩、監、毛本同。惠棟挍宋本「加」上有「以」字，衞氏集説同，無「乎」字。

056 言先王設教之原　閩、監、毛本同。惠棟挍宋本「原」作「源」。

057 按中候諸侯曰霸　閩、監本同。毛本「候」誤「侯」。

子曰立愛自親始節　×

058 錯諸天下　各本同。石經「錯」字摩滅，釋文出「措諸」。○按，措，正字；錯，假借字。

059 子曰至不行　惠棟挍宋本無此五字。

060 禮記正義卷第五十五終　惠棟挍宋本此行在疏「言皆行也」下，計云凡卅二頁。❽

061 禮記正義卷第五十六　惠棟挍宋

本自「郊之祭也」以下爲卷五十六。×

郊之祭也節❾

062 郊之至至也　惠棟挍宋本無此五字。

063 此一節論祭祀之禮　閩、監、毛本同。衞氏集說「祭」作「郊」。

祭之日節

064 祭之至至也　惠棟挍宋本無此五字。

065 君從此待之也　閩、監、毛本同。惠棟挍宋本「此」作「北」，續通解同。

066 以供炙肝及爇蕭也　惠棟挍宋本如此，衞氏集說同。此本「肝」誤「胙」，「蕭」誤「簫」，「爇」字闕，閩、監、毛本作「以供炙胙及焫簫也」，並誤。❿

067 按說文及字林云　惠棟挍宋本同。閩、監、毛本「云」誤「文」。

郊之祭節

068 天之神可見者　各本同。釋文出「神見」，云「一本作『神可見』」。×

069 郊之至及闇　惠棟挍宋本無此五字。

070 止明郊祭之禮　惠棟挍宋本作「止明」，衞氏集說同。此本「止明」誤「上則」，閩、監、毛本同。×

071 謂夏正郊天　惠棟挍宋本作「天」，衞氏集說同。此本「天」誤「祀」，閩、監、毛本同。×

祭日於壇節　×

072 祭日至上下　惠棟挍宋本無此五字。×

073 祭日於東節　惠棟挍云：「祭日於東」節、「日出」節，宋本合爲一節。

074 祭日至其位○正義曰端正也　惠棟挍宋本無上九字。

075 其禮大用牛各祭之　惠棟挍宋本作

「各」。此本「各」誤「名」，閩、監、毛本同。

日出於東節

076 日出至之和 惠棟挍宋本無此五字。

天下之禮節

077 汎說禮也 各本同。釋文「汎」作「氾」。

078 變和言物互之也 閩本同。考文引宋板同。岳本同。嘉靖本同。衛氏集說同。監、毛本「之」作「文」。

079 天下至微矣 惠棟挍宋本無此五字。

宰我曰吾聞鬼神之名節

080 宰我至至也 惠棟挍宋本無此五字。

081 耕藉及公桑之事 惠棟挍宋本作「藉」，衛氏集說同。此本「藉」誤「籍」，閩、監、毛本同。

082 氣者是人之盛極也 考文引宋板同。閩、監、毛本「人」作「神」。

083 但性識依此氣而生 惠棟挍宋本作「依」，衛氏集說同。此本「依」誤「因」，閩、監、毛本同。

084 是聖人設教興致之 惠棟挍宋本作「興」，衛氏集說同。此本「興」字闕，閩、監、毛本「興」作「時」。

衆生必死節

085 陰讀爲依蔭之蔭 閩本、岳本、宋監本、嘉靖本、衛氏集說同。監、毛本「蔭」作「廕」，下同。

其氣發揚于上節

086 其氣至著也 惠棟挍宋本無此五字。

087 焄謂香臭也 閩本、惠棟挍宋本同。監、毛本「也」誤「生」。

因物之精節

088 因物至以服 惠棟挍宋本無此五字。

089 所以名鬼神爲極者　惠棟挍宋本作「名」，此本「名」作「明」，閩、監、毛本同。⑪

090 既生魄陽曰魂　毛本有「曰」字，衛氏集説同。此本「曰」字脱，閩、監本同。

聖人以是節　×

091 聖人至速也　惠棟挍宋本無此五字。×

二端既立節

092 謂雜之兩甒醴酒也　各本同。毛本「醴」誤「醩」。×

093 二端至至也　惠棟挍宋本無此五字。

094 既見已興立尊名云鬼神也　惠棟挍宋本同。閩、監、毛本「已興」誤「乃更」。

095 謂見覸　閩、監、毛本同。浦鏜挍云疑「見」當爲「覸」之誤。段玉裁挍本云當是「見」讀爲「覸」。

096 有虞氏以首　惠棟挍宋本有「有」字。此本「有」字脱，閩、監、毛本同。⑫

097 言祭初所以加鬱鬯　閩、監、毛本同。惠棟挍宋本無「以」字，衛氏集説同。

098 下愛上恩賜　閩、監、毛本同。衛氏集説同。惠棟挍宋本「愛」作「受」。

099 是祀奉上王　閩、監、毛本「上」作「先」。惠棟挍宋本「祀」作「禮」。盧文弨挍云「上」字非。

100 以士喪禮既夕等　閩本同。惠棟挍宋本同。監、毛本「士」誤「上」。×

47—101 或可子男之禮　惠棟挍宋本同。衛氏集説同。閩、監、毛本「可」誤「曰」。

校記

❶南昌本出文「尊」作「奠」。校語移「閩、監、毛本同」

一句於「惠棟挍宋本」句上,「作尊」上有「奠」,無「此本尊誤奠」。

❷南昌本出文無「而」字。

❸南昌本出文重「侑」字。校語無「及」字。

❹南昌本出文「之」上有「上」字。

❺南昌本出文無「掃」字。校語「有掃字」上有「除上」。

❻南昌本出文無「一」字。校語「有一字」上有「非下」。

❼南昌本出文無上「齊」字。校語「有上齊字」作「上有齊字」,「上齊字脱」作「脱」。

❽南昌本出文改作「言皆行也」,上提一格。校語「此行在疏言皆行也下」改作「此下標禮記正義卷第五十五終」,「計」作「記」。

❾南昌本下有校語「惠棟挍宋本自此節起至建國之神位節止第五十六卷。卷首題禮記正義卷第五十六」。

❿南昌本出文及校語「䕌」作「爇」。

⓫南昌本出文「名」作「明」,校語移「閩、監、毛本同」一句於「惠棟挍宋本」句上,「作名」上有「明」,無「此本名作明」。

⓬南昌本出文無「有」字。校語「有有字」上有「上」。

禮記注疏校勘記卷四十八

祭義

君子反節

48—001 君子至盡也 惠棟挍宋本無此五字。

是故昔者天子節

002 爲藉千畝 惠棟挍宋本同。石經同。岳本同。嘉靖本同。衛氏集説同。閩、監、毛本「藉」誤「籍」。釋文出「爲藉」。下「爲藉」同，注疏放此。

003 是故至至也 惠棟挍宋本無此五字。

古者天子諸侯必有養獸之官節

004 古者至至也 惠棟挍宋本無此五字。

005 必於是養獸之官 閩、監、毛本同。惠棟挍宋本無「於」字，衛氏集説同。

古者天子諸侯必有公桑蠶室節

006 棘牆而外閉之 惠棟挍宋本作「墻」，石經、岳本、嘉靖本、衛氏集説同。此本「墻」誤「牆」，閩、監、毛本同。❶

007 使入蠶于蠶室 各本同。石經同。釋文出「使蠶」，無「入」字。

008 及早涼脆採之 閩本同。嘉靖本同。岳本「脆」作「脃」，釋文同，監、毛本「脆」誤「脃」。惠棟挍宋本「脆」字同，「採」作「采」，衛氏集説同。「早」字各本同，釋文出「蚤」，云「本亦作『早』」。

009 夫人繅三盆手 各本同。石經同。釋文出「夫人繅」，云「下同，説文作『繅』」。

010 服既成 各本同。監本「成」誤「戌」。

011 三淹也 各本同。釋文出「三掩」，云「本亦作『淹』」。按，詩瞻卬疏引作「緸」。

012 **古者至至也**　惠棟挍宋本無此五字。

013 **傳曰雉有三尺**　閩、監、毛本同。惠棟挍宋本「曰」作「云」。

014 **此特舉諸侯互言之**　閩、監本同。毛本「特」誤「時」。×

君子曰禮樂不可斯須去身節

015 **理謂言行也**　惠棟挍宋本同。岳本同。嘉靖本同。衛氏集説同。閩、監、毛本「謂」誤「爲」。×

016 **舉而錯之**　各本同。石經同。釋文出「而措」，云「本亦作『錯』」。×

017 **倦則進之**　惠棟挍宋本作「則」，宋監本、岳本、嘉靖本、衛氏集説同，考文引古本、足利本同。此本「則」誤「而」，閩、監、毛本同，下「溢則使反」同。❷

018 **君子至一也**　惠棟挍宋本無此五字。

曾子曰孝有三節

019 **亨孰羶薌**　閩、監本如此。石經同。岳本同。嘉靖本同。衛氏集説同。毛本「孰」作「熟」。釋文出「亨孰」。按，各本疏並作「熟」。

020 **嘉而弗忘**　閩本、惠棟挍宋本、宋監本、石經、岳本、嘉靖本同。衛氏集説同。監、毛本「嘉」作「喜」，陳澔集説同。石經考文提要云：宋大字本、余仁仲本、劉叔剛本並作「嘉」。

021 **曾子至禮終**　惠棟挍宋本無此五字。

022 **不使傾危以辱親也**　惠棟挍宋本同。衛氏集説同。此本「傾」誤「預」，閩、監、毛本同。×

023 **謂用天分地以養父母也**　考文引宋板同。衛氏集説同。閩、監、毛本「用」作「因」。

024 **而教於下名之曰孝**　惠棟挍宋本如

此，衛氏集説同。此本「孝」下複衍「孝」字，閩、監本同，毛本作「名之日教孝」，亦誤。❸

025 言不能備孝之德　閩本同。惠棟挍宋本同。監、毛本「備」作「稱」，衛氏集説亦作「備」。

＊ 養賢可能也　補：案，「賢」字誤衍。

026 言欲行仁者先仁恩於此孝也　閩、監本如此，毛本「先」誤「矣」。×

＊ 可用勞矣者　補：案，「可」下誤脱「謂」字。❹

＊ 施諸世後世　補：案，上「世」字誤衍。

027 廣博於施則德教加于百姓　惠棟挍宋本有「於」字，閩、監、毛本「於」字脱。❺

028 此即是大孝不匱也　閩、監、毛本如此，惠棟挍宋本無「即」字。

樂正子春節

029 樂正至孝矣　惠棟挍宋本無此五字。

030 言念之恐有傷損　考文引宋板「念」字同，閩、監、毛本「念」誤「忘」。惠棟挍宋本「傷損」作「損傷」。

031 而行不游邪徑　惠棟挍宋本同。閩、監、毛本「游」作「由」，衛氏集説同。

032 可謂孝矣也　惠棟挍宋本同。閩、監、毛本「矣也」二字倒，衛氏集説無「也」字。

昔者有虞氏節

033 昔者至尚齒　惠棟挍宋本無此五字。

034 皆班序在上故名之　閩、監、毛本同。惠棟挍宋本「名」作「明」。

035 俗本後德多作小得字　惠棟挍宋本作「得字」，此本「得」字不誤，「字」誤「者」，閩、監、毛本「得字」誤「德者」。×

虞夏殷周節 ×

036 虞夏至事親也　惠棟挍宋本無此六字。×

037 貴年是久矣　惠棟挍宋本同。閩、監、毛本「年」誤「在」。

是故朝廷節

038 是故至廷矣　惠棟挍宋本無此五字。

039 則於路寢門外曰視朝　閩、監、毛本同。考文云宋板「曰」作「日」。

行肩而不併節

040 雖貧且無子孫　惠棟挍宋本作「且」，宋監本、岳本、嘉靖本、衛氏集説同。此本「且」誤「見」，閩、監、毛本同。

041 無弃忘也　岳本、嘉靖本、衛氏集説同。閩、監、毛本「弃」作「棄」。

042 行肩至巷矣　惠棟挍宋本無此五字。

古之道節

043 而弟達乎獀狩矣　各本同。石經同。釋文出「於廋」，云「本又作『獀』」。

044 及田者分禽多　各本同。毛本「禽」誤「其」。

045 軍旅什伍　閩、監本同。石經同。岳本同。嘉靖本同。衛氏集説同。毛本「伍」誤「五」。

046 古之至旅矣　惠棟挍宋本無此五字。

047 田畢頒禽之時多長者　惠棟挍宋本作「畢」。此本「畢」誤「軍」，閩、監、毛本同。

048 供君田役事　閩、監本同。毛本「君」作「軍」，衛氏集説無「君」字。

049 不從力政之事也者　閩本同。惠棟挍宋本同。監、毛本「政」作「役」。按，王制作「政」。

050 此末五十者猶任田役　閩、監、毛本同。考文云宋板「任」作「在」，衛氏集説同。

051 時主帥部領團曲而聚　閩、監本同。毛本「帥」誤「師」。

孝弟發諸朝廷節

052 脩乎軍旅　各本同。石經同。考文云古本「脩」作「循」。按，家語亦作「循」。

053 孝弟至犯也　惠棟挍宋本無此五字。

054 此一節總論結上文　閩、監、毛本同。惠棟挍宋本「節」作「經」，衛氏集説同。

055 祀乎明堂節　惠棟挍云：「祀乎」節、「食三老」節，宋本合爲一節。

056 所以教諸侯之孝也　各本同。毛本「教」誤「敬」。

057 祀乎至教也　惠棟挍宋本無此五字。

058 實於明堂之中　閩、監、毛本同。惠棟挍宋本「於」作「在」。

059 故云五者天下之大教　惠棟挍宋本有「云」字。此本「云」字脱，閩、監、毛本同。❻

060 各於所習之學　惠棟挍宋本作「於」，衛氏集説同。此本「於」誤「有」，閩、監、毛本同。×

食三老五更於大學節

061 天子袒而割牲　各本並作「而」，此本「而」誤「則」。❼

062 行一物而三善皆得　閩、監、毛本同。岳本同。嘉靖本同。衛氏集説同。考文云宋板無「皆」字。

063 食三至子齒　惠棟挍宋本無此五字。

064 以天子敬老鄉里化之　閩、監、毛本同。衛氏集説同。考文云宋板「子」作「下」。×

天子巡守節　×

065 天子至可也　惠棟挍宋本無此五字。×

066 欲共言論政教　閩、監本同。毛本「欲」誤「亦」。×

壹命齒于鄉里節

067 一命至爵者　惠棟按宋本無此五字。

068 此一節明鄉里之中　閩、監、毛本同。衛氏集説同。惠棟按宋本「節」作「經」。

069 一命齒于鄉里者　閩、監、毛本同。惠棟按宋本「一」作「壹」，下「無一命齒于鄉里」同。

070 計長幼爲班序　惠棟按宋本作「班」，衛氏集説同。此本「班」誤「世」，閩、監、毛本同。✕

071 此三命者得爲待獻　閩、監、毛本同。惠棟按宋本無「得」字，衛氏集説同。

天子有善節 ✕

072 天子至順也　惠棟按宋本無此五字。✕

073 此一節明有善　閩、監、毛本同。惠棟按宋本「節」作「經」，衛氏集説同。✕

昔者聖人節 ✕

074 昔者至賢也　惠棟按宋本無此五字。✕

孝子將祭祀節

075 及酳之屬也　惠棟按宋本有「也」字，宋監本、岳本、嘉靖本、衛氏集説同。此本「也」字脱，閩、監、毛本同。❽

076 如將復入然　閩、監本同。石經同。岳本同。嘉靖本同。衛氏集説同。考文引宋板同。毛本「復」誤「弗」。

077 孝子至志也　惠棟按宋本無此五字。

078 然止由如是言心貌必温　閩、監、毛本同。山井鼎云：「宋板『言』下闕字，『心貌必温』屬下句讀。」盧文弨按云「止由如是言心」疑當作「其奠之也容」。

079 術述也省視也　惠棟按宋本「述」下有「也」字，衛氏集説同。此本「也」字脱，閩、監、毛本同。❾

080 反覆不忘也　閩、監本同。毛本「不」誤「人」。

081 此乃孝子思念親之志也　閩、監本同。惠棟挍宋本無「乃」字，衛氏集説同。毛本「親」誤「其」。

建國之神位節

082 建國至宗廟　惠棟挍宋本無此五字。

083 何休云　閩、監本同。毛本「何」誤「在」。

48—084 禮記正義卷第五十六終　惠棟挍宋本此行在疏「周尚左也」之下，計云凡二十九頁。❿

校記

❶南昌本校語下有「今正」。

❷南昌本出文「則」作「而」。校語移「閩、監、毛本同」一句於「惠棟挍宋本」句上，「作則」上有「而」，無「此本『而』誤『則』」。

❸南昌本出文重「孝」字。校語「如此」作「不重孝字」，「孝下複衍孝字」作「複衍孝字」。

❹南昌本此條在「施諸世後世」條右，而「可用勞矣者」句實在「施諸後世」句後。

❺南昌本出文無「於」字。校語「有於字」上有「博下」，「於字脱」作「並字脱」。

❻南昌本出文無「云」字。校語移「閩、監、毛本同」一句於「惠棟挍宋本」句上，「有云字」上有「故下」，無「此本云字脱」。

❼南昌本出文「袓」作「祖」。校語下有「今訂正」。

❽南昌本出文無「也」字。校語移「閩、監、毛本同」一句於「惠棟挍宋本」句上，「有也字」上有「下」，無「此本也字脱」。

❾南昌本出文無上「也」字。校語移「閩、監、毛本同」一句於「惠棟挍宋本」句上，無「此本也字脱」。

❿南昌本出文改作「附釋音禮記注疏卷第四十八」，上提三格。校語「此行在疏周尚左也之下」改作「禮記正義卷第五十六終」，「計」作「記」。

禮記注疏校勘記卷四十九

49—001 禮記正義卷第五十七　惠棟挍宋本。❶

祭統第二十五

凡治人之道節

002 心怵而奉之以禮　惠棟挍宋本同，釋文亦作「怵」。閩、監、毛本「怵」作「怵」，石經同，岳本同，嘉靖本同，衛氏集説同。此本注疏中字並作「怵」，不加點。❷

003 凡治至之義　惠棟挍宋本無此五字。

004 夫祭者非物自外至者也　閩、監本同。毛本「夫」誤「大」。

賢者之祭也節

005 賢者至謂畜　惠棟挍宋本無此五字。

006 言世人謂福謂壽考吉祥　閩、監、毛本「謂壽」作「爲壽」，衛氏集説同，惠棟挍宋本無「爲」字。❸

007 皇尸命工祝　閩、監本同。衛氏集説同。毛本「尸」誤「兄」。

008 承致多福無疆于女孝孫使女受禄于天　閩本同。衛氏集説同。監本「使」誤「侯」。毛本「于」誤「子」。

是故孝子節

009 是故至行也　惠棟挍宋本無此五字。

010 既内自盡節　惠棟挍云：「既内自盡」節、「凡天之所生」節，宋本合爲一節。

011 昏禮是也　各本同。石經同。毛本「昏」作

「昬」，衛氏集説同。○按，毛本非也，説文「昬」从日，氏省，非从民聲也。

012 具謂所供衆物　閩、監、毛本同。惠棟按宋本同。嘉靖本同。岳本「供」作「共」，衛氏集説同，釋文出「所共」。

013 既内至備矣　惠棟按宋本無此五字。

014 茆菹麋臡　閩、監、毛本同。齊召南云「麋」當作「麇」。

015 有深蒲醓醢　惠棟按宋本同。閩、監、毛本「醓」誤「醢」，下「又有醓醢」同。

016 深蒲箈笱　毛本同。閩、監本「箈」作「菭」，衛氏集説同。按，周禮作「箈」。

凡天之所生節❹

017 咸皆也　惠棟按宋本作「皆」，宋監本、岳本、嘉靖本、衛氏集説同，考文引古本、足利本同。此本「皆」誤「是」，閩、監、毛本同。　×

018 齊或爲粢　閩、監、毛本同。岳本同。嘉靖本同。惠棟按宋本「爲」作「作」，衛氏集説同，宋監本同。

019 凡天至道也　惠棟按宋本無此五字。

020 王侯豈貧無穀帛　閩、監本同。衛氏集説同。毛本「侯」誤「后」。　×

021 一絲旁才　閩、監、毛本同。衛氏集説同。段玉裁按本「絲」當作「糸」，下「絲旁屯」同。

022 若衣色見　閩、監、毛本同。衛氏集説「見」上有「可」字。

及時將祭節

023 嗜欲無止也　惠棟按宋本、石經、宋監本、衛氏集説同。閩、監、毛本「嗜」作「耆」，岳本同，嘉靖本同，釋文出「耆欲」，下「訖其嗜欲」同。

024 君執鸞刀羞嚌　各本同。石經同。釋文出

「羞齊」，云「本亦作『嚌』，注同」。○按，嚌，正字；齊，假借字。

025 芻謂藁也　各本同。釋文出「稾也」，云「下同」。按，「稾」字非也。○按，依説文當作「稾」，从禾，高聲，假借作「稾」，俗作「藁」。

026 及時至親之　惠棟挍宋本無此五字。

027 謂四時應祭之前未旬時也　閩、監、毛本同。衛氏集説同。考文引宋板「未」作「末」。

028 俱至大廟之中　閩本同。惠棟挍宋本同。衛氏集説同。監、毛本「至」誤「在」。

029 子男夫人闕狄　惠棟挍宋本作「闕」，衛氏集説同。此本「闕」字脱，閩、監、毛本「闕」作「屈」。❺

030 宗婦執盎從者　惠棟挍宋本同。閩、毛本同。監本「婦」誤「廟」。

031 涚即盎齊由其濁　惠棟挍宋本作「其」，此本「其」誤「自」，閩、監、毛本同。

032 用清酒以涚沸之　閩、監本同。毛本「涚」誤「沛」，下「以清酒涚之」同。❻

033 二者謂饋熟之時　考文引宋板同。閩、監、毛本「者」作「是」。

及入節

034 及入至義也　惠棟挍宋本無此五字。

夫祭有三重焉節

035 夫祭至之道也　惠棟挍宋本無此五字。

036 此一節并明祭祀之禮　閩、監、毛本同。惠棟挍宋本「節」作「經」，衛氏集説同。

037 若內志輕略　惠棟挍宋本如此，衛氏集説同。此本「志」上衍「心」字，閩、監、毛本同。❼

038 此等亦殷重　閩、監、毛本同。考文云宋板「重」下有「矣」字，衛氏集説同。

夫祭有餕節

039 鬼神之惠偏廟中　各本同。釋文出「偏及」。

040 而下有凍餒之民也　閩、監本同。石經同。岳本同。嘉靖本同。衛氏集説同。毛本「餒」誤「餕」。釋文出「凍餧」。盧文弨云：按説文「餧，飢也，一曰魚敗曰餧」，則「餧」乃「餒」之本字，後人始别作「餒」也。

041 國君有蓄積　各本同。釋文出「畜積」。

042 夫祭至政矣　惠棟挍宋本無此五字。

043 示傳恩惠也　惠棟挍宋本同。閩、監、毛本「傳」作「溥」，衛氏集説同。

044 君與三卿　惠棟挍宋本同。衛氏集説同。閩、監、毛本「三」誤「二」。

045 以二簋留爲陽厭之祭　惠棟挍宋本同。閩、監、毛本「陽」作「陰」，衛氏集説同。

046 祇由祭祀之餕　惠棟挍宋本有「由」字，衛氏集説同。此本「由」字脱，閩、監、毛本同。❽

047 其政善也　惠棟挍宋本作「政善」。此本「政善」二字倒，閩、監、毛本同。❾

夫祭之爲物大矣節

048 夫祭至也已　惠棟挍宋本無此五字。

049 故諸臣服從　閩、監本同。衛氏集説同。毛本「臣」誤「具」。

050 内教孝其親故子孫順孝　惠棟挍宋本作「其」，衛氏集説同。此本「其」誤「則」，閩、監、毛本「其」作「於」。❿

051 上亦憎惡也　惠棟挍宋本作「上亦」，此本「上」字不誤，「亦」誤「以」，閩、監、毛本「上亦」誤「以上」。

夫祭有十倫焉節

052 見親踈之殺焉　閩、監、毛本同。石經「踈」作「疏」，宋監本、岳本、嘉靖本、衛氏集説同。按，下「此之謂親疏之殺也」各本並作「疏」，此不宜岐出作「踈」，當依作「疏」爲是。

053 夫祭至十倫　惠棟挍宋本無此五字。

鋪筵設同几節

054 鋪筵至道也　惠棟挍宋本無此五字。

055 故特云同几　閩、監本同。毛本「特」誤「持」。

056 不廢其物異也　惠棟挍宋本作「廢」。此本「廢」作「齊」，閩、監、毛本同。⑪

057 故鄭注司几筵云　惠棟挍宋本作「司」。此本「司」誤「同」，閩、監、毛本同。

君迎牲而不迎尸節

058 君迎至義也　惠棟挍宋本無此五字。

059 則尊在廟中耳　惠棟挍宋本作「耳」。此本「耳」誤「君」，閩、監、毛本耳。⑫

060 且廟中行禮　惠棟挍宋本作「且」。此本「且」誤「目」，閩、監、毛本「且」誤「自」。

夫祭之道節

061 於祭者子行也　各本同。石經同。考文引古本、足利本「子」上有「爲」字。按，通典四十八引亦云「於祭者爲子行也」。

062 夫祭至倫也　惠棟挍宋本無此五字。

063 不許己尊　考文引宋板同。閩、監、毛本「許」作「計」。

064 故知是天子諸侯也　閩、毛本同。監本「子」誤「下」。

尸飲五節

065 明尊卑之等也　各本同。石經同。釋文出「之差」，云「本又作『之等』」。×

066 尸飲至等也　惠棟挍宋本無此五字。

067 主人乃散爵獻士　閩、監本同。毛本「主」誤「王」。×

068 但尸飲三也　惠棟挍宋本有「尸」字，衛氏集説同。此本「尸」字脱，閩、監、毛本同。⓭

069 知大夫士祭三獻而獻賓者　閩、監本同。毛本「三」誤「二」。×

夫祭有昭穆節

070 夫祭至殺也　惠棟挍宋本無此五字。

071 故主人及衆賓亦爲昭穆　惠棟挍宋本同。閩、監、毛本「衆賓」二字倒。

072 列昭穆存亡名有遠近　閩、監本同。毛本「名」作「各」。

古者明君爵有德節

073 古者至施也　惠棟挍宋本無此五字。

074 似非時而祭　閩、監、毛本同。惠棟挍宋本「似」作「以」。

075 君尊上爵　閩、監、毛本同。惠棟挍宋本「上」作「尚」，衛氏集説同。

君卷冕立于阼節

076 夫人薦豆執校　各本同。石經同。毛本「校」作「挍」。釋文亦作「校」。注疏放此。

077 夫人受尸執足　惠棟挍宋本作「受」，正義同，石經同，岳本同，嘉靖本同，考文引古本、足利本同。此本「受」誤「授」，閩、監、毛本同，衛氏集説同。按，此言尸酢夫人，夫人受酢于尸，則執爵足是受尸，而非授尸明矣，疏「夫人受尸執足者」放此。⓮

078 君卷至別也　惠棟挍宋本無此五字。

079 酢必易爵者謂夫婦　惠棟挍宋本作

「者」。此本「者」誤「也」，閩、監、毛本同。×

凡爲俎者節

080 凡爲至均焉　惠棟挍宋本無此五字。

081 俎爲助祭者各將物於俎也　閩、監、毛本同。考文云宋板「爲」作「謂」。

凡賜爵節

082 凡賜至有序　惠棟挍宋本無此五字。

083 昭爲一穆爲一此言　閩、監、毛本同。惠棟挍宋本「此」作「者」，是也。×

084 以獻時不以昭穆爲次也　惠棟挍宋本作「也」。此本「也」誤「者」，閩、監、毛本同。⑮

夫祭有畀煇胞翟閽者節

085 夫祭至之際　惠棟挍宋本無此五字。

086 以祭末又何恩賜與刑人　惠棟挍宋本作「以」。此本「以」誤「於」，閩、監、毛本同。×

087 此四守者吏之至賤者也　閩、監、毛本同。惠棟挍宋本「也」下有「者」字。

088 更廣明貴有餘分　惠棟挍宋本作「貴」。此本「貴」誤「既」，閩、監、毛本同。×

凡祭有四時節

089 凡祭至母矣　惠棟挍宋本無此五字。

090 載此前記之文　惠棟挍宋本有「此」字。此本「此」字脱，閩、監、毛本同。⑯

091 所以言記曰也　閩、毛本作「曰」。此本「曰」誤「日」，監本同。×

夫鼎有銘節

092 此孝子孝孫之心也　閩、監本同。石經同。岳本同。嘉靖本同。衛氏集説同。考文引宋板同。毛本「此」誤「比」。

093 王功曰勳　閩、毛本同。岳本同。嘉靖本

同。衛氏集說同。監本「王」誤「世」。×

094 傳著於鐘鼎也　閩、監、毛本同。嘉靖本同。衛氏集說同。惠棟挍宋本「傳」作「傅」，宋監本、岳本同，考文引足利本同，釋文出「傅著」。按，「傅」是也。

095 衛莊公蒯聵也　閩本同。岳本同。嘉靖本同。衛氏集說同。監、毛本「聵」作「瞶」，非。

096 得孔悝之立己　岳本同。嘉靖本同。考文引古本同。惠棟挍宋本无「己」字，衛氏集說无「己」字，「得」作「德」，閩、監、毛本「得」作「德」，「己」字有。

097 公爲策書　各本同。釋文「策」作「筴」，乃俗字。

098 言莊叔常奔走　惠棟挍宋本作「常」，宋監本、岳本、嘉靖本同，考文引足利本同。此本「常」誤「當」，閩、監、毛本同。×

099 興舊耆欲　閩、監、毛本同，岳本同，嘉靖本同，釋文出「耆欲」。惠棟挍宋本「耆」作「嗜」，石經、宋監本、衛氏集說同。

100 略取其一以言之　閩、監、毛本同。岳本同。嘉靖本同。惠棟挍宋本「其」作「此」，宋監本、衛氏集說同，考文引足利本同。

101 夫鼎至恥心　惠棟挍宋本無此五字。

102 而已身親自著名次於下　惠棟挍宋本作「親」。此本「親」誤「雖」，閩、監、毛本同。×

103 云傳著於鍾鼎也者傳附也　毛本同。閩、監本二「傳」字並作「傅」。

104 夫銘至所爲〇銘者　閩、監、毛本同。惠棟挍宋本無「銘至所爲〇」五字，「夫」字屬下。

105 爲之至恭矣　閩、監、毛本同。惠棟挍宋本五字無。

106 云得孔悝之立己者　考文引宋板同。閩、監、毛本「得」作「德」，下「是得孔悝之立己也」同。

107 遂劫以登臺　閩、監本同。毛本「劫」誤「幼」。×

108 謂孔悝之七世祖孔達也　惠棟挍宋本如此。此本「世」字脱，閩本同，監、毛本「七世祖」誤「先祖」。

109 鉏生頊叔羅　惠棟挍宋本作「頊」。此本「頊」誤「項」，閩、監、毛本同。×

110 前驅歂大射而殺之　閩、監、毛本同。浦鏜挍「大」作「犬」。○按，浦鏜是也。×

111 而云之者傳文不具　閩本同。惠棟挍宋本同。監、毛本「云之」誤「云云」。

昔者周公旦節

112 不廢其此禮樂也　閩、監、毛本同。岳本同。嘉靖本同。浦鏜挍云集説無「此」字。按疏則「其」字當衍。⑰

113 昔者至國也　惠棟挍宋本無此五字。

114 社與郊連文則用天子之禮也　惠棟挍宋本如此，衛氏集説同。此本「則」字誤重，閩、監、毛本「則」下衍「備」字。

115 朱干亦盾也　閩、監、毛本同。考文引宋板「亦」作「赤」。

116 大夏禹樂之舞也　閩、監、毛本同。惠棟挍宋本「之」作「文」。

117 禮記正義卷第五十七終　惠棟挍宋本此行在疏「尊重其魯國也」之下。⑱

118 禮記卷第十四經七千四百六十字注五千五百二十三字　宋監本。

49—119 禮記卷第十四經七千一百八十二字注五千四百九字　嘉靖本同。

校　記

❶南昌本出文改作「附釋音禮記注疏卷第四十九」，上提三格。校語下有「禮記正義卷第五十七」。
❷南昌本出文「怵」作「怵」。
❸南昌本出文下「謂」作「爲」。校語「謂壽作爲壽」作「同」。
❹南昌本出文「天」作「大」。
❺南昌本出文無「闕」字。校語「作闕」作「作闕狄」。
❻南昌本出文「涑」作「涑」。校語「涑誤沛」作「涑作沛」。
❼南昌本出文「志」上有「心」。校語移「閩、監、毛本同」於「惠棟挍宋本」句上，「如此」作「無心字」，「志上衍心字」作「誤衍」。
❽南昌本出文無，「祇」作「祇」，「由」字。校語「有由字」上有「祇下」。
❾南昌本出文「政善」作「善政」。校語「政善二字倒」作「誤倒」。
❿南昌本出文「其」作「則」。校語「作其」上有「則」。
⓫南昌本出文「廢」作「齊」。校語移「閩、監、毛本同」一句於「惠棟挍宋本」句上，「作廢」上有「齊」，無「此本廢作齊」。
⓬南昌本「作耳」作「中下有耳字」，無「此本耳誤君，閩、監、毛本耳」，下有「諸本並脱」。
⓭南昌本出文無「尸」字。校語移「閩、監、毛本同」一句於「惠棟挍宋本」句上，「有尸字」上有「但下」，無「此本尸字脱」。
⓮南昌本出文「受」作「授」。校語「作受」上有「授」。
⓯南昌本出文「也」作「者」。校語移「閩、監、毛本同」一句於「惠棟挍宋本」句上，「作也」上有「者」，無「此本也誤者」。
⓰南昌本出文無「此」字。校語移「閩、監、毛本同」一句於「惠棟挍宋本」句上，「有此字」上有「前上」，無「此本此字脱」。
⓱南昌本出文下移二格。
⓲南昌本出文改作「附釋音禮記注疏卷第四十九」，上提三格。校語「此行在疏尊重其魯國也之下」改作「禮記正義卷第五十七終」，下有「宋監本禮記卷第十四，經七千四百六十字，注五千五百二十三字。嘉靖本禮記卷第十四，經七千一百八十二字，注五千四百九字」。

禮記注疏校勘記卷五十

50—001 禮記正義卷第五十八　惠棟挍宋本。❶

經解第二十六

孔子曰入其國節

002 孔子至者也　惠棟挍宋本無此五字。

003 若不節之則失在於愚　閩本同。監、毛本「之」作「制」。考文云：宋板亦作「之」，無「則」字。

004 樂主廣博和易　閩本同。衛氏集説同。監、毛本「和」誤「知」。

005 相責徧切　閩、毛本同。監本「徧」誤「編」。

006 子産争承之類是也　惠棟挍宋本作「承」，與左傳合。此本「承」作「丞」，閩、監、毛本同。

007 若以聲音干戚　閩、監本同。毛本「干」誤「于」。

008 樂有諧和性情皆能與民至極　閩、監本同。毛本「皆」誤「者」。

天子者與天地參節

009 然後玉鏘鳴也　閩、監、毛本同。岳本同。衛氏集説同。嘉靖本同。釋文出「玉鎗」，云「本又作『鏘』」。

010 和在軾前升車則馬動　閩、監、毛本同。岳本同。衛氏集説、嘉靖本並同。續通解「前」作「故」，非也。

禮之於正國也節

011　禮之至謂也　惠棟挍宋本無此五字。×

012　衛莊公寵公子州吁　閩本同。惠棟挍宋本同。監、毛本「子」誤「孫」。×

故朝覲之禮節

013　婿曰昏　閩本同。監、毛本「婿」作「壻」，岳本同，衛氏集説、嘉靖本並同，疏放此。

014　故朝至亂患　惠棟挍宋本無此五字。

015　廣明安上治民之義　閩、監本同。毛本「之」作「以」。×

016　則豫防障之　閩、監、毛本同。惠棟挍宋本「防」作「坊」，衛氏集説同。

017　禮本坊亂　閩、監、毛本同。惠棟挍宋本「坊」作「防」。

故昏姻之禮廢節×

018　故昏姻至起矣　惠棟挍宋本無此六字。×

019　乃至於聘覲也　閩、監本同。毛本「覲」誤「勤」。×

故禮之教化也微節

020　差錯若毫氂之小　閩本同。惠棟挍宋本同。毛本「氂」作「釐」。

哀公問第二十七

021　此於別録屬通論　閩、監本同。毛本「屬」誤「凡」。×

哀公問於孔子曰節

022　然後言其喪筭　各本同，石經同，釋文出「喪筭」。毛本「筭」作「算」，注同。

023　脩其宗廟　各本同。石經同。嘉靖本、毛本「脩」作「修」。

024　正其衣服　閩、監本同。岳本同。衛氏集説同。嘉靖本同。毛本「其」誤「以」。×

025 **求得當欲**　各本同。毛本「得」誤「德」。

026 **哀公至禮也**　惠棟挍宋本無此五字。

027 **孔子曰今之君子**　閩、監本同。毛本「今」誤「古」。

孔子侍坐於哀公節　×

028 **願聞所以行三言之道**　閩、監本同。石經同。岳本同。嘉靖本同。毛本「言」誤「焉」，疏同。

029 **如此國家順矣**　石經、岳本同。考文引宋板、古本、足利本同。嘉靖本同。閩、監、毛本「國」上衍「則」字，衛氏集説同。按，疏述經無「則」字。石經考文提要云：宋大字本、宋本九經、余仁仲本、劉叔剛本「則」字並無。×

030 **猶吾妻子也**　閩、監本同。岳本同。嘉靖本同。衛氏集説同。考文引宋板同。毛本「猶」誤「乃」。

031 **孔子至順矣**　惠棟挍宋本無此五字。

032 **謂所以親此婦人欲使婦人亦親己也**　考文引宋板有「欲使婦人」四字，衛氏集説同。此本「欲使婦人」四字脱，閩、監、毛本同。❷

033 **則是捨去敬心**　考文云宋板作「去」，衛氏集説同。此本「去」誤「夫」，閩、監、毛本同。❸

034 **則使上卿逆**　惠棟挍宋本同，衛氏集説亦作「逆」，閩、監、毛本「逆」作「迎」。

035 **從左氏義玄駮之云**　惠棟挍宋本同。閩、監、毛本「玄」誤「也」。×

036 **不得其辭之請少進者**　閩、監、毛本同。惠棟挍宋本無「之」字。

037 **振救也**　閩、監本同。毛本「救」誤「敬」，下「其禮足以救之」同。

038 **言妻所以供粢盛祭祀**　閩、監、毛本同。惠棟挍宋本「妻」下有「者」字。

039 此論人君治國政 閩本同。惠棟挍宋本同。衛氏集説同。監、毛本「君」誤「臣」。

040 愾音近憩憩爲息 閩本同。監本「憩」作「憇憇」，毛本作「⿱甜心⿱甜心」，惠棟挍宋本作「⿱甚心⿱甚心」。

041 毛詩傳文 惠棟挍宋本同。閩、監、毛本「文」誤「云」，衛氏集説亦作「文」。

042 而從者三千乘 惠棟挍宋本作「乘」。此本「乘」誤「成」，閩、監、毛本同。按，詩緜疏引書傳略説亦作「乘」字。❹

公曰敢問何謂敬身節

043 民者化君者也 毛本作「化」，岳本同，嘉靖本同，衛氏集説同。此本「化」誤「之」，閩、監本同。

044 公曰至親矣 惠棟挍宋本無此五字。

045 孔子對以敬身之理 閩、監本同。衛氏集説同。毛本「理」誤「禮」。

公曰敢問何謂成親節

046 公曰至其身 惠棟挍宋本無此五字。

公曰敢問節

047 公曰至乎物 惠棟挍宋本無此五字。

公曰敢問君子何貴乎天道也節

048 照察有功 各本同。釋文出「炤察」，云「本亦作『照』」。

049 公曰至道也 惠棟挍宋本無此五字。

公曰寡人惷愚冥煩節

050 事父孝故事天明 閩、監本同。岳本同。嘉靖本同。衛氏集説同。考文引宋板同。毛本「孝」誤「母」。

051 公曰至成身 惠棟挍宋本無此五字。

052 如以事天相似　毛本同。閩、監本「以」作「似」。按，「以」、「與」通用，此「以」字義當如「與」，不當改爲「似」，衛氏集説無「以」字。×

公曰寡人既聞此言也節　×

053 爲謙辭　惠棟挍宋本如此，岳本同，嘉靖本同，衛氏集説同。此本「謙」誤「讓」，閩、監本同，毛本「爲謙」誤「謂讓」。×

054 公曰至福也　惠棟挍宋本無此五字。×

055 而有罪失何　惠棟挍宋本作「失」，此本「失」誤「尖」，閩、監、毛本「失」作「戾」。❺

仲尼燕居第二十八

056 仲尼燕居者善其不倦　閩、監、毛本同。惠棟挍宋本無「者」字，衛氏集説同。

仲尼節　×

057 仲尼至徧也　惠棟挍宋本無此五字。×

子貢越席而對曰敢問何如節

058 子貢辨近於給　岳本同。衛氏集説同。閩、監、毛本「辨」作「辯」，疏同，嘉靖本同。

059 子貢至慈仁　惠棟挍宋本無此五字。

子曰師爾過節

060 言敏鈍不同　各本同。釋文「鈍」作「頓」，假借字。

061 而車梁不成　閩、監、毛本同。岳本同。嘉靖本同。惠棟挍宋本「車」作「輿」，衛氏集説同。

062 子曰至教也　惠棟挍宋本無此五字。

063 言子産猶若衆人之母　惠棟挍宋本有「猶」字。此本「猶」字脱，閩、監、毛本同。❻

064 不能嚴厲教之　惠棟挍宋本同。閩、監、毛本「厲」誤「勵」。×

065 而車梁不成者　閩、監、毛本同。惠棟挍宋本「車」作「輿」。

子貢退節

066 以之軍旅有禮　各本同。石經同。毛本「軍」誤「君」。

067 官失其體　惠棟校宋本、石經、宋監本、岳本、衛氏集說同。閩、監、毛本「體」誤「禮」，嘉靖本作「躰」，俗字。

068 子貢至衆也　閩、監、毛本同。惠棟校宋本五字無。山井鼎云：「子貢至衆也，宋板此上有『正義曰前經明諸事得理止而使和合者也』十七字。」

069 此一節明子游問禮　閩、監本同。毛本「游」作「貢」。

070 然猶如是　惠棟校宋本有「猶」字，衛氏集說同。此本「猶」字脱，閩、監、毛本同。❼

071 此以上皆是存留死事之善者　毛本如此，此本「上皆是」三字闕，閩、監二本闕「上皆」二字，考文云宋板無「皆」字。

072 射謂鄉射　閩、監、毛本同。惠棟校宋本「鄉射」下有「也」字。

073 治國其如示諸掌而已乎者　惠棟校宋本作「其」。此本「其」誤「有」，閩、監、毛本同。

074 皆是事之難者　閩、監本同。毛本「難」誤「類」。

075 則治國之諸事　惠棟校宋本有「國」字。此本「國」字脱，閩、監、毛本同。❽

076 父子孫於己最近　閩、監本同。毛本「於」誤「與」。

077 按周禮食醫春多酸　閩本同。惠棟校宋本同。監、毛本「醫」誤「醬」。

078 子曰慎聽之節　惠棟校云：「子曰慎聽之」節，宋本分「以禮樂相示而已矣」之上合「子貢退」節爲一節，「子曰禮也者」至「其在人乎」另爲一節，「子貢越席」至「古之人也」另爲一節。

079 縣興金作也金再作者獻主君又作也　閩本同。岳本同。嘉靖本同。衛氏集説同。監本「興」誤「與」。毛本「獻」誤「厭」，考文云宋板亦作「獻」。

080 備具百官　閩、監本同。毛本「具」誤「其」。 ×

081 通爲六也　閩、監、毛本同。惠棟挍宋本「通」下有「前」字，衛氏集説同。❾

082 言禮畢通徹器之時　閩、監、毛本同。考文云。惠棟挍宋本無「通」字，衛氏集説亦作「禮畢徹器」。

083 通爲九也　閩、監、毛本同。惠棟挍宋本「通」下有「前」字，衛氏集説同。 ×

084 入門而金作示情也者　惠棟挍宋本如此。此本「者」字脱，閩、監本同，毛本「者」字有，「也」字脱。❿

085 直云下管象武　閩、監本同。毛本「云」誤「與」。 ×

086 大射禮謂臣爲主人而獻君　惠棟挍宋本有「人」字。此本「人」字脱，閩、監、毛本同。

087 下管象武即云夏籥序興　閩、監、毛本同。考文引宋板無「云」字。

088 君子無理不動　閩、監本同。毛本「理」誤「禮」。

子張問政節

089 作鍾鼓　閩本同。嘉靖本同。衛氏集説同。監、毛本「鍾」作「鐘」，石經同，岳本同。

090 室則有奧阼　各本同。石經同。釋文出「奧」，云「字又作『隩』」。考文云古本「奧」作「隩」，下及注同。

091 子張至矇矣　惠棟挍宋本無此五字。

092 道謂禮樂　閩、監、毛本同。惠棟挍宋本下有「也」字。

50—093 長謂五方瑞應之長也　閩、監、毛本同。惠棟挍宋本無「也」字。

校記

❶南昌本出文改作「附釋音禮記注疏卷第五十」，上提三格。校語下有「禮記正義卷第五十八」。

❷南昌本出文無「欲使婦人」四字。校語移「閩、監、毛本同」一句於「考文」句上，「有欲使婦人四字」上有「亦親上」，無「此本欲使婦人脱」。

❸南昌本出文「去」作「夫」。校語移「閩、監、毛本同」一句於「考文」句上，「作去」上有「夫」，無「此本去誤夫」。

❹南昌本出文「乘」作「成」。校語移「閩、監、毛本同」一句於「惠棟挍宋本」句上，「作乘」上有「成」，無「此本乘誤成」。

❺南昌本出文「失」作「戻」。校語「閩、監、毛本失作戻」作「閩、監、毛本同」，移於「惠棟挍宋本」句上，「作失」上有「戻」，無「此本失誤尖」。

❻南昌本出文無「猶」字。校語移「閩、監、毛本同」一句於「惠棟挍宋本」句上，「有猶字」上有「若上」，無「此本猶字脱」。

❼南昌本出文無「猶」字。校語「有猶字」上有「然下」。

❽南昌本出文無「國」字。

❾南昌本校語下有「〇下通爲九也放此」。

❿南昌本出文無「者」字。

禮記注疏校勘記卷五十一

孔子閒居第二十九

51—001 善其無倦而不褻　閩、監本同。衛氏集説同。毛本「褻」誤「衰」。

孔子閒居節

002 子夏覆問五至三無之事　惠棟挍宋本有「問」字。此本「問」字脱，閩、監、毛本同。❶

003 然四方有福亦先知之　閩、監本同。衛氏集説同。毛本「亦」作「必」。

004 子夏曰民之父母節　惠棟挍宋本「子夏曰民之父母既得而聞之矣」合上節爲一節，「敢問何爲」以下合下節「子夏曰五至既得而聞之矣」十一字爲一節。

005 傾耳而聽之　各本同。石經同。釋文出「頃耳」，云「音傾」。

006 敢問至五至　惠棟挍宋本無此五字。

007 若民有禍害　閩、監本同。毛本「害」誤「衰」。

子夏曰五至既得而聞之矣節

008 敢問至喪也　惠棟挍宋本無此五字。

009 密靜也　閩、監本同。毛本「密」誤「寧」。

子夏曰言則大矣美矣節

010 威儀遲遲　各本同。石經「遲遲」作「遟遟」。

011 不違者民不違君之氣志也　惠棟挍宋本作「民」，嘉靖本同，考文引古本、足利本同，岳本同，衛氏集説同。此本「民」誤「只」，閩、監、毛本同。

012 **起猶行也**　閩、監、毛本同。岳本同。嘉靖本同。衛氏集説同。惠棟挍宋本「行」作「從」，考文引古本、足利本同。

013 **子夏至孫子**　惠棟挍宋本無此五字。

014 **何爲其然也者**　惠棟挍宋本作「爲」。此本「爲」誤「謂」，閩、監、毛本同。×

子夏曰三王之德節

015 **敢問何如斯可謂參於天地矣**　閩、監、毛本同。衛氏集説同。石經無「於」字，岳本同，嘉靖本同，考文引古本、足利本同。石經考文提要云：宋大字本、宋本九經、南宋巾箱本、余仁仲本並無「於」字。

016 **日月無私照**　各本同。石經同。釋文出「私炤」，云「本亦作『照』」。

017 **湯降不遲**　各本同。石經「遲」作「遟」。

018 **昭假遲遲**　各本同。石經「遲遲」作「遟遟」，釋文亦出「遟遟」。

019 **上帝是祇**　閩本、石經、宋監本、岳本、嘉靖本並同。監、毛本「祇」誤「祗」，衛氏集説同，釋文出「是祇」。

020 **是湯奉天無私之德也**　惠棟挍宋本作「天」，宋監本、岳本、嘉靖本、衛氏集説同，考文引古本、足利本同。此本「天」誤「于」，閩、監、毛本同。×

021 **子夏至德也**　惠棟挍宋本無此五字。

清明在躬節

022 **嗜欲將至**　石經同。閩、監、毛本「嗜」作「耆」，岳本同，衛氏集説同，釋文出「耆欲」。按，此本注亦作「耆」，嘉靖本初作「耆」，後改「嗜」。

023 **嵩高惟嶽**　石經、宋監本、岳本、嘉靖本、衛氏集説同。閩、監、毛本「惟」作「維」。石經考文提要云：宋大字本、宋本九經、南宋巾箱本、余仁仲本、劉叔剛本並作「惟嶽」。下「惟嶽」、「惟申」並同。

024 惟周之翰　惠棟挍宋本、石經、宋監本、岳本、嘉靖本、衛氏集說同。考文引古本、足利本同。閩、監、毛本「惟」作「爲」。石經考文提要云：宋大字本、宋本九經、南宋巾箱本、余仁仲本、劉叔剛本並作「惟周」。

025 四方于宣　各本同。石經同。毛本「方」誤「國」。

026 清明至德也　惠棟挍宋本無此五字。

027 言文武將王之時　閩、監本同。毛本「文武」誤「武武」。×

028 無此生賢佐之詩　惠棟挍宋本如此，此本「生」字誤重，閩、監、毛本「無此生」作「無此先生」。❷

029 此詩大雅嵩高之篇　閩、監、毛本同。惠棟挍宋本「嵩」作「崧」，下「按詩嵩高之篇」同。

030 掌四岳之祀　閩、監本同。毛本「祀」誤「事」，惠棟挍宋本亦作「祀」，「岳」作「嶽」。×

三代之王節 ×

031 三代至德也　惠棟挍宋本無此五字。×

弛其文德節

032 弛其至德也　惠棟挍宋本無此五字。

033 言宣王陳其文德　閩、監本同。衛氏集說同。毛本「陳」作「承」。×

034 則大王居郊　閩、監、毛本同。惠棟挍宋本「郊」作「豳」。

035 禮記正義卷第五十八終　惠棟挍宋本此行在疏「大王之後也」之下，計云凡三十九頁。❸

036 禮記正義卷第五十九　惠棟挍宋本。×

坊記第三十❹

037 此於別録屬通論　閩、監本同。毛本「録」誤「業」。

子言之君子之道節

038 命謂教令　閩、監本同。惠棟挍宋本、岳本、嘉靖本並同。衛氏集説同。毛本「令」誤「命」。

039 子言至坊欲　惠棟挍宋本無此五字。

040 譬如坊之礙水　惠棟挍宋本作「礙」，衛氏集説同。此本「礙」誤「擬」，閩、監、毛本同。

041 故君子禮以坊德者　閩、監本同。毛本「以」誤「有」。

042 又設法令　惠棟挍宋本作「法令」，衛氏集説同。此本「法令」誤「依令」，閩、監本同，毛本「法令」誤「依命」。

子云小人貧斯約節

043 富斯驕　各本同。石經同。釋文出「斯喬」，云「本亦作『驕』，下同」。

044 士有爵命之級　閩、監、毛本、嘉靖本並同。惠棟挍宋本「級」下有「也」字，宋監本、岳本同，衛氏集説同。

045 子云至益亡　惠棟挍宋本無此五字。

046 此爲富者制法也　惠棟挍宋本作「爲」。此本「爲」誤「謂」，閩、監、毛本同，下「此爲貴者制法也」同。

047 貴爲卿士之屬也　閩、監本同。毛本「謂」誤「爲」。❺

子云貧而好樂節

048 子云貧而好樂　閩、監本同。石經同。岳本同。嘉靖本同。衛氏集説同。考文云宋板同。毛本「云」誤「曰」。

049 恒多作亂　閩、監、毛本同。岳本同。嘉靖本同。惠棟挍宋本作「作爲」，宋監本同，衛氏集説同，考文引古本同。

050 高一丈長三丈爲雉　毛本作「三」，岳本同，嘉靖本同，衛氏集説同。此本「三」誤「二」，閩、監本同。❻

051 革車十乘士一百人　閩、監、毛本同。惠棟挍宋本無「一」字，衛氏集説同。

052 則同鄉法五人爲五五五五爲兩之屬也　閩、監、毛本同。衛氏集説作「爲伍五伍」，考文引宋板亦作「五伍」。

053 武王戎軍三百兩　閩、監本同。衛氏集説同。毛本「三」誤「二」。

054 又司兵職云　毛本同。衛氏集説同。閩、監本「又」誤「有」。

055 云子男之城方五里者　惠棟挍宋本如此，衛氏集説同。此本「五」下衍「百」字，閩、監、毛本同。❼

056 國家謂城方也　閩、監本同。毛本「城」誤「成」，衛氏集説同。

057 按鄭注小司徒云　惠棟挍宋本作「小」，衛氏集説同。此本「小」誤「公」，閩、監、毛本同。

058 小國之下大夫采地方一成　惠棟挍宋本作「成」，衛氏集説同。此本「成」誤「城」，閩、監、毛本同。

059 子云夫禮者節　惠棟挍云：「子云夫禮」節、「子云君子」節、「子云觴酒」節，宋本分「民猶犯君」之上爲一節。

060 民猶得同姓以弑其君　各本同。石經同。釋文出「以殺」，云「本又作『弑』」。

061 唯在軍同服爾　惠棟挍宋本作「爾」，宋監本、岳本、嘉靖本、衛氏集説同，考文引足利本同。此本「爾」誤「于」，閩、監、毛本同。❽

062 子云至患之　惠棟挍宋本無此五字。

063 當用禮以章明之　閩、毛本同。監本「之」誤「也」。

064 云稱之曰主不言君辟諸侯也　閩、監本同。毛本「也」下有「者」字。

065 傳言君謂有采地者也　閩、監、毛本同。惠棟挍宋本「言」作「云」。

066 諸侯亦稱主下曲禮云　惠棟挍宋本如此，此本「主」字脱，閩、監、毛本脱「下」字。❾

067 主亦有以語肥也　惠棟挍宋本如此。此本「主」下衍「者」字，「語肥也」誤「御服乎」，閩、監、毛本同。❿

068 注同姓至服爾　惠棟挍宋本作「爾」。此本「爾」誤「于」，閩、監、毛本同，下「云唯在軍同服爾者」同。

069 取號之旂　惠棟挍宋本同。閩本「取」誤「取」，監、毛本「取」誤「助」。

070 詩云至斯亡　惠棟挍宋本無此五字。按，此節疏文一則此本誤接「是在軍同服」之後，閩、監、毛本移置「詩云民之無良」節經注之下，是也。

071 證上每事須讓也　惠棟挍宋本作「須」，惠氏集説同。此本「須」誤「預」，閩、監、毛本同。

072 子云君子辭貴不辭賤節　惠棟挍云：「詩云民之無良」以下，宋本另爲一節。

073 至于己斯亡　閩、監本同。石經同。岳本同。嘉靖本同。衛氏集説同。毛本「于」誤「於」。

子云利祿節

074 言不偷於死亡　各本同。釋文出「不愉」，云「本亦作『偷』」。○按，説文有「愉」無「偷」。

075 子云至無告　惠棟挍宋本無此五字。

076 欲令獻公當思念先君　惠棟挍宋本同。閩、監、毛本「思」誤「須」。

077 按鄭志荅曰炅模云　閩、監、毛本同。惠棟挍宋本無「曰」字，「炅」作「晁」。段玉裁挍云：「炅」字是也，「曰」字衍。盧文弨挍云前俱作「炅模」。

078 注記時就盧君　惠棟挍宋本如此。此本「就」上衍「孰」字，閩、監本同，毛本「就」上衍「執」字。⓫

子云上酌民言節

079 民受之如天矣　閩、監、毛本同。岳本同。嘉靖本同。惠棟挍宋本「受」作「愛」，衛氏集説同，考文引古本、足利本同。

080 故君子信讓以涖百姓　各本同。石經同。釋文「涖」作「莅」。

081 子云至芻蕘　惠棟挍宋本無此五字。

082 敬此在上則施之恩澤　閩、監本同。毛本「則」作「所」。

子云善則稱人節

083 言女鄉卜筮　各本同。釋文出「嚮卜」，云「本亦作『鄉』」。○按，經傳多作「鄉」，「嚮」俗字。

084 入告爾君于內女乃順之于外　閩、監本、石經、岳本、嘉靖本、衛氏集説同。毛本二「于」並誤「於」。

085 予克紂　各本作「紂」，石經同。此本「紂」誤「糾」，下「紂克予」同。

086 子云至無良　惠棟挍宋本無此五字。

087 凡有三節上經論與凡人次經論臣於君　閩、監本同。毛本「三」誤「二」，「次」誤「此」。

088 言所以卜者　閩、監本同。毛本「卜」誤

「諫」。

089 入告爾君于内者　毛本「于」作「於」，閩、監本「于」誤「子」。

090 泰誓曰至予小子無良者　閩、監、毛本同。惠棟挍宋本「泰」作「大」。

091 無罪於天爲天所佐　閩、監本同。毛本「爲」誤「惟」，「佐」誤「助」。

092 此經據凡人相於　閩本同。惠棟挍宋本同。監、毛本「於」誤「與」。

093 以歸美於它人　閩、監本同。毛本「它」作「他」。惠棟挍宋本無「於」字。

094 子云君子弛其親之過節　惠棟挍云：「子云君子」節，宋本分「從命不忿」至「孝子不匱」爲一節，「睦於父母」至「交相爲瘉」爲一節，「於父之執」至「廣孝也」爲一節，「小人皆能養」至「忝厥祖」爲一節，「父母在」至「教民追孝也」爲一節，「以此坊民」二句合下「敬則用祭器」爲一節。

095 弛猶棄忘也　閩、監、毛本同。岳本「棄」作「弃」，衛氏集説同。

096 孝子不藏識父母之過　惠棟挍宋本、宋監本、岳本、嘉靖本、衛氏集説同。閩、監、毛本「識」作「記」，考文引古本、足利本作「識」。

097 微諫不倦者　閩、監、毛本、嘉靖本、岳本同。考文引宋板「者」作「君」，衛氏集説同。

098 綽綽寬容貌也　閩、監本、嘉靖本、岳本、衛氏集説同。毛本「容」誤「裕」。

099 交猶更　閩、監、毛本同。岳本同。惠棟挍宋本「更」下有「也」字，嘉靖本、衛氏集説同，考文引古本、足利本同。

100 謂今與己位等　閩、監、毛本同。岳本同。嘉靖本同。衛氏集説同。考文引宋板無「今」字。

101 戲謂孺子言笑者也　各本同。釋文出「孺子」。

102 民猶薄於孝而厚於慈　閩、監、毛本同。石經「猶」下有「有」字，考文引宋板、古本、足利本同，岳本、嘉靖本、衛氏集説並同。石經考文提要云：宋大字本、宋本九經、南宋巾箱本、余仁仲本並有「有」字。

103 脩宗廟　閩、監本、石經、岳本、嘉靖本並同。毛本「脩」作「修」，衛氏集説同。

104 有事有所尊事　閩、監、毛本、岳本、嘉靖本並同。惠棟挍宋本「尊事」作「事也」，衛氏集説同。

105 子云至其親　惠棟挍宋本無此五字。

106 民猶有忘孝之事　惠棟挍宋本作「忘」，衛氏集説同。此本「忘」誤「亡」，閩、監、毛本同。

107 各依文解之　閩本同。惠棟挍宋本同。監、毛本「依」作「隨」。

108 痏病也言無德小人　毛本作「病」。此本「病」誤「之」，閩、監本同。

子云敬則用祭器節

109 盤盂之屬爲燕器　閩、監本同。岳本同。嘉靖本同。衛氏集説同。毛本「盂」誤「于」。釋文出「盂」，云「音于」。

110 子云至忘義　惠棟挍宋本無此五字。

子云七日戒節

111 示民不淫也　惠棟挍宋本有「民」字，石經、宋監本、岳本、嘉靖本、衛氏集説同，考文引古本、足利本同。此本脱「民」字，閩、監、毛本同。石經考文提要云：宋大字本、宋本九經、南宋巾箱本、余仁仲本、劉叔剛本並有「民」字。⓬

112 而獻酬之　岳本、嘉靖本、衛氏集説同。閩、監、毛本「酬」作「醻」。考文云宋板「醻」作「酬」。疏放此。

113 子云至卒獲　惠棟挍宋本無此五字。

114 知主人主婦賓獻尸　閩、監本同。毛本「賓」上有「上」字。

子云賓禮每進以讓節

115 周於送死尤備　閩、監本同。岳本同。嘉靖本同。衛氏集説同。毛本「尤」誤「猶」。

116 子云至葬者　惠棟挍宋本無此五字。

子云升自客階節

117 子云至父者　惠棟挍宋本無此五字。

118 受弔於堂上西方賓位之處　閩、監本同。毛本「賓」誤「受」。×

119 注云謂反哭時也　閩、監、毛本同。惠棟挍宋本無「云」字。

子云孝以事君節

120 不貳不自貳於尊者也自貳　閩、監、毛本如此，岳本同，嘉靖本同，衛氏集説同。此本三「貳」字並誤「二」，下「當爲貳君」之「貳」並同，疏放此。×

121 謂若鄭叔段者也　各本同。釋文出「鄭段」，云「本亦云『鄭叔段也』」。×

122 不謀仕　各本同。監本「仕」誤「士」。×

123 其卜貳圍也　惠棟挍宋本作「貳」，宋監本、岳本、嘉靖本同。此本「貳」誤「二」，閩、監、毛本同，疏「其卜貳圍也者」放此。×

124 子云至其君　惠棟挍宋本無此五字。

125 謂國君之子有君在　惠棟挍宋本如此，此本「子」字脱，閩、監、毛本脱「有」字。⑬

子云禮之先幣帛也節

126 欲民之先事而後祿也　閩、監本、石經、岳本、嘉靖本同。衛氏集説同。考文引宋板同。毛本「禄」誤「樂」，疏「而後禄也者」放此。

127 謂所執之贄 閩、監、毛本同。岳本「贄」作「摯」，嘉靖本、衛氏集説同，釋文出「之贄」。

128 言務得其禄 各本同。毛本「禄」誤「樂」。×

129 子云至賤行 惠棟挍宋本無此五字。

130 故民爲争 閩、監、毛本同。惠棟挍宋本無「爲」字，衛氏集説亦作「故民争也」。

131 此易無妄六二爻辭無妄 閩、監本同。毛本二「無」字並作「无」。

132 猶不耕穫刈 惠棟挍宋本同。閩、監、毛本「刈」誤「割」。

133 無功得物 閩、監本同。毛本「得」誤「德」。

子云君子不盡利以遺民節

134 子云君子 各本同。石經同。毛本「云」誤「曰」。

135 是不無故殺之 閩、監、毛本、岳本、嘉靖本同。惠棟挍宋本「不無故」作「無故不」，衛氏集説同。

136 菲蕾類也 閩、監、毛本同。岳本同。嘉靖本同。衛氏集説同。釋文「蕾」作「葍」，惠棟挍正義同。

137 苦則棄之 閩、監、毛本同。岳本「棄」作「弃」，宋監本、嘉靖本、衛氏集説同，下「則不棄也」同。

138 不離令名 各本同。毛本「名」誤「民」。×

139 子云至其身 惠棟挍宋本無此五字。

140 食時不力珍者 惠棟挍宋本作「珍者」。此本「珍者」誤「食膳」，閩、監、毛本同。×

141 陸機云又謂之菈 閩、監本同。毛本「機」作「璣」。

142 今鄭以下所注　惠棟挍宋本同。閩、監、毛本「以」誤「已」。

143 與記意稍乖　閩、監本同。惠棟挍宋本同。毛本「記」誤「已」。

子云夫禮節

144 子云至父母　惠棟挍宋本無此五字。

子云取妻節

145 子云至子卒　惠棟挍宋本無此五字。

子云禮非祭節

146 子云至之禮　惠棟挍宋本無此五字。

147 而取其夫人又篡其國　惠棟挍宋本作「又」。此本「又」誤「反」，閩、監、毛本同，衛氏集說同。⑭

148 未聞何國君　惠棟挍宋本作「何」。此本「何」誤「同」，閩、監、毛本同。

149 王以鬱鬯禮之　惠棟挍宋本作「鬱」，衛氏集說同。此本「鬱」誤「爵」，閩、監、毛本同。

150 其后夫人獻禮遂廢　閩、監本同。毛本「后」作「後」。

子云寡婦之子節

151 大故喪病　閩、監、毛本、岳本、嘉靖本同。惠棟挍宋本「病」作「疾」，宋監本、衛氏集說同。

152 疾時人厚於色之甚　閩、監本、岳本、嘉靖本、衛氏集說同。毛本「於」誤「與」，考文引宋板亦作「於」。

153 象捕魚然　各本同。釋文出「猶捕」。

154 御者在右前左手則身微背之　岳本、嘉靖本同。毛本「背」誤「偕」，衛氏集說「背」作「備」，考文引宋板同。閩、監本十二字闕。

155 女子十年而不出也　各本同。毛本「不」字誤倒在「十年」上。

156 嫌思人道　毛本、岳本、嘉靖本、衛氏集説同。閩、監本四字闕。

157 問增損而已　毛本、岳本、嘉靖本、衛氏集説同。考文引宋板同。閩、監本闕「而已」二字。按，二字當二空闕，閩、監本誤四空闕。

158 民猶淫泆　閩、監本、石經、岳本、嘉靖本同。毛本「泆」作「佚」，衛氏集説同。釋文出「淫泆」，云「本又作『佚』」。○按，「泆」、「佚」字古多通用。

159 諸侯不下漁色漁色謂漁人取魚　惠棟挍宋本同。閩本、監本「侯不下漁色漁色謂」八字闕，毛本「侯」字有，七字闕。閩、監、毛本「漁人」並誤「魚人」。

160 譬如取美色中意者皆取之若漁人求魚　惠棟挍宋本同。閩、監、毛本「中意者皆取之若漁人」九字闕。

161 不得下鄉國中取卿大夫士之女　惠棟挍宋本同。閩、監、毛本「鄉國中取卿大夫士」八字闕。閩、監本「得」字同，毛本「得」誤「當」。

162 似漁人之求魚無所擇故云不下漁色　惠棟挍宋本同。閩、監、毛本「無所擇故云不下漁」八字闕，「求魚」誤「求漁」。

163 以御者之禮婦人在車上左廂御者　惠棟挍宋本同。閩、監、毛本「婦人在車上左廂御」八字闕。

164 謂左手在前轉身向右微偝婦人○婦人　惠棟挍宋本同。閩、監、毛本「身向右微偝婦人○」八字闕。

165 謂不問其疾所委曲若問其委曲嫌似媚故不丁寧但略問增損而已　惠棟挍宋本同，「略問」作「問其」，考文引宋板亦作「略問」。閩、監、毛三本「所委曲若問其委曲」、「故不丁寧但問其增」十六字並闕。

按，毛本空闕廿八字，誤也。

子云昏禮節

166 妻之父爲外舅妻之母爲外姑父戒女曰夙夜無違命母戒女曰毋違宮事　毛本同。惠棟挍宋本同，「無」作「毋」，岳本、嘉靖本、衛氏集説同。閩、監本「之父爲外舅妻之母」、「無違命母戒女曰毋」十六字闕。

167 季孫行父如宋致女是時宋共公不親迎恐其有違而致之也　毛本同。岳本同。惠棟挍宋本同。嘉靖本同。闕、監本「父如宋致女是時」、「恐其有違而致之」十四字闕。

168 是於舅姑舅姑承子以授壻者謂親迎之時　惠棟挍宋本同。閩、監、毛本「子以授壻者謂親」七字闕。考文引宋板「舅姑」二字不重。

169 婦之父母承奉女子以付授於壻　惠棟挍宋本同。衛氏集説同。閩、監、毛本「婦之父母承奉女」七字闕。

170 夙夜無違命母戒女曰毋違宮事　惠棟挍宋本同。閩、監、毛本「違命母戒女曰毋」七字闕。

171 恐事之違者謂恐此女人於昏事乖違　惠棟挍宋本同。閩、監、毛本「謂恐此女人於昏」、「乖」八字闕。按，毛本有空闕九字，誤也。

172 禮記正義卷第五十九終　惠棟挍宋本此行在疏「授壻也」之下，計云凡二十五頁。⑮

173 禮記卷第十五經五千五百八十三字注四千七百五十四字　宋監本。×

51—174 禮記卷第十五經五千五百三十二

字注四千六百六字　嘉靖本。　×

校記

❶南昌本出文無「問」字。校語移「閩、監、毛本同」一句於「惠棟挍宋本」句上,「有問字」上有「覆下」,無「此本『問』字脱」。

❷南昌本出文重「生」字。校語「如此」作「不重生字,是也」,無「此本生字誤重」。

❸南昌本出文改作「天王之後也」,上提一格。校語「此行在疏大王之後也之下」改作「此下標禮記正義卷第五十八終」,「計」作「記」。

❹南昌本下有校語「惠棟挍宋本禮記正義卷第五十九」。

❺南昌本出文「爲」作「謂」。

❻南昌本出文「三」作「二」。校語「作三」上有「二」,「三誤二」作「誤」。

❼南昌本出文「五」下有「百」字。校語移「閩、監、毛本同」一句於「惠棟挍宋本」句上,「如此」作「無百字」,無「此本五下衍百字」。

❽南昌本出文「爾」作「于」。校語「作爾」上有「于」,無「此本爾誤于」,「閩、監、毛本同」作「閩、監、毛本並誤」。

❾南昌本出文無「主」字。校語「如此」作「有主字」。

❿南昌本出文「主」下有「者」字,「語肥也」作「御服乎」。校語「如此」作「主亦有以語肥也」。

⓫南昌本出文「就」上有「孰」。校語「如此」作「無孰字,是也」,「就上衍孰字」作「孰字誤衍」,「毛本就上衍孰字」下有「尤誤」。

⓬南昌本出文無「民」字。校語「有民字」上有「示下」。

⓭南昌本出文無「子」字。校語「如此」作「有上有子字」,無「此本子字脱」。

⓮南昌本出文「又」作「反」。校語移「閩、監、毛本同」及「衛氏集説同」二句於「惠棟挍宋本」句上,「作又」作「反作又,是也」,無「此本又誤反」。

⓯南昌本出文改作「附釋音禮記注疏卷第五十一」,上提三格。校語「此行在疏授壻也之下」改作「禮記正義卷第五十九終」,「計」作「記」,「頁」下有「宋監本禮記卷第十五,經五千五百八十三字,注四千七百五十四字。嘉靖本禮記卷第十五,經五千五百三十二字,注四千六百六字」。

禮記注疏校勘記卷五十二

52—001 禮記正義卷第六十 惠棟挍宋本。❶

中庸第三十一 天命之謂性節

002 脩道之謂教 閩、監本同。石經同。岳本同。嘉靖本同。衞氏集説同。毛本「脩」作「修」，卷内「脩」字並同。

003 循性行之是謂道 閩、監、毛本同。岳本同。嘉靖本同。衞氏集説同。惠棟挍宋本「是」作「之」。

004 若有佔聽之者 閩、監、毛本、岳本、嘉靖本同。惠棟挍宋本「佔」作「覘」，衞氏集説同，釋文出「有佔」。

005 天命至育焉 惠棟挍宋本無此五字。

006 故云之謂性 惠棟挍宋本作「之謂」。此本「之謂」二字倒，閩、監、毛本同。

007 皇氏云東方春 閩、毛本同。監本「東」誤「舉」。

008 動則是情案左傳云 閩、監本同。毛本「案」字脱。

009 故禮運云 閩、監本同。毛本「運」誤「道」。

010 仁義禮智信 考文引宋板同。閩、監本同。毛本「信」誤「性。」

011 孔子云唯上智與下愚不移 閩、監本同。考文引宋板「智」作「知」，毛本「智」誤「行」。

012 以非道路之所由猶如凶惡　閩、監、毛本作「由猶」，此本「由猶」二字倒。

013 况其惡事睹見而肯犯乎　閩、監本同。衞氏集説同。毛本「乎」誤「之」。

014 故君子慎其獨也者　閩、監本同。毛本「其」誤「甚」。

015 恒慎其獨居　閩、監本同。毛本「慎」誤「甚」。

016 言雖曰獨居　閩、監、毛本如此，此本「言」字誤重。❷

017 故云謂之和　閩、監本同。毛本「云」誤「乃」。

018 萬物育焉致至也　閩、監、毛本同。惠棟挍宋本「焉」下有「者」字。

019 言人君所能至極中和　閩、監本同。毛本「至」作「致」。

020 故萬物其養育焉　閩、監、毛本同。衞氏集説「其」上有「得」字。

仲尼曰君子中庸節

021 仲尼至矣夫　惠棟挍宋本無此五字。

022 是賢勝於智　閩、監本同。毛本「勝」誤「時」。

023 符朗爲青州刺史　衞氏集説亦作「符朗」，閩、監本「朗」誤「郎」，毛本「朗」字不誤，「符」作「苻」。

024 既無忌憚則不時節其中庸也　閩、監、毛本同。惠棟挍宋本無「既無忌憚」四字。

子曰舜其大知也與節

025 易以進人　閩本作「人」，惠棟挍宋本、宋監本、岳本、嘉靖本同，考文引古本同。此本「人」誤「又」，監、毛本同。

026 子曰至舜乎　惠棟挍宋本無此五字。

027 舜其大知也與者既能包於大道　閩、監本同。毛本「與」誤「愚」，「於」誤「容」。

028 使愚知俱能行之　閩、監本同。毛本「俱」誤「既」。×

子曰人皆曰予知節

029 子曰至守也　惠棟挍宋本無此五字。

030 此謂無知之人設譬也　閩、監、毛本同。盧文弨挍云「謂」疑作「爲」。

031 穿地爲坎　閩、監本同。衛氏集説同。毛本「坎」誤「坑」。

032 爲嗜欲所驅罪禍之中　閩、監本、惠棟挍宋本「罪」上有「入」字，「禍」字同，衛氏集説同，毛本「入」字亦脱，「禍」誤「陷」。

子曰回節　×

033 子曰至能也　惠棟挍宋本無此五字。×

子路問强節

034 謂犯而不校也　各本同。毛本「校」作「挍」。

035 塞猶實也　毛本、岳本、嘉靖本、衛氏集説同。閩、監本「實」字闕。

036 子路至哉矯　惠棟挍宋本無此五字。

037 君子居之者　惠棟挍宋本作「者」。此本「者」誤「○」，閩、監本同。×

038 南方謂荆陽之南　閩、監本同。毛本「謂」誤「爲」，衛氏集説「謂」字同，「陽」作「揚」。×

039 陰氣堅急　惠棟挍宋本同。衛氏集説同。閩、監、毛本「堅」作「徧」。

040 以其性和同必流移隨物　惠棟挍宋本同。閩本「必」字闕，監、毛本「必」誤「不」。

041 今不改變己志　惠棟挍宋本同。閩、監、毛本「改」誤「解」。

子曰素隱行怪節

042 素讀如攻城攻其所傃之傃　惠棟挍宋本、岳本、嘉靖本同。考文引古本、足利本同。閩、監、毛本「如」作「爲」，衛氏集説亦作「讀如」，疏放此。○按，敬齊古今黈引作「如」，此條鄭易「索」作「傃」，乃「讀爲」之例也。

043 恥之也　惠棟挍宋本作「恥」，宋監本、嘉靖本、衛氏集説同，考文引古本、足利本同。此本「恥」誤「取」，閩、監、毛本同，疏放此。

044 與讀爲贊者皆與之與　閩、監、毛本、岳本、嘉靖本同。衛氏集説「爲」作「如」。

045 子曰至天地　惠棟挍宋本無此五字。

046 論夫子雖隱遯之世　閩、監、毛本作「夫」，衛氏集説同，此本「夫」誤「天」。×

047 行之難知之易故上文云　惠棟挍宋本有「知之易」三字。此本「知之易」三字脱，閩、監、毛本同。❸

048 士冠禮云其饗冠者　閩、監、毛本同。惠棟挍宋本「云」誤「文」。

049 喻惡人遠去　閩、監本同。毛本「去」誤「云」。×

子曰道不遠人節

050 起於匹夫匹婦之所知所行者　閩、監、毛本同。惠棟挍宋本「者」作「也」。

051 此法不遠人人尚遠之　閩、監、毛本、岳本、嘉靖本同。惠棟挍宋本「人」字不重。

052 所求乎子　各本同。毛本「子」誤「于」。

053 素讀皆爲傃　惠棟挍宋本如此，宋監本、岳本、嘉靖本同，考文引古本同。此本誤倒作「傃皆讀爲素」，閩、監、毛本同。❹

054 子曰至徼幸　閩、監本同。毛本作「子曰道不遠人人之爲道至險以徼幸」。惠棟挍宋本無此五字。

055 忠恕違道不遠也　閩、監本同。毛本「也」作「者」。

056 施諸己而不願亦勿施於人者　閩、監本同。毛本「願」誤「怨」。×

057 夷狄雖陋雖隨其俗　閩、監本同。衛氏集説同。惠棟挍宋本下「雖」作「亦」，毛本同。

子曰射有似乎君子節

058 畫曰正　岳本同。惠棟挍宋本同。嘉靖本同。足利本同。閩、監、毛本「畫」下有「布」字，衛氏集説同。岳本攷證云：「按，正，鳥名。周禮射人『賓射之儀畫布爲正』是也，原本無『布』字者，以凡侯皆布爲之彩畫三分之一，不必復言『布』耳，乃省文，非脱簡也。」

059 辟如行遠　閩、監、毛本、岳本、嘉靖本同。惠棟挍宋本「辟」作「譬」，宋監本、石經同，南宋石經同，衛氏集説同，下「辟如」同。釋文出「辟如」，云「音譬，下同」。○按，譬，正字；辟，假借字。

060 子曰至妻帑　惠棟挍宋本無此五字。

061 以上雖行道在於己身　閩、監、毛本同。浦鏜挍云「雖」疑「言」字誤。

062 謂矢不中正鵠　閩、監本同。毛本「矢」誤「失」。×

063 此小雅常棣之篇　閩本同。惠棟挍宋本同。監、毛本「常」誤「棠」，衛氏集説亦作「常」。

064 道不遠施諸己也　惠棟挍宋本有「也」字。此本「也」字脱，閩、監、毛本同。×

子曰鬼神之爲德節

065 視之而弗見　各本同。毛本「視」誤「祝」。

066 子曰至此夫　惠棟按宋本無此五字。

067 金水之鬼終物　閩、監本同。衛氏集説同。毛本「鬼」誤「神」。

子曰舜其大孝也與節

068 今時人名草木之殖曰栽　岳本、嘉靖本同。考文引宋板同。閩、監、毛本「殖」作「植」。

069 栽或爲兹　閩、監、毛本同。岳本同。惠棟按宋本、宋監本、嘉靖本「兹」並作「滋」，考文引古本、足利本同。

070 受禄于天　閩、監本同。石經同。南宋石經同。岳本同。嘉靖本同。衛氏集説同。毛本「于」誤「於」。

071 子曰至受命　惠棟按宋本無此五字。

072 故能富有天下　閩、毛本同。監本「有」誤「存」。

073 以不應王録　惠棟按宋本同。閩、監、毛本「王」作「土」。

074 亦得爲殖　閩、監本同。毛本「得」誤「以」。

075 又申重福之　閩、監本同。衛氏集説同。毛本「又」誤「今」。

076 引證大德必受命之義　閩、監本同。毛本「證」誤「註」。

子曰無憂者節

077 子曰至一也　惠棟按宋本無此五字。

078 是再著戎服　閩、監本同。毛本「服」作「衣」。

079 一名諸盩　惠棟按宋本「盩」作「𥂕」，閩本作「盭」。監、毛本作「盭」，衛氏集説同，下「諸盩」並同。按，當作「盭」。

080 此文云追王大王王季　閩本作「文」，惠棟按宋本同。此本「文」誤「又」，監、毛本同。

081 若四時常祀唯后稷及大王王季之等　惠棟挍宋本作「唯」，此本「唯」誤「雖」，閩、監、毛本同。閩、監、毛本並作「后稷」，此本「后稷」誤「祖紺」。

082 云期之喪達於大夫者　閩本同。惠棟挍宋本同。監、毛本「於」作「乎」。

子曰武王周公節

083 脩其祖廟　閩、監本同。石經同。南宋石經同。岳本同。嘉靖本同。衛氏集説同。毛本「祖」誤「宗」。

084 脩謂埽糞也　閩、監、毛本、嘉靖本同。岳本「掃」作「埽」，衛氏集説同，釋文亦作「埽」。

085 先祖之遺衣服也　閩、監本、岳本、嘉靖本同。毛本「遺」誤「衣」。

086 所以逮賤也　各本同。石經同。釋文出「以遝」，云「本又作『逮』」。按，「隶」、「眔」古音同十五部。

087 若司徒羞牛　惠棟挍宋本、宋監本、岳本、嘉靖本、衛氏集説同。閩、監、毛本「羞」作「奉」。

088 治國之要　各本同。釋文出「治之要也」，云「一本作『治國之要』」。

089 子曰至掌乎　惠棟挍宋本無此五字。

090 所以逮賤也者　惠棟挍宋本作「者」。此本「者」誤「〇」，閩、監、毛本同。

091 賤人在先　閩、監本同。毛本「人」誤「者」。

哀公問政節

092 布在方策　閩、監、毛本同。石經同。南宋石經同。岳本同。嘉靖本同。衛氏集説同。釋文「策」作「筴」。

093 蒲盧蜾蠃　各本同。釋文出「蜾螺」，云「本亦作『蠃』」。

094 乃知天命所保佑　惠棟挍宋本、宋監本、岳本同。考文引古本、足利本同。閩、監、毛本「保」誤「府」。嘉靖本「佑」作「祐」。

095 哀公至一也　惠棟挍宋本無此五字。

096 然後比親及疏　閩、監本同。毛本「及」誤「己」。

097 必先知天時所佑助也　閩、監、毛本同。惠棟挍宋本「佑」作「祐」。

098 子曰好學近乎知節　惠棟挍云：「子曰好學」節，宋本分「凡爲天下國家」之下另爲一節。

099 子曰至家矣　惠棟挍宋本無此五字。

100 在於至誠若能至誠　閩、監本同。毛本下「至」誤「立」。

101 所以贊天地動著龜也　惠棟挍宋本同。閩本「著龜也」三字闕。監、毛本「著龜」作「鬼神」。

102 覆前文或學而知之　惠棟挍宋本作「覆」。此本「覆」誤「則」，閩、監、毛本同，下「此覆前文或利而行之」同。

103 若能好學　惠棟挍宋本同。閩、監、毛本「若」作「蓋」。

104 覆前文困而知之　閩、監本同。毛本「覆」誤「知」。

105 以其知自羞恥勤行善事　惠棟挍宋本同。閩、監、毛本「行善」誤「勉遇」。

106 凡爲天下國家有九經者　惠棟挍宋本上有「正義曰」三字。

107 體羣臣也者體謂接納　閩、監、毛本同。惠棟挍宋本無「體羣臣也者」五字。山井鼎云：「宋板此五字脱。」

108 前文不惑謂謀國家大事　惠棟挍宋本有「謂」字。此本「謂」字脱，閩、監、毛本同。❺

109 百工興財用也　閩、監、毛本同。考文引宋板「興」作「典」。

齊明盛服節

110 既廩稱事　閩、監、毛本同。石經同。南宋石經同。岳本同。嘉靖本同。衛氏集説同。釋文「廩」作「稟」，不誤。

111 齊明至侯也　惠棟挍宋本無此五字。

112 謂官之盛大有屬臣者　閩本同。惠棟挍宋本同。監、毛本「臣」作「官」，下「任使屬臣」同。

113 則治討之　閩、毛本同。監本「討」誤「計」。

114 尊重其禄位者　閩、監本同。毛本「重」誤「正」。

115 故讀既爲餼　閩、監本同。毛本「餼」字闕。

凡爲天下節

52—116 凡爲至不窮　惠棟挍宋本無此五字。

校記

❶南昌本出文改作「附釋音禮記注疏卷第五十二」，上提三格。校語下有「禮記正義卷第六十」。

❷南昌本出文重「言」字。校語「如此」作「不重言字」，「言字誤重」作「誤重」。

❸南昌本出文「行之難知之易」作「但知之易行之難」。校語「有知之易三字」作「行之難下更有知之易三字」，「知之易三字脱」作「三字脱」。

❹南昌本出文「素」、「傃」互易，「讀皆爲」作「皆讀爲」。校語「如此」作「作素讀皆爲傃」，「誤倒作傃皆讀爲素」作「誤倒」。

❺南昌本出文無「謂」字。校語移「閩、監、毛本同」一句於「惠棟挍宋本」句上，「有謂字」上有「謀上」，無「此本謂字脱」。

禮記注疏校勘記卷五十三

中庸

在下位不獲乎上節

53—001 在下至身矣　惠棟挍宋本無此五字。

002 不順乎親則不信乎朋友矣者　閩、監本同。毛本「則」字脱。

誠者天之道也節

003 誠者至者也　惠棟挍宋本無此五字。

004 若天之性有生殺信著四時　惠棟挍宋本作「有生殺」，此本「生」字脱，作「有殺」，閩、監、毛本「有殺」作「自然」。❶

* 大至至誠　補：案，「至」字誤重。

博學之節 ×

005 博學至必强　惠棟挍宋本無此五字。×

自誠明謂之性節

006 自誠至誠矣　惠棟挍宋本無此五字。

007 此説學而至誠　惠棟挍宋本作「説學」，此本「説學」二字闕，閩、監、毛本「説學」誤「自明」。

008 教習使然故云謂之教　惠棟挍宋本作「使然」，此本「使然」二字闕，閩、監、毛本「使然」誤「而致」。

009 則能有明德　惠棟挍宋本作「有明」，此本「有明」二字闕，閩、監、毛本「有明」誤「明其」。

010 由身聰明習學　惠棟挍宋本作「習」，此本「習」字闕，閩、監、毛本「習」誤「勉」。

唯天下至誠爲能盡其性節 ×

011 唯天至參矣　惠棟挍宋本無此五字。　×

012 由神妙而來　惠棟挍宋本同。閩、監、毛本「由」作「自」。　×

其次致曲節

013 其次至能化　惠棟挍宋本無此五字。

＊ 能盡其次性　補：案，「次」字疑衍。

014 由次誠彰露　閩、監本同。毛本「次」誤「此」。

至誠之道可以前知節

015 必有妖孽　閩本同，石經同，南宋石經同，嘉靖本同，衛氏集説同，釋文亦作「孽」。惠棟挍宋本「孽」作「孼」，宋監本、岳本同。監本誤作「蘖」。注、疏放此。

＊ 前亦先知　補，明監本作「前亦先也」，不誤。

016 至誠至如神　惠棟挍宋本無此五字。

017 文説禎祥者　閩、監本同。毛本「文」誤「又」。

018 尚書祥桑穀共生于朝　毛本作「尚」，此本「尚」誤「當」，閩、監本「尚」誤「常」。　×

019 禍謂妖孽　閩、監本同。毛本「謂」誤「爲」。　×

020 案周語云幽王二年　閩、監、毛本同。浦鏜挍本「二」改「三」。

021 誠者自成也節　惠棟挍云：誠者節宋本分「誠者物之終始」至「誠之爲貴」爲一節，「誠者非自成己」至「外内之道也」爲一節，「故時措之宜」至「高明」爲一節，「博厚」至「生物不測」爲一節，「天地之道」合下「今夫天」節爲一節。

022 有道藝所以自道達　閩本、惠棟挍宋本、宋監本、岳本、嘉靖本同。監、毛本上「道」誤

「造」。

023 可壹言而盡也　惠棟挍宋本、石經同。南宋石經、宋監本、岳本同。嘉靖本、閩、監、毛本「壹」作「一」，衛氏集説同。石經考文提要云：宋大字本、宋本九經、南宋巾箱本、余仁仲本、劉叔剛本並作「壹」。

024 誠者至久也　惠棟挍宋本無此五字。

025 則仁義禮知信　惠棟挍宋本同。閩、監、毛本「知」作「智」。

026 皆猶至誠而爲德　閩、監、毛本同。浦鏜云「猶」當「由」字誤。

027 所以覆蓋於萬物也　閩、監本同。毛本「蓋」誤「萬」。

×

028 又須行之長久　惠棟挍宋本作「長」，衛氏集説同。此本「長」作「悠」，閩、監、毛本同。

029 可壹言而盡也者　惠棟挍宋本「壹」字同，閩、監、毛本「壹」作「一」，宋本有「者」字。此本「者」誤「〇」，閩、監、毛本同。

今夫天節

030 一撮土之多及其廣厚　惠棟挍宋本、宋監本、石經、南宋石經、岳本、嘉靖本、衛氏集説、考文引古本、足利本並同。閩、監、毛本「厚」誤「大」。

031 振河海而不洩　各本同。石經同。釋文「洩」作「泄」。

032 黿鼉鮫龍魚鼈生焉　石經、南宋石經、岳本、宋監本同。閩、監、毛本「鮫」作「蛟」，嘉靖本、衛氏集説同。惠棟挍宋本亦作「鮫」。釋文出「鮫龍」，云「本又作『蛟』」。毛本「鼈」誤「鱉」。

033 本由撮土　惠棟挍宋本、岳本、嘉靖本、衛氏集説同。閩、監、毛本「由」作「起」。

034 本從一勺皆合少成多自小致大　惠棟挍宋本、宋監本、岳本、嘉靖本、衛氏集説同。閩、監、毛本「從」誤「由」，「皆合少成多自」誤「言天地山川積」。孫志祖挍云困學紀聞「合少成多」出中庸注。閻若璩云：無此語，蓋未見宋本也。

035 爲至誠者亦如此乎　惠棟挍宋本作「亦」，宋監本、岳本、嘉靖本、衞氏集説同。此本「亦」誤「以」，閩、監、毛本同。❷

036 昭昭猶耿耿小明也振猶收也　惠棟挍宋本、宋監本、岳本、嘉靖本同。閩、監本「耿耿小明也振猶收也」九字闕。

037 惟天之命　惠棟挍宋本、石經、南宋石經、宋監本、岳本同。嘉靖本、閩、監、毛本「惟」作「維」，衞氏集説同。按，詩考列之詩異字。石經考文提要云：宋大字本、宋本九經、南宋巾箱本、余仁仲本並作「惟天」。疏並放此。

038 天所以爲天　惠棟挍宋本、宋監本、毛本、岳本、嘉靖本同。閩、監本五字闕。

039 如天地山川之云也　惠棟挍宋本、宋監本、毛本、岳本、嘉靖本、衞氏集説同。閩、監本「地山川之云也」六字闕。

040 易曰君子以順德積小以成高大　閩、監、毛本同。惠棟挍宋本「順」作「慎」，嘉靖本同。考文云宋板無「成」字，岳本亦無「成」字，「順」字同，考文引古本、足利本亦作「慎」。釋文出「慎德」，云「一本又作『順』」。孫志祖挍云：「按，易升卦『巽下坤上，順德坤德也』，作『順』則於卦義不切，詩『應侯順德』，鄭箋亦引易曰『君子以順德』，可証康成本作『順』矣，積小以成高大，今易本無『成』字。」

041 今夫至不已　惠棟挍宋本無此五字。

042 明至誠不已則能從微至著從小至大　惠棟挍宋本同。閩、監、毛本「能從微至著」誤「聖人至誠亦」。

043 昭昭狹小之貌　惠棟挍宋本同。閩、監、毛本「狹小之貌」四字闕。

044 故云昭昭之多○　惠棟挍宋本同。閩、監、毛本「之多」二字作三空闕。

045 言地之初時　惠棟挍宋本作「地」。此本「地」誤「土」，閩、監、毛本同。❸

046 言多少唯一撮土　惠棟挍宋本同。閩、監、毛本「多少唯一」四字闕。

047 載五岳不爲重　惠棟挍宋本同。閩、監、毛本作「載華嶽而不重」。

048 言山之初小唯一卷石之多　惠棟挍宋本同。閩、監、毛本「小」作「時」。✕

049 此以下皆言爲之不已　惠棟挍宋本同。閩、監、毛本「爲之」誤「至誠」。

050 清濁二氣爲天地分而成二體　惠棟挍宋本同。閩、監、毛本「天地分而」四字闕。

051 水或衆流而成大是從微至著　惠棟挍宋本同。閩、監、毛本「成大是從」誤「聚爲深自」。

052 以今天地體大　惠棟挍宋本同。閩、監、毛本「體大」誤「山川」。✕

053 純謂不已　惠棟挍宋本同。閩、監、毛本「已」誤「雜」。✕

054 故云純亦不已　閩、監本同。毛本「云」作「曰」。✕

055 ○注易曰君子慎德　毛本同。閩、監本「注」字闕。

056 此易升卦之象辭　惠棟挍宋本同。閩、監、毛本「辭」作「詞」。✕

大哉聖人之道節

057 育生也峻高大也　毛本、岳本、衛氏集說、宋監本、惠棟挍宋本、嘉靖本同。閩、監本「也峻高大也」五字闕。

058 待其人然後行　石經、南宋石經、岳本、宋監本、嘉靖本、衛氏集説同。閩、監、毛本「然」作「而」。石經考文提要云：按，禮記集説曲禮篇引吕大臨説，仲尼燕居篇引方慤説，此篇引楊時、譚維寅、晏光説俱作「然後行」，宋大字本、宋本九經、南宋巾箱本、余仁仲本、劉叔剛本並作「然後」。

059 言爲政在人政由禮也凝猶成也　惠棟挍宋本、毛本、岳本、嘉靖本同。閩、監本「言爲成也」四字存，餘九字並闕。

060 此一節明聖人之道高大苟非至德其道不成　惠棟挍宋本同。閩、監本闕「人之道高大苟非至德其」十字，誤衍十二空闕，毛本「人」字有，衍十一空闕。

061 天下洋洋然育生也峻高也言聖人之道　惠棟挍宋本如此，此本「然」字脱。監、毛本闕「下洋洋然育生也峻高也言聖」十二字，止空十一闕，閩本「聖」字有，空十闕。

062 上極于天○優優大哉優優寬裕之貌　惠棟挍宋本同。閩、監本闕「天○優優大哉優優寬裕」十字，衍十一空闕，毛本「天」字有，空十闕。

063 禮儀三百者周禮有三百六十官言三百者　惠棟挍宋本同。閩、監、毛本闕「三百者周禮有三百六十官」十一字。

064 威儀三千者即儀禮行事之威儀儀禮　惠棟挍宋本同。閩、監、毛本闕「千者即儀禮行事之威儀」九字，衍十空闕。

065 ○待其人然後行者言三百三千之禮　惠棟挍宋本同。閩、監、毛本闕「待其人然後行者言三百」十字。

066 然後施行其事○故曰苟不至德至道不凝焉　惠棟挍宋本同。閩、監、毛本闕「事○故曰苟不至德至道」十字，衍十一空闕。

067 今夫子既言三百三千待其賢人　惠棟挍宋本同。閩、監、毛本闕「夫子既言三百三千待其賢」十一字。

068 苟誠也不非也苟誠非至德之人則聖人至極之道不可成也俗本不作非也　惠棟挍宋本同。閩、監、毛本闕廿一字。❹

069 禮記正義卷第六十終　惠棟挍宋本此行在疏「不作非也」之下，計云凡三十七頁。

070 禮記正義卷第六十一　惠棟挍宋本自「故君子尊德性」以下爲卷六十一。

故君子尊德性節❺

071 學誠者也廣大猶博厚也　毛本同。岳本同。嘉靖本同。衛氏集説同。閩、監、毛本「也廣大猶博厚也」七字闕。

072 故君至崇禮　惠棟挍宋本無此五字。

073 此一經明君子欲行聖人之道　惠棟挍宋本同。閩、監、毛本「經明君子欲行聖人之」九字闕。

074 前經明聖人性之至誠此經明賢人學而至誠也　惠棟挍宋本同。閩、監、毛本同「前」字空闕，又闕「誠此經明賢人學而至誠」十字。

075 賢人尊敬此聖人道德之性自然至誠也　惠棟挍宋本同。閩、監、毛本「尊敬此聖人道德之性自」十一字闕。

076 言賢人行道由於問學謂勤學乃致至誠也　惠棟挍宋本同。閩、監、毛本「行道由於問學謂勤學乃」十字闕。

077 言無微不盡也　惠棟挍宋本同。閩、監、毛本「無微」二字闕。

078 言賢人由學極盡　惠棟挍宋本同。閩、監、毛本「學極」二字闕。

079 按左傳哀十二年　閩、監本同。毛本「二」誤「三」。×

是故居上不驕節 ×

080 是故至謂與　惠棟挍宋本無此五字。×

子曰愚而好自用節 ×

081 子曰至樂焉　惠棟挍宋本無此五字。×

082 今天下車同軌者　閩、監本同。毛本「車」誤「居」。×

子曰吾說夏禮節

083 徵或爲登　閩本同。惠棟挍宋本、宋監本、岳本、嘉靖本同。考文引古本同。監、毛本「登」作「證」，下「徵或爲登」同。×

084 子曰至者也　惠棟挍宋本無此五字。

* 雖善不尊不信　閩本、明監本、毛本「不信」上重「不尊」二字，此本誤脫。

085 雖有善行而不尊不尊敬於君　惠棟挍宋本同。閩、監、毛本脫下「不尊」二字。

086 伐原示民以信之類也　閩、監、毛本同。惠棟挍宋本「類」下有「是」字。

087 亦堪俟待後世世之聖人　閩、監、毛本同。考文引宋板「世」字不重。

088 云聖人則之百世同道者　惠棟挍宋本有「者」字。此本「者」字脫，閩、監、毛本同。❻

089 未常有不行如此　惠棟挍宋本同。閩、監、毛本「常」作「嘗」。

仲尼祖述堯舜節

090 辟如天地之無不持載　閩、監、毛本、岳本、嘉靖本、衛氏集說同。惠棟挍宋本「辟」作「譬」，石經同，南宋石經下「辟如」同。

091 **爲能聰明睿知**　閩、監、毛本、嘉靖本、衛氏集説同。石經「睿」作「叡」，南宋石經同，岳本同，釋文出「明叡」。

092 **施及蠻貊**　各本同。石經同。釋文出「蠻貉」，云「本又作『貊』」。○按，貉，正字。貊，俗字。

093 **爲能經綸天下之大經**　各本同，石經亦作「綸」。釋文出「能經論」，云「本又作『綸』」。

094 **安有所倚**　惠棟挍宋本如此，宋監本、岳本、嘉靖本、衛氏集説同，考文引古本、足利本同。此本誤作「安無所以」，閩、監、毛本「倚」字同，「有」誤「無」。

095 **故人人自以被德尤厚**　閩、監、毛本同。惠棟挍宋本無「故」字，宋監本、嘉靖本同，岳本「故」作「而」。

096 **讀如誨爾忳忳之忳忳忳懇誠貌也**　閩、監、毛本同。岳本、嘉靖本同。衛氏集説同。考文引宋板、古本「忳」字不重。段玉裁云「如」當作「爲」，宋監本少一「忳」字，非也。

097 **可與入德矣**　閩、監本同。石經、南宋石經、岳本、嘉靖本同。衛氏集説同。毛本「與」誤「以」。考文引宋板亦作「與」。

098 **言聖人雖隱居**　閩、監、毛本同。惠棟挍宋本「居」作「遁」，嘉靖本同。宋監本、岳本作「遯」，考文引足利本同。釋文出「隱遯」，云「本又作『遁』」。

099 **君子所不可及者**　石經、南宋石經、岳本、嘉靖本同。閩、監、毛本「所」上有「之」字，衛氏集説同。石經考文提要云：宋大字本、宋本九經、南宋巾箱本、余仁仲本、劉叔剛本並無「之」字。

100 **視女在室獨居者**　閩、監、毛本同。衛氏集説同。岳本、嘉靖本「者」作「耳」，考文引宋板、古本、足利本同。

101 **此頌也**　閩、監、毛本同。岳本、嘉靖本同。

衛氏集説同。考文引宋板「頌」作「顯」，恐非。

102 謂諸侯法之也　惠棟挍宋本有「謂」字，宋監本、岳本、嘉靖本同，考文引古本、足利本同。此本「謂」字脱，閩、監、毛本同。

103 詩云予懷明德　惠棟挍宋本作「云」，石經同，南宋石經同，岳本同，衛氏集説同。此本「云」作「曰」，嘉靖本同，閩、監、毛本同。

104 仲尼至以色　惠棟挍宋本無此五字。

105 言夫子法明文武之德　考文引宋板同。閩、監、毛本「法」作「發」。按，此承上「憲，法也。章，明也」，「憲章」猶「法明」，故此言「法明文武之德」，三本改「法」爲「發」，失其義也。

106 擧文王可知也　惠棟挍宋本作「擧」。此本「擧」誤「譽」，閩、監、毛本同。❼

107 則不能成其化也　惠棟挍宋本作「化」。此本「化」誤「元」，閩、監、毛本同。

108 博謂所及廣遠　惠棟挍宋本作「謂」。此本「謂」誤「爲」，閩、監、毛本同。

109 言不特有偏頗也　惠棟挍宋本同。閩、監、毛本「特」誤「待」。

110 淵水深之貌也　閩、監本同。毛本「水深」二字倒。

111 上經論夫子之德大如天　閩、監、毛本同。惠棟挍宋本「大」上有「深」字。

112 詩曰衣錦尚褧　閩、監、毛本同。惠棟挍宋本「褧」作「絅」。

113 初視未見故曰闇然　閩、監本同。毛本「未」作「不」。

114 風是所從來之末也　此本「所」下空闕五字，閩、監、毛本同，考文引宋板空處補「從來之末也」五字。按，五字複衍，各本删去是也。

115 雖隱其身德亦甚明著　惠棟挍宋本如此，此本「亦」誤「而」，閩、監、毛本「德亦」作「而德」。

116 被人採捕　閩、監、毛本同。惠棟挍宋本「採」作「探」。

117 證君子之德猶若文王　惠棟挍宋本作「若」。此本「若」誤「美」，閩、監、毛本同。

118 詩云予懷明德　閩、監本同。毛本「明」誤「民」。

子曰聲色之於以化民節

119 人無聞其聲音亦無知其臭氣者　閩、監、毛本同。惠棟挍宋本「亦」作「者」，岳本、嘉靖本同。

120 子曰至至矣　惠棟挍宋本無此五字。

121 猶有形體可比並　閩、監本同。毛本「並」誤「也」。

122 此亦斷章爲義　惠棟挍宋本同。閩、監、毛本「爲」誤「取」。

123 尚有所比有所比則有重　惠棟挍宋本如此。此本脱「有所比」三字，閩、監、毛本同。❽

124 毛在虛中猶得隊下　惠棟挍宋本同。閩、監、毛本「隊」作「墜」。

53—125 禮記卷第十六經三千五百九十三字注三千七百三十一字　宋監本、嘉靖本同。❾

校記

❶南昌本出文無「生」字。

❷南昌本出文「亦」作「以」。校語移「閩、監、毛本同」一句於「惠棟挍宋本」句上，「作亦」上有「以」，無「此本亦誤以」。

❸南昌本出文「地」作「土」。校語移「閩、監、毛本同」

一句於「惠棟挍宋本」句上，「作地」上有「土」，無「此本地誤土」。

❹南昌本校語下有「〇又惠棟挍宋本此下標禮記正義卷第六十終，記云凡三十七頁」。

❺南昌本下有校語「惠棟挍宋本自此節起至表記子言之君子之所謂義者節止爲第六十一卷，卷首題禮記正義卷第六十一」。

❻南昌本出文無「者」字。校語移「閩、監、毛本同」一句於「惠棟挍宋本」句上，「有者字」作「下有者字」，無「此本者字脱」。

❼南昌本出文「舉」作「譽」。校語移「閩、監、毛本同」一句於「惠棟挍宋本」句上，「作舉」上有「譽」，無「此本舉誤譽」。

❽南昌本出文不重「有所比」三字。校語「如此」作「重有所比三字」，「脱有所比三字」作「脱」。

❾南昌本出文改作「附釋音禮記注疏卷第五十三」，上提三格。校語改作「宋監本禮記卷第十六，經三千五百九十三字，注三千七百三十一字。嘉靖本同」。

禮記注疏校勘記卷五十四

表記第三十二

子言之歸乎節

54—001 子言至而信　惠棟挍宋本無此五字。

002 皇氏云皆是發端起義　閩、監本同。毛本「皆」誤「若」。

003 若於子言之下　閩、監本同。毛本「若」誤「皆」。×

004 不被任用　閩、監本同。毛本「被」誤「彼」。×

005 欲歸於魯　閩、監本同。毛本「魯」誤「云」。×

子曰君子不失足於人節

006 而無有可擇去之言在於躬也　閩、監、毛本同。考文引宋板「也」作「身」。

007 子曰裼襲之不相因也節　惠棟云：「子曰裼襲」節，宋本分「祭極敬」以下另爲一節。

008 禮盛者以襲爲敬　閩、監本、岳本、嘉靖本、衛氏集說同。考文引宋板同。毛本「禮」誤「不」。

009 饗之必樂　各本同。毛本「樂」誤「下」。×

010 子曰至以倦　惠棟挍宋本無此五字。

011 若始末恒裼襲是相因也　閩、監本同。毛本「是」誤「其」。×

012 欲使人民無相褻瀆　閩本同。衛氏集說同。監、毛本「褻」誤「襲」。×

013 引之者證明此經不可繼之以樂之事也　惠棟挍宋本如此，此本「證明此經不」五字闕，閩、監、毛本「明此經」誤「祭極敬」。

子曰君子慎以辟禍節

014 子曰至遠恥　惠棟挍宋本無此五字。

015 篤厚也揜謂困迫也　惠棟挍宋本作「謂」，閩、監、毛本「謂」作「被」，此本闕。

016 言恭以遠恥者　閩、監、毛本同。惠棟挍宋本無「言」字。

017 子曰君子莊敬日强節　惠棟挍云：「子曰君子」節，宋本分「子曰狎侮」以下爲一節。

018 肆猶放恣也　惠棟挍宋本如此，岳本、嘉靖本、毛本、衛氏集説並同。此本「肆猶放恣」四字誤，閩、監本四字闕。

019 子曰至畏也　惠棟挍宋本無此五字。

020 注擇日月以見君謂臣在邑竟者　惠棟挍宋本作「注擇日至竟者」。

021 或擇日出使在外　惠棟挍宋本同。閩本同。監本「在」誤「有」，毛本「在」作「於」。

子曰無辭不相接也節

022 瀆之言褻之　岳本、嘉靖本同。考文引宋板、足利本同。古本「褻之」下有「也」字。閩、監、毛本「褻之」作「褻也」，衛氏集説同。❶

023 子曰至不告　惠棟挍宋本無此五字。

024 此易蒙卦辭也　惠棟挍宋本有「也」字。此本「也」誤「〇」，閩、監本同，毛本「也」字脱。❷

025 艮爲山　閩、毛本同。監本「爲」誤「無」。×

026 言童蒙初來問師師則告之　惠棟挍宋本如此，此本上「師」字闕，閩、監、毛本上「師」誤「者」。

子言之仁者天下之表也節

027 懲謂創艾　各本同。釋文出「乂」，云「本又作『艾』」。✕

028 無言不讎　各本同。石經同。毛本「讎」作「讐」。

029 自盡己所能行　閩本同。惠棟挍宋本同。岳本同。嘉靖本同。監、毛本「行」誤「仁」。✕

030 利仁强仁　閩、監本、岳本、嘉靖本、衛氏集説同。毛本「利」字闕。

031 此其言舍之何人也　閩、監、毛本、岳本、嘉靖本同。考文引古本「也」上有「之」字，足利本「人」作「仁」。惠棟挍云：何休公羊作「仁之也」，與康成所引不同。盧文弨挍云：足利古本作「仁之也」，與本書合。

032 道有至義有考　各本並如此，陳澔集説「義」上有「有」字，考文引古本、足利本同，蓋依注讀增。

033 有義有攷　閩、監、毛本同。岳本「攷」作「考」，惠棟挍宋本、宋監本、嘉靖本、考文引古本、足利本同，下「有攷」、「攷成」並同。

034 子言至無失　惠棟挍宋本無此五字。❸

035 無能胥以寧　閩、監本同。毛本「胥」誤「須」。✕

036 凡人好仁皆有所欲　閩本同。惠棟挍宋本同。監、毛本「皆」誤「者」。✕

037 其事一種　惠棟挍宋本作「其事」，此本「其事」二字闕，閩、監、毛本「其事」作「各有」，衛氏集説亦作「各有一種」。

038 非關利害而安仁也　惠棟挍宋本作「也」，此本「也」字闕，閩、監、毛本「也」誤

「道」。

039 **望免離於罪**　惠棟挍宋本作「望」，此本「望」字闕，閩、監、毛本「望」作「求」。

040 **右手是用之便也**　惠棟挍宋本作「是」，此本「是」字闕，閩、監、毛本「是」作「使」。

041 **然可履蹈**　閩、監、毛本同。浦鏜挍云「然」下當脱「後」字。

042 **仁謂施以人恩**　閩、監、毛本同。惠棟挍宋本「人」作「仁」。

043 **傳稱諸侯春秋執大夫**　閩、監、毛本同。齊召南校云：當云「傳稱春秋諸侯執大夫」，各本誤倒「諸侯」二字在「春秋」上。

044 **是唯義爲道**　惠棟挍宋本作「爲」。此本「爲」誤「與」，閩、監、毛本同。❹

子言之仁有數節

045 **武王烝哉**　閩、監、毛本、石經、岳本、嘉靖本、衛氏集説同。坊本此四字脱。石經考文提要云：宋大字本、宋本九經、南宋巾箱本、余仁仲本、劉叔剛本並有此句。

046 **子言至仁也**　惠棟挍宋本無此五字。

047 **此引國風者**　閩、監本同。毛本「引」誤「因」。✕

048 **唯在我當身之主**　閩、監、毛本同。惠棟挍宋本「主」作「上」。

049 **是其數短也**　閩、監本同。毛本「短」誤「多」。✕

050 **則今枸苣也**　惠棟挍宋本作「也」。此本「也」誤「鄭」，閩、監、毛本同。✕

051 **言傳其所順天下之謀**　閩、監本同。毛本「所順天下」作「天下所順」。

子曰仁之爲器重節

052 取數多　閩、監、毛本、岳本、嘉靖本同。惠棟校宋本「多」下有「者」字，衛氏集説同，考文引古本同。

053 言以先王成法儗度人　惠棟挍宋本作「度」，岳本同，衛氏集説同，考文引古本、足利本同。此本「度」誤「庶」，嘉靖本、閩、監、毛本同。釋文出「儗度」，宋本「儗」作「擬」，是也。

054 謂古賢聖也　惠棟挍宋本、岳本、嘉靖本、衛氏集説同。考文引古本、足利本同。閩、監、毛本「賢聖」二字倒。

055 俛焉日有孶孶　各本同。石經同。釋文出「强焉」，云「一本作『俛』」。

056 雖有過不爲甚矣　嘉靖本、閩、監、毛本同。衛氏集説同。惠棟挍宋本無「爲」字，宋監本、岳本同。考文引足利本同。

057 詩云温温恭人　惠棟挍宋本作「云」，宋監本、石經、岳本、嘉靖本、衛氏集説同。此本「云」誤「曰」，閩、監、毛本同。石經考文提要云：宋大字本、宋本九經、南宋巾箱本、余仁仲本並作「詩云」。

058 言能成人道者少也　閩、監、毛本同。岳本同。衛氏集説同。惠棟挍宋本、嘉靖本、考文引古本、足利本「人」作「仁」。

059 移讀如禾汜移之移　惠棟挍宋本作「禾」，岳本、宋監本、考文引古本、足利本同。此本「禾」誤「水」，閩、監、毛本、嘉靖本並同。按，困學紀聞引亦作「禾汜移」，與「麥秀鋌」對舉。

060 惟鵜在梁　石經、岳本、嘉靖本、衛氏集説同。考文引古本、足利本同。閩、監、毛本「惟」作「維」，釋文出「惟鵜」。

061 彼記之子　閩本、毛本、石經、惠棟挍宋本、宋監本、岳本、嘉靖本同。衛氏集説同。監本「記」作「其」。詩考列之詩異字異義中。釋文出「彼記」，云「本又作『己』」。石經考文提要云：宋大字本、宋本九經、南宋巾箱本、余仁仲本、劉叔剛本並作「彼記」。

062 鶏鶏胡　閩、監、毛本、岳本、嘉靖本、衛氏集説同。惠棟挍宋本「胡」作「鶘」。

063 子曰至其服　惠棟挍宋本無此五字。

064 天下之間惟一人而已矣　閩、監本同。毛本「閒」誤「人」。✕

065 車舝之篇　毛本作「舝」。此本「舝」誤「牽」，閩、監本同。✕

066 言幽王若能脩德如高山　閩、監本同。毛本「如高」誤「有仲」，衛氏集説亦作「脩德如高山」。✕

067 以仁是善行故仁者有過　閩、監本同。毛本「行」誤「者」。✕

068 故恭近於禮　惠棟挍宋本有「故」字。此本「故」字脱，閩、監、毛本同。衛氏集説亦作「故恭近禮」。❺

069 則民得以行其聖人之言也　閩、監本同。毛本「得」誤「德」。✕

070 記是語辭　閩本同。監、毛二本「記」並作「其」，衛氏集説亦作「記」。❻

071 猶如小人在位　閩、監本同。毛本「猶」誤「言」。✕

子言之君子之所謂義者節

072 故諸侯勤以輔事於天子　各本同。毛本「諸」誤「者」。

073 不爲回邪之行要之　閩、監、毛本同。岳本、嘉靖本「要」上有「以」字，衛氏集説同，惠棟挍宋本、宋監本、考文引古本、足利本同。

074 言述行上帝之德　惠棟挍宋本有「之」字，宋監本、岳本、嘉靖本、衛氏集説同。此本「之」字脱，閩、監、毛本同。❼

075 使聲譽可得而尊言也　惠棟挍宋本、宋監本、岳本、嘉靖本、衛氏集説同。考文引古本、足利本同。閩、監、毛本「言」作「信」。

076 即以其行一大善者爲謚耳　閩、監、毛本、岳本、嘉靖本同。考文引古本、足利本「即」作「節」，衛氏集説、惠棟挍宋本、宋監本並同。

077 行過不復循行猶不二過　閩、監、毛本同。惠棟挍宋本「行過」作「過行」，「二」作「貳」，衛氏集説同，考文引古本同。岳本亦作「過行」，嘉靖本、足利本同。宋監本「二」亦作「貳」。

078 云自便習於此事之人耳　閩、監、毛本、嘉靖本同。惠棟挍宋本「自」作「吾」，宋監本、岳本、衛氏集説同。

079 子言至便人　惠棟挍宋本無此五字。

080 言以此求施爲於仁道也　惠棟挍宋本有「於」字。此本「於」字脱，閩、監、毛本同。❽

081 以昭明道德尊事上帝　閩本同。惠棟挍宋本同。監、毛二本「尊」誤「厚」。

082 過失即改以求處其厚也　閩、監、毛本同。考文云宋板「以」上有「是」字。

083 壹讀爲一惠猶善也言聲譽雖有至踰行所恥　惠棟挍宋本作「壹讀至所恥」。

084 言物在水上稱浮如浮雲　閩、監本同。毛本「稱」作「輕」。

085 故此經明后稷　惠棟挍宋本作「明」。此本「明」誤「名」，閩、監、毛本同。衛氏集説亦作「明后稷」。❾

086 禮記正義卷六十一終　惠棟挍宋本此行在疏「己之仁聖也」之下，計云凡三十一頁。❿

087 禮記正義卷第六十二　惠棟挍宋本自「子言之君子」以下爲卷六十二。

088 子言之君子之所謂仁者節　惠棟挍云：「子言之」節、「今父之親子」節，宋本合爲一節。⓫

089 凱弟君子　各本同。石經同。考文引古本「凱弟」作「愷悌」，下放此。按，釋文出「凱」，云「本亦作『愷』」，出「弟」，云「本又作『悌』」。

090 子言至此乎　惠棟挍宋本無此五字。

091 凱樂也弟易也　閩、監本同。毛本「凱」誤「覬」。×

子曰夏道尊命節

092 惷而愚　監本作「惷」，石經同，岳本同，衛氏集説同。此本「惷」誤「惷」，嘉靖本、閩、毛本同。釋文出「惷而」，音傷容反。疏放此。

093 子曰至不文　惠棟挍宋本無此五字。

094 所爲如此是親而不尊也　閩、監本同。毛本「爲」誤「謂」。×

095 爾雅訓云葼諼忘也　閩、監、毛本同。孫志祖挍云：此爾雅釋訓文，「訓」上當有「釋」字。

殷人尊神節

096 凡以摯交接相施予　閩、監、毛本、岳本、嘉靖本同。釋文「摯」作「贄」，考文引古本同。

097 殷人至無恥　惠棟挍宋本無此五字。

098 罰以秋冬　閩、監、毛本同。惠棟挍宋本「罰」作「刑」，與左傳合。

099 注云先鬼而後禮　閩、監、毛本同。惠棟挍宋本無「云」字。

周人尊禮節　×

100 周人至而蔽　惠棟挍宋本無此五字。×

101 至其敝末尊卑錯失　閩本同。惠棟挍宋本同。監、毛本「敝」作「蔽」。×

子曰夏道未瀆辭節

102 周人强民　閩、監、毛本、石經、岳本、嘉靖本、衛氏集説同。釋文出「强民」，云「注同」。山井鼎云：「宋板『强』作『彊』。」注及疏同。

103 子曰至窮矣　惠棟挍宋本無此五字。

104 夏代不然　閩、監本同。毛本「代」誤「伐」。

105 遭紂衰亂　閩、監本同。毛本「衰」誤「棄」。

106 尚有時限未褻瀆也　惠棟挍宋本有「時」字。此本「時」字脱，閩、監、毛本同。⓬

107 子曰虞夏之道節　惠棟挍云：「子曰虞夏」節，宋本分「子言之曰後世」以下另爲一節。

108 恥費輕實　閩、監本、石經、岳本、嘉靖本、衛氏集説同。考文引宋板同。毛本「輕」誤「强」。

109 辨别也　閩、監、毛本、岳本、嘉靖本、衛氏集説同。釋文「辨」作「辯」。

110 子曰至此乎　惠棟挍宋本無此五字。

111 故其民不堪勝敝敗也　閩、監本同。毛本「勝敝」誤「敝敝」。

112 文質再而復始　閩、監、毛本同。山井鼎云：「宋板『再』作『載』。」⓭

113 比殷家之文猶質　閩本同。惠棟挍宋本同。監、毛本「家」誤「周」。

114 猶文於夏故夏雖有文　閩本同。惠棟挍宋本同。監、毛本「於夏」誤「衍姑」。

115 此特明虞帝之美　閩本同。惠棟挍宋本同。監、毛本「特」誤「時」，衛氏集説亦作「特」。

116 臣下傚舜之寬容　惠棟挍宋本作

「下」。此本「下」誤「之」，閩、監、毛本同。⑭

117 謂舜以德摽明善人　閩、監、毛本同。浦鏜挍「摽」改「標」，是也。

子言之事君先資其言節

118 子言至益寡　惠棟挍宋本無此五字。

119 此一節至辭欲巧　閩、監本同。毛本「巧」誤「乃」。

子曰事君大言入節

120 入爲君受之　閩、監、毛本、岳本、嘉靖本同。惠棟挍宋本「爲」作「謂」，宋監本、衛氏集説同，考文引古本、足利本同，釋文出「爲君」。

121 利禄賞也　閩、監本、岳本、嘉靖本、衛氏集説同。考文引宋板同。毛本「賞」誤「實」。

122 必以禄賢者　各本同。毛本「以」誤「有」。

123 子曰至食吉　惠棟挍宋本無此五字。

124 此一節廣明事君之道　惠棟挍宋本有「明」字，衛氏集説同。此本「明」字脱，閩、監、毛本同。⑮

子曰事君不下達節

125 靖共爾位　閩、監本、石經、岳本、嘉靖本、衛氏集説同。毛本「共」作「恭」。釋文出「靖共」，云「本亦作『恭』」。

126 子曰至以女　惠棟挍宋本無此五字。

127 言爲女之道　閩、監、毛本同。惠棟挍宋本「女」作「臣」。

子曰事君遠而諫節

128 子曰至忘之　惠棟挍宋本無此五字。

129 宰正百官者　閩、監本同。毛本「正」誤「臣」。

130 簪獻曲　惠棟挍宋本同。閩、監、毛本

「曲」誤「典」。浦鏜挍云「典」當作「曲」。國語韋昭注云「公以下至士各獻諷諫之詩，瞽陳樂曲獻之於王」，見左傳襄十四年疏。

131 瞍賦矇誦　閩、監本同。毛本「瞍」誤「叟」。

子曰事君難進而易退節 ×

132 事君慎始而敬終　閩、監本、石經、岳本、嘉靖本、衛氏集説同。考文引宋板同。毛本「終」誤「忠」，疏放此。

133 子曰至爲亂　惠棟挍宋本無此五字。

子曰事君軍旅不辟難節

134 慎慮而從之者此己志也　閩、監、毛本、岳本、嘉靖本、衛氏集説同。山井鼎云古本「者」作「有」，宋板同。非。

135 子曰至其事　惠棟挍宋本無此五字。

136 上九艮爻　閩、監本同。毛本「爻」誤「爻」。 ×

子曰唯天子節 ×

137 子曰至爲君　惠棟挍宋本無此五字。 ×

子曰君子不以辭盡人節

138 則不問其所費　閩、監、毛本、岳本、嘉靖本、衛氏集説同。釋文出「所費」。石經「問其所」三字剜刻，無「所」字。

139 子曰至用餤　惠棟挍宋本無此五字。

140 小人以虛辭相飾　閩、毛本同。監本「飾」誤「節」。 ×

141 如似兩醴相合　惠棟挍宋本同。閩、監、毛本「兩」作「洒」。

子曰君子不以口譽人節

142 稱人之美則爵之　閩、監、毛本、石經、岳本、嘉靖本、衛氏集説同。坊本「美」作「善」。石經考文提要云：宋大字本、宋本九經、南宋巾箱本、余仁仲本、劉叔剛本並作「美」。

143 子曰至歸説〇所以前經君子不用虛言　惠棟挍宋本無「子曰至歸説〇所」七字。

144 故義不與詩相當　閩本同。惠棟挍宋本同。監、毛本「故」誤「取」。

子曰口惠而實不至節

145 今不思其本恩之反覆　閩、毛本同。岳本、嘉靖本同。衛氏集説「恩」誤「思」。監本「本恩」誤「不思」，疏放此。

146 子曰至焉哉　惠棟挍宋本無此五字。

子曰君子不以色親人節

147 子曰至欲巧　惠棟挍宋本無此五字。

148 故更明情貌信實　閩、監本同。毛本「信」誤「相」。

子言之昔三代明王節

149 子言至百姓　惠棟挍宋本無此五字。

150 謂祭事天地及諸神明也　閩、監本同。毛本「事」誤「祀」，「地」誤「帝」。

151 魯郊傳云卜三正　閩、監本同。毛本「正」誤「日」。

152 是有其牲日也　閩、監、毛本同。考文引宋板「其」作「卜」，衛氏集説亦作「是卜牲日也」。

153 祭社用甲　閩、監二本同。毛本「社」誤「祀」。

154 言用剛柔之日　閩、監、毛本同。考文引宋板「言」上有「以」字，續通解同。

155 外内別用限別以四郊爲限　閩、監、毛本同。考文引宋板「用」作「謂」。

子曰后稷之祀易富也節

156 后稷之祀易富也　閩、監本、石經、岳本、嘉靖本、衛氏集説同。毛本「祀」誤「事」，疏並同。

157 恭儉者之祭易備也　閩、監、毛本、嘉靖本同。惠棟挍宋本「恭」作「共」，岳本同，衛氏集説同，考文引古本、足利本同，釋文出「共儉」，云「音恭」。

158 子曰至于今　惠棟挍宋本無此五字。

子曰大人之器威敬節

159 則宮廟吉可知　閩、監本、岳本、嘉靖本、衛氏集説同。毛本「宮」誤「宗」。

160 子曰至於上　惠棟挍宋本無此五字。

161 以上經明在國內事上帝神明　閩、毛本同。監本「經明」二字倒。

162 心有恭敬則用祭器　閩、監本同。毛本「器」誤「祀」。

163 謂以正事上不褻慢也　閩、監本同。毛本「慢」誤「忄」。

164 出師巡守皆大事者也　閩、監、毛本同。惠棟挍宋本無「者」字。

165 預先五年　閩、監、毛本同。惠棟挍宋本「先」作「前」。

166 其實昏冠　閩、監本同。毛本「昏」誤「春」。

54—167 謂在國所卜諸事也　閩本同。惠棟挍宋本同。監本「也」字闕。毛本「諸事」誤「之處」。

校記

❶南昌本出文「之」作「也」。校語「閩、監、毛本褻之作

褻也」作「閩、監、毛本同」，移「閩、監、毛本同」及「衛氏集説同」二句於「岳本」上，「嘉靖本」下「同」作「也作之」。

❷南昌本出文「也」作「○」。校語「有也字」作「○作也」。

❸南昌本出文「言」作「曰」，「失」作「告」。

❹南昌本出文「爲」作「與」。校語「作爲」上有「與」，無「此本爲誤與」。

❺南昌本出文無「故」字。校語「有故字」上有「上」，「故字脱」作「脱」，無「作故恭近禮」上「亦」。

❻南昌本無「衛氏集説」下「亦作記」，移「衛氏集説」於「監、毛」上，「二本」作「本」。

❼南昌本出文無「之」字。

❽南昌本出文無「於」字。校語移「閩、監、毛本同」一句於「惠棟挍宋本」句上，「有於字」上有「爲下」，無「此本於字脱」。

❾南昌本出文「明」作「名」。校語移「閩、監、毛本同」一句於「惠棟挍宋本」句上，「作明」上有「名」，無「此本明誤名」。

❿南昌本出文改作「不自謂己之仁聖也」，上提一格。校語「此行在疏己之仁聖也之下」改作「此下標禮記正義卷第六十一終」，「計」作「記」。

⓫南昌本校語下有「○惠棟挍宋本自此節起至子曰政之不行也節止爲第六十二卷。卷首題禮記正義卷第六十二」。

⓬南昌本出文無「時」字。校語移「閩、監、毛本同」一句於「惠棟挍宋本」句上，「有時字」上有「限上」，無「此本時字脱」。

⓭南昌本「宋板」作「宋本」。

⓮南昌本出文「下」作「之」。校語移「閩、監、毛本同」一句於「惠棟挍宋本」句上，「作下」作「臣之作臣下」，無「此本下誤之」。

⓯南昌本校語移「閩、監、毛本同」一句於「惠棟挍宋本」句上，「有明字」上有「廣下」，無「此本明字脱」。

禮記注疏校勘記卷五十五

緇衣第三十三

子言之曰爲上易事也節

55—001 則刑可以措　閩、監、毛本、岳本、嘉靖本、衛氏集説同。釋文出「以錯」，云「本亦作『措』」。○按，措，正字，經傳多假「錯」爲之。

002 子言至煩矣　惠棟挍宋本無此五字。

003 爲上易事者　閩、監本同。毛本「者」上衍「○」，惠棟挍宋本「○」作「也」，是也。

004 君上以正理御物　閩、監本同。衛氏集説同。毛本「以」誤「謂」。

子曰好賢如緇衣節

005 子曰至作孚　惠棟挍宋本無此五字。

006 爲王后宮巷官之長　閩本作「官」，考文引宋板同。此本「官」誤「宮」，監本同，毛本「官」誤「伯」。

007 則刑措而不用民皆服從　閩、監本同。毛本「從」誤「之」。

子曰夫民節

008 子曰至世也　惠棟挍宋本無此五字。

009 爲穆王説刑故稱甫刑　閩、監本同。毛本「甫」誤「匪」。

010 而遂絶其世也者　毛本作「而」。此本「而」誤「○」，閩、監本同。

011 但孝經序未知是鄭作以不　閩、監、毛本同，惠棟挍宋本「不」作「否」。

012 皆由大姜　閩、毛本同。監本「由」誤

「田」。 ×

013 **顓頊代少昊誅九黎** 閩、監本同。毛本「誅」誤「諸」。 ×

子曰下之事上也節

014 **如影逐表** 閩、監、毛本、岳本、嘉靖本同。惠棟挍宋本「影」作「景」，衛氏集説同，釋文同。○按，「景」、「影」古今字。

015 **言百姓倣禹爲仁非本性能仁也** 惠棟挍宋本有「言」字、「也」字，宋監本、岳本、嘉靖本、衛氏集説同，考文云古本、足利本同。此本「言」、「也」二字闕。閩、監、毛本脱「倣」字，岳本作「倣」，衛氏集説、釋文同，宋監本作「效」，嘉靖本作「効」。○按，效，正字。「倣」乃「效」字之或體。廣韻云「効，俗『效』字」，此又因「効」而誤作「倣」。❶

016 **甫刑曰** 惠棟挍宋本作「曰」，石經、宋監本、衛氏集説同。此本「曰」誤「云」，閩、監、毛本同，岳本、嘉靖本同。

017 **子曰至之武** 惠棟挍宋本無此五字。

018 **豈必本性盡有仁道** 考文引宋板作「有」，衛氏集説同。此本「有」誤「行」，閩、監、毛本同。❷

019 **謂承離亂之後** 惠棟挍宋本有「亂」字。此本「亂」字脱，閩、監、毛本同。

020 **證民之法則於上** 惠棟挍宋本作「之」。此本「之」誤「具」，閩、監、毛本同。衛氏集説亦作「之」。

021 **證上有善行** 閩、監本同。毛本「上」誤「土」。 ×

022 **證君有善與下爲法式也** 惠棟挍宋本如此，衛氏集説同。此本「君」誤「若」，「下」字脱，閩、監、毛本同。❸

子曰上好仁節

023 子曰至順之　惠棟按宋本無此五字。

024 則天下之爲仁争先人者　閩、監、毛本同。惠棟按宋本無「天」字，是也。

子曰王言如絲節

025 其出如綍　閩、監、毛本、石經、岳本、嘉靖本、衛氏集説同。釋文「綍」作「紼」。

026 子曰至于儀　惠棟按宋本無此五字。

027 不侽過於禮之容儀　惠棟按宋本同。閩、監、毛本「容儀」二字倒。

028 百官表　惠棟云：續漢書有百官志，無「百官表」，東觀漢紀有百官表，然文係司馬書，作「表」者誤也。

029 有秩郡所置　惠棟按宋本同。閩、監、毛本「郡」誤「部」。×

子曰君子道人以言節

030 子曰至敬止　惠棟按宋本無此五字。

031 誘道在下以善言使有信也　閩、監、毛本同。惠棟按宋本「使」下有「言」字。

032 得終末可恒行以否　閩本同。監、毛本「末」誤「未」。×

子曰長民者節

033 貳不壹也　毛本作「貳」，岳本、嘉靖本、衛氏集説同。此本「貳」作「二」，閩、監本同。惠棟按宋本作「壹」，岳本同，衛氏集説同，考文引古本、足利本同。此本「壹」誤「一」，閩、監、毛本同。×

034 三家則亡　惠棟按宋本作「三」，岳本、嘉靖本同。此本「三」誤「二」，閩、監、毛本同。×

035 子曰至所望　惠棟按宋本無此五字。

036 則民德一者一謂齊一　閩、監、毛本同。惠棟按宋本上「一者」、「一謂」二「一」字作「壹」。山井鼎云：「宋板『一』作『壹』。」下皆同。

037 服此狐裘黃黃　閩、監本同。毛本下「黃」誤「裳」。

子曰爲上可望而知也節

038 子曰至不忒　惠棟挍宋本無此五字。

039 咸有一德者　閩、監、毛本同。惠棟挍宋本「一」作「壹」，下「一德純一」、「一德」並同。

子曰有國者節

040 有國者　石經、岳本、嘉靖本、考文引宋板、古本、足利本同。閩、監、毛本「國」下衍「家」字，衛氏集説同，陳澔集説同。石經考文提要云：宋大字本、宋本九經、南宋巾箱本、余仁仲本、至善堂九經本並無「家」字。

041 章善癉惡　閩、監、毛本、嘉靖本、衛氏集説、陳澔集説同。宋監本、岳本「善」作「義」，石經初刻作「善」，剜刻作「義」。釋文出「章義」，云「尚書作『善』，皇云『義，善也』」。石經考文提要云：宋大字本、宋本九經、南宋巾箱本、余仁仲本、劉叔剛本並作「章義」。○按，「義」字是也。

042 子曰至正直　惠棟挍宋本無此五字。

043 靖共爾位好是正直者　惠棟挍宋本同。閩、監、毛本「共」作「恭」。○按，詩鄭箋「共」訓「具」，則非「恭」字可知。

044 靖謀共其爾之祿位　閩、監、毛本同。考文引宋板「其」作「具」。

子曰上人疑節

045 證上民情不二　閩、監、毛本同。惠棟挍宋本「二」作「貳」。

046 臣儀行　閩、監本、石經、岳本、嘉靖本、衛氏集説同。釋文出「臣儀行」，毛本「行」誤「刑」。

047 言臣義事則行也　惠棟挍宋本如此，宋監本、岳本、嘉靖本、衛氏集説同。此本「事」下衍「君」字，閩、監、毛本同。❹

048 引君所不及　閩、監本、岳本、嘉靖本、衛氏集説同。考文引宋板同。毛本「引」誤「言」。✕

049 上帝板板　各本同。石經同。釋文出「版版」，云「注同」。○按，「版」、「板」古今字。❺

050 下民卒癉　閩、監本、石經、岳本、嘉靖本、衛氏集説同。毛本「卒」誤「作」。釋文出「卒亶」，云「本亦作『癉』」。

051 惟王之邛　各本同。坊本「惟」作「維」。

052 子曰至之邛　惠棟挍宋本無此五字。✕

子曰政之不行也節

053 敬明乃罰　各本同。毛本「明」誤「民」，疏「敬明乃罰者」同。

054 子曰至不迪　惠棟挍宋本無此五字。

055 禮記正義卷第六十二終　惠棟挍宋本此行在疏「重刑之義也」之下，計云凡二十九頁。❻

056 禮記正義卷第六十三　惠棟挍宋本自「子曰大臣」以下爲卷六十三。

057 子曰大臣不親節　✕　惠棟云：「子曰大臣」節、「子曰小人溺於水」節，宋本合爲一節。❼

058 圖以謀也　閩、監本同。毛本「以」作「亦」，岳本、嘉靖本、衛氏集説同，惠棟挍宋本、宋監本同。

059 賤者無一德也　閩、監、毛本同。惠棟挍宋本「一」作「壹」，宋監本、岳本、嘉靖本、衛氏集説同，考文引足利本同。

060 若己弗克見　惠棟挍宋本作「己」，石經同，釋文同，岳本同，衛氏集説同。此本「己」誤「已」，閩、監、毛本、嘉靖本同。

061 子曰至由聖　惠棟挍宋本無此五字。

062 與上相親比故也　惠棟挍宋本作「故」。此本「故」誤「政」，閩、監、毛本同，衛氏集説「故」字無。

063 則大臣不怨邇臣不疾　閩、監本同。毛本「邇」字闕。

子曰小人溺於水節　×

064 言水人所沐浴自潔清者　嘉靖本、閩、監、毛本同。岳本「自」上有「而」字。釋文「潔」作「絜」。○按，「絜」、「潔」正俗字。

065 則遂扞格不入　閩、監、毛本、岳本、嘉靖本、衛氏集説同。考文引古本「扞」作「捍」，釋文出「捍格」。○按，説文有「扞」無「捍」。

066 難卒告諭　閩、監、毛本、岳本、嘉靖本同。釋文出「難卒」，衛氏集説「難卒」作「卒難」。案，疏亦作「卒難」。

067 太甲曰毋越厥命　閩、監、毛本、嘉靖本、衛氏集説同。石經「太」作「大」，岳本同，釋文同，下「太甲」同。

068 往省括于厥度則釋　閩、監、毛本、岳本、嘉靖本、衛氏集説同。石經闕。石經考文提要云：坊本無「厥」字。案，釋文出「于厥度」，云「尚書無『厥』字」，則此有「厥」字可證。宋大字本、宋九經、南宋巾箱本、余仁仲本、劉叔剛本並有「厥」字。

069 謂所擬射也　各本同。釋文出「儗」，云「本亦作『擬』」。　×

070 天作孽　閩本、嘉靖本、石經、釋文、衛氏集説同。毛本「孽」作「孼」，岳本同。監本誤「蘖」，下「自作孽」同。

071 不可以逭　各本同。石經同。釋文出「不可以逭」，云「本又作『逭』」。○按，逭，正字；逭，俗字。

072 惟尹躬天見于西邑夏　各本並同。坊本「天」作「先」，依注改。

073 多爲水所覆　閩、監、毛本同。惠棟挍宋本「覆」下有「没」字。

074 伊尹戒大甲辭　閩、監、毛本同。惠棟挍宋本「辭」上有「之」字。

075 亦可從移辟災　閩、監、毛本同。考文引宋板「從」作「徙」。

076 故不可逃也　閩、監本同。毛本「可」誤「敢」。

077 若脩德行善則能終　閩、監、毛本同。惠棟挍宋本「終」下有「也」字。

078 使百工營求諸野　閩、監本同。毛本「使」誤「始」。

079 得諸傅岩　閩、監、毛本同。惠棟挍宋本「岩」作「巖」。

※ 以天字與先者　補：按，六字誤衍。

080 並云禹都咸陽正當亳西也　閩、監、毛本同。齊召南云：「咸陽」當作「陽城」，後漢書郡國志注引汲冢書曰「禹都陽城」是也，陽城對偃師言，則亦爲西矣。

子曰民以君爲心節

081 身必安之　閩、監本、石經、岳本、嘉靖本、衛氏集說同。毛本「必」誤「心」。

082 成邦之八成也　各本同。毛本「八」誤「入」。

君雅曰節

083 資冬祁寒　惠棟挍宋本作「祁」，宋監本、石經、岳本同。此本「祁」誤「祈」，嘉靖本、閩、監、毛本同，釋文出「祁寒」。石經考文提要云：宋大字本、南宋巾箱本並作「祁」。注「祁寒」放此，疏同。

084 子曰至曰怨　惠棟挍宋本無此五字。

085 此論君人相須　閩、監、毛本同。衛氏集說「人」作「民」。

086 案周禮小宰職云　閩、監本同。毛本

「宰」誤「雅」。×

087 四曰聽稱責以傅別　考文引宋板作「傅」。此本「傅」誤「傳」，閩、監、毛本同。×

088 今此本作資字　閩、監、毛本同。惠棟挍宋本無「字」字。

子曰下之事上也節

089 質猶少也　惠棟挍宋本、宋監本、毛本作「少」，岳本、嘉靖本同，衛氏集説同。此本「少」誤「以」，閩、監本同。×

090 謂博交汎愛人也　各本同。釋文「汎」作「氾」。×

091 政教當由一也　閩、監、毛本、嘉靖本、衛氏集説同。惠棟挍宋本「一」作「壹」，宋監本、岳本同，疏「則義不一行」、「當由一也」放此。

092 子曰至一也　惠棟挍宋本無此五字。

093 此一節明下之事上　考文引宋板作「上」，衛氏集説同。此本「上」誤「長」，閩、監、毛本同。×

094 言名志俱善　閩、監本同，衛氏集説亦作「俱」，毛本「俱」誤「具」。×

095 亦質少而親之　閩、監本同。惠棟挍宋本「少」作「守」。毛本同。×

096 其威儀齊一也　閩、監、毛本同。考文引宋板「一」作「壹」，下「齊一」同。

子曰唯君子能好其正節

097 子曰至好仇　惠棟挍宋本無此五字。

098 故知此正爲匹也　惠棟挍宋本有「知」字。此本「知」字脱，閩、監、毛本同。衛氏集説亦作「故知」。×

子曰輕絶貧賤節

099 子曰至威儀　惠棟挍宋本無此五字。

100 是好賢不堅惡而富貴　閩本同。衛

氏集説同。惠棟挍宋本同。監、毛本「惡」誤「也」。

子曰私惠不歸德節 ×

101 子曰至周行　惠棟挍宋本無此五字。×

102 不用留意於此等之人　惠棟挍宋本作「於」，衛氏集説同。此本「於」誤「如」，閩、監、毛本同。

子曰苟有車節 ×

103 葛覃曰　各本同。石經同。釋文「覃」作「蕈」。

104 服之無射　各本同。石經同。釋文「無」作「毋」。

105 令君子服之無厭　閩、監本、嘉靖本同。毛本「令」誤「今」，岳本同。釋文出「令君子」，云「力呈反」。

106 子曰至無射　惠棟挍宋本無此五字。

107 證人之所行終須有效也　閩本同。

惠棟挍宋本同。監、毛本「行」誤「以」。

子曰言從而行之節

108 尚可磨也　各本同。石經同。釋文「磨」作「摩」。○按，摩，正字；磨，俗字。

109 昔在上帝　惠棟挍宋本、宋監本、石經、岳本、嘉靖本同。考文引古本、足利本同。閩、監、毛本「昔在」二字倒，衛氏集説同。石經考文提要云：宋大字本、宋本九經、南宋巾箱本、余仁仲本、劉叔剛本並作「昔在」。

110 今博士讀爲厥亂勸寧王之德　閩、監、毛本、岳本、嘉靖本同。段玉裁挍云宋監本無「之」字。

111 子曰至厥躬　惠棟挍宋本無此五字。

112 謂行在於前言隨於後　閩、監本同。毛本「謂」誤「而」。×

113 允也君子展也大成者　閩、監本同。

毛本「展」、「成」誤「振」、「臣」。×

114 三者謂此禮記及古文尚書　閩、監、毛本同。惠棟挍宋本「三者謂」三字作「玄謂」二字。

115 割蓋聲相近　閩、監本同。毛本「聲」誤「申」。×

116 禮尚書猶爲割　閩、監、毛本作「禮」。浦鏜挍云「禮」當「孔」字之誤。案，此本「禮」作「礼」，與「孔」字形相近。

子曰南人有言曰節

117 毋與惡德之人也　閩、監、毛本、嘉靖本同。惠棟挍宋本、宋監本「毋」作「無」，岳本同，衛氏集説同，釋文出「毋予」，云「音無」。

118 問正爲偵　惠棟挍宋本作「正」，岳本、嘉靖本同，考文引古本、足利本同。此本「正」誤「不」，閩、監、毛本同，衛氏集説作「問正於人爲偵」。

119 男子當專行幹事　閩、監本作「幹」，惠棟挍宋本、岳本、嘉靖本、衛氏集説同。此本「幹」誤「者」，毛本同。×

120 子曰至子凶　惠棟挍宋本無此五字。

121 此尚書傅説告高宗之辭　閩、監本同。毛本「傅」誤「傳」。

122 其事則煩事煩則致亂也　閩、監本如此，衛氏集説同。此本「事則」下衍「○」，毛本「事則」下有空闕，並非也。❽

123 云事皆如是而以祭祀　閩、監本作「皆」。此本「皆」誤「者」，毛本同。×

124 禮記卷第十七經四千一百一十六字注四千六百一十一字　宋監本。❾

55—125 禮記卷第十七經四千一百一十八

字注四千六百四字　嘉靖本。

校記

❶南昌本出文無「也」字。校語「有言字，有也字」作「下有也字」，「言、也二字闕」作「也字闕」。

❷南昌本出文「有」作「行」。校語移「閩、監、毛本同」一句於「考文」上，「作有」上有「行」，無「此本有誤行」。

❸南昌本出文無「下」字。校語移「閩、監、毛本同」一句於「惠棟挍宋本」句上，「如此」作「爲上有下字」，無「此本君誤若，下字脱」。

❹南昌本出文「事」上有「君」字。校語移「閩、監、毛本同」一句於「惠棟挍宋本」句上，「如此」作「事下無君字」，無「此本事下衍君字」。

❺南昌本「版、板古今字」作「版、版古今字」。

❻南昌本出文改作「証重刑之義也」，上提一格。校語「此行在䟽重刑之義也之下」改作「此下標禮記正義卷第六十二終」，「計」作「記」。

❼南昌本校語下有「〇惠棟挍宋本自此節起至子曰南人有言曰止爲第六十三卷，卷首題禮記正義卷第六十三」。

❽南昌本出文「事則」下有「〇」。校語「閩」上增「按」，無「閩、監本」下「如此」及「衛氏集説」下「同」，「並」作「亦」。

❾南昌本出文改作「附釋音禮記注䟽卷第五十五」，上提三格。校語改作「宋監本禮記卷第十七，經四千一百一十六字，注四千六百十一字。嘉靖本禮記卷第十七，經四千一百一十八字，注四千六百四字」。

禮記注疏校勘記卷五十六

奔喪第三十四

奔喪之禮節

56—001 奔喪之禮 各本同。石經同。釋文作「奔𠸶」，云「此正字也。説文云『從哭、亡，亡亦聲也』」。

002 奔喪至盡哀 惠棟挍宋本無此五字。

003 別云唯父母 閩、監本同。毛本「云」作「曰」。

遂行日行百里節

004 遂行至竟哭 惠棟挍宋本無此五字。

005 若未得行則成服而后行者 惠棟挍宋本同。閩、監、毛本「后」作「後」。

至於家入門左節

006 不以爲數 閩、監、毛本、岳本、嘉靖本、衛氏集説同。釋文出「不以數也」，云「本亦作『不以爲數』」。

007 既哭成其喪服杖於序東 惠棟挍宋本如此，宋監本、岳本、衛氏集説同，考文引足利本同。此本「其」下衍「服」字，閩、監、毛本、嘉靖本同。案，疏亦無「其」下「服」字。❶

008 至於至如初 惠棟挍宋本無此五字。

009 非謂堂上之序東也 惠棟挍宋本作「上」。此本「上」誤「下」，閩、監、毛本同。

010 故云既殯位在下也 閩、監本同。毛本「位在下」誤倒作「在下位」。

011 發喪已踰日節於是可也 閩、監本同。毛本「節」誤「即」。

奔喪者非主人節

012 奔喪至變也　惠棟挍宋本無此五字。

013 故奔喪者在庭中北面　惠棟挍宋本同。閩、監、毛本「庭中」二字倒，衛氏集説同。

014 入自闈門升自側階　閩、監本同。毛本「側」誤「阼」，下「升自側階」同。

015 以奔夫屬　閩、監、毛本同。衛氏集説同。惠棟挍宋本「奔夫」作「本天」。

奔母之喪節

016 奔母至括髮　惠棟挍宋本無此五字。

婦人奔喪節

017 婦人至拾踊　惠棟挍宋本無此五字。

018 髽之異於髺髮者　惠棟挍宋本作「髺」，衛氏集説「髺」作「括」。此本「髺」誤「髺」，閩本同，監、毛本誤「髺」。

奔喪者不及殯節

019 逸奔喪禮説不及殯日　閩、監、毛本、嘉靖本、衛氏集説同。岳本「日」作「曰」，考文引足利本同。

020 以下文云除喪而后歸　惠棟挍宋本同。閩、監、毛本「后」作「後」。

021 釋爲母異於父　閩、監本同。毛本「釋」上衍「者」字。

齊衰以下節

022 齊衰至事畢　惠棟挍宋本無此五字。

聞喪不得奔喪節

023 其在官亦告就次　毛本、岳本、嘉靖本、衛氏集説同。閩、監本「在」誤「告」。

024 聞喪至如初　惠棟挍宋本無此五字。

若除喪而后歸節

025 若除至不踊　惠棟挍宋本無此五字。

026 下文東即主人之位　閩、監、毛本同。惠棟挍宋本「文」作「云」。

027 云遂除於墓而歸者　閩、監本同。毛本「除」字重。

自齊衰以下節

028 自齊至免麻　惠棟挍宋本無此五字。

029 當謂至緦麻也　閩、監本作「緦」，此本「緦」字闕，毛本誤「絲」。

凡爲位節

030 唯父母之喪　惠棟挍宋本有「唯」字，宋監本、岳本、衞氏集説同。此本「唯」字脱，閩、監、毛本、嘉靖本同。❷

031 容待賷也　岳本、嘉靖本、衞氏集説、閩、監、毛本「賷」作「齎」，釋文同。○按，「齎」、「賷」正俗字。

032 凡爲至而往　惠棟挍宋本無此五字。

033 爲急欲奔喪　閩、監本同。衞氏集説同。毛本「爲」誤「謂」。

034 故知無君命自以私事未得奔者　閩、監本同。毛本「未」誤「無」。

035 下兩處五哭之文　閩、監本同。毛本「五哭之文」誤倒作「之文五哭」。

齊衰節

036 齊衰至而哭　惠棟挍宋本無此五字。

哭父之黨節

037 以其精神不在乎是　閩、監、毛本同。岳本同。衞氏集説同。考文引宋板「在」作「存」，宋監本、嘉靖本同。

038 始聞喪哭而袒　各本同。監本「聞」字闕。

039 故先作一哭　惠棟挍宋本同。閩、監、毛本「一」作「壹」。

所識者弔節

040 所識者至而踊　惠棟挍宋本無此六字。

041 主人在墓左西鄉　閩、監、毛本同。惠棟挍宋本無「西」字。

凡喪父在節

042 凡喪至主之　惠棟挍宋本無此五字。

043 君所主夫人妻大子適婦不云　閩、監本同。毛本「婦」誤「父」。

044 自主之也　閩、監本同。毛本「自」誤「目」。

聞遠兄弟之喪節

045 既除喪而后聞喪　惠棟挍宋本同。石經同。岳本同。衛氏集説同。閩、監、毛本「后」作「後」，嘉靖本同。

046 聞遠至左手　惠棟挍宋本無此五字。

無服而爲位者節

047 無服至者麻　惠棟挍宋本無此五字。

048 此是逸奔喪禮文　閩、監、毛本作「逸」，此本「逸」誤「亦」。

049 既降無服其族姑□□□□□□□其族姑姊爲族伯叔兄弟亦無服加麻　閩、監本同。惠棟挍宋本同。毛本上「其族姑」三字亦闕，共闕十字。考文補闕作「其族姑姊爲族伯叔兄弟」，山井鼎云：「補此十字卻係衍文，當删去也。」案，衛氏集説作「既降無服其族姑姊爲族伯叔兄弟亦無服」，中間並無闕字，是也。

凡奔喪有大夫至節

050 爲之成踊　惠棟挍宋本作「爲」，岳本、宋監本、衛氏集説同，考文引足利本同。此本「爲」誤「謂」，嘉靖本、閩、監、毛本同。

051 凡奔至拜之　惠棟挍宋本無此五字。

052 成踊而后襲者　惠棟挍宋本同。閩、監、毛本「后」作「後」，下「然后襲衣」同。

053 士卑故先襲而後拜也　惠棟挍宋本作「卑」，毛本同，監本誤「畢」。

054 與此經文字多少不同　閩、監本同。毛本「此」誤「其」。

055 禮記正義卷第六十三終　惠棟挍宋本此行在疏「故云或曰」之下，計云凡三十頁。❸

056 禮記正義卷第六十四　惠棟挍宋本自「問喪」以下爲卷六十四。

問喪第三十五❹

親始死雞斯節

057 故鄰里爲之糜粥　各本同。石經同。釋文出「之⿸麻食」，云「本亦作『糜』」。

058 二日乃去笄纚括髮也　閩、監、毛本、岳本、嘉靖本、衛氏集説同。惠棟挍宋本「二」作「三」。

059 邪巾貊頭　各本同。釋文出「耶巾」，云「本亦作『邪』」；出「袹頭」，云「本或作『貊』」。

060 故曰辟踊哭泣　各本同。石經同。釋文出「辟踴」。○按，依説文當作「⿺走甬」，从走，甬聲。

061 以鬼饗之　惠棟挍宋本、石經、宋監本、岳本、嘉靖本同。閩、監、毛本「饗」作「享」，衛氏集説同。石經考文提要云：宋大字本、宋本九經、南宋巾箱本、余仁仲本、劉叔剛本並作「饗」。

062 孝子不忍反室自安也　各本同。毛本「室」誤「至」。

063 匍匐猶顛蹷　各本同。釋文「顛」作「傎」。

064 稽顙觸地無容　閩、監本、石經、岳本、嘉靖本、衞氏集説同。考文引古本、足利本同。毛本「觸」誤「拜」。

065 言免乃有緦服也　各本同。毛本「也」誤「之」。×

066 親始至實也　惠棟挍宋本無此五字。

067 以號踊履踐爲妨　閩、監本同。衞氏集説同。毛本「履」作「屨」。×

068 薄者以飲之　閩本同。惠棟挍宋本同。衞氏集説同。監、毛本「飲」誤「歛」。

069 祭之宗廟以鬼饗之者　惠棟挍宋本作「饗」。閩、監、毛本「饗」作「享」，下「以鬼饗之」同。

070 猶居倚廬枕塊　惠棟挍宋本有「倚」字，閩、監、毛本「倚」字脱。

56—071 不敢據杖以尊者在　考文引宋板同。閩、監、毛本「據」誤「遽」。

校記

❶南昌本出文「其」下有「服」字。校語「如此」作「其下無服字」，「其下衍服字」作「誤衍」。「案」上有「〇」。

❷南昌本出文無「唯」字。校語「有唯字」上有「上」，「唯字脱」作「誤脱」。

❸南昌本出文改作「故云或曰」，上提一格。校語「此行在疏故云或曰之下」改作「此下標禮記正義卷第六十三終」，「計」作「記」。

❹南昌本下有校語「惠棟挍宋本禮記正義卷第六十四」。

禮記注疏校勘記卷五十七

服問第三十六

傳曰有從輕而重節

57—001 三年既練首絰除矣爲父既練衰七升　嘉靖本、閩、監、毛本同。惠棟挍宋本、宋監本「首絰除矣爲父既練」下無「首絰除矣爲父既練」八字，是也，岳本同，考文引古本、足利本同。

002 變三年之練葛期既葬之葛帶　閩、監、毛本、岳本、嘉靖本、衛氏集説同。戴震云：「期既葬之葛帶」，「期」字衍，宜刪。疏内同。

003 古者説或作稅　閩、監本、岳本、嘉靖本、衛氏集説同。毛本「古」誤「説」。

004 傳曰至列也　惠棟挍宋本無此五字。

005 今各以其人明之或可　閩、監、毛本同。山井鼎云：「宋板『明之或』作『今各以』，不可解，疑有脱誤。」

006 故下文罪多而刑五　閩、監、毛本同。惠棟挍宋本「文」作「云」。

007 若婦人則首絰練之　閩、監、毛本同。惠棟挍宋本「若」下有「其」字。

008 或有九升者是義服齊衰也　閩、監、毛本同。惠棟挍宋本無「有」字。

009 經不云服其父衰而云功衰　閩、監本同。衛氏集説同。毛本「經」誤「今」。

010 得爲三年之喪而行練也　惠棟挍宋本作「行」。此本「行」誤「後」，閩、監、毛本同。

011 故首絰與期之絰五寸有餘　閩、監、毛本同。戴震云「故首經」下衍一「與」字。

012 則其首經合五分加一成五寸餘也　惠棟挍宋本、閩、毛本同。監本「加」字空闕。

013 每可以經必經者謂於小功以下之喪　惠棟挍宋本有「必經」二字。此本「必經」二字脱，閩、監本同。❶

014 恐免經不及緦故也　閩、監本同。毛本「也」誤「云」。×

015 得變三年既虞卒哭　閩、監、毛本同。惠棟挍宋本「得」作「則」。

016 是諸侯外宗之婦也　惠棟挍宋本同。閩、監、毛本下「宗」作「親」。×

017 若姑之子婦從母子婦　閩、監、毛本同。惠棟挍宋本「從母」下有「之」字，衛氏集説同。

018 妾先君所不服也者　閩本、監本脱「者」字。×

019 又別春秋之時不依正禮者　惠棟挍宋本作「別」，衛氏集説同。此本「別」作「引」，閩、監、毛本同。❷

020 今春秋公羊既説妾子立爲君　閩、監、毛本同。盧文弨云通典家禮載此無「既」字。

021 云子不得爵命父妾　閩、監、毛本同。通典無「云」字。

022 以妾在奉授於尊者　閩、監、毛本同。通典作「以妾本接事尊者」。

023 故春秋左氏説成風　閩、監、毛本同。通典「故春秋」作「古春秋」。

024 女君卒繼攝其事耳　閩、監、毛本同。盧文弨云「繼」下當有「室」字。

閒傳第三十七

025 斬衰何以服苴節　惠棟云：「斬衰節」、「齊衰之喪」節、「斬衰」節，宋本合爲一節。

026 莫一溢米　各本同。毛本「莫」誤「莫」，釋文出「莫一」。

027 居倚廬　閩、監本、石經、岳本、嘉靖本、衛氏集說同。毛本「廬」誤「閭」。

028 不說經帶　各本同。石經同。釋文「說」作「稅」。

029 芐翦不納　閩、監本、石經、岳本、嘉靖本、衛氏集說同。毛本「芐」誤「苄」，下「芐翦」同，釋文出「芐」。❸

030 柱楣翦屏　閩本、石經、岳本、嘉靖本、衛氏集說同。監、毛本「柱」作「拄」，釋文亦作「柱」。

031 斬衰至者也　惠棟挍宋本無此五字。

032 則雜記云大夫居廬士居堊室　閩、監本同。衛氏集說同。毛本「士」誤「是」。

033 治其麻縷其細如緦　閩、監本同。衛氏集說同。毛本「緦」誤「絲」。

034 斬衰三升者此明父母之喪　閩、監本同。毛本「升」誤「年」。

035 父没爲母與父同也　閩、監本同。衛氏集說同。毛本下「父」誤「服」。

036 二十五月大祥二十七月而禫　閩、監本同。毛本「大」誤「而」。

037 無所不佩者吉祭之時　閩、監本同。毛本「吉」誤「既」。

038 齊斬婦人帶不變也　閩、監本同。毛本「婦」誤「衰」。

039 以首尊於要　閩、監本同。毛本「尊」誤「爭」。

040 戴德變除禮文矣　惠棟挍宋本作「戴」，衛氏集説同。此本「戴」誤「載」，閩、監、毛本同。×

041 云無所不佩紛帨之屬　惠棟挍宋本同。閩、監、毛本「帨」誤「脱」。×

042 今經大功又既葬　閩本同。惠棟挍宋本同。監、毛本「今」作「本」。

齊衰之喪節

043 不言包特而兩言者　閩、監、毛本、岳本、嘉靖本、衛氏集説同。惠棟挍宋本「兩言」作「言兩」，考文引古本同。

044 正義曰此明齊衰既虞卒哭　惠棟挍宋本無「正義曰」三字。

斬衰之葛節

045 此竟言有上服既虞卒哭　閩、監、毛本、岳本、嘉靖本、衛氏集説同。續通解「竟」作「章」，考文引古本同。

046 正義曰此明五服　惠棟挍宋本無「正義曰」三字。

047 與前服之葛麤細同　閩、監本同。毛本「麤」誤「初」。×

048 故文注稍異也　閩、監本同。毛本「異」誤「易」。×

57—049 禮記正義卷第六十四終　惠棟挍宋本此行在疏「故文注稍異也」之下，計云凡二十六頁。❹

校記

❶南昌本出文無「必經」二字。校語「有必經二字」上有「以經下」，「必經二字脱」作「脱」。

❷南昌本出文「別」作「引」。校語移「閩、監、毛本同」一句於「惠棟挍宋本」句上，「作別」上有「引」，無「此

本别作「引」。

❸南昌本「毛本芐誤苄」作「毛本苄誤芐」。

❹南昌本出文改作「附釋音禮記注疏卷第五十七」，上提三格。校語「此行在疏故文注稍異也之下」改作「禮記正義卷第六十四終」，「計」作「記」。

禮記注疏校勘記卷五十八

58—001 禮記正義卷第六十五　惠棟挍宋本。❶

三年問第三十八

三年之喪何也節

002 三年至也哉　惠棟挍宋本無此五字。

003 故稱其痛情而立三年之文　閩、監本同。毛本「痛」誤「病」。

004 則孝子送死之情何時得已　閩、監本同。毛本「送」誤「道」。

凡生天地之閒者節

005 蹢躅焉踟蹰焉　各本同。石經闕。釋文「躅」作「蠋」，「踟」作「踶」，云「字或作『踟』」。嘉靖本誤作「蜘蟵」。❷

006 凡生至不窮　惠棟挍宋本無此五字。×

將由夫患節

007 將由至亂乎　惠棟挍宋本無此五字。×

將由夫脩飾之君子與節

008 將由夫脩飾之君子與　閩、監本、石經、岳本、嘉靖本同。毛本「脩」作「修」，衛氏集說同。

009 將由至窮也　惠棟挍宋本無此五字。×

010 騶馬駿疾　惠棟挍宋本作「駿」，衛氏集說同。此本「駿」誤「峻」，閩、監、毛本同，下「以駿疾」同。×

故先王焉節

011 故先至之矣　惠棟挍宋本無此五字。×

然則何以至期也節

012 雖至親皆期而除也　閩、監、毛本、岳本、嘉靖本、衛氏集説同。惠棟按宋本「至」作「在」。段玉裁云荀子注引亦作「至」。

013 然則至之也　惠棟按宋本無此五字。

014 及父在爲母但一期也　惠棟按宋本作「一」。此本「一」作「以」，閩、監、毛本同。❸

然則何以三年也節　×

015 何以乃三年爲　閩、監本、岳本、嘉靖本、衛氏集説同。考文引古本、足利本同。毛本「乃」誤「爲」。　×

016 然則至期也　惠棟按宋本無此五字。　×

017 由九月以下節　惠棟云：「由九月」節，宋本分「故三年之喪」以下另爲一節。

018 言三年之喪喪禮之最盛也　各本同。毛本「也」誤「矣」。　×

019 前世行之久矣　惠棟按宋本作「之」，岳本、嘉靖本、衛氏集説同，考文引古本、足利本同。此本「之」誤「良」，閩、監、毛本同，宋監本亦作「之」，「矣」作「也」。

020 達謂自天子至於庶人　閩、監本、岳本、嘉靖本、衛氏集説同。考文引古本、足利本同。毛本「庶」誤「衆」。　×

021 由九至盡矣　惠棟按宋本無此五字。

022 既法天地與人　惠棟按宋本同。閩、監、毛本「法」上衍「取」字。

023 喪服與吉服同　閩、監本同。毛本「吉」誤「古」。　×

深衣第三十九

024 故喪服儀云　閩、監、毛本同。衛氏集説同。浦鏜「儀」改「傳」，是也。

025 至葬可以用素緣也　閩、毛本作「緣」，

衛氏集説同。此本「緣」誤「綠」，監本同。×

古者深衣節

026 鉤讀如鳥喙必鉤之鉤　閩、監本、岳本、嘉靖本同。毛本「鳥」誤「烏」。衛氏集説「喙」誤「啄」，釋文出「鳥喙」。

027 齊緝　閩、監、毛本、岳本、嘉靖本同。考文引古本「緝」下有「也」字，衛氏集説同，釋文出「緝也」。

028 或低或仰　閩本、岳本、嘉靖本、衛氏集説同。考文引古本、監、毛本「仰」作「卬」，惠棟校宋本「或仰」作「若仰」，宋監本同，六經正誤下「或」亦作「若」。釋文出「若卬」，云「本又作『仰』」。○按，「卬」與「仰」音同義近，故古多互用。

029 三十以下無父稱孤　閩、監、毛本、岳本、嘉靖本、衛氏集説同。惠棟校宋本「以」作「已」，考文引古本同。

030 古者至篇末　惠棟校宋本無此五字。

031 接續此衽而鉤其旁邊　閩、監本同。毛本「鉤」誤「衽」。×

032 此據裳之一幅　閩、毛本同。監本「一」字闕。×

033 是容運肘也　閩、監本同。衛氏集説同。毛本「容」誤「云」。×

034 又袂之長短反詘之及肘者　閩、監、毛本同。惠棟校宋本無「又」字，衛氏集説同。×

035 以袂屬於衣幅　閩、監本同。衛氏集説同。毛本「幅」誤「服」。×

036 注純謂至寸至　閩、監、毛本同。考文引宋板「寸矣」作「二寸」，是也。×

037 經言純袂恐口外更緣　閩、監、毛本同。惠棟校宋本無「恐」字。❹

038 禮記卷第十八經三千六百三十八字注三千四百八十八字　宋監本。

039 禮記卷第十八經三千六百三十四字注三千七百五字　嘉靖本。×

投壺第四十

040 以其記主人與客燕飲講論才藝之禮　閩、監、毛本作「講」，衛氏集説同，此本「講」誤「讀」。×

投壺之禮節

041 既脱屨升堂主人乃請投壺也　衛氏集説同。閩、監、毛本、嘉靖本「堂」作「坐」，岳本同。「脱屨」各本同，釋文出「税屨」，云「本亦作『脱』」。❺

042 敢固以請賓曰某既賜矣　閩、監、毛本、石經、岳本、嘉靖本、衛氏集説同。盧文弨云大戴無「固」字，是，觀注則此處亦不當有。

043 投壺至敬從　惠棟挍宋本無此五字。

044 西面奉持其矢　惠棟挍宋本作「持」，衛氏集説同。此本「持」誤「柱」，閩、監、毛本「持」誤「挂」。各本「面」字同，山井鼎云宋板「面」作「南」。案，「南」字非也，下云「知西面者以賓在西」，故知「西面」對賓也，是無「南」字義也。

045 主人又請投壺樂已　閩、監本同。毛本「又」誤「文」。×

046 知既脱屨升堂主人乃請投壺也者　閩、監、毛本「堂」作「坐」，下「亦在脱屨升堂之後」同，衛氏集説亦作「脱屨升堂」。

賓再拜受節

047 賓再至曰辟　惠棟挍宋本無此五字。×

048 言此者欲止賓之拜也　閩、毛本同。

監本「止」誤「上」。

已拜受節

049 已拜至就筵　惠棟挍宋本無此五字。

司射進節

050 執八筭興　閩、監本、石經、岳本、嘉靖本同。毛本「筭」作「算」，下並同，衛氏集説唯此「筭」作「算」，下並作「筭」。釋文出「八筭」，云「下皆同」。○按，筭籌字與算數字有別。説文云从竹、从弄，言常弄，乃不誤也。❻

051 司射至筭興　惠棟挍宋本無此五字。

052 是各隨光明處也　閩、監、毛本同。惠棟挍宋本「處」作「故」，衛氏集説同。

053 矢有長短亦隨地廣狹　閩、監本同。毛本「亦」誤「則」。

054 反還西階上位　惠棟挍宋本作「反」，衛氏集説同。此本「反」誤「更」，閩、監、毛本同。

請賓曰順投爲入節

055 請爲勝者立馬一馬從二馬　各本同。石經同。釋文出「勝者立馬」，云「俗本或此句下有『一馬從二馬』五字，誤」。正義云「定本無此一句」，今大戴記亦無此「一馬從二馬」五字。孫志祖云：鄭注「一馬從二馬」之義在下文，疑此處無此五字也。

056 請賓至如之　惠棟挍宋本無此五字。

057 若專三馬則爲一成　閩本同。衛氏集説同。監、毛本「三」誤「二」。

命弦者節

058 故須中閒若一也　惠棟挍宋本作「須」，衛氏集説同。此本「須」誤「頌」，閩、監、毛本同。

059 此投壺發初則用樂者　閩、監、毛本同。衛氏集説「則」作「即」。

左右告矢具節 ×

060 左右至於左　惠棟挍宋本無此五字。×

061 司射又請賓主更遞而投　閩、監本同。毛本「請」誤「取」。

卒投節 ×

062 卒投至右鈞　惠棟挍宋本無此五字。

063 則別而取之〇一筭爲奇者一筭　閩、監本同。毛本「〇」誤倒在「一筭爲奇者」下。

064 謂揔斂地之筭　閩、監、毛本同。衛氏集説同。惠棟挍宋本「斂」作「斂」。

065 謂滿十純揔爲一委　閩、監本同。毛本「爲」誤「謂」。

命酌曰節 ×

066 請行𨡙　惠棟挍宋本、石經、岳本、嘉靖本同。閩、監、毛本「𨡙」作「觴」，衛氏集説同。釋文出「行觴」，云「字或作『𨡙』」。此本下「奉𨡙」又作「觴」，岐出。惠棟挍宋本、石經、岳本並作「奉𨡙」，三本及集説並作「奉觴」。〇按，「觴」、「𨡙」正俗字。

067 酌者亦酌奠於豐上　閩、監、毛本、岳本、嘉靖本同。衛氏集説「亦酌」作「升酌」。

068 命酌至敬養　惠棟挍宋本無此五字。

069 故約鄉射而知也　閩、監本同。毛本「約」誤「曰」。×

070 正爵既行節　惠棟云：「正爵」節，宋本分「正爵既行請徹馬」爲一節。

071 當其所釋筭之前三立馬者　惠棟挍宋本、岳本、嘉靖本、衛氏集説同。閩、監、毛本「之前」誤「時也」。

072 一黨不必三勝　惠棟挍宋本、岳本、嘉靖本、衛氏集説同。閩、監、毛本「必」誤「得」。

073 正爵至徹馬　惠棟挍宋本無此五字。

074 直當也　閩、監本同。衛氏集説同。毛本「也」誤「之」。×

075 所釋之筭東中之西也　閩、監本同。毛本「東」作「當」。×

076 以投壺射之類故知亦三番而止　惠棟挍宋本同。閩、監、毛本「之類故」誤「禮觀之」。

077 乃數筭飲不勝者　惠棟挍宋本同。閩、監、毛本「數」誤「釋」，衛氏集説同。

078 乃釋筭飲罰爵　惠棟挍宋本同。衛氏集説同。閩、監、毛本「罰爵」誤「卒觶」。

079 云三者一黨不必三勝者　惠棟挍宋本同。閩、監、毛本「必」誤「得」。

080 黨中不必三番得勝　惠棟挍宋本同。閩、監、毛本「必」誤「能」。

081 謂三耦投壺而止　閩、監、毛本同。惠棟挍宋本「耦」作「偶」，下同。○按，作「偶」非也。

筭多少視其坐節

082 其節三扶可也　閩、監本、岳本、嘉靖本、衛氏集説同。毛本「三」誤「二」。×

083 握素也　閩、監本、岳本、嘉靖本、衛氏集説同。考文引古本、足利本同。毛本「素」誤「數」。×

084 壺去席二矢半　閩、監本、石經、岳本、嘉靖本、衛氏集説同。考文引古本、足利本同。毛本「矢」誤「尺」。

085 得圜囷之象積三百二十四寸也　閩、監、毛本、岳本、嘉靖本、衛氏集説同。宋本「三」作「七」。惠棟云宋本「七」字誤。

086 矢大七分　閩、監本、岳本、嘉靖本、衛氏集

說同。毛本「七」誤「小」。×

087 或言去其皮節　惠棟挍宋本、宋監本、岳本、嘉靖本、衛氏集說同。考文引古本同。閩、監、毛本「言去其皮」誤「以棘取無」。

088 筭多至其皮　惠棟挍宋本無此五字。

089 明筭及矢長短之數又明壺之大小　惠棟挍宋本同。衛氏集說同。閩、監、毛本「之數又明」誤「多少并言」。

090 此亦正篇之後記者之言也　惠棟挍宋本同。衛氏集說同。閩、監、毛本「後記者之」誤「意彼以正」。

091 既陳正禮於上　閩本同。衛氏集說同。監、毛本「正」誤「王」。×

092 繼之於下筭多少視其坐者　惠棟挍宋本同。閩、監、毛本「於下筭」誤「〇筭之」。

093 每人四矢人別四筭也　惠棟挍宋本同。閩、監、毛本「人別」誤「亦人」。

094 堂上差寬　閩、監本同。衛氏集說同。毛本「堂」誤「同」。×

095 從整數計　閩、監本同。毛本「計」誤「記」。

096 鄭之此計據一斗之數　閩、監、毛本同。惠棟挍宋本「一」作「二」，衛氏集說同。

097 四分寸之三於二斗之積　閩、監本同。衛氏集說同。毛本「三」作「二」。

098 故云圜周二十七寸有奇　閩、監、毛本同。衛氏集說同。惠棟挍宋本「十」作「尺」。

099 四分去一去八十寸餘有二百四十寸　閩本同。衛氏集說同。考文引宋板同。監、毛本下「去」誤「云」。×

100 今檢鄭之文注之意　閩、監本同。毛

本「檢」誤「簡」。×

魯令弟子辭曰節

101 毋幠　閩、監、毛本、石經、岳本、衛氏集說同。釋文「幠」作「憮」，嘉靖本同。案，字當從巾作「幠」，從心作「憮」者誤也，下「毋幠」同。

102 毋偝立　各本同。石經同。毛本「立」誤「力」。

103 記魯薛者　惠棟挍宋本作「記」，宋監本、岳本、嘉靖本同，考文引古本同。此本「記」誤「謂」，閩、監、毛本同，衛氏集說誤「詞」。

104 幠敖慢也　各本同。釋文「慢」作「傲」。×

105 魯令弟子辭曰至若是者浮　惠棟挍宋本無此十一字。

106 毋得踰言謂遠相談話　閩、監、毛本同。惠棟挍宋本無「得」字。

鼓節

107 皷　閩、監本作「鼓」。石經、岳本、嘉靖本、衛氏集說同。毛本作「鼔」，下「皷」字並同。○按，鼔从攴，凡从支、从皮、从攵，皆俗誤也。段玉裁云：「說文弓部『弢』下云『从弓、从攴。攴，垂飾，與鼔同』，意則『鼔』之从攴憭然矣。」毛本注疏凡「皷」字並從攴，甚是。

108 薛皷　「薛」字各本並同，毛本作「辥」，下同。

109 此魯薛擊皷之節也　閩、監本、岳本、嘉靖本、衛氏集說亦作「節」，毛本「節」誤「爵」。

110 半○□○○□　閩、監、毛本同。石經無第四「○」，作「半○□○□」。岳本同，衛氏集說同，通解同，考文引足利本同，石經考文提要引南宋巾箱本同。

111 故兼列之　閩、監本、岳本、嘉靖本同。毛本「列」誤「別」。×

112 魯皷薛皷○注云此魯薛擊皷之節也圜者擊鼙方者擊鼔　閩、監、毛本同。惠棟挍宋本無此廿三字。

113 但年代久遠　閩、監、毛本同。惠棟挍宋本「久」作「大」。❼

114 又投壺在室在堂是燕樂之事　閩本同。惠棟挍宋本同。衛氏集説同。監、毛本「燕樂」誤「樂禮」。

115 非謂一皆是王子及公卿大夫之子也　閩、監本同。毛本下「子」誤「士」。

58—116 禮記正義卷第六十五終　惠棟挍宋本云凡二十二頁。❽

校記

❶南昌本出文改作「附釋音禮記注疏卷第五十八」，上提三格。校語下有「禮記正義卷第六十五」。

❷南昌本「蜘蟵」作「踟蹰」。

❸南昌本出文「一」作「以」。校語移「閩、監、毛本同」一句於「惠棟挍宋本」句上，「作一」上有「以」，無「此本一作以」。

❹南昌本校語下有「〇案，自奔喪第三十四盡。此篇宋監本禮記卷第十八，經三千六百三十八字，注三千四百八十八字。嘉靖本禮記卷第十八，經三千六百三十四字，注三千七百五字」。

❺南昌本校語無「脱屨，各本同。釋文出稅屨，云本亦作脱」。

❻南昌本「下並同」作「下竝同」。

❼南昌本無「毛」及「宋」下「本」。

❽南昌本出文改作「附釋音禮記注疏卷第五十八」，上提三格。校語「宋本」下有「禮記正義卷第六十五終」，「云」作「記」。

禮記注疏校勘記卷五十九

59—001 禮記正義卷第六十六　惠棟挍宋本。❶

儒行第四十一

002 又儒者濡也　惠棟挍宋本作「濡」。此本「濡」誤「儒」，閩、監、毛本同，下「能濡其身」同。

003 魯哀公問於孔子曰節　惠棟云：「魯哀公」節、「哀公」節、「哀公命席」節、「儒有衣冠」節、「居處」節、「不寶金玉」節，宋本合爲一節。案，宋本與此本同，閩、監、毛本乃各節提行，而疏仍共爲一節。

004 席猶鋪陳也鋪陳往古堯舜之善道以待見問也大問曰聘舉見舉用也取進取位也　惠棟挍宋本如此，宋監本、岳本、嘉靖本、衛氏集説同，考文引古本同。此本多闕，閩、監、毛本意補多誤，「猶鋪」二字脱，「陳也」下衍「珍善也」三字，「見問也大問曰聘舉」八字誤「聘召懷忠信之德以待」九字。

005 儒有居處齊難　閩、監、毛本、石經、岳本、嘉靖本、衛氏集説同。考文云宋板「居處」上有「其」字。

006 沮之以兵　各本同。石經同。釋文出「沮之」。正義云「俗本『沮』或爲『阻』字」。考文云古本「沮」作「阻」。

007 字從鳥鷙省聲也　閩、監、毛本、岳本、嘉靖本、衛氏集説同。案，「鷙」字有誤。郭忠恕佩觿云「鄭注儒行『鷙』從鳥，摯省聲」，據此「鷙」當作「摯」。盧文弨云：似當作「摯」省，足利古本「鷙」下有「摯」字。

008 **不斷其威常可畏也**　閩、監本、岳本、嘉靖本、衛氏集説同。毛本「可」誤「或」。

009 **包上十五條賢人儒也**　閩、監本同。毛本「十」誤「下」。

010 **其冠服須依所居之鄉也**　惠棟挍宋本有「依」字。此本「依」誤「衣」，閩、監、毛本同。

011 **但衣其鄉之服**　閩、監本同。毛本「衣」作「依」。

012 **孔子若依尋常侈袂之服**　惠棟挍宋本有「之」字，衛氏集説同。此本「之」字脱，閩、監、毛本同。❷

013 **以丘爲制法之主**　惠棟挍宋本作「丘」。此本「丘」誤「立」，閩、監、毛本同。❸

014 **故有異於人所行之事**　惠棟挍宋本作「有異」，此本「有異」二字闕，閩、監、毛本「有異」誤「孔子」。

015 **儒有居處齊難者**　閩、監本同。毛本「儒」誤「如」。

016 **此明儒者先以善道**　閩、監、毛本同。惠棟挍宋本「者」作「行」。

017 **此解不争也**　惠棟挍宋本作「此」。此本「此」誤「非」，閩、監本同，毛本同，「争」誤「尊」。

018 **豫防患害**　惠棟挍宋本作「害」，此本「害」誤「中」。閩、監本「害」作「難」，毛本同，「豫」誤「後」。

019 **此解經明儒者懷忠信仁義之事也**　閩、監、毛本同。惠棟挍宋本「解」作「一」。山井鼎云宋板無「仁」字。衛氏集説作「此明儒者懷忠信與義之事」。

020 **○儒有不寶金玉而忠信以爲寶者**

閩、監、毛本同。惠棟挍宋本無此十三字。

021 不貪金玉利禄以爲人競　閩、監本同。毛本「爲」作「與」。×

022 言儒者不祈土地之富　惠棟挍宋本如此。此本「不」、「地」二字脱，「富」誤「福」，閩、監、毛本同。❹

023 君有義而與之合　閩、監、毛本同。考文引宋板「而」作「則」。

024 沮之以兵者　閩、監本同。毛本「兵」誤「亦」。×

025 案定十年公與齊侯會於夾谷之地　閩、監本同。毛本「十」誤「干」。×

026 於時孔子爲都禮之事　閩、監本同。毛本「時」誤「是」。齊召南云「都禮」當爲「相禮」。

027 而又齊人之樂作優及侏儒者　惠棟挍宋本作「作」，此本「作」誤「併」，閩、監、毛本作「作俳」。❺

028 極謂窮極　閩、監本同。毛本「謂」誤「爲」。×

029 常可畏也　閩、監、毛本「常」作「當」。×

030 以沮謂敗壞於人　閩、監本同。毛本「謂」作「爲」。×

031 而順從所謀之也　閩、監本同。毛本「也」作「事」。×

儒有可親節　×

032 儒有至此者　惠棟挍宋本無此五字。×

033 淫謂傾邪也　閩、監本同。毛本「淫」誤「邪」。×

儒有忠信以爲甲胄節

034 儒有忠信至此者　惠棟挍宋本無此

七字。

035 干櫓小楯也大楯也　閩、監、毛本同。惠棟挍宋本無上「也」字。

儒有一畝之宮節

036 宮謂牆垣也　惠棟挍宋本作「謂」，岳本同，衛氏集説同，考文引古本同。此本「謂」誤「爲」，閩、監、毛本、嘉靖本同。❻

037 此明儒者仕宦能自執其操也　惠棟挍宋本作「宦」，衛氏集説同。此本「宦」誤「官」，閩、監、毛本同。

038 定十二年公羊傳文引之者　閩本同。惠棟挍宋本同。監本「引」字殘闕，毛本「引」誤「攷」。

儒有今人與居節

039 儒有今人至此者　惠棟挍宋本無此七字。

040 下謂民人也推謂進舉也　惠棟挍宋本有「推」字。此本「推」字脱，閩、監、毛本同。❼

041 猶能終伸我己之志操不變易也　閩、監、毛本同。惠棟挍宋本「操」作「謀」，衛氏集説同。

儒有博學而不窮節

042 儒有博學至此者　惠棟挍宋本無此七字。

043 又有純壹之行　閩、監本同。毛本「有」作「以」。

044 必行其正使德位相稱　閩、監本同。毛本「正」作「政」。

045 人用之當患於貴賤有隔　閩本同。考文引宋板同。監、毛本「當」作「嘗」。

046 下同瓦經如破去圭角　惠棟挍宋本「瓦經」作「瓦細」，閩本「瓦」字同，「經」字闕，監、毛本「瓦經」作「凡衆」。案，「經」字誤，「細」字是，下所謂「細碎小事而相合也」。○按，「凡衆」是也，此釋注文「下與衆人小合也」。❽

047 言猶有小圭角也　閩、監、毛本同。惠棟挍宋本「猶」作「獨」。

048 儒者不與衆人之合　閩本同。惠棟挍宋本同。監、毛本「之」作「大」。❾

儒有内稱不辟親節 ×

049 儒有内稱至此者　惠棟挍宋本無此七字。×

050 苟利國家不求富貴者　閩、監本同。毛本「不」誤「欲」。×

儒有聞善以相告也節

051 則相致遠也　閩、監、毛本同。岳本「遠」作「達」，宋監本、嘉靖本、衛氏集説同，考文引古本亦作「達」。

052 儒有聞善至此者　惠棟挍宋本無此七字。

儒有澡身而浴德節

053 怪妬所由生也　閩、監本、岳本、嘉靖本同。釋文出「怪妬」。毛本「妬」作「妒」，下疏並同。

054 不以己位尊自振貴也　閩、監本、岳本、嘉靖本、衛氏集説同。毛本「位」誤「爲」。×

055 儒有澡身至此者　惠棟挍宋本無此七字。

056 者行不是善　閩、監、毛本同。惠棟挍宋本「者」作「若」。

057 又獨有此行爲獨行　閩、監、毛本同。惠棟挍宋本「有」作「行」。

儒有上不臣天子節

058 慎靜而尚寬　閩、監、毛本、岳本、嘉靖本、衛氏集説同。石經無「而」字。山井鼎云宋板無「尚」字，疏放此。

059 儒有上不臣天子至此者　惠棟挍宋本無此十字。

060 淩夸前賢也　閩、監、毛本同。考文引宋板「夸」作「跨」，衛氏集説同。

061 勝於先世賢知者之所言　閩、監本同。毛本「世」誤「勝」。

062 十黍爲參十參爲銖　閩、監、毛本同。段玉裁挍本「參」改「絫」。

儒有合志同方節

063 並立則樂　閩、監本、石經、嘉靖本、衛氏集説同。考文引古本、足利本同。毛本「並」作「竝」，岳本同，釋文出「並立」，云「本亦作『竝』」。

064 儒有合志至此者　惠棟挍宋本無此七字。

065 第三儒云　閩、監本同。毛本「三」誤「王」。

066 且賢有優爲儒有大小　閩本同。監本「爲」誤「另」，毛本「爲」作「劣」。

温良者節

067 儒皆兼此而有之　閩本、石經、惠棟挍宋本、宋監本、岳本、嘉靖本同。監、毛本「皆」誤「者」，衛氏集説同。

068 此兼上十有五儒　閩、監、毛本、岳本、嘉靖本、衛氏集説同。惠棟挍宋本無「有」字，宋監本同。

069 温良至此者　惠棟挍宋本無此五字。

070 是仁者之儒行之本　惠棟挍宋本有「者」字。此本「者」字脱，閩、監、毛本同。❿

071 言歌舞喜樂是仁儒之和悦也　閩、

監本同。毛本「樂」誤「悅」。×

072 不敢自謂己仁也　閩、監本同。毛本「仁」誤「任」。×

073 讓謂卑謙　惠棟挍宋本作「謙」。此本「謙」誤「讓」，閩、監、毛本同。[11]

儒有不隕穫於貧賤節

074 充詘喜失節之貌　閩本、惠棟挍宋本、岳本、嘉靖本同。監、毛本「喜」上有「歡」字，衛氏集説、宋監本同，與正義合。

075 累猶係也　岳本、嘉靖本、衛氏集説同。閩、監、毛本「係」作「繫」，山井鼎云宋板「繫」作「係」，疏同。

076 哀公就而禮館之　閩、監、毛本、岳本、嘉靖本同。惠棟挍宋本「而」下有「以」字，宋監本、衛氏集説同，考文引古本同。

077 儒有至曰儒　惠棟挍宋本無此五字。

078 閔病也釋詁文　惠棟挍宋本同。閩、監、毛本「病」誤「命」。×

079 正義曰左魯莊公十一年　閩、監、毛本「左」作「在」，非。×

080 言加信行加義者　閩、監本同。毛本上「加」誤「家」。×

081 儒行至時服　惠棟挍宋本無「時」字。

59—082 案左傳哀十一年冬衛孔文之將攻大叔也　閩、監、毛本同。惠棟挍宋本「哀」下有「公」字，「文」下有「子」字。

校記

❶ 南昌本出文改作「附釋音禮記注疏卷第五十九」，上提三格。校語下有「禮記正義卷第六十六」。

❷ 南昌本出文無「之」字。校語移「閩、監、毛本同」一

句於「惠棟挍宋本」句上，「有之字」上有「服上」，無「此本之字脱」。

❸南昌本出文「丘」作「立」。校語移「閩、監、毛本同」一句於「惠棟挍宋本」句上，「作丘」上有「立」，無「此本『丘』誤『立』」。

❹南昌本出文無「不」、「地」。校語「如此」作「作不祈土地之富」。

❺南昌本出文「作」作「併」。校語「作作」上有「併」，「作誤併」作「誤併」。「閩、監、毛本作作」作「閩、監、毛本作俳」。

❻南昌本出文「謂」作「爲」。校語「作謂」上有「爲」，「謂誤爲」作「誤爲」。

❼南昌本出文無「推」字。校語「有推字」上有「人也下」。

❽南昌本出文「同」作「民」。

❾南昌本校語下有「合誤」二字。

❿南昌本出文無「者」字。校語移「閩、監、毛本同」一句於「惠棟挍宋本」句上，「有者字」上有「仁下」，無「此本者字脱」。

⓫南昌本「作謙」上有「讓」。

禮記注疏校勘記卷六十

大學第四十二

大學之道節

60—001 明明德謂顯明其至德也　惠棟挍宋本作「顯」，宋監本、岳本、嘉靖本、考文引古本同。此本「顯」誤「在」，閩、監、毛本同。

002 先脩其身　閩、監本、石經、岳本、嘉靖本、衛氏集説同。毛本「脩」作「修」，下並同。

003 如切如磋如琢如磨　各本同。石經同。釋文「磋」作「瑳」，出「如摩」云「本亦作『磨』」。

004 終不可諠兮者　惠棟挍宋本、石經、宋監本、岳本、嘉靖本、衛氏集説同。閩本「諠」字殘闕，監、毛本「諠」作「諼」。

005 緍蠻黄鳥　石經同。閩、監、毛本「緍」作「緡」，岳本、嘉靖本、衛氏集説同，釋文同。❶

006 於止於鳥之所止也　惠棟挍宋本作「於鳥」，宋監本、岳本、嘉靖本同，考文引古本同。此本「於鳥」誤「公鳥」，閩、監、毛本作「言鳥」，亦誤。

007 大學至道矣　惠棟挍宋本無此五字。

008 揔包萬慮謂之爲心　閩本同。惠棟挍宋本同。監、毛本「爲心」二字倒。

009 情所意念謂之意　閩、監、毛本同。惠棟挍宋本上「意」作「億」，下「意念」同。案，此本下「在於憶念也」作心旁「意」，三本作「意念」。

010 言初始必須習學　惠棟挍宋本作「學習」。

011 細則雖異 考文引宋板同。閩、監、毛本「則」作「别」。

012 此覆説本亂而末治否矣之事也 閩、監本同。毛本「否」誤「者」。×

013 見君子而後乃厭然 閩本同。惠棟挍宋本同。監、毛本「厭」誤「揜」。

014 如見肺肝雖蹔時揜藏 惠棟挍宋本同。閩、監、毛本「蹔時揜」誤「銷沮閉」。

015 既懷誠實惡事於中心 惠棟挍宋本同。閩、監、毛本「誠」誤「詐」。

016 黶爲黑色如爲閉藏貌也 閩、監、毛本同。段玉裁挍「如」改「知」。

017 菉王芻也 惠棟挍宋本同。閩、監、毛本「王」誤「玉」。

018 竹萹竹也 考文引宋板同，是也。閩、監本「萹」作「篇」，非，毛本「萹」作「扁」。

019 亦蒙康叔之餘烈故也 惠棟挍宋本同。閩、監、毛本「蒙」作「本」。

020 有斐然文章之君子學問之益矣 閩本同。考文引宋板同。監、毛本「益」作「盛」。

021 如骨之切如象之磋 考文引宋板同。閩、監、毛本「象」作「角」。

022 喧然威儀宣美 閩、監、毛本「喧」作「諠」，衛氏集説亦作「喧」，「美」作「著」。

023 自此以上詩之本文也 閩本同。惠棟挍宋本同。監、毛本「上」誤「下」。

024 詩經云赫兮喧兮本不同也 閩、毛本同。監本「喧」作「諠」。

025 言後世貴重之 閩、監、毛本同。惠棟挍宋本無「言」字。

026 必於沐浴之盤者戒之甚也　惠棟挍宋本有「盤」字，衛氏集説同。此本「盤」字脱，閩、監、毛本同。❷

027 當使日日益新　閩、監本同。衛氏集説同。毛本「當」誤「堂」。

028 故止云大學之道在於至善　閩、監、毛本同。惠棟挍宋本「止」作「上」，「在」下有「止」字，是也。

029 禮記正義卷第六十六終　惠棟挍宋本此行在疏「静密之處也」之下，計云凡二十五頁。❸

030 禮記正義卷第六十七　惠棟挍宋本自「子曰聽訟」以下爲卷六十七。

子曰聽訟節❹

×

031 聽訟吾猶人也　各本同。石經同。釋文出「吾聽訟猶人也」，云「論語作『聽訟吾猶人也』」。

032 必也使無訟乎　各本同。石經同。釋文出「毋訟」，云「音無」。

033 或作憤　閩、監、毛本作「憤」，岳本、嘉靖本、衛氏集説同，釋文同，此本「憤」誤「質」。

034 或爲疐　閩本、惠棟挍宋本、宋監本、岳本、嘉靖本同。監、毛本「爲」作「作」，衛氏集説同，釋文出「作疐」。

035 人之其所親愛而辟焉　閩、監、毛本、岳本、衛氏集説同。惠棟挍宋本「辟」作「譬」，宋監本、石經、嘉靖本、考文引古本同，下四「而辟焉」並同。釋文出「而辟」，云「音譬，下及注同」。今各本注「譬猶喻也」並作「譬」，獨衛氏集説作「辟」。○按，譬，正字；辟，假借字。

036 一言僨事　各本同。石經同。釋文出「賁事」，云「本又作『僨』，注同」。○按，賁，假借字。

037 堯舜率天下以仁　唐石經「率」作「帥」，下句同。

038 不能正也　閩、監、毛本同。惠棟挍宋本、宋監本、岳本、嘉靖本「正」作「止」，衛氏集説同，考文引古本同。

039 是以君子有絜矩之道也　各本同。石經同。釋文出「拒之」，云「本亦作『矩』」。

040 不相倍棄也　閩、監、毛本作「弃」，岳本「棄」作「弃」，嘉靖本、衛氏集説同，此本「棄」誤「奪」。各本「倍」字同，釋文出「偝棄」，云「本亦作『倍』」。○按，「偝」乃「倍」之或體。

041 矩或作巨　各本同。釋文「作」作「爲」。

042 爲政者也言民皆視其所行而則之　惠棟挍宋本如此，宋監本、岳本、嘉靖本、衛氏集説同，考文引古本同。此本「者也言民皆視其」七字闕，閩、監、毛本誤「者在下之民俱」。

043 邪辟失道則有大刑　惠棟挍宋本作「有大刑」，宋監本、岳本、嘉靖本同，衛氏集説同，考文引古本同。此本「有大刑」三字闕，閩、監、毛本「有大刑」三字誤作「天下共誅之矣」六字。

044 晉文公之舅狐偃也　各本同。毛本「狐」誤「孤」。

045 若有一介臣　惠棟挍宋本、宋監本並作「介」，石經、岳本同。此本「介」作「个」，嘉靖本、閩、監、毛本同，衛氏集説同。釋文出「若有一个」，云「一讀作介」。石經考文提要云：宋大字本作「一介」。案，正義説「一介」爲「一耿介」，則當以作「介」者爲是。釋文作「个」，與正義本異。

046 寔能容之　閩、監本、石經、岳本、嘉靖本、衛氏集説同。毛本「寔」作「實」，下「寔不能容」同，蹝放此。按，當作「寔」。

047 秦誓尚書篇名也　惠棟挍宋本如此，宋監本、岳本、嘉靖本同，衛氏集説同，考文引古本同。此本「秦誓」二字空闕，閩、監、毛本補「秦誓」，又衍「周書」二字。

048 而作此篇也　岳本、嘉靖本同。閩、監、毛本「而」誤「故」，惠棟挍宋本、宋監本亦作「而」，無「也」字，衛氏集說同，考文引古本同。

049 才藝之技也　惠棟挍宋本、宋監本、岳本、嘉靖本、衛氏集說同。閩、監、毛本「技」誤「士」。

050 美士爲彥　惠棟挍宋本、宋監本、岳本、嘉靖本、衛氏集說同。考文引古本同。閩、監本「爲」作「曰」，毛本「爲」誤「也」。

051 佛戾賢人所爲　惠棟挍宋本、宋監本、岳本同。考文引古本同。閩、監、毛本「佛」作「拂」，嘉靖本、衛氏集說同，釋文出「佛戾」。

052 則務於施與以起身　各本同。釋文「與」作「予」，嘉靖本同。×

053 不能救之　各本同。釋文出「捄之」，云「本亦作『救』」。○按，救，正字；捄，假借字。×

054 此一經廣明誠意之事　閩、監本同。毛本「一」誤「以」。×

055 言聖人不惟自誠己意　惠棟挍宋本同。閩本「聖人」二字同，「不」字闕，監、毛本「聖人不」誤「聽訟者」。

056 猶如常人無以異也　惠棟挍宋本同。閩本「以」字空闕，監、毛本「以」字脱。

057 言無實情虛誕之人　惠棟挍宋本同。閩本「情」字空闕，監、毛本「情」字脱。

058 皆畏懼不敢訟　惠棟挍宋本同。閩本「訟」字空闕，監、毛本「訟」字脱。

059 必也使無訟乎是夫子之辭　惠棟挍宋本同。閩本「是夫子」三字空闕，監、毛本「是夫子」誤「者聽訟」。

060 大畏民志是記者釋夫子無訟之事　惠棟挍宋本同。閩本「者釋夫子無訟之」七字闕，監、毛本「是記者釋夫子無訟之事」誤「作者能自誠而使民誠意自」。

061 謂聽訟之時備兩造　惠棟按宋本同。閩、監、毛本「謂聽訟之時」誤「斷獄者俱」。

062 但能用意精誠求其情僞　惠棟按宋本同。閩本「意精誠求其情僞」七字闕，監、毛本作「能服民使誠意不敢争」，誤也。

063 此謂知本者此從上所謂誠意以下言此大畏民志以上皆是誠意之事意爲行本既精誠其意是曉知其本故云此謂知本也○所爲脩身者此覆説前脩身正心之事○身有所忿懥則不得其正者懥謂怒也身若有所怒則不得其正言因怒而違於正也所以然者若遇忿怒則違於理則失於正也　惠棟按宋本「皆是誠意之事」無「是」字，「所謂脩身」下有「在正其心」四字，餘並同。閩本多闕，監、毛本補闕多誤。❺

064 脩身必在於正心也○所謂　閩、監本同。毛本「○」誤「之」，惠棟按宋本亦作「○」，「於正」作「正於」。

065 人之其所親愛而譬焉者　閩、監本同。惠棟按宋本同。毛本「譬」作「辟」，下「而譬焉」、「自譬己」並同，監本下「畏敬而譬」、「哀矜而譬」、「敖惰而譬」、「以己譬人」四「譬」字亦作「辟」。「亦迴以譬我」、「亦迴譬我」、「亦迴譬我」三「譬」字毛本作「譬」，監本作「辟」。

066 亦迴其譬我　閩本同。考文引宋板同。監、毛本「其」作「以」。

067 雖增惡知彼有美善　閩、監、毛本同。考文引宋板「增」作「憎」，是也。

068 爲治人之道亦當如此也　閩、監、毛本同。惠棟按宋本「爲」作「謂」。

069 **足可方法而後民皆法之也** 閩、監本同。毛本「可」下衍「以」字，「民」下脱「皆」字，考文引宋板有「皆」字。

070 **此隱五年公羊傳文案彼傳** 惠棟挍宋本同。閩、監、毛本「公羊傳文案」五字闕。

071 **齊人語謂登來爲得來也** 惠棟挍宋本同。閩、監、毛本「謂登來爲得」五字闕。

072 **得此百金之魚而來觀之** 惠棟挍宋本同。閩、監、毛本「百金之魚而」五字闕。

073 **爲登戾之以來爲戾與公羊本不同也** 惠棟挍宋本同。閩、監、毛本「之以來爲戾」五字闕。

074 **故引以證經之貪戾也云** 惠棟挍宋本同。閩、監、毛本「經之貪戾也」五字闕。

075 **所謂平天下在治其國者** 惠棟挍宋本同。閩、監、毛本「所謂平天下」五字闕。

076 **覆明上文平天下在治其國之事** 閩、監、毛本「在」作「先」，惠棟挍宋本「文」作「經」，「在」字同。

077 **治國事多天下理廣** 惠棟挍宋本同。閩、監、毛本「理廣」二字脱，「天下」上衍「於平」二字。

078 **先須脩身然後及物自** 惠棟挍宋本同。閩本「後及物」三字闕，「自」作「由」，監、毛本「然後及物自」誤「脩身之事由」。

079 **次明散財於人之事** 惠棟挍宋本同。閩、監、毛本「人之事」誤「民其又」。

080 **故揔而詳説也今各隨文解之** 考文引宋板同。惠棟挍宋本「説」作「之」，閩本「詳説也」三字闕，監、毛本「揔而詳説也」誤「特詳悉畢舉」。

081 **人所遺棄在上君長** 惠棟挍宋本同。

閩本「遺」誤「易」，「在」字闕，監、毛本「遺」誤「易」，「在」誤「是」。

082 言君子有執結持矩法之道　惠棟挍宋本同。閩本「執結」二字闕，監、毛本「有執結」誤「於天下」。

083 譬諸侯有天子在於　閩、監、毛本同。惠棟挍宋本「在於」作「爲上」。

084 或在己左以惡加己　閩、監本同。毛本「以惡」上有「若右」二字。

085 若能以己化從民所欲　閩、監本同。毛本「化」下有「民」字。

086 峻大也皆釋詁文　閩本同。監、毛本「峻」誤「竣」，下「爾雅峻」字同。

087 楚王命昭奚恤而問焉　惠棟挍宋本同。閩、監、毛本「命」作「召」。

088 遂使昭奚恤應之　惠棟挍宋本同。閩、監、毛本「之」誤「焉」。

089 請就上位東面之壇　考文引宋板同。閩、監、毛本「位」作「居」。

090 太宗子牧次之　閩本同。監本「太」作「大」。毛本「牧」作「敖」。

091 司馬子發次之　惠棟挍宋本同。閩、監、毛本「司馬子」三字闕。

092 唯大國之所觀秦使無以對也使歸告秦王曰楚多賢臣無可以圖之何知有觀射父昭奚恤者案戰國義云楚王築壇昭奚恤等立於壇上楚王指之謂秦使曰此寡人之寶故知有昭奚恤等也謂賢爲寶者案史記云理百姓實府庫使黎甿得所者有令尹子西而能也執法令奉圭璋使諸侯不怨兵車不起者有大宗子牧能

也守封疆固城郭使鄰國不侵亦不侵鄰國者有葉公子高能也整師旅治兵戈使蹈白刃赴湯蹈火萬死不顧一生者有司馬子發能也坐籌帷幄之中決勝千里之外懷霸王之業撥理亂之風有大夫昭奚恤能也是皆爲寶也引之者證爲君長能保愛善人爲寶也○㊟舅犯至利也○正義曰舅犯晉文公之舅狐偃者左傳文也云時避驪姬之讒亡在翟而獻公薨秦穆公使子顯弔之因勸之復國舅犯爲之對此辭也檀弓篇文○秦誓曰者此一經明君臣進賢詘惡之事秦誓尚書篇名秦穆公伐鄭爲晉敗於殽還歸誓羣臣而作此篇是秦穆公悔過自誓之辭記者引之以明好賢去惡也○若有一介臣斷斷兮者此秦穆公誓辭云羣臣若有一耿介之臣斷斷然誠實專一謹慤兮是語辭古文尚書兮爲猗言有一介之臣其心斷斷猗猗然專一與此本異○無他技其心休休焉其如有容焉者言此專一之臣無他奇異之技惟其心休休然寬容形貌似有包容如此之人我當任用也○人之有技若己有之者謂見人有技藝欲得親愛之如己自有也　惠棟挍宋本同。閩、監、毛本多闕字，考文載宋板惟「案戰國義」上有「乎」字，與此異，餘並同。

093 其心中愛好　惠棟挍宋本同。閩、監、毛本「好」作「樂」。❻

094 寔是也　惠棟挍宋本同。衛氏集説同。閩、監本「是」字空闕，毛本同，「寔」作「實」。

095 得安保我後世子孫黎衆也　惠棟挍宋本同。閩、監本「世」字空闕，毛本「世」誤「之」。

096 亦望有利益哉也　惠棟挍宋本同。閩本「望」字空闕，監、毛本「望」字脱。

097 媢妬也　閩、監本同。毛本「妬」作「妒」，下並同。

098 以憎惡之也　毛本同。閩、監本「惡」字空闕。

099 而違戾抑退之　惠棟挍宋本同。閩本「戾」字空闕，監、毛本「戾」字脱。

100 爲晉所敗於殽　閩本同。惠棟挍宋本同。監、毛本「殽」作「崤」。

101 媢夫妬婦　閩、監本同。毛本「夫妬」誤「大妒」。

102 此一經明人君當先行仁義　閩本同。監本「人」字模糊，毛本「人」誤「夫」。

103 謂仁德之君以財散施　閩、監、毛本作「君」，此本「君」字闕，考文引宋板「君」作「者」。

104 此在治家治國天下之科　惠棟挍宋本同。閩、監、毛本「在」字空闕。

105 未有上好仁而下不好義者也　閩、監、毛本同。惠棟挍宋本「也」下有「者」字，下「非其財者也」同。

106 無有不愛好於義　毛本同。閩、監本「不」字空闕。

107 未有好義其事不終者也言臣下悉皆好義　考文引宋板同。閩本「言」字空闕，監、毛本「言」作「者」。

108 其事不終也言皆能終成也　考文引宋板同。閩本「也」字闕，監、毛本「也」作「者」。

109 又爲人君作譬也　惠棟挍宋本同。閩、監、毛本「也」字空闕。按，宋本「又」上有「者」字，屬上句。

110 必還爲所用也　惠棟挍宋本同。閩、監、毛本「還」字空闕。

111 以至誠相感　惠棟挍宋本同。閩、監、毛本「以」字空闕。

112 其爲誠實而然　惠棟挍宋本同。閩、監、毛本「誠」字空闕。

113 孟獻子曰畜馬乘不察於雞豚者此一經明治國家不可務於積財若務於積財即是小人之行非君上之道言察於雞豚之所利爲畜養馬乘士初試爲大夫不闚察於雞豚之小利〇伐冰之家不畜牛羊者謂卿大夫喪祭用冰從固陰之處伐擊其冰以供喪祭故云伐冰也謂卿大夫爲伐冰之家不畜牛羊爲財利以食祿不與人爭利也〇百乘之家不畜聚斂之臣者百乘謂卿大夫有采地者也以地方百里故云百乘之家言卿大夫之家不畜聚斂之臣使賦稅什一之外徵求采邑之物也故論語云百乘之家是也〇與其有聚斂之臣寧有盜臣者覆解不畜聚斂之臣意若其有聚斂之臣寧可有盜竊之臣以盜臣但害財聚斂之臣則害義也〇此謂國不以利爲利以義爲利也者言若能如上所言是國家之利但以義事爲國家利也〇長國家而務財用者必自小人矣者言爲人君長於國家而務積聚財以爲己用者必自爲小人之行也〇㊟孟獻至可也

惠棟挍宋本同。閩、監、毛本多闕字、衍字、誤字。

114 云畜馬乘謂以士初試爲大夫者　惠棟挍宋本同。閩、監、毛本「謂」作「者」。×

115 百乘之家家是卿大夫　惠棟挍宋本「家」字不重，「是卿」二字同，閩、監、毛本「是卿」誤「至爲」。

116 故知士初試爲大夫也　惠棟挍宋本同。衞氏集説同。閩、監、毛本「夫」下衍「者」字。

117 士若恩賜及食而得用亦有冰也　惠棟挍宋本同。閩、監、毛本「士」誤「上」，「而得用」三字空闕。

118 左傳又云食肉之禄冰皆與焉　惠棟挍宋本同。閩、監、毛本「左」誤「全」，「傳又云」、「之禄」五字空闕。

119 有采地者也此謂卿也故論語云　惠棟挍宋本同。閩、監、毛本「此謂」、「論語」四字空闕。

120 一同之廣輪是也　惠棟挍宋本同。衞氏集説同。閩、監、毛本「廣」誤「度」。

121 彼爲善之彼謂君也　惠棟挍宋本同。閩、監、毛本下「彼」誤「者」。

122 善其政教之語辭故云彼爲善之　惠棟挍宋本同。閩、監、毛本「辭故云」三字空闕。

123 言君欲爲善反令小人　惠棟挍宋本同。閩、監、毛本「善反」二字空闕。

124 故菑害患難則並皆來至　惠棟挍宋本同。閩、監、毛本「則並」誤「財利」，「皆來」二字空闕。

125 既使小人治國其君雖有善政亦無能奈此患難之何言不能止之以其

惡之已著故也　惠棟挍宋本同。閩、監、毛本「其君雖有」四字空闕，「善政」下衍「之」字，「能奈」下衍二空闕，「以其」下衍三空闕。

126

禮記正義卷第六十七終　惠棟挍宋本此行在疏「已著故也」之下，計云凡十六頁。❼

60—127

禮記卷第十九經三千四百三十二字注三千五百一十三字　宋監本、嘉靖本同。×

校記

❶南昌本校語下有「〇今訂作緡」。

❷南昌本出文無「盤」字。校語「有盤字」上有「者上」。

❸南昌本出文改作「靜密之處也」，上提一格。校語「此行在疏靜密之處也之下」改作「此下標禮記正義卷第六十六終」，「計」作「記」。

❹南昌本下有校語「惠棟挍宋本自此節起至此篇末爲第六十三卷。卷首題禮記正義卷第六十七」。

❺南昌本出文「〇所爲」作「〇所謂」。

❻南昌本出文「心中」作「中心」。

❼南昌本出文改作「附釋音禮記注疏卷第六十」，上提三格。校語「此行在疏已著故也之下」改作「禮記正義卷第六十七終」，「計」作「記」，「頁」下有「宋監本禮記卷第十九，經三千四百三十二字，注三千五百一十三字。嘉靖本同」。

禮記注疏校勘記卷六十一

61—001 禮記正義卷第六十八　惠棟挍宋本。❶

冠義第四十三

002 注云古人謂三皇時　閩、監本同。毛本「皇」誤「王」。 ×

凡人之所以爲人者節

003 言三始既備乃可求以三行也　毛本作「備」，岳本、嘉靖本、衛氏集説同，考文引古本同。此本「備」字闕，閩、監本同。

004 同鄉老而致仕者　惠棟挍宋本、岳本、嘉靖本、考文引古本同。閩、監、毛本「同」誤「謂」，衛氏集説同。

005 禮義之事終身行之　惠棟挍宋本作「事」。此本「事」誤「中」，閩、監、毛本同。 ×

006 阼謂主人之北也知者　閩本同。惠棟挍宋本同。監、毛本「知」字脱。 ×

007 則醮用酒者亦士冠禮文　閩、毛本同。監本「士」誤「壬」。 ×

008 或有舊俗行先代之禮　閩、監本同。毛本「先代」二字倒。

009 未冠之前以其名別之　閩、監、毛本同。惠棟挍宋本「以其」作「則以」。

010 重從尊者處來　惠棟挍宋本同。衛氏集説同。閩、監、毛本「尊」誤「奠」。 ×

011 但玄端上士則玄裳　閩本同。惠棟挍宋本同。監、毛本「玄端」誤「衣冠」。 ×

012 見於鄉大夫謂在朝之鄉大夫也　閩、監、毛本同。劉台拱校二「鄉」字並改「卿」，衛氏集説作「鄉大夫在朝之卿大夫」。

013 聘禮不腆先君之祧　閩、監、毛本同。惠棟校宋本「禮」下有「云」字，衛氏集説同。

014 以左傳魯襄公冠於衛成公之廟　惠棟校宋本作「襄」，此本「襄」字闕，閩、監、毛本「襄」誤「成」。

015 昬義第四十四　案，「昬」字毛本及衛氏集説與此本同。各本並作「昏」，與石經同。後放此。釋文亦作「昬」。各本「義」字同，毛本「義」誤「禮」。○按，作「昏」是也，説文云「从日，氏省」。

016 是娶告父母　閩、監、毛本同。惠棟校宋本「娶」下有「妻」字。

017 舜三十不娶謂之鰥　閩、監、毛本同。考文引宋板「舜」下有「年」字，衛氏集説同。

018 昬禮者節　惠棟云：「昬禮」節、「父親醮子」節，宋本合爲一節。

019 昬禮者　各本同。石經同。釋文出「昬者」，云「一本作『昬禮者』」。

020 昏禮至禮也　惠棟校宋本無此五字。

021 故昬禮云謂誰氏　閩、監、毛本同。考文引宋板「云謂」作「去爲」。案，作「爲」是，作「去」非，衛氏集説亦作「云爲」。

父親醮子節

022 合巹而酳　石經、岳本、嘉靖本同。閩、監、毛本「巹」作「卺」，衛氏集説同。○按，依説文當作「𧯷」，从豆，蒸省聲。卺，假借字；巹、卺皆「卺」字之譌。

023 釋命親迎之意　閩本同。考文引宋板同。監、毛本「釋」誤「適」。

024 故云如冠醮與　閩、監本作「如」。此本「如」誤「加」，毛本同。

敬慎重正節

025 敬慎至本也　惠棟挍宋本無此五字。❷

夫禮始於冠節

026 和於射鄉　閩本、石經、岳本、嘉靖本同。考文引宋板、古本、足利本同。監、毛本「射鄉」二字倒，衛氏集説同。石經考文提要云：宋大字本、宋本九經、南宋巾箱本、余仁仲本、劉叔剛本並作「射鄉」。

027 夫禮至體也　惠棟挍宋本無此五字。

夙興節

028 段脩　石經作「段」，岳本同，釋文同。此本「段」誤「叚」。嘉靖本、閩、監、毛本「段」誤「叚」，衛氏集説同。

029 夙興至代也　惠棟挍宋本無此五字。

030 案士昬禮婦席于户牖間　閩、監本同。毛本「牖」誤「牗」，衛氏集説同。✕

031 於西階上北面卒爵婦酢舅　惠棟挍宋本作「酢」，衛氏集説同。此本「酢」誤「酬」，閩、監、毛本同。✕

032 云婦見及饋饗於適室者　閩本同。監、毛本「饗」誤「響」。✕

成婦禮節

033 室人謂女妐女叔諸婦也　閩、監本同。岳本同。考文引古本、足利本同。毛本「妐」誤「姑」，衛氏集説、嘉靖本同。

034 成婦至重之　惠棟挍宋本無此五字。

035 則上經婦降自阼階以著代是也　閩、監本同。毛本「上」誤「土」。✕

036 言既當夫氏　閩、監本同。毛本「夫」誤「夬」。✕

037 女妐謂壻之姊也　閩、監本同。毛本「妐」誤「姑」，衛氏集説同。✕

是以古者節

038 教成之者女師也　嘉靖本、閩、監、毛本同。惠棟挍宋本無「成」字，宋監本、衛氏集説同，岳本「教成之」作「其教之」。

039 若天子公邑官家之宮爾　閩、監、毛本同。惠棟挍宋本「爾」作「耳」，衛氏集説同。

古者天子節

040 后聽内職　惠棟挍宋本作「職」，石經、宋監本、岳本、嘉靖本同。此本「職」誤「治」，閩、監、毛本同，衛氏集説同。石經考文提要云：案，禮記集説引吕大臨禮記解云「凡天子所聽皆外治，后所聽皆内職」，馬晞孟禮記解云「治者職之捴，職者治之別，故曰天子聽外治，后聽内職」，宋大字本、宋本九經、南宋巾箱本、余仁仲本、至善堂九經本並作「職」。

041 所以承副施外内之政也　閩本同。惠棟挍宋本、宋監本、嘉靖本、岳本同。衛氏集説同。監、毛本「副」誤「嗣」。

042 取其相應有象大數也　閩、監、毛本作「象大」，此本「象大」二字闕。岳本「大」作「天」，嘉靖本、衛氏集説同。

043 古者至盛德　惠棟挍宋本無此五字。

044 此一經因上夫婦昏禮之事　閩、監本同。毛本「因上」二字倒。

045 注云路寢一小寢五　惠棟挍宋本有「云」字，衛氏集説同。此本「云」字脱，閩、監、毛本同。❸

046 其三孤亦分主六官之職　考文引宋板作「三」，衛氏集説同。此本「三」誤「二」，閩、監、毛本同。

047 爲王所求爲於北宮也　惠棟挍宋本同。閩、監、毛本「北」誤「此」，衛氏集説亦作「北」，上「爲」作「謂」。

是故男教不脩節

048 爲后服資衰　閩、監、毛本、石經、岳本、嘉靖本、衛氏集説同。坊本「資」作「齊」，依注改。釋文出「資衰」，云「依注作『齊』」。○按，依説文當作「𧟃」，从衣，齊聲，經傳多假「齊」爲之，「資」亦假借字，古音次聲、齊聲同部也。

049 是故至義也　惠棟挍宋本無此五字。

050 卯往侵辛由反克金　考文引宋板同。閩、監、毛本「由」作「木」。

051 辰爲土卯當克土　閩、監本同。毛本「卯」作「木」。✕

052 今日食土反克木　閩、監本同。毛本「土」誤「上」。✕

鄉飲酒義第四十五

053 二則卿大夫飲國中賢者　此本「卿」字不誤，閩、監、毛本「卿」誤「鄉」，衛氏集説同。

054 皆謂之鄉飲酒　閩、監本同。衛氏集説同。毛本「之」誤「其」。✕

055 又云君子謂卿大夫飲國中賢者　此本「卿」字不誤，閩本同，監、毛本「卿」誤「鄉」。

056 學生最賢使爲賓　閩本同。考文引宋板同。監本「生」字殘闕，毛本「生」作「士」。

057 此鄉大夫爲主人與之飲酒　衛氏集説同。閩、監、毛本「此」誤「比」。

鄉飲酒之義節

058 斯君子之所以免於人禍也　惠棟挍宋本有「之」字，石經、宋監本、岳本、嘉靖本同，衛氏集説「之」字空闕。此本「之」字脱，閩、監、毛本同，通典七十三亦有「之」字。❹

059 賓於西階上北面再拜　閩、監本同。衛氏集説同。毛本「上」誤「土」。✕

鄉人士君子節

060 **君子謂卿大夫士也**　閩、監本作「卿」，嘉靖本「卿」誤「鄉」，有「士」字，此本同，毛本同，岳本亦作「卿」，無「士」字，衛氏集説同，考文引宋板、古本亦無「士」字。段玉裁挍云：案，下文「卿大夫士飲國中賢者」即承此「君子謂卿大夫士」而釋之也，宋監本無「士」字，非。

061 **卿大夫士飲國中賢者**　閩、監本同。岳本同。衛氏集説同。考文引宋板同。嘉靖本、毛本「卿」誤「鄉」。段玉裁云鄉飲酒禮疏引此「卿大夫士飲國中賢者」。

062 **不敢專大惠**　此本注止此句，閩、監、毛本、岳本、嘉靖本、衛氏集説同。山井鼎云：「釋文『鄉人士君子』至『諸侯則三鄉』百八字宋板與注『不敢專大惠』連接爲注，古本無，但後人依宋板誤補入之。」案，山井鼎所據宋板即惠棟所挍宋本，惠棟於此處無明言，但於釋文「周禮」下添注一「云」字，似亦從宋本挍者。此宋本在未附釋音之前，何由羼入釋文？疑百八字爲鄭氏注文所本有。釋文云「鄭云『鄉人、鄉大夫。士，州長、黨正也。君子，謂卿、大夫、士也』。周禮『天子六鄉』，鄭司農云『百里内爲六鄉，外爲六遂』。司徒職云『五家爲比，五比爲閭，四閭爲族，五族爲黨，五黨爲州，五州爲鄉』。鄉大夫，每鄉卿一人。州長，每州中大夫一人。黨正，每黨下大夫一人。族師，每族上士一人。閭胥，每閭中士一人。比長，五家下士一人。諸侯則三鄉」，自「周禮天子六鄉」至「諸侯則三鄉」百三字統承上「鄭云」之下，未見「謂卿大夫士也」以上爲鄭云，「周禮天子」以下必不爲鄭云也。

063 **鄉人至賓也**　惠棟挍宋本無此五字。

064 **以卿大夫等唯有東房**　閩、監、毛本「卿」作「鄉」，衛氏集説同。

065 **地道尊右**　閩、監、毛本同。衛氏集説同。考文引宋板「右」作「左」。

賓主象天地也節

066 **賓主至務焉**　惠棟挍宋本無此五字。

067 德也者得於身也　閩、監、毛本同。考文引宋板「也」下有「者」字。

祭薦祭酒節

068 主人酬賓賓卒立以兵觶也　惠棟挍宋本「兵」作「立」，閩本「兵」字闕，監、毛本「兵」作「據」。案，皆誤。盧文弨鍾山札記云本當云「主人酬賓賓立以卒觶也」。

069 不就席卒觶者言此席之上　閩、監本同。毛本「此」作「是」。

鄉飲酒之禮六十者坐節

070 鄉飲至立矣　惠棟挍宋本無此五字。

071 豆是供養之物　惠棟挍宋本作「是」，衛氏集説同。此本「是」誤「以」，閩、監、毛本同。×

072 既州長教射　惠棟挍宋本作「長」，此本「長」誤「正」，閩、監、毛本同。×

073 故孝弟之行以此而成立也　惠棟挍宋本作「成」，衛氏集説同。此本「成」誤「后」，閩、監、毛本同。×

074 及主國之相來自行禮相監臨之儀　閩、監、毛本同。衛氏集説同。齊召南云「主國」當作「王國」。段玉裁挍云下「相」字衍文。❺

三揖至于階節 ×

075 主人又酌而自飲　閩、監本同。衛氏集説同。毛本「酌」誤「酢」。×

工入升歌節

076 工入至流也　惠棟挍宋本無此五字。

077 則鄉飲酒云乃合樂周南召南關雎　閩、監、毛本同。惠棟挍宋本無「召南」二字，衛氏集説同。

078 合樂謂歌與衆聲俱作　閩、監、毛本同。惠棟挍宋本「歌」下有「樂」字。按，有

「樂」字與鄉飲酒禮注合。

079 賓禮辭許注云　閩、監、毛本同。惠棟挍宋本無「許」字。○按,宋本非也。

賓酬主人節　✕

080 賓酬至遺矣　惠棟挍宋本無此五字。✕

降説屨節

081 降説至亂也　惠棟挍宋本無此五字。

082 猶能節文自終不至於亂也　惠棟挍宋本作「文自」。此本「文自」誤「立目」,閩、監、毛本同。❻

083 知其能安燕而不亂也　閩、監、毛本同。惠棟挍宋本「也」下有「者」。

貴賤明節

084 貴賤至易也　惠棟挍宋本無此五字。

085 如此五行者　閩、監、毛本同。考文引宋板無「如」字。

鄉飲酒之義節　✕

086 鄉飲至本也　惠棟挍宋本無此五字。✕

賓必南鄉節

087 察猶察察嚴殺之貌也　閩、監、毛本作「殺」,岳本、嘉靖本同。此本「殺」字脱,衛氏集説「殺」誤「毅」,釋文出「嚴殺」。❼

088 言禮之所共由主人出也　閩、監、毛本、岳本、嘉靖本、衛氏集説同。惠棟挍宋本「共」作「在」。案,「在」字非也,釋文出「所共」,音恭,正義亦云「主人共客所須」。

089 大數取法於月也　惠棟挍宋本如此,宋監本、岳本、嘉靖本、衛氏集説同。閩、監、毛本「法」上衍「象」字,此本空闕。

090 賓必至參也　惠棟挍宋本無此五字。

091 更揔明鄉飲酒坐位　惠棟挍宋本如

此，閩、監、毛本「明」誤「言」，「酒」下衍「禮」字，此本空闕。衛氏集説亦作「明」。❽

092 每事皆三之義　惠棟挍宋本作「之義」，衛氏集説同。閩、監、毛本「之義」二字誤「以成禮」三字，此本空闕。

093 聖之言生也　閩、監本作「生」，此本「生」誤「主」，毛本誤「升」。

094 東方産育萬物故爲聖也　惠棟挍宋本如此，衛氏集説同。閩、監、毛本「爲聖」上衍「爲春」二字，「也」字脱。

095 長之使大仁恩也　惠棟挍宋本如此，衛氏集説同。閩、監、毛本「仁恩也」誤「亦爲仁」，此本空闕。

096 於五行春爲仁　閩、監、毛本有「於」字，惠棟挍宋本無，此本空闕。

097 春夏皆生養萬物俱有仁恩之義　考文引宋板如此，閩、監、毛本「生養萬物」四字誤「是生育長養」五字，此本空闕。

098 以生物言之則謂之聖　考文引宋板如此，閩、監、毛本「言之則謂」四字誤「於春如通明」五字，此本空闕。

099 藏也者此言北方主智　閩、監、毛本有「此」字，惠棟挍宋本「此」字無，此本空闕。

100 若以萬物歸藏言之　惠棟挍宋本如此，閩、監、毛本「萬物歸」三字誤「其生長收」四字，此本空闕。

101 主人獻賓將西行就賓　惠棟挍宋本如此，衛氏集説同。閩、監、毛本「賓將西」三字誤「酬之禮既」四字，此本空闕。

102 賓又南行將就主人　閩、監、毛本如此，衛氏集説同，考文引宋板無「賓」字。

103 以介覵隔賓主之間也　惠棟挍宋本

如此，衛氏集説同。閩、監、毛本「隔」字誤「在於」二字，此本空闕。

104 釋所以主人居東方之意　惠棟挍宋本如此，衛氏集説同。監、毛本「意」上衍「義」字。此本空闕，閩本同。

105 主人共客所須　閩、監、毛本同。考文引宋板「共」作「供」，衛氏集説同。

106 故主人造爲産萬物之象者也　閩、監、毛本如此，衛氏集説「象」下無「者」字，考文引宋板「象者」二字作「事」字，此本空闕。

107 魄謂明生　惠棟挍宋本如此，衛氏集説同。閩、監、毛本「明」字誤「月輪」二字，此本空闕。

108 若初以前月大　閩、監、毛本如此，衛氏集説「初」上無「若」字，考文引宋板「若初」二字作「所」字，此本空闕。

109 三賓者政教之本者　惠棟挍宋本如此，閩、監、毛本「政」上衍「爲」字，此本空闕。

110 象國之立三卿　考文引宋板同。閩、監、毛本「象」上衍「亦」字。

111 大數取法於月也　閩、監、毛本「法」上衍「象」字。

112 故禮之數取法於月也　考文引宋板同。衛氏集説同。閩、監、毛本「數」上衍「大」字。

61—113 禮記正義卷第六十八終　惠棟挍宋本此行在「取法於月也」之後，計云凡二十九頁。❾

校記

❶南昌本出文改作「附釋音禮記注疏卷第六十一」，上提三格。校語下有「禮記正義卷第六十八」。

❷南昌本「五字」作「五宋」。

❸南昌本出文無「云」字。校語「有云字」上有「注下」。

❹南昌本「宋監本」作「木監本」。

❺南昌本出文「主」作「王」。校語「毛本」下「同」作「王作主」。

❻南昌本「作文自」作「同」，無「此本文自誤立目」，「毛本」下「同」作「文自誤立目」。

❼南昌本出文無「殺」字。校語「作殺」作「嚴下有殺字」。

❽南昌本出文「酒」下有「禮」字。校語「如此」作「無禮字」，「明誤言」作「明作言」，「衍禮字」作「亦衍禮字」，無「此本空闕」。

❾南昌本出文改作「附釋音禮記注疏卷第六十一」，上提三格。校語「此行在取法於月也之後」改作「禮記正義卷第六十八終」，「計」作「記」。

禮記注疏校勘記卷六十二

62—001 禮記正義卷第六十九　惠棟挍宋本。❶

射義第四十六

古者諸侯之射也節

002 然後射以觀德行也　閩、監、毛本、嘉靖本、衛氏集説同。惠棟挍宋本「然」作「乃」，岳本同，考文引古本同。

003 正謂立行禮似饗　閩本同。惠棟挍宋本同。監、毛本「立」作「其」。

004 故禮其牲狗　閩本同。惠棟挍宋本同。監、毛本「其」誤「具」。

005 似若臣盡竭其力　閩、監本同。毛本「似」誤「以」。

006 所以明長幼之序者　閩、監、毛本同。考文引宋板「者」上有「也」字。

故射者進退周還必中禮節

007 言内志審正則射能中　閩、監、毛本同。衛氏集説同。考文引宋板無「射」字。

008 出自此射者而來　惠棟挍宋本有「此」字。此本「此」字脱，閩、監、毛本同。❷

其節天子以騶虞爲節節

009 士以采繁爲節　石經、嘉靖本同。閩、監、毛本「繁」作「蘩」，岳本同，衛氏集説同，下同，釋文亦作「蘩」。

010 壹發五豝　閩本、岳本、嘉靖本、衛氏集説同。監、毛本「豝」誤「豝」，釋文出「五豝」，通典七十一作「一發五豝」，亦誤。

011 被之僮僮　衞氏集説同。閩、監、毛本作「童童」，岳本、嘉靖本同。釋文出「僮僮」，云「本亦作『童童』」。通典作「僮僮」。

012 其節至德也　惠棟挍宋本無此五字。

013 射禮樂章之異　閩、監本同。衞氏集説同。毛本「章」誤「車」。

是故古者天子以射節

014 男子生有縣弧之義　閩本同。監、毛本「縣」作「懸」，衞氏集説同。○按，縣，正字。懸，俗字。

＊ 能窮盡禮　補：案，「禮」下當有「樂」字。此本誤脱。

是故古者天子之制節

015 數有讓而削地　閩、監、毛本、石經、岳本、嘉靖本、衞氏集説同。釋文出「而削」，坊本「而」誤「則」。石經考文提要云：宋大字本、宋本九經、南宋巾箱本、余仁仲本、劉叔剛本並作「而削」。

016 流猶放也　惠棟挍宋本作「放」，宋監本、岳本、嘉靖本、衞氏集説同，考文引古本同。此本「放」誤「族」，閩、監、毛本同。

017 是故至有也　惠棟挍宋本無此五字。

018 又明諸侯君臣盡志於射　閩本同。惠棟挍宋本同。衞氏集説同。監、毛本「志」誤「忠」。

019 得與於祭者此謂大射也　閩、監本同，衞氏集説亦作「大」，毛本誤「七」。

020 其貢獻之功與計吏俱來　閩本同。惠棟挍宋本同。監、毛本「功」作「物」，衞氏集説同。

021 故謂之計偕物也偕俱也　閩、監本同，衞氏集説亦作「俱」，毛本「俱」誤「十」。

故詩曰節

022 四正正爵四行也　閩、監本、岳本、嘉靖本、衛氏集説同。毛本「四正」誤「四四」。×

023 故詩曰曾孫侯氏四正具舉大夫君子凡以庶士小大莫處御于君所具也　閩、監、毛本同。惠棟挍宋本無此廿九字。

024 諸侯自爲正之具也　閩、監、毛本同。惠棟挍宋本「也」下有「者」字。

025 云正爵四行　惠棟挍宋本作「云」。此本「云」誤「公」，閩、監、毛本同。×

026 大射禮文云乃後樂作　惠棟挍宋本作「禮文」。此本「禮文」誤「大夫」，閩、監、毛本同。×

孔子射於矍相之圃節

027 公罔之裘揚觶而語曰　閩、監、毛本、岳本、嘉靖本、衛氏集説同，石經亦有「之」字。正義云「案經下云『公罔裘』，上云『之裘』，故知『之』是發聲也」，是正義本此句無「之」字。

028 稱猶言也行也　嘉靖本、閩、監、毛本、衛氏集説同。惠棟挍宋本作「稱猶言也道猶行也言行也」，多五字，岳本同。盧文弨挍云：岳云越、建本有此五字，監、興、余本皆無。案，「道猶」二字當有，「言行也」三字衍文。段玉裁云依宋監本則「言行也」三字賸。

029 使一人俱舉觶誓衆　閩、監、毛本同。考文引宋板「一」作「二」，衛氏集説亦作「使二人俱舉觶以誓衆」。按，「二」字是。

* 者不問此衆人之中　毛本「者不」二字作「謂」字。

030 禮畢旅酬之時乃使二人舉觶　考文引宋板作「觶」，衛氏集説同。此本「觶」誤「觴」，閩、監、毛本同。×

031 樂正升堂復位　閩、監、毛本同。衛氏集説同。考文引宋板「正」作「工」。

032 君使二人舉觶於賓與大夫　惠棟挍宋本作「於」，衛氏集説同。閩、監本「於」作「于」。此本「於」字闕，毛本同。

033 但衆賓射事既了　惠棟挍宋本作「賓」，衛氏集説同。閩、監、毛本「賓」作「耦」，此本空闕。

034 不復斥言其惡於此　惠棟挍宋本作「於」，此本「於」字闕，閩、監、毛本「於」作「故」。

035 旄期之老不復能射　惠棟挍宋本作「復」，衛氏集説同。此本「復」字空闕，閩、監、毛本「復」誤「是」。

036 雖不能射與在賓中　惠棟挍宋本作「賓」，衛氏集説同。此本「賓」字闕，閩、監、毛本「賓」作「射」。

037 知先行飲酒禮者　閩、監本同。毛本「飲」字空闕。

038 又鄉大夫職云以鄉射之禮　惠棟挍宋本作「云」，此本「云」字闕，閩、監、毛本「云」作「退」，涉本文而誤衍也。

039 是配合之外更有奇隻　惠棟挍宋本作「隻」，此本「隻」字闕，閩、監、毛本「隻」作「也」。

040 故知之是發聲也即裘爲名矣　惠棟挍宋本作「也」，閩、監、毛本「也」作「而」，此本空闕。毛本「矣」字不誤，此本「矣」誤「失」，閩、監本同。

041 舉觶者古者於旅也語者　閩本如此，惠棟挍宋本同。此本惟「語」下「者」字空闕，監、毛本「古者於旅也語者」七字並空闕。

042 先王禮樂之道也云耆耋皆老也　惠棟挍宋本如此，閩、監、毛本「道也云」誤「義理也」，此本空闕。

* 僖九年傳云七十曰耋大耋言之七十八十謂年餘七十也　補，閩、監、毛本「大耋言之七十八十」作「又鄭注易大耋之嗟」。

043 又毛詩傳云八十曰耋　惠棟挍宋本作「傳」，是也，閩、監、毛本「傳」作「箋」，此本空闕。

044 云者不言有　閩、監本同。惠棟挍宋本「云」下有「言行也」三字，毛本「云」下有「行也」二字。

射之爲言者繹也節

045 射之至諸侯　惠棟挍宋本無此五字。

046 耦升自西階並而東皆當其物　惠棟挍宋本同。閩、監、毛本「而」作「行」，衛氏集説同。各本「皆」字同，山井鼎云宋板「皆」作「階」，非也。

047 射者意云此鵠　閩、監本同。毛本「者」誤「考」。×

048 鄭恐得爲諸侯始封以土　閩、監本同。惠棟挍宋本同。毛本「土」誤「士」。×

049 又方制之以爲亭　閩、監、毛本同。衛氏集説同。惠棟挍宋本「亭」作「𩫖」。山井鼎云：周禮司裘注作「章」，字書作「𩫏」，宋板近是。

050 非是實鳥也　惠棟挍宋本作「是」。此本「是」誤「呈」，閩、監、毛本同。

051 卿大夫射一侯三正　閩、監、毛本同。惠棟挍宋本「三」作「二」。×

052 二正畫以朱緑　閩本同。惠棟挍宋本同。衛氏集説同。監、毛本「畫」誤「或」。×

053 此皆與賓射於朝之禮也　閩、監本同。毛本「此」誤「比」。×

054 凡賓射之侯謂之正　惠棟挍宋本作

「凡」，衛氏集説同。閩、監、毛本「凡賓」誤「賓賓」，此本空闕。

055 畿内諸侯賓射　惠棟挍宋本作「畿内」，衛氏集説同。閩、監、毛本「畿内」誤「設鵠」，此本空闕。

056 約大射諸侯既同天子　惠棟挍宋本如此，衛氏集説同。閩、監、毛本「諸侯既同」誤「禮文之意」，此本空闕。

057 亦同天子用五正三正二正之侯其卿大夫射　惠棟挍宋本如此，衛氏集説同。閩、監本「之侯其卿」誤「若諸侯用」，毛本同，又三「正」字並誤作「子」，此本空闕。

058 凡中央之赤　惠棟挍宋本作「凡」，閩、監、毛本「凡」作「其」。

059 其外又畫以雲氣　惠棟挍宋本如此，閩、監、毛本「畫以雲氣」誤作「有白布若」，此本空闕。

060 下舌半上舌出躬者　閩本同。惠棟挍宋本同。監、毛本「躬」誤「倍」。

061 其糝侯下舌及躬凡有四尺　閩、監本同。毛本「躬」誤「射」。

062 是糝侯下畔去地一丈五寸三分寸之一　考文引宋板同。閩、監、毛本「五寸」誤作「五尺」。

天子將祭節

063 而后射於射宮　閩、監本同。惠棟挍宋本同。石經同。岳本同。衛氏集説同。毛本「后」誤「侯」。

064 是知於澤中射椹質而已　惠棟挍宋本作「知」。此本「知」誤「故」，閩、監、毛本同，衛氏集説作「以是知於澤中射椹質而已」。❸

故男子生節

065 乃卜食子也　各本同。毛本「卜」誤「十」。×

066 故男至謂也　惠棟挍宋本無此五字。

067 猶若事畢設飯食　閩、監、毛本同。考文引宋板「食」下有「者」字。

射者仁之道也節

068 射求正諸己　閩、監、毛本、石經、岳本、嘉靖本、衛氏集說同。坊本無「射」字。石經考文提要云：宋大字本、宋本九經、南宋巾箱本、余仁仲本、劉叔剛本並有「射」字。

069 求反諸己而已矣　惠棟挍宋本作「求反」，石經同。此本「求反」二字倒，閩、監、毛本同，岳本同，衛氏集說同，嘉靖本同。❹

孔子曰射者何以射節

070 畫曰正　閩本、嘉靖本同。考文引宋板同。岳本同。監、毛本「畫」下衍「布」字，衛氏集說同。

071 言何以能聽此樂節　閩本同。考文引宋板同。衛氏集說同。監、毛本「以」誤「人」。

072 循聲若謂射者依循樂聲　閩、監、毛本同。考文引宋板「若」作「者」。

073 陳古之明王大射之禮　閩、毛本同。監本「大」誤「夫」。❺

074 禮記正義卷六十九終　惠棟挍宋本此行在疏「故讓矣」之下，計云凡十八頁。

075 禮記正義卷第七十　惠棟挍宋本。

燕義第四十七❻

古者周天子之官節

076 古者至退之　惠棟挍宋本無此五字。

077 但諸子職揔謂之國子　惠棟挍宋本作「之」，衛氏集說同。此本「之」誤「志」，閩、監、毛本同。

078 云諸子副代父者也　閩、監本同。毛本「代」誤「伐」。

079 則庶子之官付授以車甲　惠棟挍宋

本作「付」，衛氏集說同。此本「付」誤「傳」，閩、監、毛本同。×

080 謂力役土功胥徒之屬　閩、監本同。衛氏集說同。毛本「土」誤「主」。×

081 不與干國子　閩本同。考文引宋板同。監、毛本「干」誤「于」，衛氏集說同，下「不干其事也」同。×

082 秋冬學羽籥　閩本同。考文引宋板同。監、毛本「冬」誤「夏」。×

083 則亦在大學　閩、監本同。毛本「大」誤「夫」。×

設賓主節

084 鄭注彼云諸公者容牧有三監也　閩、監、毛本同。考文引宋板無「公」字，衛氏集說同。○按，依燕禮注當作「言諸者」。

085 云疑自下上至之辭也　閩、監、毛本同。惠棟挍宋本「也」下有「者」字。

086 云尊與君大相近　閩、監、毛本同。惠棟挍宋本「也」下有「者」字。❼

君舉旅於賓節

087 言聖人制禮　閩、監本、岳本、嘉靖本、衛氏集說同。毛本「制」誤「之」。

088 爲拜故下實未拜也　考文引宋板作「實」。此本「實」誤「賓」，閩、監、毛本同。×

62—089 此明君民上下相報　閩、毛本同。監本「民」誤「臣」。×

校記

❶南昌本出文改作「附釋音禮記注疏卷第六十二」，上提三格。校語下有「禮記正義卷第六十九」。

❷南昌本出文無「此」字。校語移「閩、監、毛本同」一句於「惠棟挍宋本」句上，「有此字」上有「自下」，無

「此本此字脱」。

❸南昌本校語下有「今正」二字。

❹南昌本出文「求反」作「反求」。

❺南昌本校語下有「○惠棟挍宋本此節疏後標禮記正義卷六十九終，記云凡十八頁」。

❻南昌本下有校語「惠棟挍宋本禮記正義卷第七十」。

❼南昌本「也下有者字」作「近下有也字」。

禮記注疏校勘記卷六十三

聘義第四十八

三讓而后傳命節

63—001 上經明設介傳命致敬之義　閩、監本同。毛本「設」誤「説」。

002 入廟門及升階揖讓之節　閩、監本同。毛本「及」誤「皆」。

003 賓差退在西相鄉三讓　閩、監本同。衛氏集説同。毛本「鄉」誤「下」。

004 當階北面又揖二揖也　閩、毛本同。衛氏集説同。監本「北」誤「比」。

005 若賓不讓則不至於三　惠棟挍宋本同。衛氏集説同。閩、監、毛本「三」誤「主」。

006 案聘禮賓至大門主人陳介而請事　閩、監、毛本同。盧文弨挍云「介」當作「擯」。

007 事同曰讓事異曰辭　惠棟挍宋本作二「曰」字。此本二「曰」並誤「日」，閩、監、毛本同。

008 賓乃傳聘君之命於上擯也　閩本同。考文引宋板同。監、毛本「賓」誤「實」。

009 案司儀職兩君相見則交擯　閩、監、毛本同。惠棟挍宋本「職」下有「注」字。

010 及末則鄉受之反面傳而上　閩、監本同。毛本「面」作「而」。

011 直賓及上擯相對而語　閩、監本同。毛本「擯」誤「賓」。

君使士迎于竟節

012 北面拜貺　各本同。石經同。釋文出「拜況」，云「本亦作『貺』」。○按，說文有「況」無「貺」。

013 公當楣再拜聘君之恩惠　閩、監、毛本同。岳本、嘉靖本「再拜」下又有「拜」字，考文引古本同，案正義「拜」字當重。

014 大夫郊勞○聘禮云　閩本同。監本「○」闕，毛本「○」作「者」。

015 北面再拜拜聘君之貺　閩、監本同。衛氏集說同。毛本「拜拜」誤「升拜」。

卿爲上擯節

016 致饔餼　各本同。石經同。釋文出「雍」，云「字又作『饔』」。

017 賄贈饗食燕　閩、監、毛本、岳本、嘉靖本、衛氏集說同。石經「饗」字空闕。釋文出「享」，云「本又作『饗』」。

018 主國之卿爲上擯　閩本同。考文引宋板同。監、毛本「國之」二字倒。

019 宰夫徹几改筵　閩、監本同。衛氏集說同。毛本「几」誤「凡」。

020 公側受醴　閩、監、毛本同。衛氏集說同。考文引宋板「受」作「授」。○按，聘禮作「受」，鄭注云「將以飲賓」，考文非也。

021 謂私以己禮面見主國之卿大夫也　閩、監本同。毛本「面」誤「亦」。

022 案聘禮私面在後　閩、監本同。毛本「在」誤「主」。

023 案聘禮君使卿韋弁歸饔餼五牢　惠棟挍宋本作「歸」，與聘禮合，衛氏集說同。此本「歸」誤「餼」，閩、監、毛本同。

024 生曰餼又曰飪　閩、監本同。衛氏集說同。毛本「又」誤「文」。

025 燕與羞淑獻無常數是也　閩、監、毛本同。考文引宋板「淑」作「俶」，衛氏集說同。

○按，聘禮正作「俶」，即記云「禽羞俶獻」是也，鄭彼注云古文「俶」作「淑」。

故天子制諸侯節

026 所以愧厲之也　各本同。石經同。釋文出「以媿」，云「本又作『愧』」。

027 而諸侯自爲正之具也　閩、監、毛本同。惠棟挍宋本「也」下有「者」字。

028 案昭九年左氏傳云孟僖子　惠棟挍宋本作「九」。此本「九」誤「元」，閩、監、毛本同。❶

以圭璋聘節

029 言此禮可貴與玉相似　閩、監本作「此」，毛本「此」作「其」，此本空闕。❷

030 重者難可報覆　閩、監、毛本同。衞氏集説作「重者難以報復」。

031 二王之後享天子用圭　閩、監本同。毛本「享」誤「言」。

主國待客節

032 壹食再饗　各本同。石經同。釋文出「一食」，云「『一』又作『壹』」。

033 注云侯伯之臣不致積知者　閩本同。惠棟挍宋本同。監、毛本「知」誤「也」。○按，「知」是衍文，鄭注周禮但作「不致積」。

034 案聘禮致客有饔有餼　閩、監本作「饔」，衞氏集説同。此本「饔」誤「享」，毛本「饔」誤「入」。

035 所以厚重禮也　閩、監、毛本同。惠棟挍宋本「也」下有「者」字。

聘射之禮節

036 日莫人倦　各本同。石經同。毛本「莫」誤「莽」。

037 非如冠昏之屬暫時即異　閩、監、毛本同。衞氏集説「異」作「畢」。

038 將以行禮也　閩、監、毛本同。惠棟挍宋本「也」下有「者」字。

039 故謂之有行者　閩、監本同。毛本「者」誤「之」。

040 此云用之於爭鬬者　閩本同。考文引宋板同。監本「鬬」誤「國」。毛本「於」誤「謂」。

子貢問於孔子曰節

041 碈石似玉　閩、監本、岳本、嘉靖本、衛氏集說同。毛本「似」誤「以」。

042 縝緻也　各本同。釋文出「致」，云「本亦作『緻』」。○按，「致」、「緻」古今字。

043 垂之如隊　閩、監、毛本、岳本、嘉靖本、衛氏集說同。釋文出「如隊」，石經「隊」作「墜」。○按，說文有「隊」無「墜」。

044 不有隱翳　閩、監本、岳本、嘉靖本、衛氏集說同。毛本「有」誤「相」。

045 言玉體密緻　閩、監本同。毛本「玉」誤「王」。

046 廉而不劌義也　閩、監、毛本同。考文引宋板「也」下有「者」字，下「如隊禮也」、「瑜不揜瑕忠也」、「孚尹旁達信也」、「氣如白虹天也」、「精神見於山川地也」、「圭璋特達德也」並同。

047 其擊之終竟聲則詘然而止　考文引宋板作「竟」，衛氏集說同。此本「竟」誤「音」，閩、監、毛本同。❸

048 故無所不通達不更須待　閩、監本同。毛本下「不」誤「琮」。

049 所以璧琮則加於他物　惠棟挍宋本有「璧」字。此本「璧」字脫，閩、監、毛本同。❹

喪服四制第四十九

三日而食節

050 故更明無二尊之理　閩本同。惠棟挍宋本同。監、毛本「尊」誤「事」。

051 云鼓素琴始存樂也　閩本同。惠棟挍宋本同。監、毛本「始」誤「好」。

杖者何也節

052 或曰擔主　閩、監、毛本作「擔」，石經、岳本、嘉靖本、衛氏集説同，釋文同，此本「擔」誤「檐」。○按，依説文當作「儋」，从人，詹聲，「檐」假借字，「擔」俗字。

053 又使備禮必致滅性　閩、監本同。衛氏集説同。毛本「必」誤「不」，考文引宋板「不」作「以」。

054 不數杖與不杖之科　惠棟挍宋本作「科」，此本「科」誤「利」，閩本「科」字闕，監、毛本「科」作「例」，下「又此經權制之科」同。❺

055 皇氏熊氏並取以爲説　閩、監本同。毛本「説」誤「就」。

056 此經末又揔云八者　閩、監本同。毛本「又」誤「有」。

始死三日不怠節

057 所謂柱楣也　閩本同。惠棟挍宋本、宋監本、岳本、嘉靖本、衛氏集説同。監、毛本「楣」誤「眉」，釋文出「柱楣」。

058 故王者之所常行也　閩、監、毛本同。惠棟挍宋本無「故」字。

比終兹三節者節

059 皆可得而察焉　閩、監本、石經、岳本、嘉靖本、衛氏集説同。考文引宋板同。毛本「皆可」誤「可以」。

060 若孝子有知　閩、監、毛本同。惠棟挍宋本無「若」字。

061 强者可以觀其志焉若　閩、監、毛本同。惠棟挍宋本「若」作「者」，是也。

062 有志可見其强　閩本同。監、毛本「志」誤「知」，惠棟挍宋本亦作「志」，「見」作「觀」，是也。

063 禮記正義卷第七十終　惠棟挍宋本。❻

064 禮記卷第二十終經五千三百三十二字注二千九百八十一字　宋監本。×

63—065 凡二十萬一千九百九十二字經九萬七千七百五十九字注一十萬四千二百三十三字　宋監本。×

校記

❶南昌本出文「九」作「元」。校語移「閩、監、毛本同」一句於「惠棟挍宋本」句上，「作九」上有「元」，「九誤元」作「誤」。

❷南昌本「此作其」無「此」字。

❸南昌本出文「竟」作「音」。校語移「閩、監、毛本同」一句於「考文」句上，「作竟」上有「音」，無「此本竟誤音」。

❹南昌本出文無「璧」字。校語移「閩、監、毛本同」一句於「惠棟挍宋本」句上，「有璧字」上有「琮上」，「璧字脱」作「誤脱」。

❺南昌本出文「科」作「利」。校語「作科」上有「利」。

❻南昌本出文改作「附釋音禮記注疏卷六十三」，上提三格。校語改作「惠棟挍宋本禮記正義卷第七十終。宋監本禮記卷第二十終，經五千三百三十二字，注二千九百八十一字。凡二十萬一千九百九十二字，經九萬七千七百五十九字，注一十萬四千二百三十三字」。

禮記釋文校勘記卷一

f01—001 經典釋文卷第十一　○葉本無「卷」字。

曲禮第一

002 毋不敬　○葉本「敬」字缺筆，作「茍」。

003 儼矜莊貌　○十行注疏本附釋音同。葉本「貌」作「皃」，書内並同。

004 欲不如字一音喻　○撫州公使庫本有「一音喻」三字，十行本同。此本「一音喻」三字脱，今據補。

005 樂不皇侃音岳　○十行本同。撫本「侃」字作「偘」。按，「偘」正字，五經文字「偘」字在巛部。

006 士丏木亦作匄音蓋　○撫本「丏」作「丐」，十行本同。按，丏，正字。廣韻十四「泰」云：「丏同匄，本又音緬。」説文「丏」字部首在九篇。

007 不辭　辭不受也　○葉本細注「辭」作「辤」。○按，説文正作「辤」，葉抄是也。

008 母本或作鵡　○十行本同。葉本「鵡」作「䳇」。五經文字云「䳇，音武，又作『鵡』。見禮記」，是唐人「鵡」、「䳇」本通用，石經字作「鵡」。○按，「䳇」、「鵡」古今字。

009 鹿牝舊扶允反　○葉本「允」作「死」，十行本同。案，廣韻五「旨」有「牝」字，音扶履反。「死」與「履」聲近，此本「允」字誤也。

010 大上大上謂三王五帝之世　○葉本「世」作「丗」，十行三同。

011 輕恌　○葉本「恌」作「佻」。案，「恌」字與注疏本字同。○按，説文有「佻」無「恌」。

012 曰耆賀瑒云　○葉本「瑒」作「揚」，十行本同，閩本以下改從「瑒」。○按，葉抄非也，賀瑒字德璉，南史有傳。

013 惛 一音呼困反　○葉本「困」作「困」，十行本同，是也。

014 四皓 甪里先生　○葉本「甪」作「角」，撫本及十行本並同。

015 爲槩　○撫本「槩」作「概」。案，石經及注疏本字並作「槩」。

016 瞑　○撫本「瞑」作「暝」，十行本同。按，闇暝字當從日是。○按，依説文當作「冥」，从日、六、从冖。

017 爲卒 才忽反　○葉本「才」作「子」，撫本「才」作「七」。按，「子」、「七」同母字，此本作「才」，非也。

018 鄉尊 本又作嚮　○撫本「嚮」作「饗」。按，「饗」字誤，十行本亦作「嚮」。

019 不拒 其庶反　○葉本「庶」作「許」，是也，十行本同。

020 趨隅 本又作走　○葉本「走」作「𧺆」，十行本作「𡗗」，閩本同，監本以下改從走。○按，説文作「𧺆」，經典相承作「走」，「𡗗」誤字也。

021 乃應 應對之應　○葉本「對」作「對」。

022 相過 古臥反　○葉本「臥」作「卧」，十行本同，書内並放此。○按，「臥」、「卧」古今字。

023 而扱 斂也　○葉本「斂」作「歛」。○按，説文有「斂」無「歛」。

024 卬　○葉本「卬」作「邛」，撫本同。

025 㮞　○撫本「㮞」作「挈」。按，「㮞」字與注疏本同。○按，説文無「㮞」字。

026 槹 挈皐　○撫本大字作「皐」。按，注疏本作「槹」，此下小注云「挈皐，依字作『桔槹』」，明此大字不作「槹」也。葉本「挈」作「絜」，十行本同。○按，「皐」字是也。

027 圅　撫本作「函」，後同。按，「圅」字與石經合。

028 盡後後放此　○葉本「放」作「倣」。○按，依説文當作「仿」，仿佛，相似，从人，方聲。

029 欠丘劒反　○葉本「劒」作「斂」。按，十行本、岳本並作「劒」，與此本同。

030 髮　○葉本作「鬉」，與石經合，石經凡從髟之字並如此作，如「髮」字作「鬉」，「髦」作「髱」。

031 猶著丁畧反　○撫本「畧」作「略」。按，字當作「略」，下並放此。○按，古「畂」字、「略」字皆「田」在左。

032 漱裳悉侯反　○撫本作「侯」，十行本同，岳本同，此本「侯」誤「俟」。

033 於梱苦本反　○撫本作「苦」，十行本同，岳本同，此本「苦」誤「芳」。

034 黑臀　○撫本作「臋」。

035 指擿　○葉本「指」作「指」。按，經注本並作「指」字，石經作「指」，石經凡從旨之字並作「旨」。

036 左殽熟肉有骨曰殽　○撫本「熟」作「孰」。○按，依説文當作「䎫」，从丮、𦎫，隸省作「孰」。曹憲云：玉篇始有「熟」字。

037 後辯　○盧文弨挍從撫本改「后辯」。

038 酳又仕覲反嗽口也　○撫本「仕」作「士」，十行本及岳本並同。葉本「嗽」作「漱」，岳本同。撫本作「嗽」，十行本同。○按，漱口之「漱」从水，欶聲。

039 捼沈耳隹反　○撫本「隹」作「佳」，十行本同，岳本亦作「佳」。○按，作「隹」是。

040 固獲鄭横霸反　○葉本「横」作「撗」，十行本同。

041 飯黍　○撫本「飯」作「飰」。○按，「飯」、「飰」正俗字。

042 毋刺　○葉本「刺」作「刾」，岳本同。按，石經亦作「刾」。○按，「刺」、「刾」正俗字。

043 斷也　○葉本作「斷」，後並同。

044 **少牢**徐式照反。　○葉本作「式」，撫本同。此本「式」誤「武」，十行本亦作「式照」。

045 **齏**本又作齊　○十行本亦作「齊」，撫本「齊」作「韲」。○按，説文作「𩐁」，从韭，次、朿皆聲，或从侖作「䶒」，隸變作「齏」，假借作「齊」，俗作「齏」。

046 **疐之**　○葉本作「疐」字，與岳本、十行本同。石經字作「疐」，與此本近。○按，「疐」用「蔕」之假借字。

047 **齕之**恨没反徐胡切反　○周春音略云：「恨没反，音紇，月韻字。徐胡切反，音頁，屑韻字。」毛居正以「胡切」當作「胡勿」，讀入勿韻，非。盧文弨考證以古讀「齕」，與「齧」音相近，「疑」、「匣」不分，尤非。

048 **喙害**又涉遘反　○葉本「遘」作「溝」，十行本亦作「遘」。○按，集韻二十五「候」有「喙」字。

049 **畜鳥**　○撫本作「鳥」，此本「鳥」誤「馬」。

050 **則馴**徐食倫反　○葉本「倫」作「侖」。

051 **承弣**把中也　○撫本同，是也。葉本「把」作「杷」，别一字。

052 **幼少**　○葉本作「幼」，撫本同。説文「幼」從幺，從力。九經字樣「幼」在力部。石經「幼」字並從力。

053 **車綏**耳隹反　○撫本作「隹」，此本「隹」誤「佳」。

054 **以警**　○葉本「警」字缺筆，作「警」，後凡從「敬」字者同。

055 **軍辟**本又作壁　○撫本、葉本「壁」作「辟」。

056 **褻之**　○撫本、葉本作「褻」，後放此。

057 **丘與區**漢和帝名肇　○葉本作「肇」，是也。

058 **荾拜**沈祖嫁反　○撫本、葉本「嫁」作「稼」，十行本同。

059 **爲縈**徐而媿反　○葉本「媿」作「辟」，撫本作「婢」，十行本亦作「媿」，與此本同。○按，作「婢」是也。「媿」、「辟」皆誤。

曲禮下第二

060 行舉足一本作行不舉足 ○葉本細注「足」作「行」，非也。

061 璧琮 ○葉本「璧」作「辟」。按，石經凡「璧」字並作「辟」。

062 去國三世萬物以歲爲世 ○葉本大字「世」作「世」。按，「世」字與十行本合，後放此。撫本「萬」作「万」。○按，千萬字廣韻作「万」。

063 作謚 ○葉本作「謚」。按，「謚」字各本並如此，石經亦同，惟岳本及毛本作「諡」，後「謚」字放此。

064 齊衰本又曰齌 ○十行本作「本又作齌」。○按，「曰」作「作」是也。齌，正字；齊，假借字。

065 方板字又作版 ○葉本「版」作「板」，十行本亦作「版」。按，此葉本誤，大字既作「板」，何以言「字又作板」，當依此本作「版」爲是，諸如此例者，並放此。○按，「版」、「板」古今字。

066 廄車 ○按，「車」字誤。經云「廄庫爲先」，此當作「廄庫」。

067 鞮屨鞮屨屨無絇 ○葉本「無絇」作「音句」。按，此亦葉本誤也，十行本作「屨綏絇」，「絇」字不誤，惟「無」字誤作「綏」耳，假如葉本爲「屨」字作音，何須又出「鞮屨」二字。

068 素簚本又作幭 ○撫本、葉本「幭」作「幭」。○按，「幭」正字，「簚」假借字，作「幭」、「幭」者並非。

069 生乳 ○撫本「生」作「主」。按，「主」字誤，注本作「生乳」。

070 登假注同已也 ○葉本「已」作「己」。按，此「已」字不誤，注云「假已也」，正義云「言若上升已矣」，訓作「已」矣，非「己」字明甚。

071 鞸鞸人爲鼓 ○葉本作「皷」。○按，當作「鼓」，从皮，从「攴」非是。

072 曰亨 ○盧文弨校從撫本「亨」改「享」。

073 自陜依字當作陝 ○葉本大字作「陜」，是也，與岳本合。撫本「陝」作「陜」，十行本同。

074 歲徧本又作遍 ○葉本「又」作「亦」，十行本同。

075 薌萁字又作箕 ○十行本同。段玉裁挍本云大「萁」字當是「其」字之誤。撫本「箕」作「萁」。

076 相濊 ○葉本「濊」作「懱」，非也。

077 祖妣母也 ○葉本作「母」，此本「母」誤「媲」。

078 遊目 ○撫本作「游」。○按，「游」、「遊」正俗字。

079 大夫與士肂本又作肆 ○撫本大字「肂」作「肆」，小注「肆」作「肂」。十行本作「肂」，「本又作肆」下「肆」字與撫本同。

080 榛古本又作亲 ○撫本「亲」作「亲」，十行本同。○按，「亲」正字，「榛」假借字，「亲」誤字。

檀弓第三

081 孫蔑 ○葉本「蔑」從戌作「蔑」，下同。

082 道汚 ○撫本「汚」作「汙」。按，「汚」字與石經合，十行本亦作「汚」。

083 不墳 ○葉本「墳」作「憤」。按，經文「墓而不墳」，此「憤」字誤也。

084 聵衛靈公之太子 ○葉本「太」作「大」。○按，作「大」是也，說詳春秋左傳釋文挍勘記一。

085 郰 ○葉本作「鄹」。按，「郰」字與石經及注疏本同。

086 乘翰字又作鶾 ○按，「鶾」字誤，當依十行本作「鶾」。

087 綃徐本又作綃桑堯反 ○葉本「綃」作「緋」，非也。

088 又復方目反 ○撫本「方目」作「扶又」，十行本同。

089 曰吁 ○段玉裁云「吁」今本作「呼」。按，十行本附釋音猶作「吁」，與此本同。

090 臺駘上音胡下音台　○撫本、葉本「台」作「臺」，十行本同，岳本同。

091 之萴田練反　○葉本「練」作「見」，岳本、十行本並作「練」，與此本同。

092 哭嫂悉早反　○葉本「早」作「豆」，誤。岳本、十行本並作「早」，下奔喪篇「唯嫂」亦音悉早反。

093 人倡昌尚反　○葉本「昌」作「長」，岳本、十行本並作「昌」，是也。

094 副音付　○葉本「付」作「仆」，十行本同。

095 洙音姝　○撫本、葉本「姝」作「殊」，十行本同。○按，音殊是也。

096 離羣上音利　○葉本「利」作「詈」，十行本及岳本並同。

097 之嗜市志反貪也　○撫本「嗜」作「耆」。按，「嗜」與石經及注疏本同。葉本「貪」作「食」。按，「食」字誤，此依注作「貪」是。○按，嗜，正字；耆，假借字。

098 枻羊世反　○葉本作「枻」作「丗」，後凡從「世」之字並同。

099 夾之本又作挾　○葉本「挾」作「狹」，撫本作「俠」，十行本同。○按，集韻「夾」、「挾」並列，此本「挾」字是。

100 如攝　○撫本、葉本作「攝」。按，「攝」字與岳本、十行本合。

101 填池依注音萴徐盧王並如字　○十行本同。盧挍「徐」改「徹」，是也。

102 飦於　○葉本「飦」作「飯」。

103 請鬻本又作粥　○葉本「粥」作「粥」。按，從弜作「粥」是，後放此。○按，「鬻」、「粥」正俗字。

104 嗤　○葉本作「蚩」。

105 縢本又作縢　○葉本作「縢」，作「縢」非也。

106 簨 橫曰簨　○葉本「橫」作「撗」。按，南宋本注疏字往往木旁字與扌旁字通作，有本從木而作扌者，有本從扌而作木者，此「橫」本當從木，而葉本並從扌，蓋亦別體，非正字。五經文字「橫」在木部，而注云「從手者訛」，則可知自唐已來已有訛作「撗」字者。

107 戌 音恤　○撫本、葉本「戌」作「戍」，非。

108 縚衰 下七雷反　○撫本、葉本「雷」作「回」，十行本、岳本同。

109 狹 户甲反　○撫本同，是也。葉本「甲」作「交」，十行本亦作「甲」。

110 椑 徐房益反　○撫本、葉本「徐」作「又」，十行本亦作「徐」。

111 無絇 屨頭飾　○撫本同。葉本「屨」作「屨」，是也，十行本同。

檀弓下第四

112 皆下　○葉抄本自「皆下」以下缺一葉。

113 仁夫 音扶　○撫本「扶」作「符」，十行本同。

114 桃茢 苕帚　○撫本同。葉本「帚」作「箒」，十行本亦作「帚」。

115 凶邪　○撫本、葉本「邪」作「耶」，十行本同。

116 諸膝　○撫本作「膝」，是也。

117 相近 附近之近也　○撫本無「也」字，十行本同。

118 愠斯戚 此喜愠哀樂相對　○葉本小「愠」字作「怒」，十行本同，是也。

119 盇嘗　○撫本「嘗」作「甞」，字與石經合。

120 斑白　○撫本「斑」作「班」。○按，依說文當作「辬」，从文，辡聲。班，假借字；斑，俗字。

121 慨焉 苦愛反　○撫本下有「僾兒」二字。按，「僾兒」下既列爲大字，此當刪。

122 知悼音智下同　○撫本、葉本「音」作「與」，無「下」字。十行本、岳本並與此本同。

123 子卯不樂而云夏殷亡日　○撫本同。葉本「云」作「亾」。按，「亾」字誤，十行本亦作「云」。

124 石駘大來反　○葉本「大」作「夫」。按，「夫」字誤，十行本、岳本並作「大」。

125 執羈　○葉本「羈」作「覊」。按，石經及注疏各本並作「羈」。五經文字「羈」字在罒部，説文在网部。

126 馬褺本亦作督　○撫本、葉本「督」作「督」。○按，督，俗字。

127 拂柩　○撫本、葉本「柩」作「槐」，非也。按，「柩」字與石經及注疏各本同。

128 叔肸　○撫本、葉本「肸」作「肸」。○按，説文「肸」从十，肖聲。

129 杞　○葉本作「杞」。案，「杞」從己，與石經合。

130 縣子　○葉本作「懸」。按，石經作「縣」字，注疏本亦並作「縣」。○按，「縣」、「懸」古今字。

王制第五

131 十日人一反　○撫本、葉本作「人」，十行本同，此本「人」誤「又」。

132 取髫　○撫本、葉本作「髫」，十行本同。

133 二卿與　○撫本、葉本作「卿」，十行本同，石經字作「卿」。

134 納賈　○葉本作「賈」，與石經字同。

135 淫邪　○葉本作「滛」。按，字作「淫」與石經同，不誤。

136 曰辟音壁　○撫本、葉本「壁」作「辟」。

137 禡於馬怕反　○葉本「怕」作「伯」，誤也。十行本及岳本並作「怕」，與此本同。

138 所殺又色列反　○撫本、葉本「列」作「刈」。按，依前後音「列」爲「例」字之誤。

139 夘 ○葉本作「夘」，後同。按，當作「卵」。

140 闕 ○撫本、葉本作「闕」，與石經合，十行本亦如此作。

141 執度度地下大洛反 ○葉本「洛」作「各」，是也，十行本及岳本並作「洛」。

142 被髮 ○葉本作「髮」字，與石經同。

143 徭役 ○撫本「役」作「役」。按，「役」字與注疏本同。五經文字「役」、「役」二字同，經典通用「役」。

144 臂脛 ○葉本作「辟」，後放此。

145 作絿又音糾 ○葉本「糾」作「虯」，是也，十行本同。

146 宓戲戲又作虧 ○撫本、葉本作「虧」，十行本同，此本誤「虧」。

月令第六

147 衣青下注衣甲 ○撫本、葉本小字作「衣」，此本誤「依」。

148 候伺 ○撫本、葉本「候」作「候」，是也。

149 載耒力隹反 ○撫本作「隹」，十行本同，此本「隹」誤「佳」。

150 三推出隹反 ○撫本作「隹」，十行本同，此本「隹」誤「佳」。

151 用牝 ○撫本作「牝」。

152 焱 ○按，當依岳本及十行本作「猋」，説文有「猋」字，無「焱」字。

153 藜 ○葉本作「藜」。

154 掠考捶 ○葉本「捶」作「棰」。按，當作「捶」。

155 度量 ○撫本作「量」，此本「量」誤「重」。

156 權槩古代反 ○撫本「槩」作「概」，「代」作「大」。

按，「概」字與岳本、十行本合。

157 陂池彼宜反　○葉本「彼」作「陂」，非也。

158 籧筐下丘狂反　○葉本「狂」作「往」。按，十行本亦作「狂」，是也。

159 槌也又丈僞反　○葉本「僞」作「爲」，十行本亦作「僞」。

160 磔　○葉本「磔」作「殜」。

161 禳　○葉本作「禳」，此本「禳」誤「穰」，岳本、十行本字作「攘」。段玉裁挍云：說文從示，云「磔禳，祀除厲殃也」。

162 顓頊下音勗　○撫本「勗」作「勖」，非。

163 菽本又作叔　○撫本「叔」作「尗」。

164 甤賓　○撫本「甤」作「蕤」。

165 應鍾　○撫本、葉本「鍾」作「鐘」。

166 鶪工役反　○撫本「役」作「伇」。

167 嗜欲　○撫本「嗜」作「耆」。

168 徭役　○撫本「役」作「伇」。

169 土疆　○撫本、葉本「疆」作「彊」。

170 生旃　○撫本作「旃」，此本「旃」誤「旃」。

171 繇　○葉本「繇」作「繇」。

172 暢月勑亮反充也　○撫本作「充」，此本「充」誤「音」。

173 馬[illegible]　○撫本、葉本「[illegible]」作「[illegible]」，是也。

f01—174 季冬婺女　○葉本「婺」作「婺」，非。

禮記釋文校勘記卷二

經典釋文卷第十二

曾子問第七

f02—001 大祝 說文云祝祭主替詞者　○段玉裁挍「替」，宋刻「贊」。按，十行本亦作「贊」。

002 先桓子　○撫本、葉本「桓」缺筆作「桓」。

003 作謚　○撫本、葉本作「諡」，是也。

004 以椑 櫬身棺　○葉本「櫬」作「儭」。按，說文：「櫬，棺也。从木，親聲。」

005 遲數　○撫本、葉本「遲」作「遅」。

006 文王世子第八 故著謚號標篇　○葉本「謚」作「諡」，「號」作「号」。

007 莅視 本或作涖　○葉本「涖」作「莅」，十行本同。按，當作「涖」。

008 瞽宗 殷學名　○撫本「殷」字缺筆作「殷」。

009 語說 徐始銳反　○撫本、葉本作「銳」，岳本同。此本「銳」誤「說」，十行本同。

010 指畫 乎麥反　○撫本同。葉本「乎」作「牙」，非雙聲，十行本亦作「乎」。

011 儐于　○葉本「儐」作「擯」。按，小字云「本亦作『擯』」，則大字不當作「擯」，注疏本作「儐」，與此本同。

012 少傅 詩照反　○葉本「照」作「召」，十行本、岳本並同。

013 含 胡諳反　○葉本「諳」作「暗」，十行本同。

禮運第九

014 無匱其媿反　○葉本「媿」作「魏」，十行本同。

015 在埶音世　○撫本「世」作「丗」。

016 遄死疾貌　○撫本、葉本「貌」作「也」。

017 有小正　○葉本「有小」二字倒。

018 染　○葉本作「涄」。

019 鼷鼠　○葉本作「鼷鼠」，十行本字同，全書放此，不具著。

020 孔甯　○葉本「甯」作「甯」，十行本同。

021 郊楖徐揔會反　○葉本「揔」作「揔」，十行本同。

022 胎土才反　○撫本、葉本作「土」，十行本同，此本「土」誤「七」。

禮器第十

023 柔刃而慎反　○撫本「慎」字缺筆作「慎」。

024 五重注及下皆同　○葉本作「下及注皆同」，是也，十行本同。

025 誠愨　○撫本、葉本「愨」作「慤」。

026 不靡齊人謂快爲靡　○撫本、葉本作「靡」，十行本同，此本「靡」誤「摩」。○按，依説文當作「靡」。

027 燔柴又芳云反　○葉本「云」作「雲」。

028 就養羊讓反　○撫本「讓」字缺筆作「讓」。

029 猶醵其庶反又其約反　○葉本「庶」作「虘」，十行本、岳本並作「庶」。

030 告道　○葉本「道」作「導」。按，云音導則大字不當作「導」。

031 雞彝　○撫本、葉本「雞」作「鷄」。

032 名瑗　○撫本「瑗」字缺筆作「瑗」。

郊特牲第十一

033 腶脩鍛脯加薑桂曰腶脩　○葉本二「脩」字並作「脯」，非也。按，「鍛腶」當作「鍛腶」。

034 婁嘆力住反　○葉本「住」作「注」，十行本亦作「住」。

035 匏竹竹箎笛也　○撫本同，是也。葉本「箎」作「篪」，十行本同。

036 官縣　○撫本「縣」字缺筆作「縣」。

037 干盾本亦作楯　○葉本「楯」作「盾」，非。

038 索室色百反　○葉本「百」作「角」，十行本亦作「百」。

039 毆疫　○葉本「毆」作「歐」，十行本作「毆」，是也。

040 而鹽依注音豔　○葉本「豔」作「艷」，俗字。

041 氾芳劒反　○葉本作「氾」，此本「氾」誤「汜」。

042 其壑　○葉本「壑」作「壡」，非。

043 以蓄丑六反　○葉本「丑」作「尹」，十行本亦作「丑」。○按，「尹」字誤。

044 薀財　○撫本「薀」作「蘊」，與注疏本同。○按，「薀」、「蘊」正俗字。

045 既蜡而祭　○撫本作「蜡」，此本「蜡」誤「唶」。

046 積聚並如字　○葉本並作「竝」。

047 覺字又作覐　○葉本「覐」作「𦦙」，是也，十行本同。

048 茆　○葉本「茆」作「茹」，十行本同。

049 羸　○葉本「羸」作「嬴」，十行本同。按，岳本作「羸」，與此本同。

050 豚拍　○撫本「豚」作「豚」。

051 稾又作藁　○撫本、葉本「藁」作「稾」。按，十行本作「藁」，與此本同。

052 彫又作雕　○葉本「雕」下有「字」字。

053 俎奇　○撫本作「奇」，此本「奇」誤「寄」。

054 冠義下文注始冠而敝之　○葉本「冠」下又有「冠」字，是也，十行本同。

055 其緌耳隹反　○撫本作「隹」，此本「隹」誤「佳」。

056 敝本亦作弊婢世反徐又房列反弃也　○葉本「弊」字下半字及「弃也」二字並空闕。

057 殺音弒　○葉本作「弒」，此本「弒」作「試」。

058 滌蕩又同弔反　○葉本「弔」作「弟」，十行本亦作「弔」。

059 樂三徐息暫反　○葉本「反」下有「同」字。

060 染以　○撫本、葉本「染」作「淭」。

內則第十二

061 膋力彫反　○葉本「彫」作「雕」。

062 冠緌耳隹反　○撫本作「隹」，此本「隹」誤「佳」。

063 扱本又作捷　○葉本「捷」作「揵」，非也。十行本作「捷」，與此同。

064 脯羹雞羹　○葉本「雞」作「鷄」，下「雞」字並放此。

065 荼也　○撫本有「也」，此本「也」字脱。

066 蜉本又作蠹　○此本「蠹」字空闕，撫本作「蜉」，大字作「浮」，十行本注作「蜉」。

067 膏臊素刀反　○撫本同。葉本「素」作「索」，同母字，十行本亦作「素」。

068 膏腥雞膏也　○葉本「雞」作「鷄」。

069 柹　○葉本「柹」作「柿」。○按，依説文當作「柹」。

070 和又如字　○葉本「又」上有「注」字。

071 鯁人又下孟反　○葉本「下」作「工」，十行本同。○按，「工」字不誤。

072 肶　○撫本作「䏶」。段玉裁云：「䏶，从此聲，内則鴇奥注『奥，脾䏶也』，作『肶』者誤。釋文『昌私反』，今釋文誤作『朏』，『朏』與『斯』、『斯』與『析』音近，故釋『脾析』爲『脾朏』，雞、鴇皆有脾朏，謂胃也。」説詳説文注。

073 聶而本又作攝 ○「攝」字十行本同。段玉裁挍云據周禮音義當是「䐑」字。

074 庪食 ○葉本「庪」作「庋」，非也。

075 絞古交反 ○葉本作「古」，十行本同，此本「古」誤「户」。

076 涂皆乾 ○葉本「涂」作「塗」，十行本作「涂」，與此同。○按，古道塗字多作「涂」。

077 皽䰰莫也 ○葉本「莫」作「臭」。按，注云「皽謂皮肉之上」，「䰰莫也」十行本附釋音亦作「䰰莫」。

078 穰如羊反 ○撫本、葉本作「如羊」，此本「如羊」字倒。

玉藻第十三

079 搢本 ○葉本「搢」作「搢」。

080 敢飧 ○葉本「飧」作「飱」。

081 散送悉旦反 ○岳本同。盧文弨考證引孔云當作「悉但反」，此譌。按，十行本正作「悉但反」。

082 無説本亦作稅 ○盧文弨挍從宋本、撫本「亦」改「又」。按，十行本「亦」作「又」。

083 履齊本又作齋 ○撫本同。葉本「齋」作「齋」。○按，齋，正字。齊，假借字。

084 有衝 ○撫本「衝」作「衝」。

085 佩瓀而兗反徐又作瑌同 ○盧文弨云宋本「瑌」作「碝」。按，通典六十三引玉藻經文作「士佩礝玟」。○按，而兗反字當作「瑌」。段玉裁云：「耎聲古音在十四部，需聲在四部，其音判然不同，後人乃或淆亂其偏旁，本作『耎』者譌而从『需』，而音由是亂矣。」

086 忖也本又作刌 ○葉本「刌」作「刊」。○按，刌，正字；忖，俗字。刊，譌字。

087 先君子悉見反　○十行本、岳本並作「悉薦反」。

088 咳　○葉本作「欬」，與注疏本同。

089 繭繭古典反　○葉本「古」作「吉」，十行本、岳本並作「古」。

明堂位第十四

090 筐音匡　○葉本「筐」、「匡」並缺筆作「筐」、「匡」。

091 緑縢　○葉本「縢」作「滕」。

092 將將七良反　○葉本「良」作「長」，十行本、岳本並作「良」，與此本合。

093 以斝　○葉本「斝」作「斚」。按，「斗」作「斗」，與石經字合。

094 壁翣　○撫本、葉本「壁」作「辟」，字與石經同。

095 載以音戴　○十行本同，葉本「戴」作「載」。按，小字作「載」，則大字當作「戴」，葉本非也。

096 禿上木反　○盧文弨從宋本、撫本「上」改「土」，是也。

097 緌耳隹反　○撫本作「隹」，此本「隹」誤「佳」。

喪服小記第十五

098 人髽　○撫本「髽」作「髺」，與石經字同。

099 括髮　○葉本「髮」作「髪」，撫本同。

100 别男子　○葉本「子」作「女」。按，依注當作「别男女」。

101 爲墠徐徒單反　○葉本「單」作「丹」，十行本同。

102 之期　○按，「之」字誤，注云「女君猶爲子期」，此「之期」當作「子期」。

大傳第十六

103 于祫○按，「于」字誤，當依各本注疏及石經字作「干祫」。

104 不瞻本又作儋　○盧文弨從宋本「瞻」改「贍」。

按，説文無「贍」字。

105 厭也 ○葉本亦作「厭」，撫本「厭」作「猒」，十行本同。

少儀第十七

106 卑褻 ○撫本「褻」作「褻」。

107 無諂 勑檢反 ○撫本「檢」作「撿」。

108 毋拔 王本作挍 ○十行本「挍」作「校」。

109 稅屨 本或作脱 ○盧文弨云宋本「或」字作「又」。撫本同。按，十行本亦作「又」。

110 弗賈 音嫁 ○葉本「嫁」作「稼」，十行本、岳本並作「嫁」，與此本同。

111 穎 京領反 ○葉本「穎」作「熲」，撫本作「穎」。案，石經作「穎」字，與此本合。九經三傳沿革例云「釋文及建諸本作『熲』」，則與葉本字同。撫本從木作「穎」字，亦見廣韻四十一「迥」云「穎，篋名，與警枕義近」。○按，葉抄作「熲」，是也，説詳注疏挍勘記。

112 削授 ○撫本無「授」字。

113 葱薤 ○撫本、葉本「薤」作「䪥」。按，石經字作「薤」，與此本同，下「切葱若薤」放此。

114 擩于 本又作懦 ○撫本、葉本「懦」作「儒」。

115 未爇 ○撫本「爇」作「爇」。

116 臑 説文云臂羊矢讀若襦 ○撫本、葉本「矢」作「犬」，「襦」作「儒」，十行本同。○按，段玉裁挍説文作「臑，臂也。羊豕曰臑」，謂「臂在羊豕，則謂之臑也。鄉射禮音義引字林『臂，羊豕也』，禮記音義引説文『臂，羊犬也』，皆不可通，今正許書嚴人物之辨，人曰『臂』，羊豕曰『臑』」，是也。

117 經典釋文 ○撫本末作「禮記釋文」四字。

f02—118 注一万四千二百五十六字 ○撫本作「注一万四千八字」。

禮記釋文校勘記卷三

經典釋文卷第十三

學記第十八

f03—001 相長下注長稺長者皆同　○撫本「稺」作「穉」。

002 蜉音浮　○葉本「浮」作「孚」，十行本、岳本並同。

003 愽依　○撫本「愽」作「博」，是也。

004 其訊　○撫本「訊」作「訃」，與石經字合，「訃」、「誶」形相近，故書中每云「訃」又作「誶」。

005 涷洛下同此二字並從冫或作水旁非　○「或作水旁」葉本作「或作旁作」，撫本作「或水旁作」，十行本同。○按，説文無「洛」字。

006 燕辟音譬　○撫本「譬」作「辟」。

007 撓一音女孝反　○葉本「女」作「力」，十行本作「乃」。○按，「女」字不誤。

樂記第十九

008 其政和其政和總爲一句　○葉本「總」作「揔」，十行本同。

009 誣上音無注同　○葉本「注」作「下」。按，「下」字誤，十行本亦作「注」。

010 則幾音譏　○葉本「譏」作「機」。按，十行本、岳本並作「音譏」，與此本同。

011 强者其良反　○葉本「其」作「箕」。按，岳本亦作「其」，與此本同。

012 笄音雞　○撫本「雞」作「鷄」。

013 綴兆徐丁衛反　○葉本「衛」作「街」。按，十行本、岳本並作「衛」，與此本同，下「復綴」亦有「又丁衡反」音。

014 則偏 ○葉本「偏」作「徧」。

015 奮訊 ○撫本「訊」作「訃」。

016 狡憒 ○葉本「狡」作「挍」。按，「挍」字誤，依注當作「狡」。○按，作「狡」與僖十五年左氏傳合。

017 興道上許膺反 ○十行本同，葉本「膺」作「寧」。

018 慝穢字又作歲 ○葉本「歲」作「穢」，十行本作「濊」，是也。

019 迭相大結反 ○葉本「結」作「浩」，誤甚。

020 不拔又皮八反 ○葉本「皮」作「支」，誤。

021 以穅 ○撫本「穅」作「糠」。○按，穅，正字。糠，俗字。

022 鎗又七衡反 ○撫本「七」作「士」，十行本同。○按，作「七」是也。

023 喬志本亦作驕 ○葉本「亦」作「或」，十行本同。

024 歌遲直冀反 ○葉本「遲」作「遟」，「冀」作「兾」。

025 苛政役也 ○撫本「役」作「伇」。

026 貍首力之反 ○葉本作「側由反」。按，十行本、岳本亦作「力之反」，與此本同。

027 猶捷初洽反 ○十行本同，葉本「洽」作「合」。

028 殺徐所吏反 ○葉本「吏」作「例」，十行本同。

029 荷戈一音河 ○十行本同，葉本「河」作「何」。

雜記第二十

030 左轂工木反 ○十行本同，葉本「工」作「土」，非也，岳本亦作「工」。

031 其綏耳隹反 ○撫本作「隹」，此本「隹」誤「佳」。

032 將殯 ○撫本「殯」作「賓」。按，注作「賓」，則大字當作「殯」，撫本非是。

033 遠之于萬反　○葉本「萬」作「万」，撫本同。按，此書前後「萬」並作「万」。

034 輲車又布轉反　○撫本「布」作「市」，十行本、岳本同。

035 則爲其下則爲之注爲之造字皆同　○葉本「字」作「作」，誤。

036 薦本亦作薦　○葉本「亦」作「又」，十行本同。

037 紗縠户木反　○十行本同，葉本「木」誤「本」。

038 令袿　○撫本「令」作「今」，是也。

039 揄絞　○葉本「揄」作「褕」。○按，「揄」乃「褕」之假借字。

040 屬於注及下條屬并注同　○葉本「條」作「修」，十行本亦作「條」，下文「喪冠條屬以别吉凶」是也。

041 纇桑黨反　○葉本「桑」作「蔡」，十行本亦作「桑」，與此本同。○按，「桑」字不誤。

042 以搗　○葉本「搗」作「搗」。「搗」、「搗」皆俗「擣」字。

043 其扂字林户臘反閇也玉篇羌據公荅二反云閇也　○撫本、葉本「閇」作「閉」。○按，閇，俗「閉」字。「云閉也」三字，今玉篇作「閉户聲」，非是。

044 公館　○撫本「公」作「官」，非也。

045 于斂力劒反　○葉本「劒」作「斂」。

雜記下第二十一

046 輠又胡管反迴也　○十行本同，葉本「迴」作「回」，是也。

047 揜形於檢反　○葉本「檢」作「險」，十行本作「儉」。

048 啼徒兮反　○葉本「兮」作「奚」，十行本同。

049 不屝本又作菲　○葉本「屝」作「屏」，「菲」作「筆」，並非。

050 世柳 ○葉本「柳」作「栁」。

051 有笄音雞 ○撫本、葉本「雞」作「鷄」，後「雞」字並放此。

052 畀所 ○撫本「畀」作「畁」，非。

053 紒音計 ○葉本「紒」作「紟」。

喪大記第二十二

054 士去注及下同 ○葉本「下」下有「注」字。

055 褘衣音輝 ○撫本「輝」作「煇」。

056 東霤 ○撫本、葉本「霤」作「霤」。

057 人袒大旱反 ○葉本「大」作「天」，非也。十行本亦作「大」，與此合。

058 出壺 ○撫本、葉本「壺」作「壷」，字與石經及十行本合，下「挈壺」放此。

059 幠用荒胡反 ○葉本「荒」作「好」，十行本、岳本並作「荒」，與此本同。

060 差注差淅同 ○葉本「淅」作「浙」，是也。

061 粱肉音良粱粱米也 ○撫本、葉本二「粱」字並從木作「梁」，下同。

062 韜尸本又作支 ○撫本「支」作「攴」，是也。

063 黼翣 ○撫本、葉本「翣」作「萋」。○按，翣，正字。萋，假借字。

祭法第二十三

064 頊 ○撫本「頊」字缺筆作「頊」。按，與下「顓頊能脩」之字體一例。

065 大昊昊亦作皞 ○撫本「皞」作「皡」。按，「皡」字从日，是。説文及五經文字「皡」字並在日部。

066 蓐收本亦音辱 ○按，「音」字誤，十行本作「本亦作辱」。

067 相近依注讀爲禳 ○撫本、葉本「禳」作「攘」。段玉裁按本云从示，是也。

068 **而殛** 殛鯀于羽山　○葉本「于」作「於」。

祭義第二十四

069 **惕** 他歷反　○葉本「歷」字下从日，十行本同。

070 **子贛** ○撫本、葉本「贛」作「贛」。○按，説文作「贛」。

071 **漆漆** ○葉本作「漆漆」，下同。○按，「漆」字不誤，與石經同。

072 **以封** 苦圭反　○葉本「苦」作「洗」，是也。

073 **爲薦** ○葉本「薦」作「薦」。

074 **齊** 本又作齍　○撫本、葉本「齍」作「齊」，非也，十行本同。

075 **子** 徐將吏反　○十行本同，葉本「吏」作「史」。○按，「將吏反」是也。

076 **有報** 依注音褒　○葉本「褒」作「裒」。

077 **博施** ○葉本作「愽」，非也。

祭統第二十五

078 **柢** 文之反　○撫本、葉本作「丈」，十行本、岳本同，此本「丈」誤「文」。

079 **齊盛** 本亦作齍　○撫本同。十行本同。葉本「齍」作「齋」。○按，「齍」正字，「齊」、「齋」皆假借字。

080 **羞齊** 本亦作嚌　○葉本「嚌」作「齊」，十行本同。

經解第二十六

081 **瞶** ○葉本「瞶」誤「瞶」。

082 **淫辟** ○按，「淫」字不誤。葉本「淫」作「滛」，非。

哀公問第二十七

083 **親迎** 逆敬反　○十行本同。盧文弨按云以前後例作「魚敬反」。

084 **惷愚** 又湯邦反一音丁絳反　○十行本同。葉本

「丁」作「下」。○按，「湯」乃「傷」字之誤，「丁」字是也。

仲尼燕居第二十八

085 畎畝　○葉本作「畎」，十行本同，此本「畎」誤「畒」。

孔子閒居第二十九

086 宥密　○撫本「密」作「蜜」。按，「密」與石經、十行本字合。❶

087 耆欲　○葉本「耆」作「耆」。○按，「耆」下從旨，從目作「耆」不成字。

坊記第三十

088 辟則徐又音譬　○葉本「譬」作「辟」。

089 不吝又力鎮反　○十行本同。葉本「力」作「刃」。○按，「力」字不誤。

090 鄉卜　○撫本「卜」作「上」。按，注釋經「爾卜爾筮」云「言女鄉卜筮」，撫本作「鄉上」，誤甚。

f03—091 殺其一音如字　○十行本同。葉本「一」作「于」。○按，「于」字誤。

校　記

❶蜜，原作「密」，今據撫本改。

禮記釋文校勘記卷四

經典釋文卷第十四

中庸第三十一

f04—001 恐懼 匡勇反　○葉本「匡」字缺筆作「匡」，十行本同。

002 罟罔之緫名　○葉本「緫」作「揔」。

003 拳拳 奉持之貌　○葉本「貌」作「皃」，書内並同。

004 費而 本又作拂　○十行本同。段玉裁挍本引羣經音辨「拂」作「佛」。

005 其傍 徐方岡反　○葉本同。撫本「岡」作「罔」。○按，作「罔」是也。

006 蒲盧 即今之細腰蜂也　○葉本「腰」作「䙅」，十行本同。

007 辟如 音譬　○葉本譬作「辟」。

008 百辟 音璧　○葉本「璧」作「辟」。

表記第三十二

009 裼襲 思歷反　○葉本「歷」下从日，十行本同。

010 謂摯　○葉本「摯」作「摰」。

011 刑戮 本或作僇　○葉本「僇」作「憀」。按，「憀」字誤，十行本亦作「僇」。

012 以本忕　○按「忕」字不誤，葉本「忕」作「忕」。

013 歸說 又始銳反　○十行本、岳本並同，葉本「銳」作「悅」，撫本同。

014 齊盛 本亦作齍　○葉本「齍」作「齋」。

緇衣第三十三

015 **道人**音導 ○十行本同。葉本「音導」作「音道」，非也。

016 **以嬖**云便嬖愛妾 ○十行本同。葉本注「嬖」作「辟」。

017 **潔清** ○葉本「潔」作「絜」。○按，絜，正字；潔，俗字。

奔喪第三十四

018 **待齎** ○「齎」字唯十行本作「賫」，餘注疏本並與此同。

服問第三十六

019 **無免絰**徐並音問恐非是 ○葉本無「是」字，撫本同，十行本同。

閒傳第三十七

020 **醢醬**本亦作醓 ○十行本「醓」作「醢」。○按，醢，正字；醓，俗字。

三年問第三十八

021 **蹢**本又作躑 ○十行本同。葉本「躑」作「鄭」，非。

022 **爲殺**徐所列反 ○十行本「列」作「例」。○按，雜記下「已殺深衣之殺」並有「徐所例反」音。

深衣第三十九

023 **謂裻**音督 ○十行本同。葉本「督」作「督」，俗字。

024 **下齊**亦作齎 ○撫本亦作「齎」，葉本作「齋」，十行本作「齊」。

025 **苦衣** ○十行本、岳本並同。撫本「苦」作「若」。○按，「若」字誤。

026 **袂緣**悅絹反下同 ○葉本「下」作「注」，是也，十行本同。

027 **廣各**古曠反下同 ○十行本「下」作「注」，是也。

投壺第四十

028 **投壺** ○葉本「壺」作「壷」，後並同。

029 勝飲上尺證反　○十行本同。撫本「尺」作「戸」，誤。

030 毋憮○按，「憮」字當從巾旁，十行本及岳本並作「幠」，是也。

031 毋敖舊五羔反　○十行本「舊」作「又」。

032 偝立徐扶代反　○十行本「扶」作「符」，岳本同。

儒行第四十一

033 攫一音九碧反　○撫本「碧」作「碧」，十行本、岳本同。○按，「碧」字不誤。

034 銖音硃　○撫本「硃」作「殊」，是也，十行本、岳本同。

035 大學第四十二大學者以其記博學可以爲政也　○葉本「記博」作「能專」。按，葉本非也。

036 戯徐范音羲　○葉本「羲」作「義」。按，十行本、岳本並作「羲」，是也。

037 美與音餘　○撫本「餘」作「余」，十行本同。

038 驪姬亦作孋同　○葉本「孋」作「驪」，非也，十行本同。

冠義第四十三

039 奠摯本亦作贄　○十行本「贄」作「贄」。

040 重與音余　○十行本、岳本並作「音餘」。

昏義第四十四

041 卺　○葉本從巴作「巹」，十行本、岳本並同，石經亦作「巹」。說文「卺」在己部，從己、丞。

042 脯醢音海　○撫本作「醢」，此本「醢」作「醢」。

043 日爲　○撫本「日」作「曰」。按，經文云「日爲之食」，下云「月爲之食」，日、月對舉，此文自當作「日爲」。

鄉飲酒義第四十五

044 謂卿注同　○十行本同。撫本「注」作「下」。段玉裁挍云「注」字誤。

045 羞出音脩　○十行本同。葉本「脩」作「修」。

046 愁也斂也　○葉本「斂」作「歛」。

射義第四十六

047 正音正　○十行本、岳本並作「音征」。

048 脩身以俟死　○十行本同。撫本、葉本「脩」作「修」字。按，經傳多假「脩」爲修身字。

燕義第四十七

049 踖又積亦反　○十行本同。撫本、葉本「積」作「精」，亦同母字。

050 稽首徐本作䭫　○十行本同。葉本「䭫」作「道」，誤。

聘義第四十八

051 璧琮　○葉本「璧」作「辟」。

052 賤碈　○葉本从昏作「碈」，與石經同。

053 作玟又音枚　○葉本「枚」作「救」，非也，十行本、岳本同。

喪服四制第四十九

054 訾之徐音紫毀也一音才斯反　○十行本同。段玉裁挍本云：元應書引作「呰」，徐音紫，正。呰，音也。訾，思也，子斯反」，見少儀。

055 苴衰七余反　○十行本、岳本並作「七餘反」。

056 見無賢遍反　○十行本、岳本並作「賢便反」。

f04—057 楯謂音眉　○按，「楯」字誤，當依十行本作「楣」。